Igor Witkowski

Die Wahrheit über die Wunderwaffe

Titel der Originalausgabe: „Prawda o Wunderwaffe"

Zweite Auflage, 2010

Deutsche Übersetzung: Marek Kosmala, Björn Moritz
Titelgraphik: Tomasz Maros
Layout: Inna Kralovyetts

 Mosquito Verlag

www.mosquito-verlag.de

© Mosquito Verlag Ltd & Co. KG, Immenstadt 2010

ISBN: 978-3-928963-23-7

IGOR WITKOWSKI

DIE WAHRHEIT ÜBER DIE WUNDERWAFFE

GEHEIME WAFFENTECHNOLOGIE IM DRITTEN REICH

TEIL 1

WEHRTECHNISCHER WENDEPUNKT DER WAFFEN

Inhaltsverzeichnis

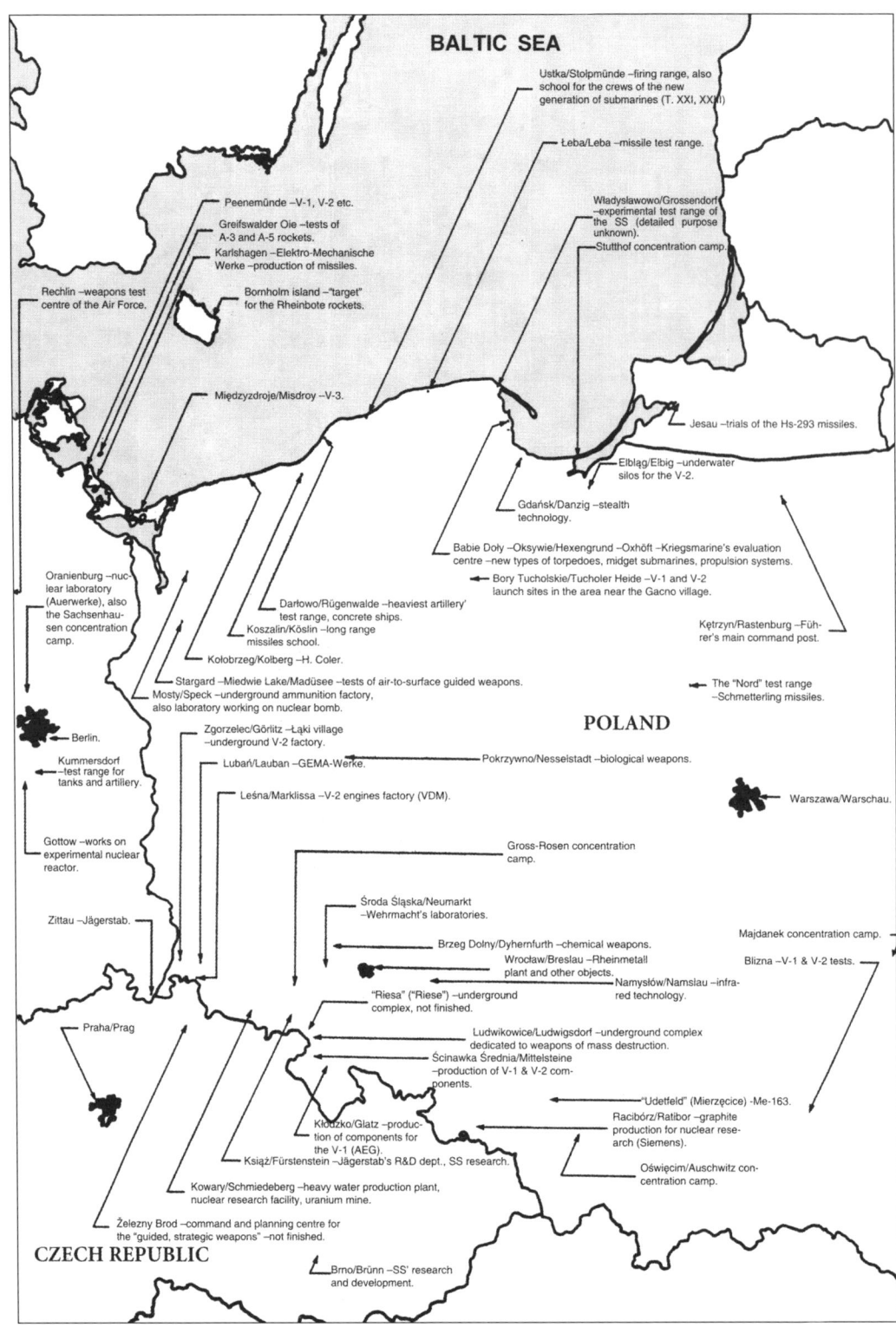

BALTIC SEA

Ustka/Stolpmünde –firing range, also
school for the crews of the new
generation of submarines (T. XXI, XXIII)

Łeba/Leba –missile test range.

Peenemünde –V-1, V-2 etc.

Greifswalder Oie –tests of
A-3 and A-5 rockets.

Karlshagen –Elektro-Mechanische
Werke –production of missiles.

Władysławowo/Grossendorf
–experimental test range of
the SS (detailed purpose
unknown).

Stutthof concentration camp.

Rechlin –weapons test
centre of the Air Force.

Bornholm island –"target"
for the Rheinbote rockets.

Międzyzdroje/Misdroy –V-3.

Jesau –trials of the Hs-293 missiles.

Elbląg/Elbig –underwater
silos for the V-2.

Gdańsk/Danzig –stealth
technology.

Babie Doły –Oksywie/Hexengrund –Oxhöft –Kriegsmarine's evaluation
centre –new types of torpedoes, midget submarines, propulsion systems.

Bory Tucholskie/Tucholer Heide –V-1 and V-2
launch sites in the area near the Gacno village.

Oranienburg –nuc-
lear laboratory
(Auerwerke), also
the Sachsenhau-
sen concentration
camp.

Darłowo/Rügenwalde –heaviest artillery'
test range, concrete ships.

Koszalin/Köslin –long range
missiles school.

Kołobrzeg/Kolberg –H. Coler.

Kętrzyn/Rastenburg –Füh-
rer's main command post.

Stargard –Miedwie Lake/Madüsee –tests of air-to-surface guided weapons.

Mosty/Speck –underground ammunition factory,
also laboratory working on nuclear bomb.

POLAND

The "Nord" test range
–Schmetterling missiles.

Berlin.

Zgorzelec/Görlitz –Łąki village
–underground V-2 factory.

Kummersdorf
–test range for
tanks and artillery.

Lubań/Lauban –GEMA-Werke.

Pokrzywno/Nesselstadt –biological weapons.

Warszawa/Warschau.

Leśna/Marklissa –V-2 engines factory (VDM).

Gottow –works on
experimental nuclear
reactor.

Gross-Rosen concentration
camp.

Zittau –Jägerstab.

Środa Śląska/Neumarkt
–Wehrmacht's laboratories.

Majdanek concentration camp.

Brzeg Dolny/Dyhernfurth –chemical weapons.

Blizna –V-1 & V-2 tests.

Wrocław/Breslau –Rheinmetall
plant and other objects.

Namysłów/Namslau –infra-
red technology.

"Riesa" ("Riese") –underground
complex, not finished.

Praha/Prag

Ludwikowice/Ludwigsdorf –underground complex
dedicated to weapons of mass destruction.

Ścinawka Średnia/Mittelsteine
–production of V-1 & V-2 components.

"Udetfeld" (Mierzęcice) -Me-163.

Raciborz/Ratibor –graphite
production for nuclear research (Siemens).

Kłodzko/Glatz –produc-
tion of components for
the V-1 (AEG).

Książ/Fürstenstein –Jägerstab's R&D dept., SS research.

Oświęcim/Auschwitz con-
centration camp.

Kowary/Schmiedeberg –heavy water production plant,
nuclear research facility, uranium mine.

Železny Brod –command and planning centre for
the "guided, strategic weapons" –not finished.

CZECH REPUBLIC

Brno/Brünn –SS' research
and development.

Einleitung

Die geheimsten und technisch fortschrittlichsten Waffen des Dritten Reiches sind ein komplexes Thema, das uns zu grundverschiedenen Überlegungen zwingt. Diese Überlegungen beziehen sich sowohl auf die Struktur der Rüstungsindustrie als auch auf die Wissenschaft selbst, auf das barbarische Vorhaben, zur Sklaverei zurückzukehren, und sogar auf die Rolle der SS im Gesamtsystem der Kriegswirtschaft. Dieses Buch widmet sich zwar ausschließlich technischen Fragen, es lohnt jedoch, sich diese größeren Zusammenhänge bewusst zu machen. Es ist kein rein historisches Problem; die Folgerungen, die sich aus den Überlegungen ergeben, sind zeitlos und könnten auch für die Zukunft bedeutsam sein. Wenn wir uns auf die technischen Fragen konzentrieren, wird ein vorherrschendes Merkmal des ganzen wissenschaftlichen und wirtschaftlichen Systems offenbar: seine schier unglaubliche Effizienz. Oft wird dieses Merkmal als eine Art „Trumpf" des Nationalsozialismus interpretiert und dargestellt. Dies ist jedoch nicht nur ein Fehlschluss, sondern auch eine bequeme Flucht vor einer sachlichen Analyse der Fakten.

Ich kann derartige Schlüsse, die nur durch oberflächliche Betrachtungen zustande gekommen sein können, keinesfalls rechtfertigen. Während ich die Funktionsweise von Wissenschaft und Wirtschaft im Dritten Reich auswertete, stieß ich auf keine Argumente oder Umstände, die diese Annahmen bestätigen würden. Ich habe das Gefühl, dass der technische Fortschritt nicht *durch* den Faschismus bewerkstelligt wurde, sondern *trotz* seiner Vorherrschaft. Hitler sagte einmal:

> „Ich will keine intellektuelle Erziehung. Mit Wissen verderbe ich mir die Jugend."

Das einzige typische nationalsozialistische Element, das in dem von Hitler kontrollierten System auftauchte und seine Spuren in der Organisation der Wissenschaft und Technologie hinterließ, war die Partei. Sie förderte jedoch keine besondere Konstruktivität – ganz im Gegenteil: Der blinde Terror und die Ignoranz der skrupellosen, unfähigen Regierenden, die mit übermäßiger Macht ausgestattet waren, sind mit solch einer Behauptung nicht vereinbar. Nicht nur Opfer des Systems teilten diese Sicht, sondern auch viele Angestellte des Reichministeriums für Rüstung und Kriegsproduktion mit Verteidigungsminister Albert Speer an der Spitze. In den NARA-Archiven fand ich den Bericht einer Nachkriegsvernehmung von Kurt Weissenborn, dem Leiter der Waffenbehörde

Albert Speer und Feldmarschall Erhard Milch. (Foto: Bundesarchiv Koblenz)

in Speers Ministerium. Er beschrieb den Einfluss des „ideologischen Elements" auf die Kriegswirtschaft wie folgt:

> „… am Potsdamer Bahnhof wartet ein seltsamer ‚Mitropa'-Zug unter Dampf. Der dritte Wagen ist das Restaurant. Es ist der Zug *Hubertus*, der dem Parteimitglied Saur gehört – dem Leiter der Technischen Abteilung im Ministerium für Rüstung und Kriegsproduktion des Dritten Reichs. Ingenieure und Industrielle jeder Gattung wie auch Zivilbeamte aus Speers Ministerium sitzen bereits seit einer halben Stunde in diesem Zug. Dann eilt ein kleiner Mann mit angespanntem ‚asketischen' Gesicht, typisch für diese aufgeblasenen Braunhemden, durch die Absperrung, gefolgt von Mitgliedern seines persönlichen Stabes. Der Zug fährt ab. Wie ein Sturm greift er die Zentren der Rüstungsindustrie an. Saurs technischer Stab stürmt durch die Fabrikwerkstätten, mit ihm persönlich an der Spitze. Er schwingt seine Waffe und schreit in seiner durchdringenden, sich manchmal überschlagenden Stimme. Er benötigt nur ein paar Minuten, um die Fabrikdirektoren zu entlassen, die leitenden Ingenieure auszutauschen und im Beisein aller Anwesenden Mitglieder seines eigenen Stabs zu maßregeln. Entlang der langen Fahrtstrecke seines Zuges (bei der er alle Vorfahrtsrechte besitzt), warten noch weit mehr Ingenieure und Industrielle stundenlang auf Bahnsteigen, bis sie endlich ‚zur Befragung' in den Zug gelassen werden, nur um kurz darauf wieder wie Schuljungen entlassen zu werden. Sobald die Vernehmungen und Befragungen vorbei sind, erhält der Zugführer telefonisch den Befehl, an der nächsten Station anzuhalten, und ganz plötzlich stehen die Entlassenen auf einem fremden Bahnsteig und sehen dem abfahrenden Zug *Hubertus* hinterher. Es gab während des Tages oder der Nacht nicht eine Stunde, in der nicht innerhalb weniger Minuten Menschen derart ‚abgefertigt' wurden, die vorher Stunden gewartet hatten. Keine technische Intelligenz oder intellektuelle Spitzenkraft durfte hier ihr Wort erheben – hier sprach nur die brutale Behandlung des Individuums. Saur führte ein Kastenwesen in die Industrie ein. Doch die industrielle Maschine, in anderen Fällen überaus sensibel, wehrte diese Angriffe ab, trainierte und lernte die Gestapo-Befragungen und die täglichen Kontakte mit dem Parteiapparat zu erdulden.

Karl Otto Saur

> Falls jemand dennoch versuchte, sich zu verteidigen, wurde er schonungslos zum Schweigen gebracht und von seinem Posten entfernt. War er jung genug, fand er sich am nächsten Tag als Soldat wieder. Es war nicht die Furcht vor einem Mangel an staatlichen Aufträgen, sondern die Furcht jedes Einzelnen um sich und seine Familie, die diesen Gehorsam hervorrief und auch die erniedrigendsten Behandlungen ertragen ließ. Saur herrschte über seinen Zoo in herrenhafter Art und Weise und bediente sich dabei regelmäßig brutaler Methoden. Ich selbst sah 60-jährige Ingenieure vor aller Augen in Tränen ausbrechen, weil sie trotz all ihrer Tag

und Nacht währenden Mühen wie Hunde behandelt wurden. Gleichzeitig waren die Probleme in den allermeisten Fällen unmöglich zu lösen. Für das inkompetente, übergeordnete Technische Büro jedoch war es nur zu leicht, sich selbst jeder Verantwortlichkeit zu entheben, indem es einfach einen Unschuldigen vorschob."

Wie ich bereits erwähnte, war dies das einzige typische nationalsozialistische Element im ganzen System, das seinen Einfluss in jeder Hinsicht geltend machte. Natürlich gab es da noch die SS, aber der Einfluss dieser Organisation war von anderer Natur. Sie sorgte dafür, dass dem Wirtschaftsgefüge ausreichend Sklavenarbeit zur Verfügung stand. Genau dieser Faktor war zweifellos maßgeblich daran beteiligt, dass die Wirtschaftsleistung rapide und kontinuierlich stieg – und das trotz immenser Versorgungsengpässe, einem enormen Mangel an strategischem Rohmaterial und der infernalischen Zerstörung durch die Luftbombardements der Alliierten. Insgesamt wuchs die Wirtschaft um das Drei- bis Vierfache, wobei die Produkte immer moderner wurden. Der Zeitpunkt der Krise und gleichzeitig der Produktionsspitze fiel in den Sommer des Jahres 1944. Der Kontrast zwischen der politischen Situation und der Leistung der deutschen Wirtschaft wird besonders deutlich, wenn man bedenkt, dass die Bombenteppiche schon seit dem Frühjahr 1942 auf Deutschland niedergingen und trotz diesen Umstands 1943 fast doppelt so viele Flugzeuge für die Luftwaffe produziert wurden als im Jahr zuvor. Diese Entwicklung wiederholte sich auch im darauffolgenden Jahr 1944 – die entsprechendenden Zahlen lauten: 15.409, 24.807 und 40.593 Flugzeuge. Am besten wurde dieser Widerspruch in den „Erinnerungen" von Albert Speer beschrieben, dem Hauptverantwortlichen und unbestrittenen Organisationsgenie dieses Paradoxons:[1]

„Bereits ein halbes Jahr nach meinem Amtseintritt hatten wir auf allen uns übertragenen Gebieten die Produktion bedeutend gesteigert. Die August-Produktion 1942

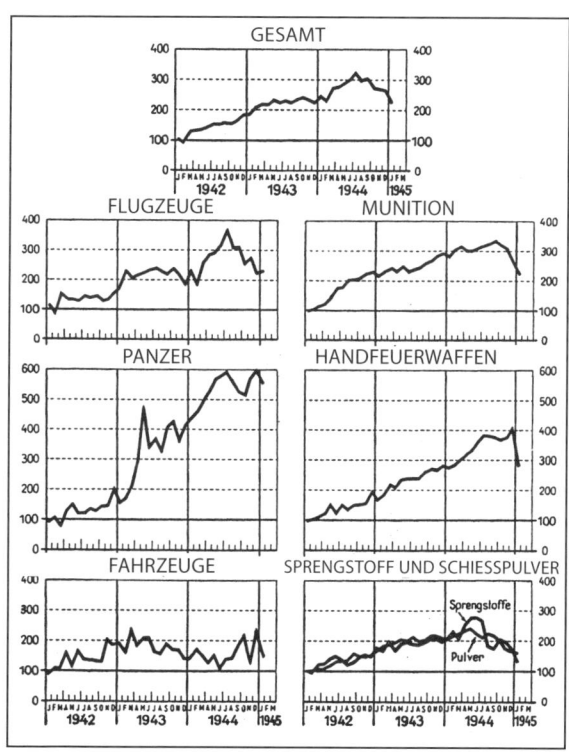

Produktion in den Hauptzweigen der deutschen Kriegsindustrie. (Zahlen aus: „Die deutsche Industrie im Kriege …")

wurde nach den ‚Indexziffern der deutschen Rüstungsendfertigung' **gegenüber der Februar-Erzeugung** bei den Waffen um 27 Prozent, bei den Panzern um 25 Prozent gesteigert, während die Munitionsherstellung sich mit 97 Prozent fast verdoppelte. Die Gesamtleistung der Rüstung stieg in diesem Zeitraum um 59,6 Prozent. Offensichtlich hatten wir Reserven mobilisiert, die bis dahin brachgelegen hatten.

Nach zweieinhalb Jahren hatten wir, trotz des jetzt erst beginnenden Bombenkrieges, unsere gesamte Rüstungsfertigung von einer durchschnittlichen Indexziffer von 98 für das Jahr 1941 auf eine Spitze von 322 im Juli 1944 angehoben. Die Arbeitskräfte nahmen dabei nur um etwa 30 Prozent zu. Es war gelungen, den Arbeitsaufwand auf die Hälfte zu senken. Wir hatten genau das erreicht, was Rathenau 1917 als Rationalisierungseffekt vorausgesagt hatte: ‚Verdoppelung der Erzeugung bei gleichbleibender Ausrüstung und denselben Lohnkosten.'

Weiter unten schreibt er:

„Der Rausch der ersten Monate, in den der Aufbau der neuen Organisation, der Erfolg und die Anerkennung mich versetzt hatten, wich bald einer Zeit größter Sorgen und wachsender Schwierigkeiten. Nicht nur dem Arbeiterproblem, ungelösten Materialfragen und Hofintrigen galten diese Sorgen. Die Bombenangriffe der britischen Luftstreitkräfte mit ihren ersten Auswirkungen auf die Produktion ließen mich Bormann, Sauckel und die Zentrale Planung zeitweilig vergessen. Gleichzeitig aber bildeten sie eine der Voraussetzungen für mein wachsendes Prestige. Denn wir produzierten trotz der entstandenen Ausfälle nicht weniger, sondern mehr."

Der Einfluss des Konzentrationslagersystems für den Erfolg der Kriegsindustrie war bedeutend geringer, als allgemein angenommen wird. Insgesamt durchliefen neun Millionen Menschen die Lager; offensichtlich wurde aber nur ein kleiner Teil von ihnen für die Industrie ausgebeutet. Abgesehen davon arbeiteten diese Menschen meist nur für kurze Zeit, da die tragischen Lebensbedingungen zu einer enormen Sterberate führten. Aus diesen Gründen war auch die Effektivität solcher Arbeiter gering.

Gleichwohl konnte die Industrie nur technische Errungenschaften umsetzen, die bereits erzielt worden waren. Die Schlüsselfrage dieses Buches dreht sich daher nicht um die Organisation der Kriegsmaschinerie als solche. Vielmehr werden wir uns für verschiedene Aspekte interessieren, die mit der Funktion der Wissenschaft zu tun haben – denn schließlich war sie der Ursprung der aus heutiger Sicht wichtigsten und bedeutendsten Entdeckungen. Und diese Wissenschaft brachte wirklich außergewöhnliche Dinge hervor.

Wir müssen uns bewusst machen, dass diese Zeit eine Phase unvorstellbaren wissenschaftlichen und technologischen Fortschritts war. Die Technologie zu Beginn des Zweiten Weltkrieges unterschied sich im Prinzip nicht stark vom Technologiestand am Ende des Ersten Weltkrieges. Werfen wir einen Blick auf die Luftfahrt: Flug-

Gefangene eines Konzentrationslagers in einer unterirdischen Fabrik. (Foto: Imperial War Museum)

zeuge, größtenteils aus hölzernen Bauteilen, umspannt mit Leinwand, beherrschten das Feld. Nur ein paar Jahre später jedoch erschienen die ersten komplett aus Metall gefertigten Düsenjäger, die mit Radar und ferngelenkten Waffen ausgestattet waren. Auch wurd der Weg für die Produktion von Überschallfliegern mit einem Antrieb einer noch neueren Generation geebnet – zum Beispiel mit dem Staustrahltriebwerk für Flugzeuge oder Raketen. Das Konzept für senkrecht startende und landende Kampfjets wurde praktisch getestet (die *Triebflügel*, die *Wespe*). Zudem wurde an Technologien zum verbesserten Schutz vor feindlichem Radar geforscht. U-Boote wurden gebaut, die mehrere Wochen hintereinander unter Wasser bleiben konnten, und es entstanden eine Reihe von Navigationssystemen (Zielsuchverfahren) auf Basis von Halbleiterdetektoren. Das Material im Teil 2 dieses Buches beweist, dass sogar noch ein weiterer Schritt nach vorn unternommen wurde …

Auch bei bewaffneten Fahrzeugen fanden ähnliche Entwicklungen statt. Die Anfänge des Krieges verliefen unter dem Banner von Panzern, die zur Unterstützung der Infanterie dienten und eher symbolisch bewaffnet waren. Ihre Panzerung war so schlecht, dass sie von einem Gewehr mit panzerbrechender Munition durchschlagen werden konnte. Pferde bildeten immer noch den Kern der meisten Armeen. Bereits Ende des Krieges war es nur eine Frage der Produktionskapazitäten, einen Panzer in Betrieb zu nehmen, der bei Tag und Nacht einsatzfähig war, eine Kanone besaß, mit Benzin angetrieben wurde, über ein hydraulisches Lenk- und Antriebssystem verfügte sowie mit Abwehreinrichtungen gegen chemische und biologische Waffen ausgestattet war …

Ähnlich verhielt es sich in den meisten anderen Bereichen.

Der technische Fortschritt war nicht nur größer als der, den man zwischen den 1920er und 1930er Jahren beobachten konnte, er war auch größer als alles, was in den 50 Jahren seit dem Ende des Zweiten Weltkrieges bis heute stattfand! Prak-

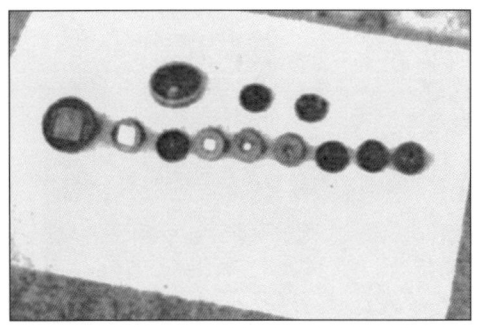

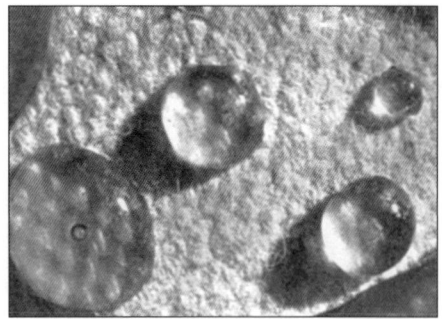

Deutsche Infrarot-Halbleiterdetektoren, hergestellt während des Krieges. (Foto: CIOS)

Kunstfasern beim Wasserdurchlässigkeitstest. (Foto: I. G. Farben)

Ein Dokument aus dem Archiv des US National Air Intelligence Center an der Wright Patterson Air Force Base.

Believe this development would be important for Pacific War. . . . The research directors and staff realize impossibility for continuation of rocket development in Germany. . . . They are anxious to carry on their research in whatever country will give them the opportunity, preferably United States, second England, third France.

Excerpt from letter is as follows:

Dr. von Karman estimates that here at this one place there is information immediately available that would take us at least two years of research in the U.S. to obtain. Also enough here to expedite our jet engine development program by six to nine months.

Recommendations to the Commanding General, U. S. Strategic Air Forces in Europe (Lt. Gen. Carl Spaatz), from his Deputy (Maj. Gen. H. J. Knerr) included the comment, "Occupation of German scientific and industrial establishments has revealed the fact that we have been alarmingly backward in many fields of research. If we do not take this opportunity to seize the apparatus and the brains that developed it and put the combination back to work promptly, we will remain several years behind while we attempt to cover a field already exploited." In addition, it was suggested that immediate dependent families be allowed to accompany the scientists, a move considered essential in view of the political and economic factors involved in their general uprooting. As these and other communications indicate, it was believed urgent that immediate action be taken to transport scientists to the United States without delay. The motivating reason was to insure the employment of those top-ranking scientists who were without question the

tisch alle modernen Trends in der Waf-
fenentwicklung wurden genau in dieser
Zeit angestoßen. Es scheint, als sei dies
der größte technologische Sprung in der
Geschichte unserer Zivilisation gewesen –
unbestritten ein Thema, das einen einge-
henderen Blick verdient. Die Bedeutung
dieser Errungenschaften wird durch den
enormen Umfang an deutschen wissenschaftlichen und technischen Ideen bewiesen, die nach dem Krieg von den USA
und der UdSSR übernommen wurden (es
handelt sich um nahezu 340.000 Patente).
Etwa Ende 2001 hatte ich Gelegenheit, als
einer der ersten unabhängigen Forscher
historische Dokumente aus dem US
National Air Intelligence Center an der
Wright Patterson Air Force Base ausgie-
big zu analysieren. Unmittelbar nach dem
Krieg befand sich dort das Hauptquartier
des technischen Nachrichtendienstes. Aus
den Gesprächen mit einigen älteren An-
gestellten der Basis ging klar hervor, dass
nach Ende des Krieges – als verschiedene
deutsche Prototypen und Pläne untersucht und getestet wurden – in den USA
eine Zeit der „technologischen Gold-
gräberstimmung" anbrach. In den Dokumenten der Luftwaffenbasis stieß ich
auf einen Kommentar von General Hugh
Knerr, der im Jahr 1945 Befehlshaber der
US-Streitkräfte in Europa war:[2]

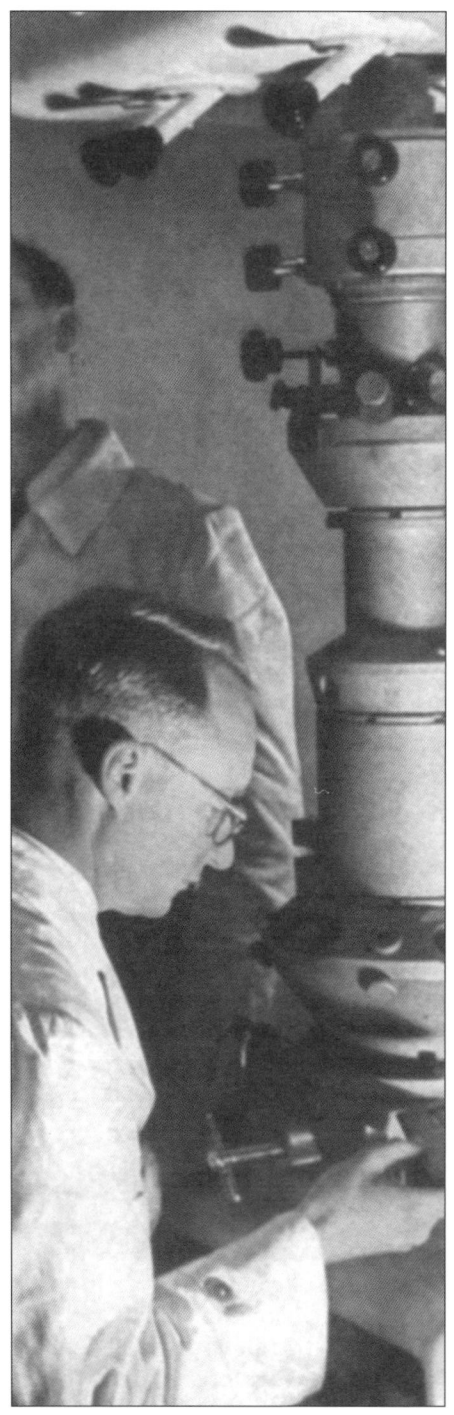

Ein deutsches Elektronenmikroskop aus den 1930er
Jahren, das unter anderem Genforschung durch
die Beobachtung von Veränderungen in Chro-
mosomen ermöglichte. Dank dieser Forschung
konnte ein Krebsvorsorgeprogramm gestartet
werden, das anderen Ländern um rund 30 Jahre
voraus war. Beispielsweise herrschten schon vor
dem Krieg strikte Normen für die zulässige maximale Konzentration karzinogener Substanzen am
Arbeitsplatz. (Foto: AEG)

„Die Übernahme deutscher wissenschaftlicher und industrieller Einrichtungen hat gezeigt, dass wir auf vielen Forschungsgebieten alarmierend zurückliegen. Wenn wir diese Gelegenheit nicht wahrnehmen und die Geräte und deren Erfinder für uns nutzen, werden wir viele Jahre zurückbleiben und gleichzeitig Arbeit leisten, die schon längst vollbracht wurde."

Anschließend erklärte der amerikanische Präsident Eisenhower, dass

„… die deutsche Technologie der der Alliierten um gut zehn Jahre voraus war. Glücklicherweise nutzten die deutschen Befehlshaber diese Überlegenheit nicht aus und merkten erst zu spät, welche Möglichkeiten ihnen dies geboten hätte."

Dieses Thema liefert uns auch für die Zukunft eine Reihe wertvoller Rückschlüsse, wenn wir es unter dem Gesichtspunkt der Entwicklungstheorie betrachten: Warum vollzog sich dieser Prozess so schnell – oder anders gefragt: Warum verlief er nach dem Krieg relativ schleppend?

Die einfache Antwort lautet: Es führt zu nichts, alles mit dem Vorhandensein des totalen Krieges zu begründen. Schließlich waren noch dutzende andere Länder am Krieg beteiligt, die keine derartige Entwicklung vollzogen, und außerdem gab es schon viele Kriege in der Geschichte. Erinnern wir uns daran, dass in einem Zeitraum von etwa fünf Jahren bei Geräten ein technischer Fortschritt von mehreren Generationen erzielt wurde. Heutzutage liegt die Entwicklungszeit eines neuen Panzers oder eines Flugzeugs bei durchschnittlich 15 Jahren.

Ich muss zugeben, dass ich nie auf eine umfassende Analyse dieses Phänomens gestoßen bin. Daher werde ich hier meine eigene Meinung über die Gründe für den rasanten Fortschritt vorstellen.

Selbstverständlich gab es verschiedene Gründe dafür, und der starke Druck staatlicher Institutionen war zweifellos einer der wichtigsten. Im Dritten Reich stand jedoch noch ein zusätzlicher Faktor im Vordergrund. Forschung und Entwicklungsarbeit erwiesen sich für sowohl kleine Betriebe als auch für große Unternehmen als recht profitabel.

Karl Otto Saur, der in Speers Ministerium für die Organisation der Industrieproduktion verantwortlich war, erklärte während eines Verhörs am 9. August 1945, dass das von den Machthabern verhängte System der Festpreise die Kostenvorteile der Massenproduktionen erheblich senkte. Seiner Meinung nach

„verdienten die Konsortien nicht durch die Menge [an produzierten Gütern], sondern durch die ständige Entwicklung neuer und komplexer Arten [von Waffen]."

In diesem Fall waren die Gewinne nicht so strikt beschränkt, da es keine Möglichkeit gab, die genauen Arbeitskosten festzustellen.

Ein entscheidender, jedoch selten erwähnter Motor des technologischen Fortschritts im Dritten Reich stellte auch die Notwendigkeit zur Rationalisierung der technischen Verfahren dar, die durch den Arbeitskräfte- und Rohstoffmangel verursacht wurde. Deshalb wurden zum Beispiel in höherem Maße als irgendwo sonst maschinelle Schneidearbeiten durch Kunststoffverarbeitung ersetzt (Formen, Pressen, Pressschweißen und dergleichen), die erheblich weniger Material und Energie erforderte. Dies führte zu Durchbrüchen wie der Einführung des MP-43-Automatikkarabiners, der fast ausschließlich in Kunststofftechnik hergestellt wurde, oder der Verkleinerung von Vakuumröhren auf Fingerhutgröße. Zusätzlich wurde so die Herstellung von Kunststoffen vorangetrieben. Aber auch dies sind nicht die wichtigsten Gründe. Zwei weitere selten erwähnte Faktoren spielten eine wichtige Rolle:

1. Es lohnt darüber nachzudenken, wie Fortschritt an sich zustande kommt. Ich bin bestimmt nicht allein der Meinung, dass er sich als Projektion einer Kultur definieren lässt – damit meine ich natürlich nicht die Art und Weise, wie Bestecke auf den Tisch gelegt werden, sondern vielmehr ein Gedankengebäude, das von einer Zivilisation geschaffen wurde. In diesem Fall kommt die wertvollste Errungenschaft Europas während der letzten Jahrhunderte ins Spiel, und zwar die Tradition intellektueller Kritik und ihre Haupterscheinungsform: der Relativismus der Ideen. In moralischer Hinsicht wird dieser oft negativ bewertet (und letztlich haben die technologischen Errungenschaften des Dritten Reiches zumindest eine fragwürdige moralische Dimension, auch wenn man sich fragen muss, ob man den reinen wissenschaftlichen und technologischen Fortschritt überhaupt von einem moralischen Standpunkt aus bewerten kann). Der Relativismus der Ideen ist jedoch eine notwendige Voraussetzung für Fortschritt. Ohne ihn neigt eine Kultur dazu, auf der Stelle zu treten. Dies allein genügte jedoch noch nicht, sondern stellte nur den Ausgangspunkt für einen bestimmten Prozess dar, der einen weiteren Faktor bedingt:

2. Bei einer Analyse der Leistung Deutschlands während der Kriegszeit überrascht die recht ungewöhnliche Art und Weise, mit der die Wissenschaft für die Rüstungsindustrie gesteuert und nutzbar gemacht wurde. Forschungsarbeit wurde in vielen verschiedenen Richtungen gleichzeitig betrieben, und dies bewirkte, dass die „Vorauswahl" durch die akademische Wissenschaft im Vergleich zu heute viel weniger rigoros gehandhabt wurde. Forschung und Wissenschaft wurden nicht durch Professoren kontrolliert, jedenfalls nicht in dem Umfang, dass sie die Wissenschaft völlig in der Hand hatten. Die akademische Ausgrenzung neuer Ideen wurde abgeschafft oder zumindest stark eingeschränkt. Sonst wäre wahrscheinlich nicht einmal die V2-Rakete gebaut worden. Ursprünglich hielt es der Britische Nachrichtendienst, gestützt auf die Meinung verschiedener Professoren, für unmöglich, eine so große Flüssigtreibstoffrakete zu bauen. Erste Bruchstücke der Rakete fielen der polnischen Heimatarmee in die Hände (der AK, der größten militärischen Widerstandsorganisation im besetzten Polen), wo sie für viel Aufregung sorgten. Heutzutage erscheinen uns diese Leistungen nicht besonders außergewöhnlich; damals bedeutete jedoch schon die Erfindung

des Deltaflügels einen wichtigen psychologischen Durchbruch. Lassen sie uns vergegenwärtigen, wie lange man in den meisten Armeen bis zur Wende der 1930er und 1940er Jahre den entscheidenden Vorteil gepanzerter Streitkräfte übersah. Panzer verschwendeten ihr Potential, indem sie nur zur Unterstützung der Infanterie eingesetzt wurden (Frankreich hatte mehr Panzer als das angreifende Deutschland). Dasselbe trifft für das Konzept des Sturzkampfbombers zu, und es ließen sich unzählige weitere Beispiele finden.

Je ungewöhnlicher eine Idee, desto größer und irrationaler ist der Widerstand, sie in die Tat umzusetzen. Einstein hätte Roosevelt wahrscheinlich niemals vom Bau der Atombombe überzeugen können, wenn es keine Informationen über dementsprechende Anstrengungen in Deutschland gegeben hätte. Noch 1923 schloss Robert Millikan, allgemein anerkannte Autorität und Nobelpreisträger, kategorisch jede Möglichkeit aus, dass jemals ein Atomkern gespalten werden könne. Nach dem gleichen Prinzip leugnete der herausragende amerikanische Astronom F. R. Mouton 1932 die Möglichkeit des bemannten Raumflugs.

Wer jemals mit Professoren gesprochen hat, der weiß, dass der Widerstand gegen neue Ideen sehr groß ist. Das Hauptkriterium ist, ob diese Ideen sich mit bereits vorhandenem Wissen erklären lassen. Die Wissenschaft beschäftigt sich nicht mit dem, was sie nicht kennt, und vor allem nicht mit dem, was sie nicht versteht. Dies ist heutzutage das größte Entwicklungshemmnis. Infolgedessen ist die Erforschung von Phänomenen wie etwa der „Trennung von magnetischen Feldern", die in Teil 2 beschrieben wird, derzeit fast unmöglich. Es ist einfach etwas völlig Neues.

Die vorherrschende Regel in diesen Dingen lautet, dass wir immer nur diejenigen Dinge in der Welt sehen, die vorher schon in unserem Kopf angelegt sind. Oder anders ausgedrückt: Wenn die Idee nicht schon im Kopf existiert, dann übersehen unsere Augen die Tatsachen. Nach landläufiger Auffassung geschehen Durchbrüche ganz plötzlich, quasi als unmittelbare Erkenntnis. In Wahrheit ist dies jedoch so nie der Fall. Informationen über einen bestimmten Aspekt der Realität sind schon immer vorhanden, nur wird er nicht immer auch wahrgenommen. Von hier aus ist es dann nur ein kleiner Schritt, die Realität an die existierenden Theorien anzupassen.

Die Neuausrichtung der Wissenschaft, zu der das Dritte Reich gezwungen war, brachte daher nicht nur eine Optimierung der schon vorhandenen Strukturen mit sich, sondern auch Entwicklungen, die schlicht als revolutionär bezeichnet werden müssen. Ohne eine solche Neuausrichtung werden wir uns auch heute weiter in einem magischen Kreis drehen, egal, wie viel Geld uns zur Verfügung steht. Anscheinend können solche Entwicklungen nur unter bestimmten Voraussetzungen, auf einer bestimmten Stufe des sozialen Bewusstseins stattfinden. Wir brauchen etwas, das unserer heutigen Massenkultur entgegensteht (die echte Information eher unterdrückt) – wir benötigen jene Tradition der intellektuellen Kritik, den „positiven Relativismus der Ideen". Und auch wenn es den Anschein haben mag: Für eine solche Geisteshaltung ist kein Krieg erforderlich, und mit Sicherheit auch kein Nationalsozialismus!

Das Konzept der Vergeltungswaffen

Bei den Waffen, die sich hinter dem Titel dieses Kapitels verbergen, handelt es sich wider Erwarten nicht nur um die V1, V2 und V3. Das Konzept einer Vergeltungswaffe entwickelte sich im Laufe der Zeit und umfasst außerdem eine Reihe von Projekten, die man als „zweite Generation der Vergeltungswaffen" bezeichnen kann. Wodurch zeichneten sie sich aus?

Diese Frage lässt sich natürlich leicht beantworten, indem man sich auf die deutsche Klassifikation bezieht – und lediglich die Projekte der „V"-Serie betrachtet. Die Frage ist jedoch nicht so leicht zu beantworten, da bereits eine Reihe von Weiterentwicklungen existierten, die nicht unter dieser Klassifikation geführt wurden, auch wenn sie viele Gemeinsamkeiten mit der V1 und V2 aufweisen. Deshalb müssen wir uns auf eine Regelung einigen, die „Vergeltungs"- von „konventionellen" Waffen abgrenzt. Es scheint, als seien die Vergeltungswaffen in erster Linie als Langstreckenwaffen konzipiert worden, die nicht militärische Ziele, sondern die feindliche Zivilbevölkerung angreifen sollten. Natürlich kann eine solche Abgrenzung nie ganz eindeutig sein, und das gilt mehr oder weniger auch für viele der in den folgenden Kapiteln beschriebenen Waffen, vor allem aber für strategische Nachkriegsraketen.

Aus diesem Grund sollte man dieses Programm eher als historische Errungenschaft sehen. Zu Beginn wollen wir betrachten, wo das für die Nachkriegszeit so bedeutende Konzept der „Vergeltungsschläge" und der „Abschreckung" seinen Ursprung hat. Manchen Leser mag dies überraschen, aber der Urheber dieser Konzepte war Hitler, obgleich die Bedeutung, die möglichen Ziele sowie die Grundsätze für den Einsatz von Vergeltungswaffen anfänglich noch nicht eindeutig definiert waren. Der Hauptgrund für das Interesse des Führers an ihnen war schlichtweg ihre Modernität. Die Armee brauchte einen Impuls mit der neuesten Technologie, die mit ihrer qualitativen Überlegenheit die zahlenmäßige Unterlegenheit wieder wettmachen und durch ihre radikal neuen Einsatzmöglichkeiten die Richtung der sich verschiebenden Grenzen auf der Karte Europas hätte umkehren können. Kurzum, es waren rein militärische Gründe, motiviert durch neue Einsatzmöglichkeiten.

Als es bei der Entwicklung der Vergeltungswaffen im Laufe der Zeit an die harten technischen Fakten ging, bildete sich ein zweiter vorherrschender Aspekt heraus: der Terrorfaktor. Dieser Aspekt lässt sich größtenteils auf die speziellen Sichtweisen und Merkmale von Hitlers Charakter zurückführen, der anstatt einfacher militärischer Strategien oft offensive Aktionen bevorzugte und tendenziell die psychologischen Auswirkungen einer Waffe bevorzugte, anstatt rein militärische und rationale Effekte zu erwägen. Dies lässt sich am Verlauf zahlreicher Operationen ablesen. Der Mann, der Hitler vielleicht am besten kannte, war Albert Speer. Nach dem Krieg schrieb er:[1]

> „... sogar als Führer zog er dabei hauptsächlich die psychologische Wirkung, und nicht die militärische Wirkung einer Waffe in Betracht. Ein Beispiel dafür war seine Idee, auf die von den Stukas abgeworfenen Bomben Sirenen anzubringen, deren demoralisierende Wirkung für ihn wichtiger war als die explosive Kraft der Bomben selbst." [1]

Wernher von Braun in den frühen 1930ern. Wer hätte damals geahnt, dass seine Raketen den Menschen irgendwann zum Mond bringen würden?
(unbekannter Fotograf)

Die V1 im Flug. (Foto: Bundesarchiv)

Das Thema der Vergeltungswaffen nahm realistischere Gestalt an, als die Deutschen den Kampf um Großbritannien zu verlieren drohten. Unabhängig von den bereits vorhandenen psychologischen Faktoren wurde eine Waffe erforderlich, die die Aufgabe der Luftwaffenbomber übernehmen konnte, Luftschläge in großer Entfernung durchzuführen. All dies sollte zudem ohne Luftüberlegenheit und völlig ohne die Deckung der eigenen Kampfflieger möglich sein. Hitler beharrte auf anhaltenden und zermürbenden Angriffen, die für den Feind zu einer Psychose aus permanenter, unausweichlicher und unberechenbarer Gefahr werden sollte.

Ursprünglich wollte er dieses Konzept mit Hilfe eines neuen Bombers verwirklichen. Das wäre zumindest eine sehr eigentümliche Form der Luftkriegsführung gewesen: Der Flugingenieur Ernst Heinkel hielt für einen Erfolg dieser Strategie lediglich 40 bis 50 Maschinen für erforderlich, die bei einer Fluggeschwindigkeit von 750 – 800 km/h in einer Höhe von 14.000 Metern außer Reichweite der alliierten Kampfflieger gewesen wären. Möglich wurde das auf alle Fälle relativ schnell – mit der Einführung der Strahlbomber gegen Kriegsende.

V1 Start aus einem Katapult. (Foto: Bundesarchiv)

Um die größtmögliche „Einschüchterung" zu erreichen, hätten sie bei Tag und Nacht fliegen müssen (Hitler war geradezu begeistert von der Vorstellung, dass Millionen von Menschen nur wegen ein paar wenigen Bombern aus ihren Betten springen würden); jeder Bomber sollte jedoch nur eine einzige große Bombe abwerfen. So unglaublich dies klingen mag, glaubte Hitler ernsthaft daran, dass seine Truppen mit Hilfe dieses minimalen, aber modernen „Terroreffektes" den Verlauf des Krieges umkehren könnten. Es ist schon sonderbar, dass sich diese Überzeugung so lange hielt, obwohl auch die alliierten Luftangriffe, die in unvergleichlich größerem Ausmaß auf deutsche Städte niedergingen, den deutschen Kampfwillen nicht brechen konnten.

Die erste Waffe aus dem Repertoire der Vergeltungswaffen ist natürlich die V1, obwohl die Arbeiten an der V2 sich über einen beträchtlich längeren Entwicklungszeitraum erstreckten.

Die V1

Der Erfinder des Konzeptes der „geflügelten Fernbombe" – oder wie wir heute sagen würden, des ersten Marschflugkörpers – war Dr. Fritz Gosslau, Versuchsingenieur bei den Fieseler-Werken. Die Idee selbst entstand kurz vor Ausbruch des Krieges. Von Beginn an stieß sie bei der Luftwaffe auf Ablehnung, trotzdem entschloss sich Gosslau für die Weiterführung der Forschungen mit dem Ziel der Konstruktion eines Prototyps gegen Ende 1941.

Für den Antrieb der Bombe wollte er ein einfaches und günstiges Triebwerk verwenden, wie das Verpuffungsstrahltriebwerk, das 1939 im Auftrag des Luftfahrtministeriums in seiner Firma entwickelt wurde. Trotz des hohen Kraftstoffverbrauchs dieses Antriebs waren seine einfache Bauweise und der Verzicht auf knappe Materialien unter Kriegsbedingungen entscheidende Vorteile. Der Antrieb wurde ohne Rotor gebaut, das heißt ohne Kompressor und Turbine. Er basierte auf dem Prinzip des Kolbentriebwerks mit einem Kompressions-, Verbrennungs- und Abgaszyklus, nur dass dieser auf eine völlig andere Weise ablief. Die Brennkammer bestand aus einem Stahlrohr mit einem Durchmesser von etwa 0,5 Metern, besaß eine Öffnung auf der einen und einen Lufteinlass mit Ventilsystem auf der anderen Seite. Damit das Triebwerk arbeiten konnte, war eine bestimmte Anfangsgeschwindigkeit nötig, und es funktionierte auf folgende Weise: Der Luftdruck an der Vorderseite öffnete die auf Federn montierten Ventilansaugdichtungen, und die Brennkammer füllte sich mit dem Brennstoff. Danach folgte die Zündung, was einen plötzlichen Druckanstieg im Rohr bewirkte, der die Ventilansaugdichtungen wieder schloss. Die Abgase entwichen durch die Kraft ihres eigenen Druckes und gaben so einen Rückstoß. Durch die große Länge des Rohres und die Trägheit des Benzins entstand in der Brennkammer ein Unterdruck; die Ansaugventile öffneten sich und der ganze Zyklus begann von vorn. Die Zündkerze diente nur zum Anlassen des Triebwerkes. Danach wiederholte sich der Zyklus automatisch, bis entweder der Treibstoff verbraucht war oder die Versorgung unterbrochen wurde. Beim Argus As-109-Triebwerk wiederholte sich dieser Zyklus 40 bis 45 Mal pro Sekunde, wodurch ein ähnlich lautes Geräusch entstand wie bei einem laufenden Kolbentriebwerk. Andererseits war dies aufgrund der starken Vibrationen mit einer beträchtlichen Belastung der Konstruktion verbunden. Auf Grundlage dieses Triebwerkes entwickelte Gosslau seine „fliegende Bombe" mit einem Sprengkopf von einer Tonne. Rumpf und Flügel waren aus Stahl mit Holzelementen (vor allem die Flügel) gefertigt. Die Metallverkleidung bestand aus einer dünnen, weniger als drei Millimeter starken Stahlschicht. Im Gegensatz zur V2 war der Bau der V1 und insbesondere ihres Antriebes äußerst kostengünstig und einfach. Der erste Entwurf wurde der technischen Abteilung des Luftfahrtministeriums unter dem Arbeitstitel „Fieseler Fi-103" am 5. Juni 1942 zur Beurteilung vorgelegt. Die sich ständig verschlechternde militärische Lage und hauptsächlich die Niederlage im Kampf um Großbritannien veränderten die bisherige Haltung des Militärs gegenüber dieser Waffenart. Hitler forderte Vergeltungswaffen, die in großen Mengen produziert und eingesetzt werden konnten. Noch im selben Monat wurde dem Projekt Fi-103 oberste Priorität zugewiesen. Gleichzeitig erhielt die Rakete den militärischen „Decknamen" *Flakzielgerät 76* (FZG 76). Marschall Milch setzte große Hoffnung in das Projekt, für das er im Auftrag der Luftwaffe verantwortlich war. Der bisher schwerwiegende Nachteil der begrenzten Genauigkeit, die im Hinblick auf „normale" Ziele entschieden zu gering war, verlor mit der Veränderung der militärischen Lage an Gewicht. Die technischen Ansprüche und die Besonderheit des voraussichtlichen militärischen Einsatzes passten zur charakteristischen Sichtweise Hitlers: begrenzte Ressourcen – und große psychologische Wirkung.

Mit der Weiterentwicklung der Fi-103 wurde die Erprobungsstelle der Luftwaffe in Karlshagen bei Peenemünde beauftragt, wo Major Otto Stams im August 1942 zum kommandierenden Offizier ernannt wurde. Auf einem örtlichen Flughafen wurde eine Startvorrichtung für die Raketen aufgestellt. Um den militärischen Ansprüchen gerecht zu werden, mussten viele Bauteile überholt oder von Grund auf neu entwickelt werden. Diese Arbeit wurde in ein größeres Programm namens *Vulkan* integriert, in dem Fernlenkwaffen für die Luftwaffe entwickelt wurden. Neben der Verbesserung des Triebwerks und der Flugzeugzelle wurden der Kreisel-Autopilot und die Startvorrichtung komplett neu entworfen. Zu diesem Zweck wurden Spezialisten der Firma Askania (Autopilot) und der Rheinmetall-Borsig AG angestellt. Den Deutschen gelang es sehr rasch, bis zum 1. September 1942 den ersten Prototyp für Versuche während des Fluges fertig zu stellen, obwohl das Triebwerk noch nicht vollständig durchgeprüft worden war und besonders bei hohen Geschwindigkeiten zahlreiche Probleme verursachte.

Am 26. Mai 1943 wurde eine Konferenz des „Forschungsrats für Langstreckenraketen" in Peenemünde organisiert, an der Generäle der Luft- und Bodenstreitkräfte teilnahmen, darunter Milch, Keitel, Olbricht und Fromm sowie Admiral Karl Dönitz als Vertreter der Marine und Albert Speer, der Reichsminister für Bewaffnung und Munition. Ziel der Konferenz war es, die beiden bislang „rivalisierenden" Vergeltungswaffen, die Fi-103 und die A4, zu bewerten. Nach langer Diskussion einigte man sich mit dem Leiter des deutschen Raketenwaffenprogramms Dornberger, dass beide Waffentypen ihre Vor- und Nachteile besäßen, die sich nicht ausschlossen, sondern eher als sich ergänzend betrachtet werden sollten. In diesem Zusammenhang bekamen beide Projekte oberste Priorität. Dies war ein großer Erfolg für die Luftwaffe, da die beiden Versuche mit der Fi-103 im Gegensatz zur A4 vor den Augen der Ratsmitglieder peinlich gescheitert waren: Eine Rakete stürzte kurz nach dem Start ab, die andere schaffte es erst gar nicht abzuheben. Es war offensichtlich, dass die „Flugbombe" weiterer Verbesserungen und vieler Monate Forschungsarbeit bedurfte. In der Zwischenzeit wurden die Mittel und Möglichkeiten zum Bau von kriegsfähigen Abschussrampen untersucht. Es stand noch nicht fest, ob feste Betonbauten verwendet werden sollten, die gut gegen Luftangriffe geschützt wären, oder ob schlichte, dafür jedoch zahlreichere Feldrampen zu bevorzugen waren, die einfach aufzubauen wären. Im Juni 1943 wurde als Kompromiss schließlich entschieden, vier befestigte Betonabschussrampen und 96 Feldrampen vor der Küste des Ärmelkanals zu errichten. Die Aufstellung der ersten Kampfeinheiten war eingeleitet. Unterdessen wies nichts darauf hin, dass die technischen Probleme mit der Rakete schnell gelöst werden könnten. Von den 68 Raketen, die während der ersten zwei Monate nach der Peenemünde-Konferenz abgefeuert wurden, absolvierten nur 28 einen als erfolgreich eingestuften Flug (41 %). Viele der Raketen stürzten aus ungeklärter Ursache kurz nach dem Start ab. Den Deutschen war es immer noch nicht gelungen, einige der Zielsysteme zu überprüfen, darunter auch das wichtige Navigationssystem. Der angestrebte Zeitplan des Angriffs auf London am 15. Dezember 1943 schien daher völlig unhaltbar. Die Produktionspläne sahen ähnlich unrealistisch aus: Man plante die Auslieferung von 100 Raketen im August 1943, von 500 im September, von 1.000 im Oktober, von 1.500 im November und später dann von stufenweise 2.000 bis 5.000 pro Monat an die Luftwaffe. Gleichzeitig lagen

Testabwurf der V1 von einem He-111 Bomber.
(Foto: Militärarchiv)

die Einschläge der getesteten Raketen so weit auseinander, dass keine angemessene Garantie für einen direkten Treffer auf London gegeben werden konnte. Am 10. September sagte Marschall Milch:

> „Ich werde zufrieden sein, wenn die Fi-103 überhaupt funktionieren wird, damit wir sie im Gefecht einsetzen können."

Dies widersprach seinen extrem optimistischen Erwartungen hinsichtlich ihrer militärischen Wirkung. Er mutmaßte, dass London einem Massenangriff nicht länger als zwei bis drei Tage standhalten könnte – eine völlig unlogische Annahme, da auch deutsche Städte oft unter schweren Angriffen noch funktioniert hatten, die in ihrer Heftigkeit zumindest gleich stark gewesen waren.

Die Volkswagenfabrik in Fallersleben war das erste Werk, das die Fi-103 produzieren sollte. Doch bald wurde es erforderlich, die Forschungs-, Versuchs- und Produktionspläne für die V1 sowie das Problem der Abwehr der gegnerischen Spionage erneut zu prüfen. Um die gegnerische Spionage auszuschalten, wurde auf den Einsatz ausländischer Arbeitskräfte verzichtet. Infolge der Baumängel an der Fi-103 wurde im November die Produktion in Fallersleben gestoppt.

Später wurde die unterirdische Anlage „Mittelwerk" nahe Nordhausen im Harzgebirge für die Produktion der V1 und V2 ausersehen. In diesem Zusammenhang übernahm das neu geschaffene Unternehmen Mittelwerk GmbH die Fabrik. Es wurden zwei parallel verlaufende Tunnel durch den Kohnstein gebohrt, deren Hauptversorgungstrakte 10 m breit und 7,5 m hoch waren. Zwischen den Haupttunneln befanden sich 50 quer verlaufende Produktionshallen für die einzelnen Konstruktionsphasen, jede mit einer Länge von 140 m. Als die Fabrik von Mittelwerk übernommen wurde, belief sich ihr Volumen auf 875.000 m^3 und die Fläche der Tunnel und Stollen auf 125.000 m^2. Die Arbeiter waren Gefangene des Konzentrationslagers Nordhausen, größtenteils Polen, Franzosen und Russen. Die Montage der „V-Raketen" und die Produk-

Karte mit dem System der unterirdischen Fabrikanlage unter dem Kohnstein. Die Tunnel, die tatsächlich gebaut wurden, sind schwarz unterlegt, die geplanten weiß. (I. Witkowski)

tion verschiedener Komponenten erfolgte zusätzlich in anderen unterirdischen Anlagen, darunter die Produktionsstätten der Askania Werke AG nahe Helmstedt (verantwortlich für das Steuersystem) oder die unterirdischen Fabriken des AEG Konsortiums in der Nähe von Hadmersleben und Hersbruck, in denen elektronische Bauteile produziert wurden.

Der Anfang des Jahres 1944 brachte einen weiteren „Umschwung" in Hitlers Plänen – zum Vorteil der V1. Die technischen Konstruktionsmängel ließen sich nur durch intensive Forschung beheben. Von nun an wurden die Raketen in großer Anzahl, und nicht mehr ausschließlich an der Ostsee getestet, so z. B. auf dem Flugplatz Udetfeld in Oberschlesien und Mitte März dann auch im Gebiet um Blizne im besetzten Polen, von wo bisher nur die V2 gestartet worden war. Auch in der Region zwischen Lublin und Chelm in Polen wurden „Flugbomben" gestartet. In einem der deutschen Berichte ist zu lesen:

Die V1, Nahaufnahme der Lufteintrittsöffnung.
(Foto: I. Witkowski)

> „Bei einem Zwischenfall wurden Menschen und Tiere unmittelbar durch die Explosion getötet. Außerdem brannten Wohnhäuser und andere Gebäude ab. Als Ergebnis des 12. Starts wurde das Dorf Adampol teilweise in Schutt und Asche gelegt."

Schließlich gelang es den Deutschen, die Streuung der Einschläge auf ein akzeptables Maß zu reduzieren. Zwischen dem 18. August und dem 26. November 1944 wurden fast 260

Die V1 im National Air and Space Museum in Washington.
(Foto: I. Witkowski)

Eine abgestürzte V1-Rakete, gefunden von amerikanischen Soldaten in Frankreich. (Foto: US Army)

Raketen gestartet, von denen jedoch nur 17 % in das 225 km entfernte Zielgebiet (Durchmesser: 30 km) oder in das 100 km entfernte Zielgebiet (Durchmesser: 15 km) einschlugen. Im Oktober erreichte man jedoch schon eine Rate von 32 %, die sich bis zum November auf 46 % erhöhte. Die Produktion in den Fabriken des Mittelwerks in Nordhausen kam nun vollends in Gang.

In Zusammenhang mit der Invasion der Normandie wurde der Befehl erlassen, am 12. Juni „schnellstens" mit den Angriffen zu beginnen, eine Frist, die jedoch nicht eingehalten werden konnte. Die Kampfeinheiten waren immer noch nicht angemessen vorbereitet, und es gab Probleme mit dem Nachschub, bedingt durch die Eröffnung einer neuen Front und die Bombardierung vieler Eisenbahnknotenpunkte.

Es gelang den Deutschen nie, rechtzeitig konzentriertes Perhydrol für den Antrieb der Startvorrichtungen zu liefern. Infolgedessen wurden an diesem Tag lediglich zehn Raketen in Richtung London abgeschossen, von denen nur vier England erreichten; fünf stürzten direkt nach dem Start ab.

Schließlich wurde entschieden, den Beginn der Operation drei Tage später, kurz vor Mitternacht zu wiederholen. 55 Startrampen eröffneten das Feuer, das bis zum Nachmittag des

Überreste der V1 in einer der Hallen des Mittelwerks. (Foto: I. Witkowski)

folgenden Tages andauerte (16. Juni 1944). Während dieser 24 Stunden wurden fast 100 V1-Raketen gestartet, bis zum 18. Juni waren es schon 500. Abhängig von der Position der Startrampe und anderen Faktoren dauerte die Flugzeit nach London etwa 25 Minuten.

Nach zehn Angriffstagen registrierten die Engländer bereits 370 direkte Treffer auf London. Am 28. Juni traf eine V1 das Gebäude des Luftwaffenministeriums und tötete dabei 198 Menschen. Kurze Zeit später belief sich die Anzahl der Opfer sowie zerstörter und beschädigter Gebäude auf die Tausende. Die Produktionsleistung der Londoner Kriegsfabriken fiel um etwa ein Sechstel.[3,4,5]

Alles in allem gelang es den Deutschen, bis zum Ende des Jahres 6.046 Raketen zu starten, von denen jedoch 1.681 (27,8 %) abstürzten, 795 davon in unmittelbarer Nähe der Startrampe. Die größte Intensität der Operationen wurde in der Anfangsphase verzeichnet: 1.000 V1-Raketen verließen die Startrampen während der ersten paar Tage der Operation bis zum 21. Juni. Im folgenden und letzten Kriegsjahr starteten 1.279 Raketen, von denen 986 Großbritannien erreichten. Die beträchtliche Anzahl missglückter Flüge enthüllte den hektischen Charakter der Produktion, Vorbereitung und des Einsatzes dieser innovativen Waffe. Es ist ein Beleg für die technischen Mängel und Defizite, die hätten beseitigt werden können, wenn die Zeit nicht derart gedrängt hätte. Ein relativ großer Prozentsatz an „Verlusten" war auf die trotz der einfachen Bauweise mangelhafte Wartung der Katapulte zurückzuführen. Bis zum 6. August, also noch in den beiden ersten Monaten der Operation, explodierten 34 Raketen beim Start.

Nach kurzer Zeit wurde beschlossen, nach den Ausfallursachen zu suchen. Die 245 Raketen, die bis zum 24. Juli abgestürzt waren, wurden anhand der Ursache ihres Absturzes kategorisiert. Die meisten Abstürze, nämlich 70 (28,6 %), wurden durch Fehler in der Flugwerkskonstruktion verursacht, 62 (25,3 %) durch falsche

Die Hungerford Bridge in London nach dem Treffer einer V1-Rakete. (Foto: US Army)

Bedienung des Katapults, 40 (16,3 %) durch Triebwerksprobleme, 34 (13,9 %) durch Fehlfunktionen in den Navigations- und Steuersystemen (es kam vor, dass Raketen in der Luft um die Startrampen „kreisten"), und fünf (2,0 %) gingen auf Fehler des Wartungspersonals zurück. Die Ursache für 34 Vorfälle konnte nicht ermittelt werden.

Während der letzten Kriegsmonate konnten die Deutschen ihre Vergeltungswaffe 1 nicht mehr länger gegen Großbritannien richten, stattdessen nahmen sie nun Belgien ins Visier.

Abschließend sollte nun die tatsächliche Auswirkung der Rakete nach einjährigem Kampfeinsatz zusammengefasst werden. Insgesamt feuerten alle Bodenrampen 20.880 Raketen ab; nur 18.435 trafen nach den verfügbaren Aufzeichnungen auch ihr Ziel. Die folgenden Zahlen geben die Treffer auf einzelne Städte wieder: 7.796 Treffer auf London, 44 auf Southampton, 7.687 auf Antwerpen, 2.775 auf Liege und 133 auf Brüssel. Daneben wurden rund 1.600 V1-Raketen von KG-3- und KG-53-Bombergeschwadern in Richtung London, Southampton, Gloucester und Manchester abgeworfen.

Technische Details der V1 (Fi-103 A1)

Startgewicht:	2.152 kg
Sprengkopfmasse:	830 kg
Länge:	8,35 m
Reichweite:	240 km
Triebwerkslänge:	3,66 m
Rumpfdurchmesser:	0,84 m

Die V2

Vom rein technischen Standpunkt aus betrachtet war die V2-Rakete eine viel interessantere Konstruktion. Obwohl sie den Gipfel der damaligen Technik darstellte, war sie im Grunde eine sehr fortschrittliche Weiterentwicklung amateurhafter Raketen der frühen 1930er Jahre.[3]

Rudolph Nebel, Klaus Riedel und eine Gruppe von Raketentechnikbegeisterten bauten 1930 die erste Versuchsrakete mit dem Namen *Mirak* – eine Abkürzung des Wortes „Minimumrakete". In dieser Gruppe befand sich der damals noch gänzlich unbekannte 18-jährige Baron Wernher von Braun. Für die Testflüge mieteten diese Enthusiasten einen alten Reichswehrschießplatz in Reinickendorf am Stadtrand von Berlin. Es war September 1930.

Ende 1938 präzisierte der Wehrmachtsstab schon die ersten Anforderungen an die noch nicht entworfene A4, die auch als V2 bekannt wurde. Sie sollte bis Ende

1942 einsatzbereit sein. Dazu plante man den Ausbau einer Forschungsbasis, deren Standort schon im April 1936 endgültig ausgewählt worden war: Peenemünde. General Becker (der das Heereswaffenamt vertrat) und General Kesselring (von der Luftwaffe) unterschrieben ein Abkommen über den gemeinsamen Bau und die Nutzung eines großen Forschungszentrums auf der Insel Usedom. Für dieses Ziel wurden 20 Millionen Mark vorgesehen, und schon ein Jahr später zogen die Raketenexperten nach Peenemünde um. Ihre Möglichkeiten waren jetzt unvergleichlich größer. In erster Linie konzentrierten die Deutschen ihre Kräfte auf den Bau eines Überschallwindkanals, der bisher noch fehlte. Mit dem bisherigen konnten nur relativ kleine Modelle untersucht werden: Er hatte einen Querschnitt von 10 x 10 cm. Bald wurde jedoch ein zweiter mit einem Querschnitt von 40 x 40 cm gebaut, in dem Strömungsgeschwindigkeiten von bis zu fünf Mach erreicht werden konnten. Die Zahl der Beschäftigten in diesem Komplex stieg kontinuierlich von anfangs 50 auf 15.000 Personen im Jahr 1943.

Die Fortschritte bei den in Peenemünde durchgeführten Raketenversuchen überzeugten langsam auch die Militärs von der militärischen Bedeutung der Raketen und dem riesigen Entwicklungspotential dieses neuen Kriegsgeräts. Sie konnten in absehbarer Zukunft nicht nur das Parisgeschütz aus dem Ersten Weltkrieg, sondern sogar beliebige andere moderne Transportmittel (auch Flugzeuge) hinter sich lassen. Der Rüstungswettlauf, der durch die intensiven Vorbereitungen der Deutschen auf den Krieg in Gang gesetzt wurde, ermöglichte den Wissenschaftlern in Peenemünde, ihre kühnsten Vorhaben zu verwirklichen.

Im November 1938 befahl General von Brauchitsch, mit den Vorbereitungen zur Serienproduktion der A4-Raketen zu beginnen, damit diese Phase sofort nach Abschluss der Versuche erreicht werden konnte. Mit der Aufsicht über diese Arbeiten wurde eine Spezialgruppe aus der Forschungs- und Entwicklungsabteilung des Heereswaffenamtes beauftragt, deren Leitung Oberst Dornberger übernahm.

Die Entwicklung eines finalen, für die damalige Zeit supermodernen

V2-Raketen mit militärischer Tarnbemalung, aufgestellt auf mobilen Startrampen. (Foto: National Air and Space Museum, Washington)

Triebwerks für die A4-Rakete befand sich zu diesem Zeitpunkt in der Endphase. Es war das Verdienst von Dr. Walter Thiel, Ingenieur Pöhlmann und vielen ihrer Mitarbeiter. Im Ergebnis wurde ein Triebwerk mit einem Schub von 25 Tonnen, jedoch sehr kleinen Abmessungen (die Länge der Brennkammer betrug lediglich 30 cm) und sehr hohem Wirkungsgrad (ca. 95 %) entwickelt. Die ersten Versuche auf dem Prüfstand hatte dieses Triebwerk im Frühjahr 1939 absolviert. Nun war ein Schlüsselstadium auf dem Weg zur Konstruktion von Prototypen der späteren V2 erreicht.

Wie sich herausstellte, hatte der als „Vater der V2" bekannte Wernher von Braun fast überhaupt nichts mit der Entwicklung der Triebwerke für die „A"-Raketen zu tun. Der wahre Urheber des „Herzstücks" der Rakete war das vergessene Genie der deutschen Raketentechnik Dr. Walter Thiel, der auch durch die Entwicklung eines mächtigen Triebwerks mit einem Schub von 200 Tonnen für die A9/A10-Baugruppe berühmt wurde.

Thiel selbst kam während eines RAF-Luftangriffs auf Peenemünde in der Nacht

vom 17. auf den 18. August 1943 ums Leben. Es war wahrscheinlich der größte Verlust der Deutschen während dieser Nacht; die Forschungs- und Produktionsgebäude wurden nämlich nicht sonderlich beschädigt (allerdings kamen viele Zwangsarbeiter ums Leben, darunter auch Polen).

Forschungen an Triebwerken für Flüssigtreibstoff, mit Sauerstoff als Oxidator, wurden noch vor dem Krieg initiiert. Der erste Erfolg bestand in der Entwicklung eines Triebwerks mit einem einzigen Injektor und einem Schub von einer Tonne. Der Injektor war hier gleichzeitig die Vorbrennkammer für den Treibstoff und den Oxidator.

Dieses System wurde zur Grundlage des V2-Triebwerks. Während der gesamten Entwicklungsgeschichte wurde das Schlüsselelement, der Injektor, so gut wie nicht verändert, einzig deren Anzahl sowie die Größe der Brennkammer und der Düse wurden erhöht. Zuerst wurde ein Triebwerk mit drei Injektoren und einer Schubkraft von vier Tonnen

Vorbereitungen für den Start einer V2-Rakete von einer Bahnabschussrampe (Foto: Militärarchiv)

gebaut, und schließlich die Endversion des Triebwerkes für die V2 mit 18 solcher Injektoren.

Die Vergrößerungen an der Rakete warfen gleichzeitig das Problem ausreichender Kühlung auf, denn je größer das Triebwerk, desto höher ist die produzierte Wärme. In der Praxis flossen während der ersten fünf bis sieben Sekunden

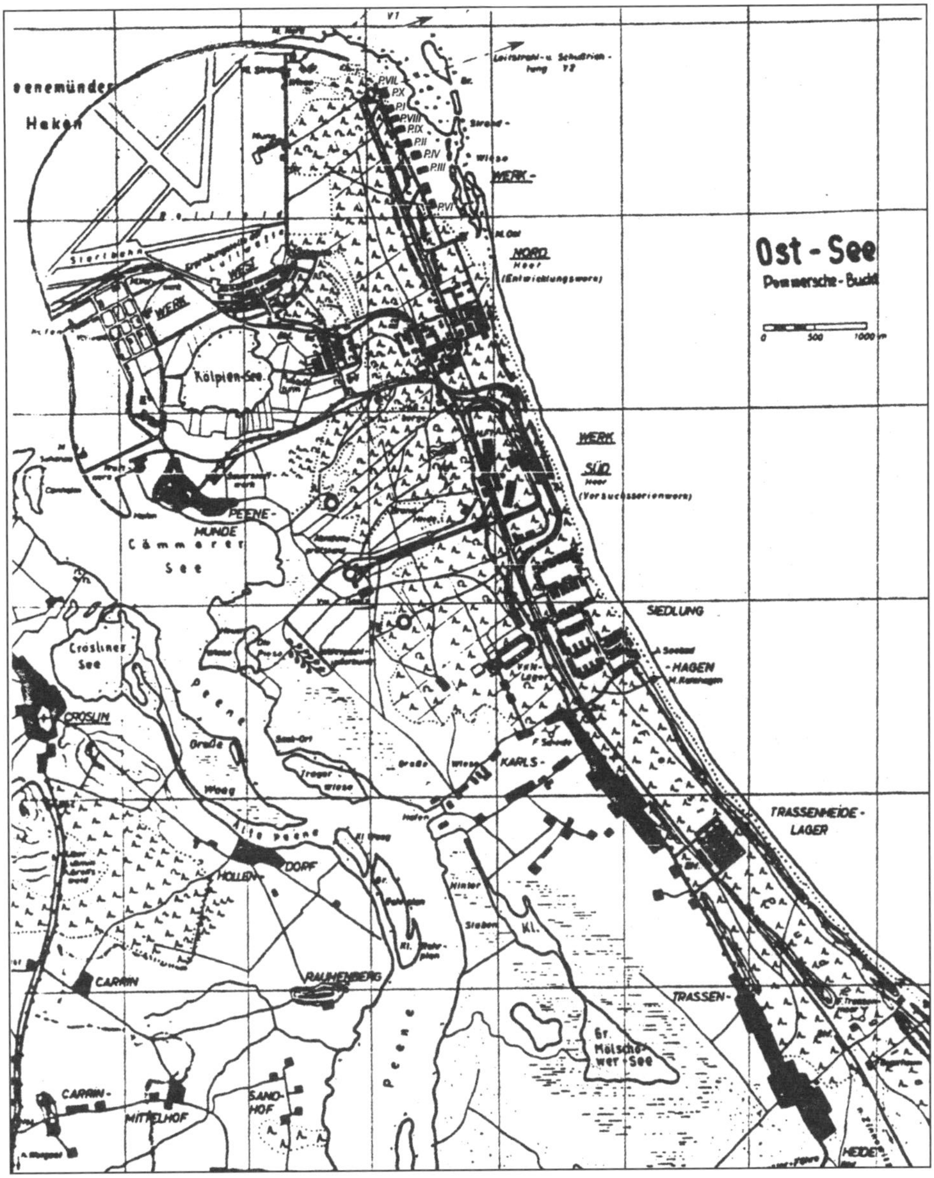

Eine deutsche Originalkarte der Anlage bei Peenemünde.

einige Kilogramm Treibstoff und Oxidationsmittel pro Sekunde in das Triebwerk der Rakete; anfangs nur durch ihr Eigengewicht. Dies war die „Aufwärmphase" des Triebwerkes. Nachdem die Pumpe in Gang gekommen war, reagierten innerhalb einer Sekunde 60 kg Treibstoff (Alkohol) und 75 kg Sauerstoff miteinander. Paradoxerweise brauchte man zur Lösung des Wärmeproblems ebenfalls eine Menge Treibstoff, da er sich am besten als Kühlmittel für die Düse eignete. Dies erwies sich auch für zukünftige Weltraumraketen als eine zuverlässige Methode.[6,7] Die Düse der Rakete bestand aus zwei Schichten, zwischen denen der Alkohol-Treibstoff floss. Auf diese Weise wurden die Anforderungen an die Innenwand der Düse hinsichtlich Mechanik, Lebensdauer und Hitzebeständigkeit beträchtlich reduziert, denn so musste sie nur dem Druckunterschied – zwischen dem Druck des Treibstoffes und dem Druck in der Verbrennungskammer – standhalten. Somit wurden eine Reihe ernster Probleme vermieden, und die Rakete konnte „nur" aus Weichstahl hergestellt werden.

Fast zur selben Zeit arbeitete man auch in den USA an Raketen. Der Wissenschaftler Robert Goddard stieß dort jedoch auf keine entsprechende Lösung, sodass die Raketen für gewöhnlich schon nach fünf Sekunden komplett ausgebrannt waren! Das weiche Metall des V2-Triebwerkes funktionierte jedoch ausgesprochen gut, abgesehen von den Temperaturen von bis zu 3.000 °C in der Brennkammer, die in der Düsenöffnung auf etwa 1.650 °C fielen. Versuche zeigten jedoch, dass durch die effiziente Kühlung die Temperaturen an der Innenwand der Düse 950 °C nicht überschritten.

Noch ein weiterer Faktor war dafür ausschlaggebend, dass der zuvor erwähnte Antrieb nach dem Krieg hoch geschätzt wurde – und zwar sein geringes Gewicht, das nur acht Prozent des Startgewichtes ausmachte. Im Vergleich dazu lag der Gewichtsanteil des so einfach erscheinenden V1-Triebwerkes bei 24 %. Dank dieses Umstandes nahm der Treibstoff bis zu 69 % des Gewichts der V2 ein, was für lange Zeit ein unschlagbarer Wert blieb. Bei der Diskussion der Triebwerkseigenschaften sollte noch erwähnt werden, dass die Forschung auf diesem Gebiet in Deutschland zweigleisig verlief. Unabhängig von den Arbeiten an der V2 führte damals Dr. Walter eigene Forschungen durch. Sein berühmtes Triebwerk für die Messerschmitt Me-163 wies viele Ähnlichkeiten mit dem Triebwerk der V2 auf, arbeitete jedoch mit einem anderen Treibstoff.

Die nächste Pionierleistung war ein Steuersystem zur „Schubvektorsteuerung", das für die V2 entwickelt wurde und eine Ablenkung des Abgasstrahls der Düse ermöglichte. Dadurch konnte auch bei sehr niedrigen Fluggeschwindigkeiten, etwa kurz nach dem Start, Stabilität erreicht werden. Somit konnte man die Rakete senkrecht von einer kleinen und einfachen Abschussrampe starten. Der Verzicht auf eine große, stationäre Startrampe war einer der wichtigsten Vorteile der V2 gegenüber der V1. Eine derartige Rampe hätte ohnehin so groß sein müssen, dass sich die Herstellung einer solchen Rakete gar nicht mehr gelohnt hätte. Die vier hydraulischen Strahlruder bestanden aus hitzebeständigem Graphit und waren unmittelbar hinter der Düsenöffnung angebracht. Mit Hilfe einer einfachen Kettenübertragung waren sie mit den aerodynamischen Luftrudern am Heck verbunden.[7]

Zusammen mit der Entwicklung der ersten großen Raketen, allen voran der V2, wurde eine ganze Reihe von bahnbrechenden Forschungsprogrammen ins Leben gerufen. Sie legten das Fundament für die zukünftige Entwicklung der Raketentechnologie, auf dessen Grundlage sich das Atomraketen-Wettrennen noch mehrere Jahrzehnte nach dem Krieg bewegte. Die V2 war eine der ersten Raketen, die mit einem Trägheitsnavigationssystem ausgestattet war und von einem elektromechanischen Flugablaufsystem kontrolliert wurde. Dieses Prinzip wurde später in allen ballistischen Raketen mit nuklearen Sprengköpfen benutzt. Das Flugablauf-Programmiergerät erlaubte es unter anderem nicht, dass der Sprengkopf direkt auf der Rampe oder in ihrer Nähe explodierte, also etwa nach einem möglichen Triebwerksausfall, der zu Beginn recht häufig vorkam. Der Sprengkopf wurde erst nach Abschluss des Programms im Flug scharf gemacht. Wenn eine Rakete auf die Startplattform stürzte und mit Sprengstoff bestückt war, explodierte der Sprengkopf aufgrund des brennenden Treibstoffes und der sehr hohen Temperaturen am Ende dennoch. Das Personal hatte dann etwa 20 Minuten, evakuiert zu werden und mit dem Leben davonzukommen. Zumindest „theoretisch" bestand außerdem die Möglichkeit, das Feuer zu löschen – doch wenn die Rakete samt Sprengkopf explodierte, konnte sie die gesamte Infrastruktur der entsprechenden Anlage zerstören. Der Sprengkopf besaß eine dermaßen große Sprengkraft, dass er in der Regel ganze Wohnviertel zerstörte. Dies war das erste Problem, das während der Forschungs- und Entwicklungsarbeit gelöst werden musste.

Das nächste und ähnlich wichtige Problem bestand darin, die Bedingungen zu untersuchen, denen die Rakete beim Wiedereintritt in die Erdatmosphäre ausgesetzt war (bei einer nahezu vertikalen Flugausrichtung wurde eine maximale Höhe von 172 km erreicht, wobei eine Höhe von 100 km als Grenze der Erdatmosphäre gilt; die maximale Geschwindigkeit überschritt 5.000 km/h). Von Anfang an stand also fest, dass diese Bedingungen mit nichts zuvor Bekanntem vergleichbar waren.

Vor allem bestand die Gefahr, dass die Außenhaut schmelzen und der heiße Stahl, aus dem sie bestand, weich werden oder durch die Reibung der heißen Luft gar oxidieren könnte. Man bemühte sich daher, besonders die Temperaturverteilung auf der Nase der „fallenden" Rakete zu bestimmen. Zuerst sollte auf Grundlage der Versuchsergebnisse im Überschallwindkanal die maximale Temperatur berechnet oder vielmehr geschätzt werden. Dazu wurde ein spezielles Modell gefertigt, in dessen Außenhaut direkt unter die Oberfläche Bimetallsensoren eingelassen wurden. Anhand der Versuche schätzte man, dass sich die Außenhaut einer echten Rakete auf eine Temperatur von maximal etwa 600 °C aufheizen sollte.

Im weiteren Verlauf wurden Spezialsensoren konstruiert, die in eine Messgerätversion des V2-Sprengkopfes eingebaut wurden. Es gab sehr viele dieser Sensoren – Miniaturscheiben, die an der Außenhaut angebracht waren und von denen jede eine etwas andere Schmelztemperatur aufwies. Über Kabel waren sie mit einem elektrischen Sensor verbunden, der beim Schmelzen der Scheibe einen elektrischen Impuls abgab. Die Sensoren wiederum waren mit einem telemetrischen Gerät an Bord der Rakete verbunden, das die entsprechenden Parameter ohne Verzögerung über Funk direkt an die Bodenstation übermittelte. Die Erkenntnisse, die auf diesem

Weg gewonnen wurden, zeigten, dass die Temperatur in Wahrheit bis auf 650 °C anstieg (– was vermuten ließ, dass die Rakete nachts sichtbar gewesen wäre: Beim Eintritt in die dichten Schichten der Atmosphäre mit Höchstgeschwindigkeit hätte sie in einem hellen Orange geleuchtet). Nach diesen Tests wurde entschieden, dass keine größeren Modifikationen an der Konstruktion nötig waren. Durch später bestätigte Brüche im Treibstofftank und Lecks in den Einbauten, die durch den „Druck" der Stoßwelle entstanden waren, wurde hingegen klar, dass das Ausmaß dieser Probleme unterschätzt worden war. Daraufhin wurde die Entwicklung der Rakete für mehrere kritische Monate unterbrochen – genau zu dem Zeitpunkt, als der Druck, sie in die Produktion zu bringen, am stärksten war.

Nahezu eine „kosmische" Herausforderung war das Problem, ein geeignetes Treibstoffsystem mit einer funktionierenden Pumpe zu entwerfen, die solch extremen Anforderungen standhielt – ein Problem, das britische sowie amerikanische Experten im Voraus als unlösbar einstuften. Sie änderten ihre Meinung erst, als der Geheimdienst der polnischen Volksarmee ihnen Teile der V2 überreichte. Es handelte sich um ein Gerät, das klein, leicht und verlässlich sowie imstande sein sollte, innerhalb von etwa zwei Sekunden nach Aktivierung 150 Kilogramm Treibstoff pro

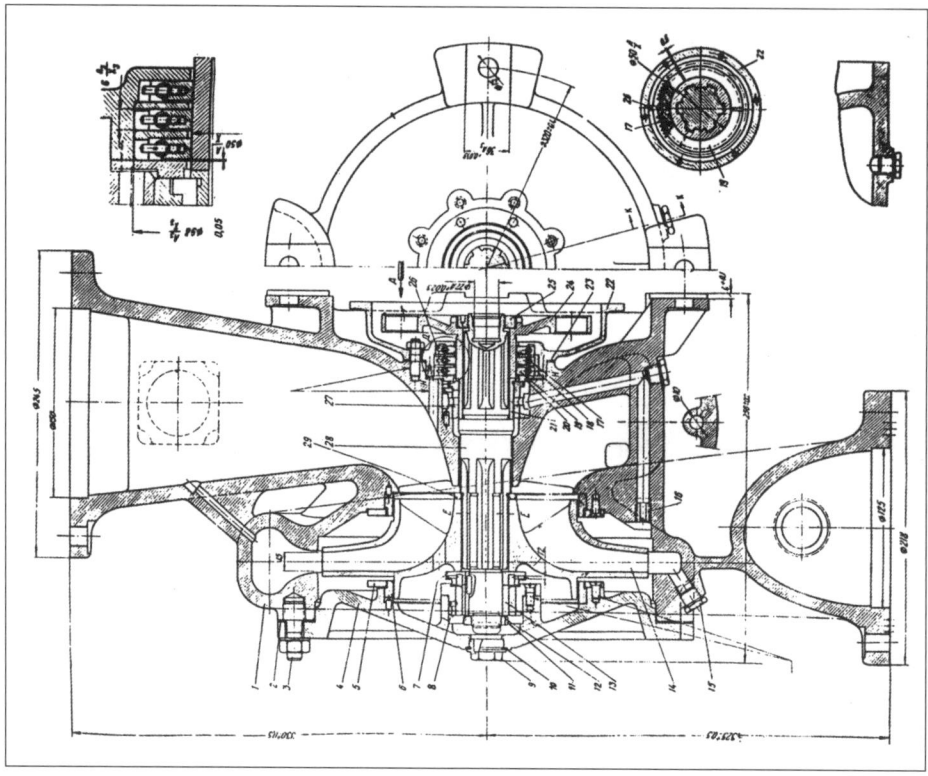

Ein Querschnitt der Treibstoffpumpe der V2. (Originalzeichnung)

Sekunde (!) in die Brennkammer zu pressen (in der ohnehin ein gigantischer Druck herrschte). Trotz dieser Hürden hatte man schließlich eine Pumpe gebaut, die diese Anforderungen erfüllte und die im Vergleich zur fünf Stockwerke hohen Rakete so klein und leicht war, dass sie von einem einzelnen Menschen angehoben werden konnte. Es war eine relativ flache Turbine mit einem Durchmesser von 47 cm und einer Kraft von 500 – 600 PS (der Walter-Antrieb, entwickelt von der Firma HWW aus Kiel). Ihre extrem effiziente Energiequelle bestand aus auf 80-prozentigem Wasserstoffperoxid, das mit Hilfe einer wässrigen Kaliumpermanganatlösung katalytisch zersetzt wurde. Die Reaktion verlief bei einer Temperatur von 460 °C und erzeugte eine Mischung aus Wasserdampf und Sauerstoff unter einem Druck von 24 Atmosphären.[6,7]

Der Kriegsausbruch im September 1939 fiel mit bedeutenden Fortschritten in der Forschungsarbeit zusammen, weshalb dem Projekt oberste Priorität eingeräumt wurde. Dies garantierte eine angemessene Finanzierung und die geregelte Versorgung mit strategischen Rohstoffen, auch wenn die vorgesehene Zeit bis zum Abschluss der Forschungen dafür zweimal gekürzt wurde. Von nun an galt für die Wissenschaftler eine Frist bis zum September 1941, in dem die A4-Rakete in die Massenproduktion gehen sollte. Eine Vielzahl von Forschern und zivilen Konstrukteuren wurden zu diesem Zweck von rund 4.000 technisch ausgebildeten Soldaten unterstützt, die nach Fertigstellung der Arbeiten den Kern der Raketen-Kampfeinheiten der Wehrmacht bilden sollten. Bald wurde ausdrücklich eine weitere Beschleunigung der Arbeiten gefordert und zusätzliche Arbeiter nach Peenemünde geschickt. Dem Forschungs- und Entwicklungsprogramm wurde die allerhöchste Priorität

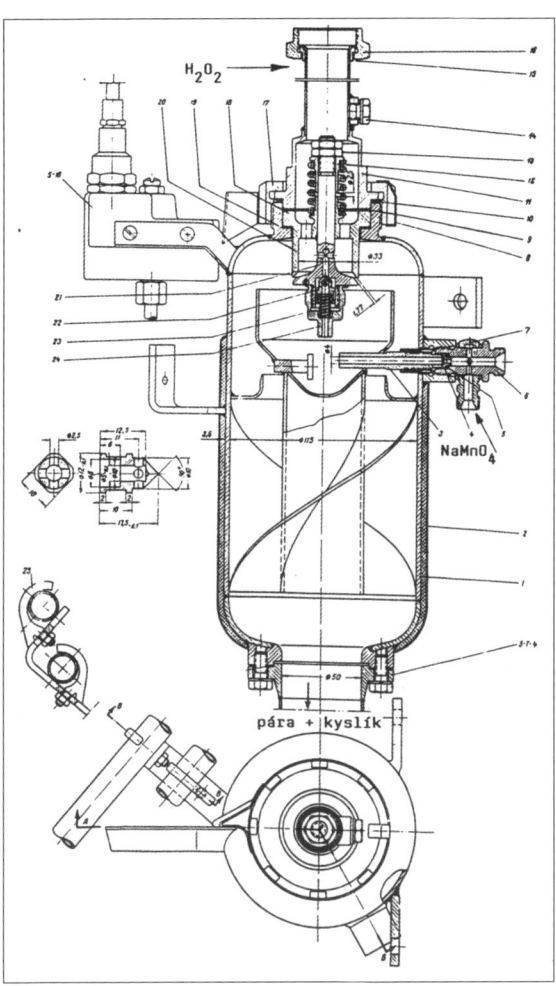

Der Reaktor, in dem die katalytische Zersetzung von Wasserstoffperoxid stattfand. Sein Durchmesser betrug nur 12 cm. (Originalzeichnung)

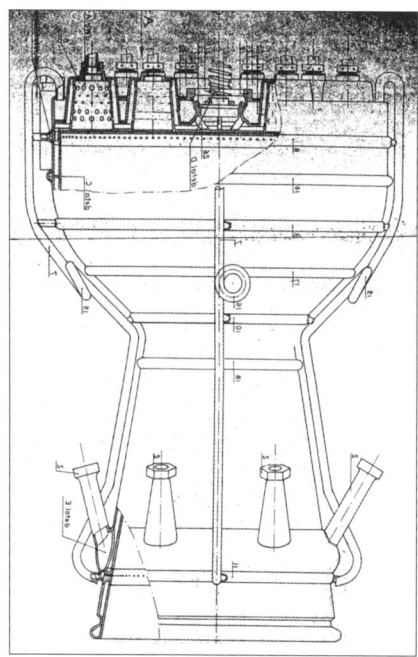

Der Antrieb der V2-Rakete.

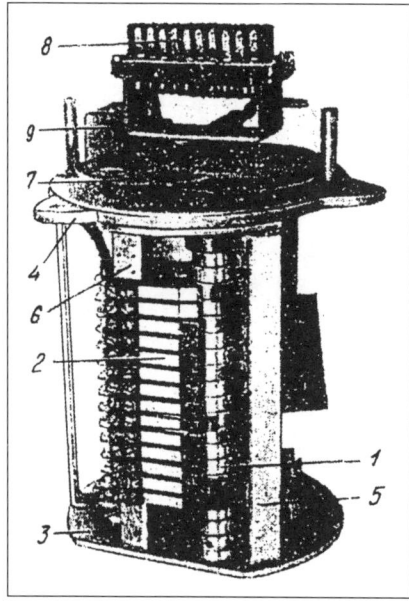

Das Flugablauf-Programmiergerät der V2.

zugeteilt, obwohl gleichzeitig durch Hitlers Intervention die Vorbereitungen für die Massenproduktion unterbrochen wurden.[6]

Die ersten Monate des Jahres 1940 waren eine dürftige Zeit in der Entwicklungsgeschichte des deutschen Raketenprogramms. Die Rohstofflieferungen wurden erheblich eingeschränkt, was auf Hitlers Abneigung gegenüber allen langfristig angelegten Forschungsprogrammen für neue Waffen zurückzuführen war. Er verließ sich zu sehr auf die Erfahrungen des ersten Blitzkrieges und rechnete mit relativ schnellen Resultaten in der Entwicklung der militärischen Situation in Europa. Deswegen betrachtete er derartige Programme in gewisser Hinsicht als „Ressourcenvertilger" – eine Einstellung, die sich entscheidend auf den Verlauf zukünftiger Feldzüge auswirken sollte. Viele Programme fielen dieser kurzsichtigen Politik zum Opfer, neben anderen auch das Programm zur Entwicklung einer Atomarwaffe, mit deren Verwirklichung die Deutschen den Amerikanern bis 1941 um einige Jahre voraus waren.

Der zweite ungünstige Einfluss zeigte sich in Gestalt des Reichsministers für Bewaffnung und Munition Fritz Todt, der Langstreckenraketen-Projekten feindselig gegenüber stand. Er war – genau wie Hitler, jedoch mit anderen Argumenten – der Meinung, dass das V2-Projekt eine gigantische Verschwendung von Material und wissenschaftlich-technischem Potential war, das vom militärischen Standpunkt aus betrachtet keine verwertbaren Ergebnisse versprach. Man sollte sich dabei vergegenwärtigen, dass zu Spitzenzeiten in Deutschland rund 200.000 Menschen an der Verwirklichung des Programms gelenkter Raketen arbeiteten. Schon im Frühjahr 1940 konzentrierte sich die laufende Arbeit auf die Überwindung zweier grundsätzlicher Probleme: eine ausreichende Genauigkeit der Rakete sicherzustellen sowie die Technik zur Triebwerksherstellung zu verbessern, da sich die Triebwerksausfälle bei maximalem Schub häuften.

Hinsichtlich des Problems der Genauigkeit der Rakete deckten Untersuchungen in Peenemünde auf, dass die Fehler im Trägheitsnavigationssystem hauptsächlich während der anfänglichen Flugphase auftraten – während der Beschleunigung auf die Fluggeschwindigkeit und der Ausrichtung auf die vorgesehene Flugbahn. Dies konnte durch einen zusätzlichen Funkleitstrahl (*Viktoria Leitstrahl*) verhindert werden, mit dem während dieser Flugphase die Navigationsbefehle des Flugcomputers der ballistischen Rakete korrigiert werden konnten.

Die ersten Gelegenheiten zur militärischen Anwendung dieser Version (1944) offenbarten jedoch die erhebliche Störungsanfälligkeit des *Viktoria*-Systems, wenn auch das eigentliche Konzept der Flugkorrektur während der ersten und relativ instabilen Flugphase als funktionstüchtig bewertet wurde.

Die Deutschen wollten das System verbessern, indem sie die Frequenz des Strahls auf etwa 600 MHz deutlich erhöhten. Diese Arbeiten wurden von einer militärischen Versuchseinrichtung in Peenemünde unter der „Obhut" eines eigens ernannten „Bevollmächtigten für Hochfrequenzforschung" (BHF) durchgeführt.

Unter dem Befehl des BHF wurde, wahrscheinlich im Herbst 1944, mit der Entwicklung zweier neuer Funkleitstrahlsysteme mit den Codenamen *Libelle* und *Gloria* begonnen. Die Arbeiten wurden von einem kleinen Team unter der Leitung von Dr. Faulstich und Ingenieur Battac ausgeführt. Die obengenannten Codenamen bezogen sich gewissermaßen auf eine zusammenhängende Einheit: *Gloria* bezeichnete die modifizierte Ausstattung der Rakete, *Libelle* den zugehörigen Bodensender. Während die zweite Komponente völlig neu war, wurden die Komponenten „an Bord" nur überarbeitet. Das Antennensystem und der Empfänger blieben gänzlich unverändert, nur ein Hochfrequenzkonverter wurde hinzugefügt (der ursprüngliche Verstärker diente nun als Vorverstärker). Dies war auf den knappen Zeitplan und den begrenzten Platz im dichtgepackten Raketenrumpf zurückzuführen, der schließlich nicht für diese Ausrüstung entworfen worden war.

Die Bodenanlage hingegen stand praktisch von Anfang an fest. Zum Zeitpunkt der Evakuierung der Anlage in Peenemünde waren nahezu alle Pläne fertig gestellt; es gelang den Deutschen jedoch nie, einen Prototypen zu bauen.[8] (Die Pläne und möglicherweise einige Geräte wurden von den Russen beschlagnahmt und in Zusammenhang mit dem russischen Nachbau der V2, der R2-Rakete, verwendet, die 1950 in Betrieb genommen wurde.) Lassen Sie uns jedoch zur unterbrochenen Schilderung der Anfangsarbeiten zurückkehren …

Ein Bauteil des Trägheitsnavigationssystems der V2.

Das Heck der V2 mit erkennbaren Graphit-Steuer-elementen. (Foto: I.Witkowski)

Beide Aufnahmen zeigen ein V2-Triebwerk im unter-irdischen Mittelwerk-Komplex. (Foto: I.Witkowski)

Im Sommer 1940 sank das Rake-tenprogramm auf der Prioritätsliste weiter nach unten. Mittlerweile hat-te Hitler jegliches Interesse daran verloren. Er hielt die Rakete nicht für konkurrenzfähig mit dem Langstre-ckenbomber, der weitaus größere „Kampflasten" tragen konnte.[8] Un-abhängig davon veranlassten die zu-nehmenden Gegenspionage-Opera-tionen die Leitung von Peenemünde dazu, etwa 1.000 polnische Zwangs-arbeiter zu entlassen. Obwohl sich die Entwicklung der A4-Rakete ihrem Ende näherte, wurden die Anlagen auf Usedom beinahe stillgelegt.

Erst das Eingreifen von General-feldmarschall von Brauchitsch än-derte die Situation. Ende Juli / Anfang August gab er den Befehl, das Rake-tenprogramm (unter dem Namen *Rauchspurgerät*) als eines der wich-tigsten Programme zur Entwicklung neuer Waffen einzustufen, wodurch es wieder an die Spitze der Priori-täten gelangte. Entlassene Arbeiter wurden wieder zurückgeholt und es wurde die Entscheidung gefällt, die Forschung und Produktionsbasis in Peenemünde auszubauen.

Anfang März 1942 gelang es den Deutschen, die ersten Prototypen der A4-Rakete zusammenzubauen – die zukünftige Hauptvergeltungswaffe des Dritten Reiches. Obwohl die Ar-beit am Triebwerk noch nicht abge-schlossen war und weiterhin häufig Risse an der Brennkammer auftraten, entschloss man sich Ende März, den ersten Start zu wagen. Die Rakete explodierte jedoch schon während eines ersten unbewegten Versuchs auf dem Prüfstand. Der Wettbewerb mit der Luftwaffe und deren Fi-103 sowie der Druck, schnell zu „beweisen", dass die Entwicklung der Rakete abgeschlossen war – denn ohne endgültige Konstruktion konnte auch die Serienproduktion nicht starten –, sollten indirekt noch zahlreiche zukünftige Unfälle auslösen.

Die Arbeiten verzögerten sich durch die Bombardierungen im August 1943 erheblich, allerdings bei weitem nicht so sehr, wie die alliierten Befehlshaber es sich gewünscht hätten. Trotz des Todes zahlreicher wichtiger Wissenschaftler (darunter auch Dr. Thiel), entstanden der Forschungsinfrastruktur durch die Luftangriffe keine größeren Schäden. Vor allem die „kleine Stadt" der Arbeiter und die Baracken der Zwangsarbeiter fielen ihnen zum Opfer. Die Arbeit wurde schnell wieder aufgenommen. Der Start des vierten A4-Prototypen fand am 3. Oktober 1942 statt. Es war der erste und für eine lange Zeit einzige Testflug, der vollständig erfolgreich verlief. Die Rakete erreichte eine maximale Höhe von 60 km und eine Reichweite von fast 200 km. Das Triebwerk arbeitete wie geplant 61 Se-

Der Hauptteil des V2-Triebwerkes: Injektoren mit Leitungen, die sie mit Sauerstoff versorgen und die Treibstoffpumpe. (Foto: I. Witkowski)

kunden lang. Die Geschwindigkeit betrug in der Endphase über 1.200 m/s – in etwa 3,75 Mach. Es schien, als seien die technischen Hürden überwunden, in Wirklichkeit war man noch ein ganzes Stück davon entfernt. Der geglückte Start bewies zumindest, dass es theoretisch möglich war, die Probleme in den Griff zu bekommen.

Am 22. Dezember 1942 unterzeichnete Hitler überzeugt den Befehl zur Aufnahme der Massenproduktion. Kurz darauf wurde in Speers Ministerium ein spezielles Komitee gebildet (Entwicklungskommission für Fernschießen), das mit der Überwachung der Forschung, Produktion und Verwendung der Vergeltungswaffen beauftragt war. In dem Komitee befanden sich Vertreter des Heerswaffenamtes, des Luftwaffenministeriums und der an der Produktion beteiligten Firmen. Der erste auf realistischen Möglichkeiten basierende Produktionszeitplan wurde entworfen, wobei die ersten Exemplare vor allem für weitere Forschungen und Versuchsreihen eingeplant waren. Die Produktion sollte im April 1943 mit fünf Raketen beginnen. Im weiteren Verlauf sollte sich diese Zahl langsam auf 10, 20, 60, 105, 200, 400 und 700 Versuchsexemplare erhöhen. Man ging davon aus, dass eine deutliche Produktionssteigerung erst zu Beginn des folgenden Jahres zu bewerkstelligen sei. Die noch relativ kleinen Stückzahlen wurden auf drei Produktionsfabriken aufgeteilt:

Die Gänge im Mittelwerk waren hoch genug, um die Haupttreibstofftanks der V2 vertikal aufzustellen. (Foto: Bundesarchiv, Koblenz)

Mittelwerk, Haupttransporttunnel. Links sind die Gleise der Schienenbahn zu erkennen. (Foto: M. Banaś)

das Hauptfließband in Peenemünde, wo das technische Personal privater Firmen Erfahrung sammeln sollte, die Zeppelinwerke in Friedrichshafen und die Henschelfabriken in Wiener Neustadt. Die Mittelwerk GmbH, die die Untergrundanlage „Mittelwerk" übernehmen sollte (die zuvor als zentraler Lagerort für Treibstoff und Schmierstoffe diente), wurde erst am 24. September 1943 gegründet, um daraufhin den Großteil der V2-Produktion zu gewährleisten.

Hitler verlangte die Verdopplung der Produktionspläne auf 2.000 Raketen pro Monat, was jedoch durch die Bombardierung der Zeppelin- und der Henschel-Produktionsfabriken nahezu unmöglich wurde. Die Situation konnte nur durch das gigantische Mittelwerk gerettet werden, in dem schon Ende September 1943 rund 3.000 Strafgefangene aus dem Konzentrationslager Nordhausen für die Produktion der Vergeltungswaffen arbeiteten. Ein Jahr später war diese Zahl schon auf 13.000 angestiegen. Zusätzlich wurde in zwei unterirdischen Fabriken in der Region von Niedersachswerfen in der Nähe der Orte Lehesten (hier arbeiteten Gefangene des Lagers Buchenwald) und Dernau (mit Gefangenen aus dem Lager Natzweiler) mit der Produktion begonnen.

In dieser Zeit wurden auch Einheiten der Wehrmacht intensiv ausgebildet. In Köslin entstand eine Fernraketenschule, in der in einem sechswöchigen Lehrgang sowohl Offizieren als auch einfachen Soldaten vor allem theoretische Kenntnisse vermittelt wurden. Zur Gefechtsausbildung diente ein SS-Truppenübungsplatz auf polnischem Territorium, ein ehemaliges Artillerie-Trainingsgelände der polnischen Armee mit dem Codenamen *Heidelager*. Es lag in der Nähe von Blizna an den Ausläufern der

Flüsse Weichsel und San, etwa 150 km nordöstlich von Krakau. Bis Mitte November 1943 hatte man dort zwei Artillerie-Regimenter mit insgesamt sechs Feldbatterien aufgestellt, von denen jede drei mobile Startrampen unter Kommando hatte. Der Standort des Übungsgeländes hinter dem für die alliierten Luftstreitkräfte interessanten Gebiet schien dabei Sicherheit zu garantieren. Die Deutschen unterschätzten jedoch den Umstand, dass die Raketen in einem Gebiet niedergingen, das zum Großteil von feindlichen Partisanen kontrolliert wurde. Genau dadurch fielen dem britischen Nachrichtendienst dank der polnischen Volksarmee die ersten relativ detaillierten Informationen über die Konstruktion der V2 in die Hände. Der dilettantisch geplante Luftangriff auf Peenemünde hatte in Wahrheit nur offenbart, wie wenig die Alliierten wirklich über die deutsche Raketenforschung wussten (etwa 80 % der Bomben gingen außerhalb der Anlage nieder).

Die Versuche in bewohntem Gebiet boten der polnischen Volksarmee umfangreiche Gelegenheit zur Spionage. Raketen, die vom Raketentestgelände in Blizna aus starteten, flogen in nördliche Richtung und gingen in einem Gebiet in der Nähe des Ortes Sarnaki bei Platerowo nieder. Sowohl Blizna als auch Sarnaki waren vom Geheimdienst der polnischen Volksarmee infiltriert worden. Das erste Exemplar einer V2 detonierte – zur Feier von Hitlers Geburtstag im April 1944 – in der Nähe von Sarnaki (zwischen den Dörfern Mężenin und Ogrodniki). Die Deutschen erreichten die Einschlagstelle jedoch schnell und entfernten alle Trümmer.

Die Widerstandsbewegung hatte dies seit langem erwartet. Bereits 1943 besaß sie eine genaue Karte des Raketentestgeländes Blizna, die sie für 2.000 Reichsmark von einem deutschen Mitarbeiter erworben hatte. Sie wollte eine komplette Rakete erbeuten und zog sogar den Überfall auf einen Transportzug und die „Entführung" einer Rakete in Erwägung. Bald darauf ergab sich jedoch eine günstigere Gelegenheit. Während der ersten Maitage 1944 stürzte eine V2 in den Fluss Bug, ohne zu explodieren. Sie erlitt nicht einmal ernsten Schaden. Experten aus Warschau konnten bei dieser Operation unter der Führung von Professor Groszkowski vom Warschauer Polytechnikum sogar die elektronischen Schaltkreise untersuchen (nicht einmal die Ventile waren zertrümmert!). Man beschloss, die geborgene und zerlegte Rakete nach England zu bringen. Am 25. Juli landete eine DC-3

Mittelwerk, heutiger Eingang (Foto: I. Witkowski)

auf einem Waldflugplatz in der Nähe von Tarnau und „schnappte" den deutschen Einheiten, die einen Kilometer entfernt stationiert waren, die wertvolle Ware „vor der Nase" weg. Es war zwar schon relativ spät, jedoch noch bevor die Rakete bei Kampfhandlungen zum Einsatz kam.[11,14,15,16,17] Lassen Sie uns jedoch zur Wende von 1943/1944 zurückkehren.

In Peenemünde gingen die Forschungen indes weiter, hauptsächlich mit dem Ziel, die technische Störanfälligkeit der Rakete zu vermindern. Außerdem wollte man die Konstruktion so verändern, dass die Produktion einfacher und günstiger gestaltet werden konnte. Der aktualisierte Plan sah die Produktion von 200 Versuchsraketen im Dezember und im ersten Quartal 1944 von jeweils 300, 600 und 900 Exemplaren pro Monat vor. Doch auch diese Vorgaben wurden nicht eingehalten: Bis Ende Januar wurden lediglich 56 Raketen produziert. Zudem waren die Raketen, die das Mittelwerk verließen, nicht vollständig. Ihnen fehlte die Elektronik, die erst später in den DEMAG Werken in Falkensee nahe Berlin installiert wurde, und auch der Gefechtskopf, der erst kurz vor dem Start montiert wurde. Die erste Produktionsreihe wies zudem schwerwiegende technische Mängel auf.

Die nächste „Überraschung" ergab sich nach weiteren Probeflügen vom Versuchsgelände in Blizna. Abgesehen davon, dass nur einer der acht durchgeführten Starts geglückt war, stellte sich später heraus, dass der Großteil der Raketen, anstatt in das vorgesehene Zielgebiet zu stürzen, bereits einige Kilometer über dem Boden explodiert war. Dies war offensichtlich ein Fehler, der bei den Versuchen auf offener See nicht entdeckt worden war – dort gab es ja auch keine Möglichkeit dazu. Die Einschlagstelle wurde zu diesem Zeitpunkt anhand von farbigen Planen ermittelt, die an der Oberfläche im Wasser schwammen. Befanden sie sich in der erwarteten Zone, wurde daraus auf einen erfolgreichen Flugverlauf geschlossen. Zudem wurden keine Versuche mit einem Sprengkopf durchgeführt, was auch verständlich ist, wenn man die Anzahl der Raketen bedenkt, die im Gebiet um Peenemünde oder in unmittelbarer Nähe der Anlage niedergingen. Das Ergebnis der Untersuchung war, dass die Schwierigkeiten durch eine zu hohe Wärmebelastung auf der Außenhaut der mittleren Treibstoffsektion verursacht wurden, die auseinander riss, woraufhin sich die Flüssigsauerstoff- und Alkoholtanks erhitzten und explodierten. Da sich die Rakete bereits in den dichten Schichten der Atmosphäre erwärmte, trat die Explosion relativ knapp über dem Boden auf. Um die Belastung zu reduzieren, wurden Glaswollschichten zwischen der Außenhaut und den Treibstofftanks eingebracht, was die gewünschte Wirkung hatte. Das nächste noch ungelöste Problem waren die plötzlichen und ungeklärten Triebwerksausfälle während verschiedener Flugphasen (gewöhnlich kurz nach dem Start). Hierbei konnte auf die Ergebnisse der statischen Forschung zurückgegriffen werden, die zeigten, dass der Betrieb der Antriebseinheit von starken Vibrationen begleitet wurde, die hauptsächlich auf das Triebwerk zurückzuführen waren. Man vermutete, dass dadurch die Rohrleitungen im Treibstoffsystem (einschließlich der Düsenkühlung) brachen und abgetrennt wurden, und verstärkte sie daraufhin.

Erst jetzt konnte man behaupten, dass die V2 auf einem technologischen Stand war, der ihre militärische Verwendung erlaubte. Es war schon Frühjahr 1944. Die Versuche mit den neuen Lösungsansätzen wurden nicht länger am Raketenversuchsgelände Blizna durchgeführt, da die russische Sommeroffensive dies unmöglich gemacht hatte. Ende Juli wurde in der Tucheler Heide eine neue Raketenabschuss-Station mit Codenamen *Heidekraut* gebaut, einige dutzend Kilometer östlich der Stadt Tuchel. Dort wurde das Forschungsprogramm abgeschlossen. Die ersten Informationen, die das Interesse der polnischen Aufklärung weckten und schließlich zur Entdeckung des Ortes führten, waren Berichte der örtlichen Bevölkerung über Soldaten, die sich gelegentlich in Schafsfelle hüllten und dicke Handschuhe trugen,

obwohl es mitten im Sommer war. Später stellte sich heraus, dass sie die Flüssigsauerstofftanks auffüllten.

Das Jahr 1944 war in Deutschland eine Zeit, in der die SS ihre vorherrschende Rolle weiter ausbaute und allmählich die Kontrolle über immer mehr Institutionen übernahm.

Die Überreste einer Schmalspurbahn für den Transport innerhalb der unterirdischen Fabrik. Rechts ist ein Strafbunker für die Gefangenen zu erkennen. (Foto: I. Witkowski)

Himmler bemühte sich nach dem missglückten Attentat auf Hitler im Juli 1944 wiederholt darum, die Kontrolle über das Raketenprogramm zu erlangen. Der Einfluss der SS nahm immer weiter zu. Da diese Aktionen nun von Hitler befürwortet wurden, führten sie auch zum Erfolg. SS-Gruppenführer Hans Kammler wurde zum Leiter ernannt, der für alle Angelegenheiten in Bezug auf die A4-Rakete verantwortlich war. Diese Position behielt er fast bis Kriegsende, als er wie viele andere hohe SS-Mitglieder unter mysteriösen Umständen „verschwand".

Die Daten über die Produktion der V2 sind unvollständig. In Peenemünde wurden schätzungsweise über 300 Raketen produziert, und in den Mittelwerk-Fabriken in den Monaten von 1944 die folgenden Stückzahlen: Januar – 50, Februar – 86,

Ein Eingang zur unterirdischen Fabrik in Lesna (Marklissa) – einer der vielen Orte, an denen Bauteile für die V2 hergestellt wurden. (Foto: I. Witkowski)

März – 170, April – 260, Mai – 440, Juni – 132, Juli – 86, August – 375, September – 629, Oktober – 668, November – 662 und Dezember – 613. In den ersten beiden Monaten des Jahres 1945 wurden jeweils 600–700 Raketen produziert, und im März, dem letzten Produktionsmonat, etwa 400.

Anfänglich planten die Deutschen militärische Operationen ausschließlich von großen, vor Luftangriffen geschützten Bunkern aus, da sie annahmen, dass ein solch kompliziertes Waffensystem wie die V2 eine umfangreiche Infrastruktur aus Werkstätten und Anlagen benötige, die für die Einsatzvorbereitung unerlässlich seien. Militäroperationen aus dem freien Feld konnte man sich (fälschlicherweise) nicht vorstellen. Auf Hitlers Befehl wurde im August 1943 mit dem Bau von vier riesigen Bunkern entlang des Ärmelkanals begonnen: dem „Kraftwerk Nordwest" in Watten, dem „Schotterwerk Nordwest" in Wizernes (in der Region von Calais), dem „Reservelager West" in der Nähe von Sotterast und dem „Ölkeller Cherbourg" in Hainneville (beide in der Normandie). Letzterer wurde schließlich in eine V1-Startrampe umfunktioniert.

Es waren gigantische, völlig autarke Bunker, die jedoch während der Bauzeit leicht zu entdecken waren. Diese Ängste bestätigten sich, als die Alliierten zwischen Sommer und Herbst 1943 rund 100 Angriffe gegen die Anlagen flogen, wobei sie zehntausende Tonnen Bomben abwarfen. Unter der völligen Lufthoheit der Alliierten wurde es als unrealistisch betrachtet, die Bunker trotz ihrer fünf Meter dicken Wände halten zu können. Daher wurde beschlossen, alle Raketen von mobilen Rampen aus zu starten und eher auf eine effektive Tarnung als auf den Schutz vor Bombenexplosionen zu setzen.

Als im August 1944 SS-Gruppenführer Kammler das Kommando übernahm, standen 45 getarnte Stützpunkte, 20 verschiedene Depots sowie eine Reihe von Anlagen zur Herstellung und Lagerung von Treibstoff bereit. Die Landung in der Normandie zwang die Deutschen noch vor den ersten Raketenstarts, sie weiter nach Norden zu verlegen.

Der Krater, der durch die Explosion einer V2 auf der Rampe entstand – am White Sands Missile Range nach dem Krieg. (Foto: US Army)

Hitler gab den Befehl, die Angriffe am 15. September 1944 zu beginnen. Im Gegensatz zur V1, deren Abschussausrüstung groß, unbeweglich und leicht zu entdecken war, konnte die V2 auf kleine bewegliche Startplattformen zurückgreifen, die praktisch nicht zu entdecken waren. Die Raketen konnten daher nicht nur von sorgfältig ausgewählten Positionen aus gestartet werden, sondern auch von Wegstrecken,

Waldlichtungen und allen anderen zugänglichen Orten, die vor feindlichen Militärkolonnen geschützt waren.

Im Gegensatz zur V1 war die V2 in ihrer Endflugphase aufgrund ihrer hohen Geschwindigkeit von etwa 3.500 km/h nicht nur unzerstörbar, sondern kurz vor ihrem Start dank der hohen Beweglichkeit der Raketenrampe auch äußerst schwer zu entdecken. Die durchschnittliche Flugzeit vom Westen der Niederlande, von wo aus die meisten Raketen gestartet wurden, bis nach London belief sich auf etwa fünf Minuten. 60 – 70 Sekunden nach dem Start schaltete sich das Triebwerk in einer Höhe von etwa 35 km ab. Im ballistischen Flug stieg die Rakete weiter auf eine maximale Höhe von ungefähr 100 km. Die V2 war damit die erste Weltraumrakete.

Unter Verwendung eines einfachen Navigationssystems (nur Kreisel) reichte die Streuung, das heißt der Grad der Abweichung von der bestimmten Flugbahn, bis zu 20 km. Die Nutzung eines Leitstrahls oder eines Trägheitsnavigationssystems (Kreisel plus Beschleunigungsmesser plus Fluglinienrechner) ermöglichte eine 5- bis 10-fache Reduzierung der Streuung. Diese letzte Möglichkeit wurde ursprünglich zum Einsatz gegen Standardmilitärziele konstruiert und in der späten Phase der Operationen gegen Ziele in Belgien und Frankreich genutzt.

Der Sprengkopf der V2 detonierte im Gegensatz zur V1 erst, nachdem er in den Boden eingeschlagen war. Im Falle eines Einschlages auf offenem Gelände war der verursachte Schaden in der Regel nicht groß, aber ein direkter Treffer auf eine bestimmte Struktur – etwa ein Gebäude –, hatte fast immer die völlige Zerstörung zur Folge. Dies geschah beispielsweise, als eine Londoner U-Bahnstation, die als Unterschlupf diente, direkt getroffen wurde und über 1.000 Menschen unmittelbar getötet wurden. Explodierte der Sprengkopf innerhalb eines Gebäudes, riss er es buchstäblich auseinander und beschädigte dabei auch umstehende Gebäude. Die ersten beiden Raketen starteten am 9. September 1944 in Richtung London, und die Anzahl der Angriffe wurde kontinuierlich erhöht. Auch die Anzahl der Ziele nahm mit der Zeit zu, ab Ende September wurden auch Städte in Belgien, Frankreich und den Niederlanden angegriffen.

Bis zum 3. Oktober wurden insgesamt 156 V2-Raketen gestartet, davon 52 in Richtung Großbritannien (London: 30, Norwich: 22), 42 nach Belgien (größtenteils auf Liege: 17 und Hasselt: 10), 45 auf Frankreich (größtenteils auf Lille: 15 und Paris: 10) und 17 auf die niederländische Stadt Maastricht. Am 12. Oktober gab Hitler den Befehl, alle Raketenangriffe auf London und Antwerpen zu richten.

Bis zum Ende des militärischen Einsatzes der Raketen Ende März 1945 wurden nicht weniger als schätzungsweise 3.170 V2-Raketen gestartet, von denen die Mehrheit von 1.610 Raketen auf Antwerpen gerichtet wurde.

An zweiter Stelle auf der Liste mit Zielen stand London mit 1.359 Raketen. Insgesamt wurden 1.664 auf Städte in Belgien, 1.400 auf Großbritannien, 73 auf Frankreich und rund 20 auf die Niederlande abgefeuert.

Auf der Grundlage vorsichtiger Schätzungen kann man davon ausgehen, dass etwa 70 % der gestarteten Raketen ihr vorbestimmtes Ziel erreichten. Das Arsenal der V-Waffen ist hiermit jedoch noch nicht erschöpft.

Wesentliche taktische und technische Details der V2-Rakete (Version B)

Startgewicht:	12.700 kg
Gewicht ohne Treibstoff:	4.008 kg
Sprengkopfmasse:	1.000 kg
Länge:	14,04 m
Rumpfdurchmesser:	1,65 m
Maximaler Triebwerksschub:	25.200 kg
Reichweite:	ca. 300 km

Die V3

Die V3, die nächste „Vergeltungswaffe" des Dritten Reiches, verkörperte ein vollkommen anderes Konzept als im Falle der V1 und V2.

Die V3 war eine Langstreckenkanone und vom technischen Standpunkt aus betrachtet ein wahres Pionierprojekt. Im Gegensatz zu den anderen „Vergeltungswaffen" hielt Hitler von Anfang bis fast zum Ende ihres kurzen Lebens große Stücke auf sie. Hauptentwickler der V3 war Ingenieur Coender, technischer Leiter der Röchling Eisen- und Stahlwerke.[3,9]

Grundsätzlich verfolgten die Deutschen das Ziel, über eine Erhöhung der Mündungsgeschwindigkeit des Projektils die Reichweite zu steigern. Dies sollte bewerkstelligt werden, indem in einem langen Kanonenrohr nicht nur während der Anfangsphase, sondern auch während des gesamten Abschussvorganges ein hoher Druck im Rohr aufrecht erhalten wurde. Verwirklicht werden konnte dies nur durch die fortlaufende Zündung einer starken Pulverladung oder durch die Anbringung mehrerer Pulverladungen, die abhängig von der Bewegung des Geschosses innerhalb des Rohres gezündet werden müssten. Die V3 funktionierte genau nach diesem zweiten Prinzip. Die Zündladungen wurden entlang der gesamten Rohrlänge in speziellen Seitenkammern platziert. Lediglich die erste Ladung wurde konventionell hinter dem Projektil gezündet.

Die V3 war eine sogenannte Mehrkammerkanone, von den Deutschen offiziell auf den Decknamen *Hochdruckpumpe* getauft. Aufgrund ihrer Form wurde sie inoffiziell auch *Tausendfüßler* genannt. Die Kanone mit einem Kaliber von 150 mm wurde zum Beschuss nur eines Zieles gebaut: London. Aus diesem Grund und wegen ihrer Länge sowie ihrer allgemein komplizierten Bauweise musste sie auf einem festen Stahlbetonfundament errichtet werden, sodass ihr Kanonenrohr dauerhaft in einem Erhebungswinkel ausgerichtet war. Die Idee einer solchen Konstruktion war schon Ende des Ersten Weltkrieges in Frankreich geboren worden, und zwar als Antwort auf das sogenannte Parisgeschütz; jedoch wurde sie erst ein Vierteljahrhundert später in Deutschland umgesetzt.

Im Mai 1943 initiierte Speer ein Treffen mit Hitler, zu dem er mit dem Besitzer der Röchling-Werke, Hermann Röchling, erschien, um Hitler den Entwurf der neuen „Vergeltungswaffe" vorzustellen. Hitler gefiel das Konzept sofort und er verlangte den Bau von Prototypen. Es war geplant, im Kampf schließlich 25 – 30 Einheiten einzusetzen, die mit einer Gesamtfeuerrate von 300 – 600 Schuss pro Stunde arbeiten sollten.

Die V3 war eine Glattrohrkanone. Sie war außerdem die erste Kanone, für die Kleinkaliberprojektile mit einer Steuerflossen-Stabilisierung während des Fluges entwickelt wurden. Auf diesem Prinzip basiert noch heute die Standardpanzermunition. Das Projektil hatte einen Durchmesser von 100 mm, eine Länge von 2,5 m und wog 140 kg – 25 kg davon explosive Ladung. Das Geschoss wurde innerhalb des Rohres mit Hilfe von Leitflossen ausgerichtet, die am hinteren Teil des Projektils angebracht waren. Zusätzlich sorgten im vorderen Drittel des Flugkörpers angebrachte Elemente für eine Stabilisierung innerhalb des langen Laufs – der sogenannte „Holzschuh", der nach dem Start abgeworfen wurde. Hinter das Projektil wurde ein kurzer Dichtungszylinder platziert, der als Kolben fungierte. Geplant war eine Schussweite von etwa 160 km. Prototypen sollten an zwei speziellen Schießplätzen installiert werden: in Hillersleben, etwa 20 km nordwestlich von Magdeburg, und auf der polnischen Insel Wollin nahe Misdroy.

Aufgrund der zunehmenden Probleme mit der V1 und der V2 stieg Hitlers Interesse an der Waffe. Bei einem Treffen mit Speer im August 1943 forderte er die Bestimmung eines Standortes für Kampfeinsätze, obwohl bis zu diesem Zeitpunkt nicht einmal ein Prototyp getestet worden war. Man entschied sich für den Bau eines großen Bunkers nahe des Ortes Mimoyecques im Nordwesten Frankreichs, der unterirdisch zehn Kampfbatterien mit jeweils fünf Kanonen beherbergen sollte. Die Entfernung dieses Stützpunktes bis zum Zentrum von London betrug 153 km.

Im Herbst 1943 wurden in Hillersleben die ersten Teile des *Tausendfüßlers* zusammengebaut. Im Oktober fanden die ersten Erprobungen statt, die jedoch keine verlässlichen Informationen für zukünftige Kampfversionen liefern konnten. Nebenbei fanden Versuche mit ei-

Die erste Version der V3. (Foto: Bundesarchiv)

ner 20-mm-Miniatur der Kanone statt, jedoch mit ähnlich bescheidenen Ergebnissen. Erst Anfang November wurde der erste Prototyp in voller Länge in Hillersleben fertig gestellt. Im Januar 1944 folgte eine zweite Versuchskanone im polnischen Misdroy. Es wurde unmittelbar mit dem Feuern von Kleinkalibergeschossen begonnen. Die erfolgreiche Bauweise des Projektils wurde bestätigt und ebnete den Weg für eine Produktionssteigerung auf 10.000 Stück pro Monat. Die Konstruktion der Kanone selbst war jedoch noch nicht vollständig überprüft worden, denn es war bisher lediglich mit reduzierten Pulverladungen geschossen worden. Trotz alledem war die Stimmung optimistisch, und Hitler war überzeugt, dass die Hoffnungen, die auf die V3 gesetzt wurden, vollkommen gerechtfertigt waren.

Erst im März 1944 wurde offensichtlich, dass diese Hoffnungen ein wenig verfrüht waren. In vollem Umfang bestand die Kanone aus 32 Segmenten mit einer Gesamtlänge von 130 Metern. Wenn alle Kammern mit reduzierten Schießpulverladungen aufgefüllt waren, erreichte das Projektil eine Mündungsgeschwindigkeit von etwa 1.100 m/s. Um auf die gewünschte Reichweite zu kommen, war jedoch eine Mündungsgeschwindigkeit von 1.500 m/s erforderlich, die mit der vollen Ladung erreicht werden sollte. Doch damit traten ernste Probleme auf.

Es stellte sich heraus, dass die Strapazierfähigkeit der Geschützrohrabschnitte schlicht zu gering war. Viele Abschnitte wurden beim Feuern einfach auseinander gerissen. Aus heutiger Sicht lässt sich sagen, dass das Rohr dem herrschenden Druck gar nicht hätte standhalten können. Dazu wäre ein geschichtetes Rohr nötig gewesen, das mit dem Autofrettage-Verfahren hätte gefertigt werden müssen. Auf diese Weise wäre eine bessere Ladungsverteilung und sogar eine höhere Strapazierfähigkeit erreicht worden, als beim *Tausendfüßler* nötig war. Während des Zweiten Weltkrieges steckte diese Technologie jedoch noch in den Kinderschuhen. Das nächste Problem war die mangelnde Treffgenauigkeit. Man stellte fest, dass

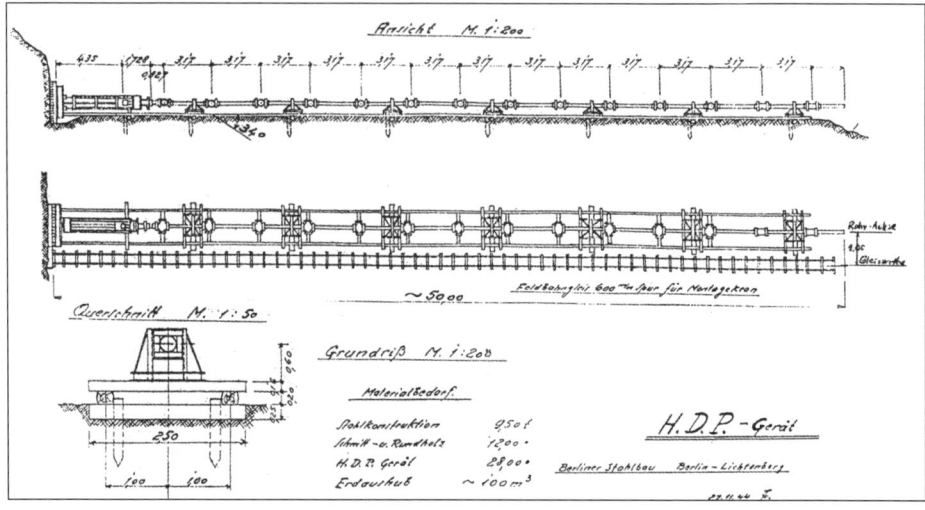

Eine deutsche Konstruktionszeichnung der V3 vom November 1944.

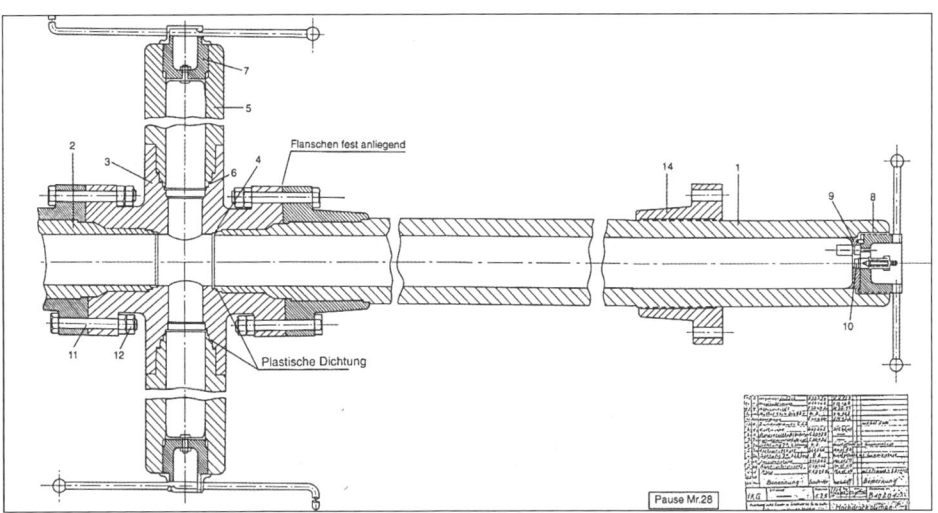

Originale technische Zeichnung einer der Abschnitte der V3.

das Projektil bei den hohen Geschwindigkeiten im Flug nicht stabil war. Bis jetzt hatten die Deutschen rund 20.000 Geschosse hergestellt. Nun rächte sich Hitlers Nachgiebigkeit gegenüber Röchling, der von Anfang an darauf bestanden hatte, das Heereswaffenamt bis zur Durchführung von Versuchen nicht über die Existenz dieses Projektes zu informieren. Er hatte befürchtet, dass das Militär einer solch unkonventionellen Konstruktion ablehnend gegenüber stände und sie nach einfachen Überlegungen zurückweisen würde. So wurde ein Projekt mit offensichtlichen Fehlern ohne die fachkundige Überprüfung von Experten zur Umsetzung freigegeben. Zu dieser Feststellung kam zumindest eine Gruppe von Militärexperten, die mit General Leeb vom Heereswaffenamt später an den Versuchsabschüssen teilnahmen. Es war März 1944. Das Militär war für die Absetzung des Projektes, was mit Sicherheit auch geschehen wäre, wenn Hitler sich nicht so sehr dafür eingesetzt hätte.

Also wurde die Arbeit fortgesetzt. Obwohl das Institut für Aerodynamik in Göttingen mit dem Entwurf eines neuen Projektils beauftragt wurde, das mit einem Gewicht von etwa 80 kg deutlich leichter sein sollte, wurde weiterhin eine geringere Zahl der ursprünglichen Projektile produziert. Man entschied, Hitler nicht über das Ausmaß der zahlreichen Probleme zu informieren. In der Zwischenzeit wurden wichtige Verbesserungen an der Konstruktion vorgenommen. Die Seitenkammern wurden nicht länger senkrecht zum Rohr angebracht, sondern in einem bestimmten Neigungswinkel. Auch die Projektile wurden verbessert. Trotz der Bemühungen brachten die wieder aufgenommenen Abschüsse im Juli bei Misdroy weitere Fehlfunktionen zutage. Fast ein Drittel des Rohres wurde auseinander gerissen. Die Arbeit wurde fortgesetzt, wenngleich offensichtlich war, dass die angestrebte Mündungsgeschwindigkeit nicht realisierbar war. Dies wurde aber erst endgültig klar, als der gigantische Kampfbunker in Mimoyecques schon fertig gestellt war.

Ein Gehäuse der V3-Granate als amerikanische Trophäe. (Foto: US Army)

Eine Nahaufnahme des V3-Prototypen. (Foto: Bundesarchiv)

Gleichzeitig befand sich ein spezielles Wehrmachtregiment auf der Insel Wollin in der Endphase der Ausbildung für den Einsatz der V3-Kanonen. Das Regiment bestand aus ungefähr 1.000 Soldaten und stand unter dem Kommando von Oberstleutnant Bortt-Scheller.[18] Die Probleme, die beim Erreichen der Zielentfernung auftraten, bedeuteten keineswegs, dass das Projekt nun endgültig dem Untergang geweiht war. Zur gleichen Zeit, jedoch wahrscheinlich unabhängig, wurde ein neuer Typ von Langstreckenmunition entwickelt und getestet, der das ganze Unternehmen in ein völlig neues Licht hätte rücken können. Versuche mit dieser neuartigen Munition wurden unter anderem in Hillersleben durchgeführt. Dabei handelte es sich um ein Artilleriegeschoss mit zusätzlichem Staustrahltriebwerk. Es existierten mehrere Ausführungen dieses sogenannten Trommsdorff-Geschosses[20], darunter 105- und 150-Kaliber-Geschosse. Letzteres entsprach genau dem Kaliber der V3-„Superkanone". Ich weiß nicht, ob darüber nachgedacht wurde, die Vorzüge beider Waffen zu kombinieren, möglich wäre es jedoch gewesen. Das Trommsdorff-Geschoss wird in einem der folgenden Kapitel noch näher beschrieben.

Abgesehen davon, dass schon die Arbeit an der V3 selbst höchst interessant war, liefert auch der Bau des gigantischen Untergrundkomplexes in Mimoyecques eine recht kuriose Geschichte. Der Bau wurde dermaßen geheim gehalten, dass sogar der Leiter des Heereswaffenamtes Leeb nur zufällig über das ganze Unterfangen stolperte, als er Ende 1943 Befestigungen an der Küste Frankreichs begutachtete.

Die Deutschen planten ursprünglich die unterirdische Platzierung von 50 Kanonen, entschieden sich jedoch letztlich für 25. 430 Minenarbeiter und schätzungsweise 5.000 erfahrene Arbeiter aus dem Ruhrkohlenrevier wurden im Herbst 1943 für die riesige Konstruktion der unterirdischen Anlage abkommandiert. Der Kern des Komplexes bestand aus fünf großen Stollen, jeder 150 m lang, die in einem Winkel von 45 Grad in den Berg führten. Fünf Kanonen sollten nebeneinander in jedem der Stollen aufgestellt werden. Die Firma Krupp lieferte die gepanzerten Abdeckungen für die Stollenöffnungen, sodass nur die Spitzen der Rohre hinausragten. Zusätzlich wurde entschieden, die gesamte Oberfläche des Berges mit einer Schicht verstärktem, sechs Meter dickem Beton zu schützen. Zusammen mit dem harten Felsen sollte es den Bau gegen jede Waffe der damaligen Zeit schützen.

Der Hauptkomplex horizontaler Tunnel mit Lagerräumen und einer Schienenstrecke lag in einer Tiefe von etwa 30 Metern, gut 10 Stockwerke nach unten. Von dieser Ebene aus führten Aufzugschächte nach unten, durch die die Munition bereitgestellt werden sollte. Auf der untersten Ebene, in einer Tiefe von 80 bis 110 Metern, befanden sich weitere Tunnelsysteme. Direkt darüber verrieten nur die Laufmündungen der 25 Kanonen und schmale Lüftungsschächte die Existenz der Anlage. Sogar zwei Hochspannungsleitungen aus Frankreich führten unterirdisch in den Komplex. Die Konstruktion verschlang insgesamt eine Million Tonnen Zement, Stahl und Kies. Trotzdem erwies sie sich als durchaus zerstörbar.

Auch hier unterstützte die polnische Spionage die Alliierten mit unschätzbaren Diensten, insbesondere die Gruppen von Major Grabowski („Lille") und Wł. Ważny („Tiger"). Grabowski erhielt von London den Auftrag, die nach Mimoyecques führende Starkstromleitung zu kappen. Ein Verbund von Kommandotruppen wurde zur Unterstützung der Mission ausgesandt (Raszka, Bronicki-Łoziński, Fijak, Kral und weitere). Es gab einen Hinweis auf eine Stelle, an der die Leitung oberirdisch verlief. Da die Deutschen die elektrischen Versorgungsleitungen nach jeder Sabotage reparierten, wurde sie insgesamt 16 Mal durchtrennt. Dies waren jedoch nur vorläufige Operationen, denn in England wurde bereits ein verheerender Gegenschlag geplant.

Am 12. August 1944, d. h. bereits nach der Landung in der Normandie, erhob sich ein ungewöhnlicher „Befreier" (ein Bomber des Typs *Liberator*) von einer Basis in Norfolk – an Bord zehn Tonnen hochexplosiven Sprengstoffs. Kommandiert wurde er von Leutnant Joseph Kennedy, dem Bruder des späteren Präsidenten der Vereinigten Staaten. Vor Erreichen der englischen Küste sollte die Besatzung mit Fallschirmen abspringen; dann sollte eine Flugzeugeskorte über Funk die Steuerung übernehmen. Am Ende sollte der „Befreier" den V3-Komplex treffen.

Dazu kam es jedoch nie. 28 Minuten nach dem Start erhellte der Blitz einer riesigen Explosion den Himmel über Großbritannien. Der „Befreier" existierte nicht mehr. Es wurde nie geklärt, ob es ein Unfall oder das Resultat deutscher Geheimdienstaktivitäten war.

Kurz darauf wurde ein Alternativplan ins Leben gerufen: Der Kanonenkomplex sollte mit den zur damaligen Zeit schwersten Bomben unter Beschuss genommen werden, den fünf Tonnen schweren *Tall Boys*. Es sollte der erste Kampfeinsatz dieser

Bomben werden. Wie sehr die Briten die V3 fürchteten, zeigt sich daran, dass nur wenige Wochen später der gesamte Komplex angegriffen wurde. Einer der deutschen Zeugen des Bombenangriffs, Oberst Walter, erinnert sich an die Auswirkungen des ersten Einsatzes der „Erdbebenbombe":

> „Es war, als bebte der ganze Berg und würde jeden Moment einstürzen. Große und kleine Steine regneten von der Decke, alles knackte. Sogar Leute mit starken Nerven hielten es nicht lange unter der Erde aus."

Als Churchill später den Bau in Mimoyecques sah, sagte er:

> „Von diesem Ort hätte London mit dem entscheidensten aller Schläge rechnen müssen."

Erinnern wir uns daran, dass alle zwölf Sekunden ein Sprengkopf auf London niedergehen sollte. Minister Sandys, der künftige Schwiegersohn von Churchill, schrieb diesem später in einem Bericht über die V3-Kanone:

> „Sie hätte fertig gestellt und dazu benutzt werden können, London zu beschießen. Solange sie existiert, bedeutet sie eine potentielle Gefahr für England." Er empfahl „die Zerstörung des Bunkers, solange unsere Truppen noch in Frankreich sind."

Offensichtlich trauten die Franzosen den Briten genauso wenig wie die Briten den Franzosen. Ungeachtet des möglichen Protests von Charles de Gaulle beschlossen die Briten die Zerstörung des Komplexes in Mimoyecques. Am 9. Mai 1945 ließen britische Pioniere Sprengladungen an mehreren Stellen auf der oberen Ebene des unterirdischen Komplexes detonieren – wahrscheinlich auf die gleiche Art und Weise, wie die Russen versucht hatten, den Mittelwerk-Komplex zu zerstören. Einige Tage später wurden beide Bahneingangstunnel mit 25 Tonnen Sprengstoff in die Luft gesprengt.

Trotzdem ist der größte Teil der unterirdischen Anlage wahrscheinlich noch intakt. Vielleicht wird es eines Tages möglich, ins Innere zu gelangen und dieses „versiegelte Museum" zu öffnen? [3,9,18,19]

Die verschiedenen Abkömmlinge der „V"-Waffen sowie zahlreiche alternative Konstruktionen sind ein relativ unbekanntes Thema. Im Folgenden eine kurze Zusammenfassung.

Die Rheinbote

Obwohl die im Folgenden vorgestellte *Rheinbote*-Rakete keine offizielle V-Nummerierung erhielt, sollte sie dennoch dazu gerechnet werden, denn sie stellte den Versuch dar, einen Rivalen in Form einer Langstrecken- Festtreibstoffrakete zur V1 und V2 zu schaffen.

Sie war eine Initiative verschiedener Konstrukteure von Rheinmetall-Borsig. Im Juni 1941 beauftragte die Artillerieabteilung des Heereswaffenamtes die Firma mit der Umsetzung der Pläne. Das Projekt entstand aus Erfahrungen der späten 1930er mit Triebwerken für Festtreibstoffraketen und Starttriebwerken für Gleiter.

Im Sommer des Jahres 1941 präsentierte Rheinmetall dem Heereswaffenamt drei Entwürfe vierstufiger Langstreckenraketen zur Begutachtung und Auswahl. Die leichteste Variante der Raketen sollte ein Gewicht von 1.750 kg haben, davon 625 kg Treibstoff, einen Sprengkopf von 200 kg und eine prognostizierte Reichweite von 100 km. Die „mittelgroße" Rakete sollte mit 3.500 kg doppelt so schwer sein, bei 1.220 kg Treibstoff und einem 500-kg-Sprengkopf. Die geschätzte Reichweite lag bei 110 km. Die schwerste Variante war für die Zeit ein wahrer Gigant in ihrer Raketenklasse und hinsichtlich der Größe mit der A4 vergleichbar. Die Deutschen sahen für sie ein Startgewicht von acht Tonnen vor, 2.800 kg Treibstoff, einen 1.250-kg-Sprengkopf und eine Reichweite um etwa 120 km.

Beamte der Wehrmacht und besonders Dornberger betrachteten jedoch das ganze Projekt eher skeptisch. Der militärische Nutzen der Rakete wurde hauptsächlich aufgrund des hohen Verbrauchs von knappem Treibstoff und der prognostizierten schlechten Treffgenauigkeit der Rakete in Frage gestellt. Deshalb wurde nur die „leichte" Variante für eine weitere Realisierung akzeptiert, begünstigt auch durch die zu jener Zeit auftretenden Probleme bei der Entwicklung der A4-Rakete. Die Entscheidung fiel jedoch zugunsten einer beträchtlichen Verminderung der Sprengkopfmasse auf nur 40 kg, da Berechnungen zeigten, dass sich die Reichweite auf diese Weise verdoppeln ließe. Genau darum wurde die *Rheinbote* von vornherein als weitere „psychologische Vergeltungswaffe" eingestuft, deren rein militärischer Nutzen nicht unbedingt im Vordergrund stand. Da die Rakete kein Navigations- oder Leitsystem besaß, hätte sie lediglich für den Angriff auf große Oberflächenziele genutzt werden können.

Auch ihre Reichweite, die in etwa der der A4 entsprach,

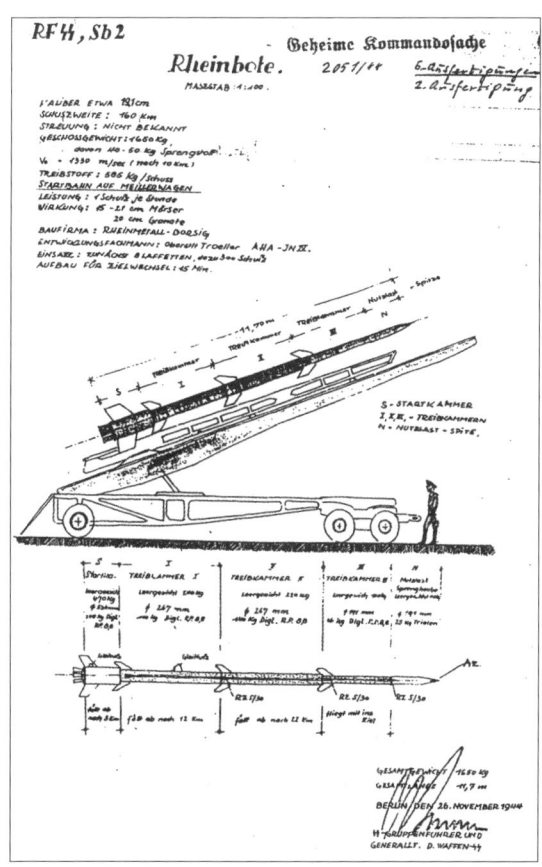

Ein deutsches Dokument mit der ersten Zeichnung der *Rheinbote*-Rakete.

lässt darauf schließen, dass eine derartige Verwendung für sie vorgesehen war. Für die Konstruktion eines Prototyps wurde in den Berliner Rheinmetallfabriken ein 40-köpfiges Forscherteam zusammengestellt. Die Rakete erhielt die Arbeitsbezeichnung Rh-Z-61. Die ersten Exemplare standen schon im November 1941 für Reichweitenversuche bereit, die auf einer Anlage an der Ostseeküste im polnischen Leba durchgeführt wurden. Dabei handelte es sich um einen Raketenstützpunkt der Luftwaffe, der zu diesem Zeitpunkt auch „Klein-Peenemünde" genannt wurde und von Rheinmetall bereits für Versuche mit verschiedenen Luftwaffen genutzt wurde.

Eine Nahaufnahme der sechs Düsen des Haupttriebwerkes der *Rheinbote*-Rakete.
(Foto: Imperial War Museum)

Die Raketen wurden in Richtung der von den Deutschen besetzten 170 km entfernten Insel Bornholm gestartet, auf der Geräte zur Auswertung aufgestellt waren. Zunächst wurden jedoch lediglich einzelne Stufen der Rakete unabhängig voneinander abgefeuert. Materialbeschaffungsprobleme (dem Projekt war keine Priorität zugeteilt worden) führten dazu, dass bis April 1943 keine vollständigen Raketen getestet werden konnten. Die Versuche galten als erfolgreich, und die Endstufe einer der Raketen fiel sogar in der Nähe des Beobachtungspostens auf Bornholm nieder, sodass sie später untersucht werden konnte.

Obwohl die *Rheinbote* immer noch keinem größeren Rüstungsprogramm zugeordnet war und daher keine Priorität oder ausreichende Rohstoffversorgung zugesprochen bekam, gelang es der Forschungsgruppe, die Materialien inoffiziell aus dem Langstreckenraketenprogramm zu „organisieren", um die nächsten 30 Prototypen zu bauen.

Aus ungeklärten Gründen wurden die Raketenteile erst Anfang 1944 geliefert, dazu noch in den falschen Maßen. Aufgrund der erheblichen Verzögerungen entschloss man sich zu einer gravierenden Beschleunigung der Arbeiten. Die Produktion der ersten Reihe von 200 Raketen wurde in Auftrag gegeben. Eine spezielle Artil-

Die *Rheinbote* in Abschussposition.
(Foto: Deutsches Museum)

lerieeinheit wurde ins Leben gerufen, deren Ausbildung in Leba stattfand. In der Zwischenzeit wurden Raketenversuche durchgeführt, die jedoch grundlegende Fehlfunktionen in allen gezündeten Raketen offenbarten. Die Probleme wurden durch unregelmäßiges Verbrennen des Pulvers verursacht, wodurch es in mehreren Fällen zur Explosion der Rakete kam. Es gab außerdem Fälle, in denen die Flossen abbrachen, sobald die Schallgeschwindigkeit überschritten wurde.

Ein einzigartiges Foto, dass die *Rheinbote* für den Transport demontiert zeigt. (Foto: Imperial War Museum)

Es dauerte bis Ende 1944, ehe die Forschungsgruppe die Probleme überwinden konnte. Genau wie bei der V2 übernahm die SS nach dem gescheiterten Attentat auf Hitler in Rastenburg am 20. Juli die Kontrolle über das *Rheinbote*-Projekt. Überraschenderweise wurden Kammler sowie andere SS-Offiziere, ungeachtet der skeptischen Haltung des Heereswaffenamtes, zu begeisterten Befürwortern der neuen Rakete. Das Flugtestgelände wurde von Leba in die Tucheler Heide (Polen) verlegt. Bis Mitte Dezember wurden gerade einmal 100 Raketen produziert. Weitere 220 sollten bis Ende Januar 1945 geliefert werden. Zu dieser Zeit wurden die Versuche fortgesetzt, die Rakete zu verbessern, doch die Ergebnisse lagen noch weit unter den Erwartungen. Von zwölf Raketen, die in der ersten Dezemberhälfte gestartet wurden, versagten fünf so gut wie völlig, hauptsächlich aufgrund von Explosionen. Die Übrigen wiesen eine erhebliche Streuung von 50 bis zu 160 km auf.

Obwohl die *Rheinboten* nicht ausgereift waren, wurden einige (die Versuchsserie) in Kampfhandlungen an der Westfront eingesetzt. Der einzige bestätigte Einsatz

Die *Rheinbote* auf dem Raketenwerfer. (Foto: Deutsches Museum).

Teile der *Rheinbote*-Rakete, die nach dem Start nahe des Versuchsgeländes in Leba explodiert war.
(Foto: I. Witkowski)

fand in der Weihnachtszeit 1944 statt: Einige Dutzend wurden aus einer Entfernung von 165 km auf Antwerpen gefeuert. Berechnungsfehler führten jedoch dazu, dass sie über 220 km weit flogen! Da das Projekt umstritten war, nicht sehr erfolgreich verlief und darüber hinaus keinen besonderen Nutzen versprach, traf es ein ähnliches Schicksal wie die unglückliche Mehrkammerkanone.

Am 6. Februar beschloss SS-Gruppenführer Kammler, die Arbeiten einzustellen.[3]

Wesentliche taktische und technische Details der *Rheinbote*-Rakete

Gesamtgewicht:	1.656 kg
Gewicht der einzelnen Stufen:	I – 710 kg, II – 380 kg, III – 360 kg, IV – 166 kg
Sprengkopfmasse:	40 kg
Gesamtlänge:	12,9 m
Maximale Fluggeschwindigkeit:	ca. 6.000 km/h
Schubdauer (insgesamt):	ca. 15 s
Reichweite:	200 – 230 km
Flughöhe:	70 km

Andere Vergeltungswaffen

Die vorgestellten Langstreckenwaffen-Projekte bezeugen das enorme wissenschaftliche und produktive Potential des Dritten Reiches. Diese Waffen und insbesondere die V2 setzten die Welt mit ihrer Modernität und Innovation in Erstaunen. In vielen Fällen wurden sie, und insbesondere die V2, nach dem Krieg in anderen Ländern wie den USA, Frankreich oder Russland weiter entwickelt und perfektioniert. Das deutsche Programm, aus dem sie hervorgegangen waren, hatte aber noch mehr zu bieten. Es gab zahlreiche weitere Projekte, die es jedoch in den meisten Fällen nur bis zum Prototypen schafften. Sie waren noch weitaus revolutionärer und gehörten zur schlichtweg interessantesten Gruppe von Waffen, die während des Zweiten Weltkrieges entwickelt wurden.

In welche Richtung gingen die Arbeiten? Nachdem die mangelnde Effektivität der „Vergeltungswaffen" realisiert worden war, wurde nicht nur eine Erhöhung der Reichweite angestrebt, sondern auch großer Wert auf die Verbesserung der Treffgenauigkeit gelegt. Bei der Analyse dieser noch fortschrittlicheren Projekte wird augenscheinlich, dass die Deutschen nicht vorhatten, ihre „Vergeltungsangriffe" nur auf europäisches Territorium zu begrenzen.

Die Versuche zur Umsetzung der genannten Ziele wurden zunächst in Verbindung mit den bereits existierenden Waffen unternommen. Als Erstes zeigte sich dies in der Modernisierung der V1-Rakete, von der eine Version mit höherer Reichweite und Fluggeschwindigkeit produziert wurde. Im Jahr 1944 wurde der Auftrag zur Herstellung eines neuen Strahltriebwerks für die V1 erteilt. BMW und Porsche stellten ihre Entwürfe vor. Mit diesem Triebwerk wäre die Reichweite auf 500 km erhöht worden. Mit einer Fluggeschwindigkeit von 800 km/h wäre sie zudem ein außerordentlich schwieriges Ziel für britische Kampfflugzeuge gewesen. Überdies planten die Deutschen, die Rakete mit einem Fernsteuerungssystem auszustatten, ähnlich dem, das schon in gelenkten Fliegerbomben eingesetzt wurde. Die Rakete sollte mit einer in der Nasensektion installierten Kamera versehen werden, die über einen Funksender Bilder vom Ziel übertragen sollte. Über den gleichen Signalweg sollte ein Empfänger die Steuerbefehle erhalten. Diese Version wäre ein „echter" Marschflugkörper gewesen, der auch kleine Ziele präzise hätte treffen können. Im Frühjahr 1945 wurden außerdem intensive Anstrengungen zur Installation eines Leitstrahls für die erste Flugphase unternommen, ähnlich dem, der bei der V2 zum Einsatz kam. Die V1 sollte zudem die erste „Vergeltungswaffe" sein, die die Deutschen gegen die Vereinigten Staaten einsetzen wollten.

Es existierten sogar Pläne, die fortschrittlichsten U-Boote des Typs XXI mit Startvorrichtungen für die V1 auszustatten, doch auch dies gelang den Deutschen nicht mehr. Jedoch wurde eine unbekannte Anzahl von V1-Startvorrichtungen auf ältere U-Boote montiert. Bei der Mission *Elster* im Jahr 1945 versuchte man sie gegen Amerika einzusetzen, doch die Mission wurde ein Fiasko. Laut einigen Geheimdienstberichten waren die amerikanischen Gegenmaßnahmen so schnell und effektiv, weil die Amerikaner fürchteten, dass die Raketen biologische Sprengköpfe trugen. Es war April

Eine Selbstmordversion der V1 (der Fi-103 Re.4, ohne Nasensektion). (Foto: Imperial War Museum)

Die A4b-Rakete Anfang 1945. (Foto: Deutsches Museum)

1945, und der letzte Versuch, Hitlers großen Traum – oder besser Albtraum – in die Tat umzusetzen, war gescheitert: die Zerstörung New Yorks, der „Hauptstadt des Judentums". Die ungelenkten Raketen *Ursel*, die 1942 in Peenemünde entwickelt wurden, dienten demselben Zweck, es ist jedoch nicht bekannt, ob sie jemals zum Einsatz kamen.[3,22,23]

Gegen Kriegsende plante das sterbende Dritte Reich in einem Akt der Verzweiflung, durch Einbau eines Cockpits einige V1-Raketen in Selbstmordflugzeuge umzuwandeln, die der Pilot auf besonders wichtige Ziele lenken sollte. Diese Version der V1, bekannt als die Fi-103 Re.4 *Reichenberg*, stieß jedoch auf den Widerstand der Luftwaffenführung, die den Entwurf als „Selbstmordplan für die Luftwaffe" bezeichnete. Sogar Hitler behandelte den Plan nur mit äußerster Zurückhaltung. Trotzdem wurden Piloten im Umgang mit der Rakete geschult und 175 Exemplare der Selbstmord-V1 gebaut. Sie kamen jedoch nie zum Einsatz. Die Ausbildung diente hauptsächlich dazu, zusätzliche Informationen über die Flugeigenschaften der Rakete zu gewinnen.

Ein umfangreiches Programm wurde auch zur Weiterentwicklung der V2 in Gang gesetzt. Auch diese Waffe wollten die Deutschen gegen amerikanische Städte einsetzen. Dazu wurden „Unterwassersilos" mit dem Codenamen *Schwimmweste* und einer Wasserverdrängung von 500 Tonnen entwickelt. Jeder beherbergte eine

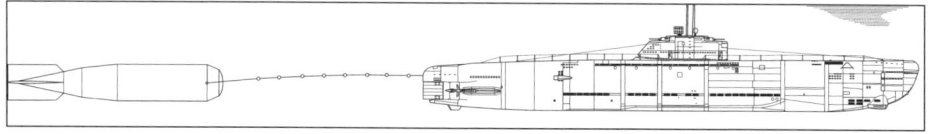

Ein Silo mit der V2-Rakete im Schlepptau eines U-Bootes vom Typ XXI. (Zeichnung: M. Ryś)

Rakete, technische Geräte und eine Kabine für die Besatzung. Nach den Startvorbereitungen sollte die Besatzung den Silo kurz vor dem automatischen Start der Rakete verlassen. Ein U-Boot vom neuen Typ XXI hätte bis zu drei solcher Silos im Schlepptau hinter sich herziehen können. Die Pläne wurden jedoch verworfen, da es keine Möglichkeit gab, die Lage einer solchen schwimmenden Startvorrichtung zu kontrollieren. Allerdings wäre es möglich gewesen, die genauen Zielkoordinaten zu bestimmen – in den letzten Kriegsmonaten fiel der amerikanischen Spionageabwehr eine Gruppe deutscher Agenten in die Hände, die Richtsender (Beacon Transmitter) mit sich führten. Bis Kriegsende gelang der Schiffswerft in Elbig jedoch lediglich die Herstellung eines einzigen Silos.

Auf der Grundlage der A4 wurde eine neue, weitaus revolutionärere Rakete mit einer noch größeren Reichweite entwickelt. Dabei handelte es sich um einen völlig neuen Entwurf, obgleich der ihr verliehene Name A4b darauf schließen lässt, dass es sich bei ihr „nur" um einen Abkömmling der A4 handelt. Man entschied sich für den Namen, um Ressourcen für die Durchführung von Versuchen sicherzustellen. Die A4b sollte eine größere Reichweite haben, hauptsächlich durch die Installation von ... Flügeln. Nach der Phase des ballistischen Fluges sollte sie in den Gleitflug übergehen und so eine Reichweite von 600 km erreichen. Um die Kontrolle während des Gleitens zu verbessern, wurden ihr hinteres Leitwerk vergrößert und aerodynamische Steuerflächen angebracht. Im Flug wurde die A4b, genau wie die A4, mittels Steuerelementen aus Graphit kontrolliert, die den Gasstrom aus der Düse ablenkten. Im Dezember 1944 wurde der Bau von 20 Prototypen der Rakete beschlossen. Obwohl die ersten beiden Starts missglückten, wurde die Arbeit fortgesetzt. Am 24. Januar fand schließlich der erste erfolgreiche Start statt. Alles sah viel versprechend aus, bis während des Übergangs in den Gleitflug einer der Flügel auseinander brach, sodass die geplante Reichweite nicht erreicht wurde. Es wurde auch eine Version der A4b mit Cockpit entwickelt. Diese besaß sogar ein einziehbares Fahrwerk und ein zusätzliches kleines Triebwerk zur Erhöhung der Flugreichweite. Diese Version schaffte es jedoch nie über das Papierstadium hinaus.

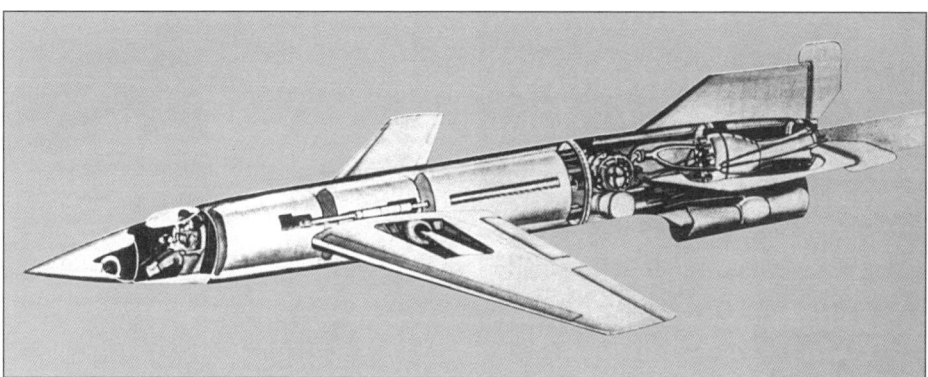

Eine bemannte Version der A4b mit zusätzlichem Triebwerk. Auf ihrer Grundlage wurde die bemannte Version der A9 entwickelt. (Originalzeichnung)

Obwohl bis 1945 keine Flugversuche mit der A4b unternommen wurden, existierten schon länger Produktionspläne für sie. Das Konzept der A4b wurde fast parallel zu den Arbeiten an der A4 entwickelt. Auf Grundlage dieses Projektes wurde bereits seit 1941 an einer noch bahnbrechenderen Rakete mit dem Namen Aggregat 9 (A9) gearbeitet, die mit einem neuartigen aerodynamischen System („Delta") ohne Heckflossen ausgestattet werden sollte. Schon damals planten die Deutschen sie als zweite Stufe der noch in der Entwicklung befindlichen A9/A10-Rakete („Amerika-Rakete") zu verwenden, die die wichtigsten Städte Nordamerikas zerstören sollte. Diese Version der A9 sollte jedoch keine Tonne explosiven Sprengstoffes fassen, sondern eine gewaltige nukleare Ladung mit sich tragen. General Dornberger schrieb in seinen Memoiren Folgendes über die Arbeiten an der A9:

> „[…] Hunderte von Berechnungen wurden zur Ermittlung der Flugbahn angestellt, welche die größte Reichweite erlauben würde. Letztlich wurde festgelegt, dass die Rakete eine Höchstgeschwindigkeit von 4.500 km/h bei einer maximalen Flughöhe von 19 km erreichen und dann in eine leicht geneigte Flugbahn übergehen sollte, deren Scheitelhöhe bei fast 29 km liegen würde. Nach Erreichen des Zielgebiets würde sie dann in einer Höhe von 5 km in den Sturzflug übergehen wie die Fi-103 (V1).

> Wir waren nur einen Schritt davon entfernt, aus einer unbemannten A9-Rakete mit einem vollautomatischem Leitsystem eine pilotengesteuerte Version zu entwickeln. Dieses äußerst schnelle Fluggerät mit Flügeln, die nur etwa 13,5 Quadratmeter Gesamtoberfläche aufwiesen, hatte keine militärische Signifikanz. Spezielle Flügelklappen erlaubten ihm eine Landung bei einer Geschwindigkeit von nur 160 km/h, nachdem es zuvor etwa 640 km in nur 17 Minuten zurückgelegt hatte. Die Entwicklung der A9 konnte unseren Ehrgeiz allerdings nicht befriedigen. Wir wollten einen Bereich von mehreren tausend Kilometern abdecken. Unser eigener privater und exklusiver Aktivitätsbereich begann nämlich erst jenseits der Reichweite der schwersten Flugzeuge.

> Nur wenn wir das Einstufensystem zugunsten einer mehrstufigen Rakete aufgaben, d. h. indem wir die ‚tote' Masse abwarfen, die ihre Aufgabe bereits erfüllt hatte und dadurch das Gewichtsverhältnis der Rakete verbesserten, konnten wir hoffen, eine derart unglaubliche Steigerung der Reichweite zu erzielen.

> Dies war also der Ursprung des A9/A10-Projekts. Das Ziel war in diesem Fall, dass das Triebwerk der zweiten Stufe (A9) erst dann zu arbeiten beginnen und damit als Hilfsantrieb dienen sollte, nachdem die Rakete über die erste Stufe eine genügend hohe Geschwindigkeit erreicht hatte.

> Eine Alternative wäre ein Katapult gewesen, das der A9 eine ausreichend hohe Anfangsgeschwindigkeit verlieh. Aufbauend auf Berechnungen und praktischen Erfahrungen mit den V1-Startrampen wurde ein langes, schräges Katapult entworfen, das die A9-Rakete auf eine anfängliche Geschwindigkeit von 1.290 km/h beschleunigen konnte. Diese Geschwindigkeit hätte ausge-

reicht, um der treibstoffgefüllten Rakete danach einen laufruhigen Start zu erlauben.

Ein besserer Plan, der die Reichweite erheblich erhöhte, war jedoch der Bau der A10 – der ersten Stufe des A9/A10-Systems –, die bei einer Treibstoffmasse von insgesamt 62 Tonnen 87 Tonnen gewogen hätte.

Die A9 wurde auf die A10 aufgesetzt, die dann mit einem 50 – 60 Sekunden anhaltenden Schub von 200 Tonnen der A9 eine Anfangsgeschwindigkeit von 4.350 km/h verliehen hätte. Nachdem die Treibstoffvorräte der ersten Stufe verbraucht waren, sollte das A9-Triebwerk starten und sich abtrennen. Bald danach sollte sich der Steigwinkel der A9 vergrößern, um eine maximale Flughöhe von 56 km zu erreichen. Daraufhin sollte ein langer Gleitflug mit Überschallgeschwindigkeit beginnen."

Die Deutschen wollten mit der Basisversion eine Reichweite von etwa 5.500 km erreichen. Aus nachvollziehbaren Gründen sollte die einzige Bewaffnungsvariante ein nuklearer Sprengkopf sein. Das A9-Raketenprogramm war das erste Vorhaben, bei dem ein Langstreckentransportmittel direkt mit einer nuklearen Waffe kombiniert wurde. Die Arbeit an dieser Konstruktion im Dritten Reich war fast abgeschlossen. Die effektive Verwendung dieser Rakete setze allerdings einen neuen Ansatz bei einem bis heute großen Problem voraus: der Genauigkeit. Damals stellte dieses Problem sogar eine noch größere Hürde dar, die anscheinend unüberwindbar war, selbst wenn man den Zerstörungsradius des Sprengkopfes und die Größe der Ballungsräume von New York oder Washington berücksichtigte. Die Deutschen hatten vor, dieses Problem mit einer bemannten Version der A9 zu lösen, ähnlich der bemannten Version der A4b. Die Rakete sollte über die Arktis fliegen und sich von Nordosten der amerikanischen Ostküste annähern. Der Pilot sollte die gesamte Zeit in großer Höhe fliegen, am Ziel die nukleare Bombe abwerfen und allein mit dem Hilfsantrieb den Flug nach Süden fortsetzen und schließlich in Argentinien landen, das den Deutschen traditionell friedlich gesinnt war.[24,25]

Formell war es ein neutrales Land, in Wirklichkeit kooperierte es jedoch eng mit dem Dritten Reich. Zurückzuführen war diese enge Bindung insbesondere auf den argentinischen Militärattaché Juan Domingo Perón, der sich damals in Berlin aufhielt und Präsident von Argentinien werden sollte. Dank ihm stand Argentinien nach dem Krieg dem deutschen Programm für „spezielle Waffen" zu Diensten, denn auf seinen Befehl hin stellten diplomatische Vertretungen in Österreich und Italien von 1945 bis 1947 rund 2.000 Pässe aus, die die Evakuierung vieler verfolgter Personen ermöglichten, darunter Wissenschaftler

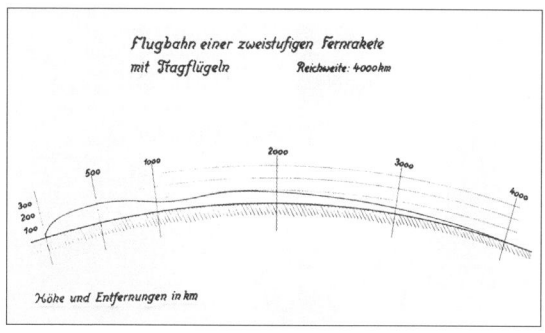

Eine Originalzeichnung der Flugbahn einer A9/A10.

Die A4b im Januar 1945. (Fotos: Deutsches Museum)

mit wertvollen Unterlagen über neue Waffen.

Das Problem der Treffgenauigkeit war jedoch nicht so groß, wie es aus heutiger Perspektive erscheinen mag. Die Flugbahnkorrektur im letzten Stadium des Fluges konnte auch ohne Piloten bewerkstelligt werden. Am 30. November 1944 beispielsweise brachte das U-1230 im Rahmen der Operation *Elster* eine mit Beacon Transmittern ausgestattete Gruppe von Agenten in die Vereinigten Staaten.

Lassen Sie uns jedoch zum A9/A10-Projekt zurückkehren.

Den Deutschen gelang es bis zum Kriegsende nicht, einen Prototyp fertig zu stellen. Die gesamte theoretische Arbeit, die bereits 1941 begonnen wurde, sowie die komplette Dokumentation in Form von technischen Zeichnungen waren jedoch abgeschlossen. Dr. Thiel, der später bei einem Luftangriff umkam, und Dr. Walter hatten vorgeschlagen, sechs ausgereifte Triebwerke der A4 mit einer vereinten Schubkraft von 180 Tonnen für den Antrieb der A10 zu verwenden. Später entschied man sich jedoch für die Entwicklung eines einzelnen Triebwerkes mit einer Schubkraft von 200 Tonnen. In ihrer endgültigen Version sollte die Rakete innerhalb einer Minute eine Höhe von 180 km erreichen.

Für die Forschungs- und Produktionserfordernisse des A9/A10-Projektes wurde unter Leitung der SS Ende 1943 mit dem Bau eines riesigen, mehrstöckigen Untergrundkomplexes mit dem Deck-

namen „Zement" begonnen. Diese Fabrik mit einer Gesamtfläche von 65.000 m²
lag unter einem Bergmassiv am Traunsee, nahe der Stadt Gmunden im Nordwesten
Österreichs. Etwa 3.000 Arbeiter sollten dort beschäftigt werden. In einem benachbarten Tal sollten Versuchsstände für die neuen Triebwerke und Startrampen für
die Raketen aufgebaut werden.

Die „Amerika-Rakete" wäre, wenn sie rechtzeitig fertig gestellt worden wäre, die
erste „Vergeltungswaffe" gewesen, die tatsächlich eine Chance gehabt hätte, den
Verlauf des Krieges maßgeblich zu beeinflussen.[7,21,24,25]

Zum Abschluss dieser Diskussion deutscher Langstreckenwaffenprojekte kommt
man nicht umhin, ihren Einfluss auf die Geschichte des Rüstungswettstreits und ihre
Bedeutung für den Verlauf des Zweiten Weltkriegs zu betonen.

Vom heutigen Standpunkt aus hatten diese Projekte einen sehr großen Einfluss
auf die allgemeine Entwicklung der Militärtechnologie. Paradoxerweise verhält es
sich mit ihrem Einfluss auf den Verlauf des Zweiten Weltkriegs umgekehrt.

Insbesondere trugen dazu die falschen strategischen Entscheidungen und das
begrenzte Potential dieser Waffen durch die hohe Streuung bei. Von den Modellen,
die im Kampf eingesetzt wurden, hätte in Wirklichkeit nur die „Präzisionsversion"
der V2 mit Trägheitsnavigationssystem und zusätzlichem Leitstrahl viele wichtige
Einrichtungen bedrohen können, doch ihr Potential wurde falsch eingesetzt.

Einer der Eingänge zur „Zement"-Anla-
ge. (Foto: I. Witkowski)

„Zement" – ein Durchgang.
(Foto: M. Banaś)

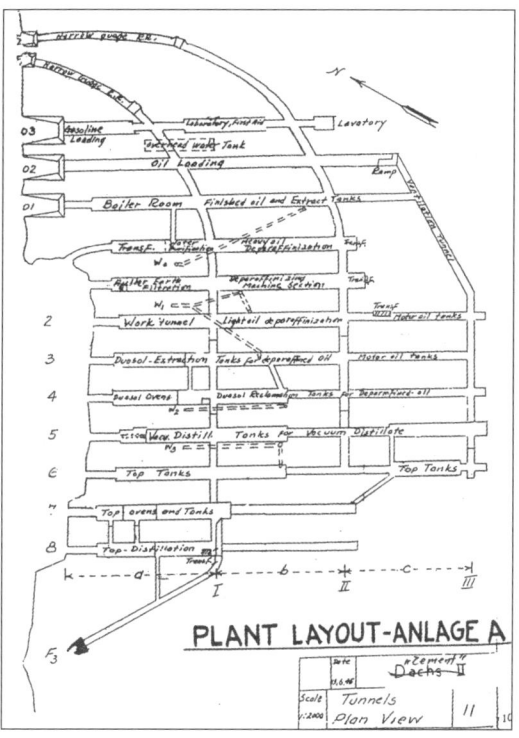

Übersichtsplan der Anlage „Zement" – Anlage A. (BIOS)

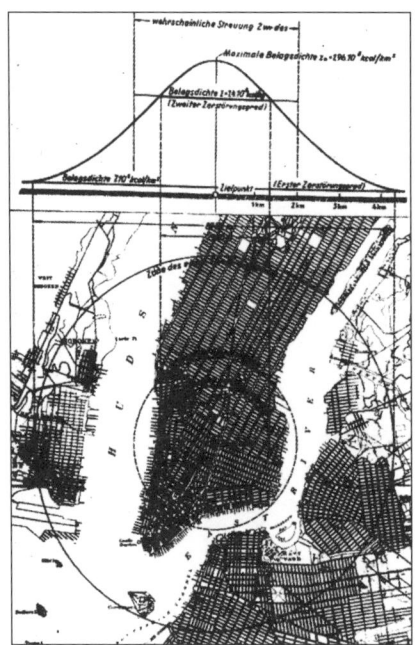

Dieses Diagramm aus dem Jahr 1944 zeigt den Zerstörungsradius eines Atomsprengkopfes der A9/A10. Im Zentrum liegt Manhattan. (Originalzeichnung)

Nur bestimmte Waffen, die die Deutschen jedoch nie rechtzeitig in die Massenproduktion bringen konnten, verfügten über ein reales und bedeutendes militärisches Potential – etwa die V1-Version mit neuem Triebwerk und Kamerafernlenksystem oder die A9/A10-Rakete. Praktisch existierte damit ein riesiges Missverhältnis zwischen der Menge an verwendeten Ressourcen und ihrem Einfluss auf die militärische Lage. Die von Hitler geförderte Maxime „kleine Ressourcen, großer Effekt" hatte sich in der Realität zum Prinzip „riesige Ressourcen, geringer Effekt" gewandelt.

In seinen „Erinnerungen" versuchte der Reichsminister für Bewaffnung und Munition, Albert Speer, die interne Geschichte dieser Operationen nachzuzeichnen:[1]

„Wieder kamen wir zwei Jahre zu spät. Die russische Winteroffensive hatte zu Rückzügen unserer Truppe geführt; die Lage war kritisch geworden. Hitler, wie so oft in Notlagen von erstaunlicher Kurzsichtigkeit, erklärte mir Ende Februar, dass dem ‚Korps Meister' befohlen worden sei, Bahnlinien zu zerstören, um den Nachschub der Russen aufzuhalten. Meine Einwände, dass der Boden in Russland hartgefroren sei, dass die Bomben nur eine oberflächliche Wirkung erzielen könnten und zudem nach unseren Erfahrungen die viel empfindlicheren deutschen Bahnstrecken oft schon nach Stunden wiederhergestellt seien: alles blieb fruchtlos. Das ‚Korps Meister' wurde in einem sinnlosen Einsatz aufgebraucht, natürlich ohne die operativen Bewegungen der Russen behindern zu können.

Das weitere Interesse Hitlers für die Idee der Punktstrategie wurde zudem durch seine störrischen Vergeltungsabsichten gegen England aufgezehrt. Auch nach der Vernichtung des ‚Korps Meister' hätten wir noch genügend Bomber für solche Pläne gehabt. Hitler aber gab sich der irrealen Hoffnung hin, dass einige massive Angriffe auf London die Engländer bewegen könnten, auf ihre offensive Luftkriegsführung gegen Deutschland zu verzichten. Nur deshalb verlangte er noch im Jahre 1943 Entwicklung und Produktion neuer, schwerer Bomber. Dass sie weitaus lohnendere Ziele im Osten finden konnten [Anm. d. Autors: Schlüsselstellen der sowjetischen Industrie waren in riesigen, monopolistischen Kolossen zusammengezogen], machte auf ihn keinen Eindruck, wenn er auch gelegentlich, selbst noch im Sommer

1944, meinen Argumenten zustimmte: Er wie unser Luftwaffenstab waren unfähig, einen Luftkrieg nach technologischen, statt nach überholten militärischen Gesichtspunkten zu führen. Die Gegenseite zunächst auch […]

Es war wiederum Hitler, der, trotz aller taktischen Fehler der Alliierten, diejenigen Schachzüge machte, die der Luftoffensive der Gegner im Jahre 1944 zum Erfolg verhalfen: Er hatte nicht nur die Entwicklung des Strahljägers gehemmt und ihn später in einen Jagdbomber verwandeln lassen – er wollte auch mit Hilfe der neuen Großraketen Vergeltung gegen England üben. Auf seinen Befehl wurden ab Ende Juli 1943 gewaltige Industriekapazitäten für die unter dem Namen V2 bekannt gewordene, 14 Meter lange und über 13 Tonnen schwere Fernrakete belegt, von der er monatlich 900 Stück produziert wissen wollte. Es war absurd, den feindlichen Bomberflotten des Jahres 1944, die im Durchschnitt mehrerer Monate mit 4.100 viermotorigen Flugzeugen 3.000 Tonnen Bomben pro Tag auf Deutschland abwarfen, eine Vergeltung entgegensetzen zu wollen, die täglich 24 Tonnen Sprengstoff nach England befördert hätte: Die Bombenlast eines Angriffs von nur sechs Fliegenden Festungen.

Es dürfte wohl einer meiner schwerstwiegenden Fehler in der Leitung der deutschen Rüstung gewesen sein, dieser Entscheidung Hitlers nicht nur zugestimmt, sondern sie befürwortet zu haben – während wir besser unsere Anstrengungen auf die Fertigung einer Boden-Luft-Abwehrrakete konzentriert hätten."

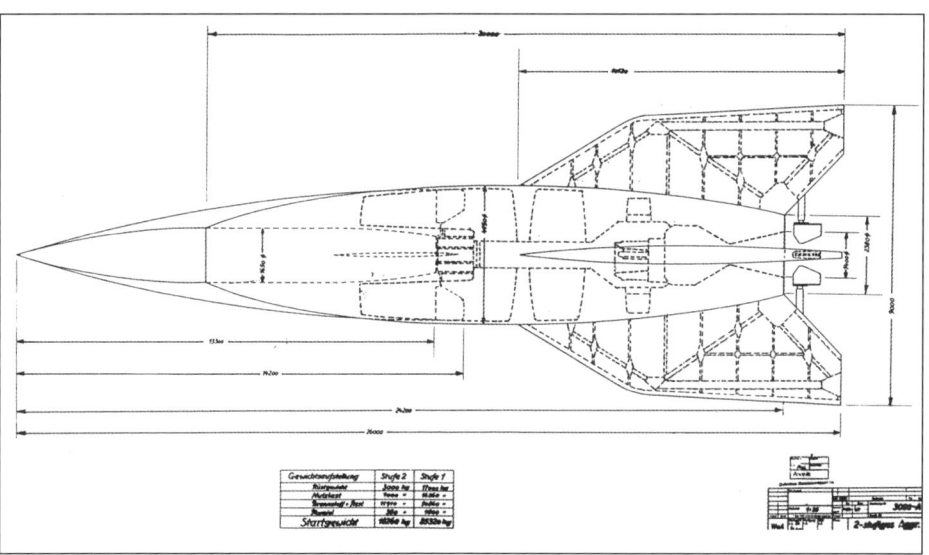

Ein Querschnitt der A9/A10-Rakete. Vertikal auf der Startrampe platziert, war die Rakete so hoch wie ein zehnstöckiges Gebäude.

Taktische und technische Details der A4b-Rakete

Startgewicht:	13.000 kg
Sprengkopfmasse:	975 kg
Triebwerksschub:	27.500 kg
Gesamtlänge:	14,06 m
Rumpfdurchmesser:	1,65 m
Flügelspannweite:	6,2 m
Maximale Geschwindigkeit:	5.500 km/h
Reichweite:	595 km

Taktische und technische Details der A9/A10-Rakete

	Version I	Version II
Startgewicht:	85.320 kg	100.000 kg
Treibstoffmasse Stufe I:	51.700 kg	62.000 kg
Treibstoffmasse Stufe II:	11.850 kg	8.800 kg
Schubkraft Stufe I:	200 Tonnen	200 Tonnen
Schubkraft Stufe II:	28,1 Tonnen	28,1 Tonnen
Gesamtlänge:	26 m	–
Rumpfdurchmesser:	4,15 m	3,5 m
Flügelspannweite:	9,3 m	–
Reichweite (Version ohne Pilot):	ca. 8.000 km	ca. 8.000 km
Maximale Fluggeschwindigkeit:	ca. 11.900 km/h	–
Sprengkopfmasse:	ca. 1.000 kg	ca. 1.000 kg

Zur „Amerika-Rakete" gab es zumindest theoretisch eine interessante Alternative, die unter dem Codenamen *Thors Hammer* entwickelt wurde.[26] Dabei handelte es sich um ein sogenanntes raketengetriebenes Flugzeug, oder allgemeiner: um eine Raumfähre.

Bereits seit 1936 wurde unter der Leitung von Dr. Eugen Sänger an dem von ihm gegründeten Raketenversuchszentrum Trauen an dieser Raumfähre gearbeitet. Es war der erste spezifische Entwurf eines Raumschiffes, das in der Lage gewesen wäre, eine menschliche Besatzung über die Atmosphäre der Erde hinaus zu tragen.

Thors Hammer sollte genau wie das heutige Space Shuttle einen ungewöhnlich abgeflachten Rumpf besitzen, der zusätzlichen aerodynamischen Auftrieb liefern und das Abbremsen beim Wiedereintritt in die Atmosphäre erleichtern sollte. Außerdem sollte er einen anschließenden Gleitflug ermöglichen und so eine hohe Reichweite sicherstellen. Der Rumpf sollte die Form einer abgeflachten Spindel mit den Maßen 28 x 3,60 x 2,10 m haben. Das Cockpit der Besatzung sollte sich im vorderen Teil befinden, jedoch komplett unter dem Rumpf versteckt sein. Mit großer Wahrscheinlichkeit kam es nie zur Fertigstellung eines maßstabsgerechten Prototyps, es ist jedoch bekannt, dass schon im Jahr 1938 mit der Montage eines Modells im Maßstab 1:20 begonnen wurde, das für aerodynamische Versuche dienen sollte. Sängers Entwurf war ursprünglich für den zivilen Einsatz geplant, doch unter dem Druck des Militärs änderte er 1939 den Verwendungszweck des „Raumschiffes" zu einer Art interkontinentalem Raumbomber, der mit flüssigem Treibstoff angetrieben werden sollte. Sänger plante die Verwendung eines gewaltigen Raketentriebwerkes mit einer Schubkraft von 100 Tonnen und außerdem zwei wesentlich kleinere Triebwerke, die an den Seiten angebracht werden sollten.

Militärausweis von Wernher von Braun.

Es mag erstaunen, dass es sich dabei im Gegensatz zur A9/A10-Rakete und dem amerikanischen Space Shuttle, das zwei zusätzliche abtrennbare Festtreibstofftriebwerke besitzt, um ein einstufiges Raumschiff handelte. Dies

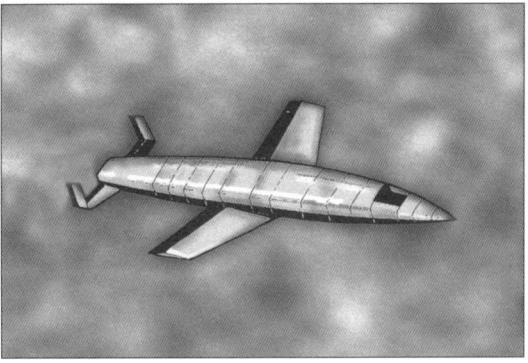
Thors Hammer (Foto aus der Sammlung des Autors)

war jedoch kein Fehler, sondern vielmehr der Beweis für die Überlegenheit von Sängers Entwurf, denn für den Start wären laut Plan keine Komponenten nötig gewesen, die unwiderruflich verloren gegangen wären. Es wurde sogar eine Star-

Die Me-264, der „Amerika-Bomber", war als Alternative zur „Amerika-Rakete" gedacht. (Foto: Bundesarchiv)

trampe entworfen, eine Art Katapult oder Startschiene mit einer geplanten Länge von drei Kilometern. Auch wenn das nach einer gigantischen Konstruktion klingt, so wäre sie doch immer noch kürzer gewesen als die 3,6 km langen Startbahnen moderner Flughäfen. Das Raumschiff sollte auf der Plattform von einem „Startmodul" beschleunigt werden, das deutlich größer als der „Bomber" selbst gewesen wäre, einer unterstützenden Starteinheit, ausgestattet mit Raketentriebwerken und einer Schubkraft von 600 Tonnen. Diese sollten elf Sekunden lang tätig sein und dem Primärobjekt eine Geschwindigkeit von 1.850 km/h verleihen. Der letzte Abschnitt der Rampe hatte einen Steigungswinkel von 30° und hätte das Raumschiff gleich zu Beginn in einen Steigflug versetzt. (Vermutlich wäre es am günstigsten gewesen wäre, eine derartige Startschiene auf dem Anstieg eines Berges mit entsprechendem Profil zu bauen.) Die Triebwerke wären nicht unmittelbar nach dem Start

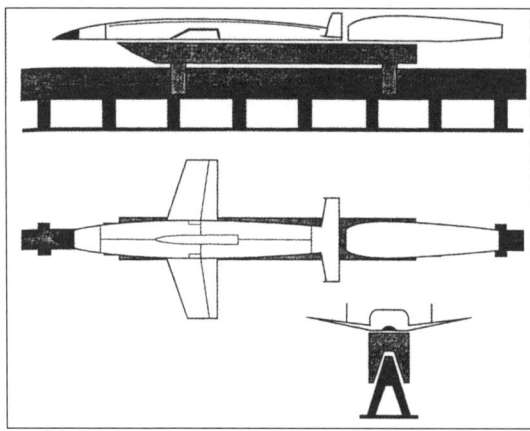

Thors Hammer in Startkonfiguration. (Zeichnung: B. Rdułtowski)

aktiviert worden, sondern erst nach mehreren Sekunden in einer Höhe von 1.200 m. Sie hätten acht Minuten lang für kontinuierlichen Antrieb gesorgt und *Thors Hammer* mit einer Geschwindigkeit von 22.110 km/h bis zu dem Punkt gebracht, an dem in einer Höhe von 145 km über der Erdoberfläche der ballistische Flug eingeleitet worden wäre. Zu diesem Zeitpunkt wäre der gesamte Treibstoff aufgebraucht gewesen. Nach Überbrückung einiger Tausend Kilometer hätte der Raumbomber wieder mit dem Anflug in die dünnen atmosphärischen Schichten begonnen. Erst hier hätte er seine flache Oberfläche und die geringe Flügelspannweite von 15 m nutzen können. Er wäre dann von der Luftschicht „abgeprallt" und erneut für einige Zeit in den ballistischen Flug übergegangen. (Die Berechnung einer solchen Flugbahn bereitete selbst in den 1960er Jahren noch Schwierigkeiten, als unter Leitung von Wernher von Braun das *Apollo*-Raumschiff konstruiert wurde. Wäre das Landemodul in einem zu steilen Winkel in die Atmosphäre eingedrungen, hätte die Gefahr bestanden, dass es verbrennt; umgekehrt hätte es bei einem zu flachen Wiedereintrittswinkel wieder in den Weltraum zurückgestoßen werden können.)

Ein mehrfaches „Abprallen" hätte dann folgende Vorteile mit sich gebracht: Erstens hätte es die Reichweite erhöht. Zweitens wäre damit das Problem der Überhitzung der Außenhaut gelöst, da sie in den höheren Bereichen immer wieder abgekühlt worden wäre. In der letzten Flugphase hätte das Raketenflugzeug dann eine ausreichend reduzierte Geschwindigkeit gehabt, sodass dieses Problem die technischen Möglichkeiten der damaligen Zeit nicht überschritten hätte. Drittens bot jede Phase des „Tieffluges" die praktische Möglichkeit, eine Bombe abzuwerfen. Die Möglichkeit zur Verwendung einer Atombombe wurde jedoch erst im Jahr 1944 in Betracht gezogen.

Nach der Entwicklung eines Vorentwurfs konzentrierte Dr. Sänger sich darauf, die Konstruktionserhitzung durch den Luftwiderstand zu untersuchen. Es ist bekannt, dass sich die Forschungsarbeiten auf diesem Gebiet bereits 1939 in einem fortgeschrittenen Stadium befanden. Sänger arbeitete auch an einem Triebwerk mit einer Schubkraft von 100 Tonnen, jedoch ohne großen Fortschritt. Diese Arbeit wurde 1942 unterbrochen, da ein anderes Team aus Peenemünde einen analogen Antrieb für die A9/A10-Rakete konstruierte.

Die Luftwaffe
Eine Zeit der Suche

Die Me-262

Von allen fortschrittlichen Flugkörpern des Dritten Reichs übte die Messerschmitt 262 wohl den größten Einfluss auf den Verlauf des Zweiten Weltkrieges aus. Sie war eines der wenigen Flugzeuge, die es aus der großen Masse oft unkonventioneller Flugzeuge in die Serienproduktion und zur Verwendung im Kampf schaffte.

Obwohl sie nicht das erste Düsenflügzeug war, wurde die Me-262 in gewisser Weise zu einem Symbol des riesigen Technologiesprunges, der während des Krieges in der Luftfahrt und der Technologie im Allgemeinen stattfand.

Insgesamt wurden im Dritten Reich fünf Strahltriebwerke konstruiert, davon vier während des Krieges. Das BMW-003, das in der Zeit von 1941 bis 1943 mehreren Modifikationen unterzogen wurde, das ihm relativ analoge Junkers Jumo-004 sowie das etwas größere HeS-011 von Heinkel-Hirth. Es besaß im Vergleich zum Jumo-004 eine von 8 auf 9 kN erhöhte Schubkraft und war eine Weiterentwicklung des nicht sehr erfolgreichen Vorgängers HeS-08. 1945 sollte ein weiteres Triebwerk in die Produktion gehen, das deutlich größer und moderner als das vorherige BMW-018-Triebwerk war. Dazu kam es jedoch nicht. Eine Schubkraft von 34 kN hätte die Umsetzung großer Düsenbomber ermöglicht.

Am 27. Juli 1941 wurden die ersten BMW-003-Triebwerke ausgeliefert. Sie wurden in eine der Me-262-Prototypen eingebaut, versagten jedoch beide bereits wenige Sekunden nach dem Start des Flugzeugs. Das gesamte Programm wäre mit Sicherheit eingestellt worden, wenn die Junkers-Fabriken, die zur selben Zeit ebenfalls an Düsentriebwerken arbeiteten, nicht zur „Rettung" eingeschritten wären. Sie stellten ihr neuestes Jumo-004-Triebwerk zur Verfügung, das den BMW-Triebwerken ähnelte, jedoch etwas größer war. Der Einbau erforderte zwar eine gewisse Umgestaltung der Triebwerksgondel und der Flügel, diese Maßnahmen stellten sich jedoch als richtig heraus. Die neuen Triebwerke wiesen nicht so viele Probleme auf wie die BMW-Triebwerke und ersetzten diese endgültig.

Die Grundausstattung des Flugzeuges stand damit fest, auch wenn die Ergebnisse der nachfolgenden Flugversuche weitere Veränderungen forderten. Durch Verbesserungen an beiden Triebwerken wurde das Gewicht um 180 kg reduziert und ein Schub von insgesamt 1.800 kp erreicht. In dieser Konfiguration überschritt das Flugzeug mit Leichtigkeit eine Geschwindigkeit von 800 km/h. Die V9-Testversion mit einer kleineren Cockpit-Frontscheibe war im steilen Sinkflug sogar schneller als 1.000 km/h. Sie wurde aufgrund des eingeschränkten Sichtfeldes jedoch aufgegeben.

Das BMW-003-Triebwerk auf einem Prüfstand.
(Foto: Militärarchiv)

Das HeS-011 ohne Gehäuse. (Foto: NARA)

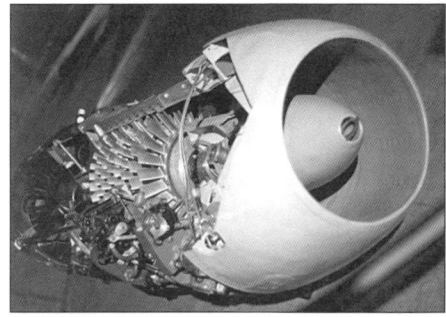

Das Jumo-004-Düsentriebwerk mit teils demontiertem Gehäuse. Dieses Exemplar wurde nach dem Krieg an der Wright Field Air Force Base untersucht. (Foto: I. Witkowski)

Die Zeit war gekommen, eine Entscheidung hinsichtlich der Serienproduktion zu treffen …

Es wurde entschieden, eine offizielle Demonstration des Flugzeuges abzuhalten, zu der Hitler, Göring und weitere hochrangige Offiziere der Luftwaffe eingeladen wurden. Als Termin wurde der 26. November 1943 festgelegt. Nach einer beeindruckenden Vorführung der Fähigkeiten des neuen Jagdfliegers wurde Hitler dessen eifrigster Verfechter und gab den Befehl, mit den Vorbereitungen für die Serienproduktion zu beginnen, obwohl diese im Grunde schon früher begonnen hatten.

Neben den Messerschmitt-Werken waren eine Reihe von Subunternehmen aus verschiedenen Industriezweigen am Bau beteiligt. Für die Montage des Flugzeugs wurden zwei unterirdische Komplexe in der Nähe von Weimar und Nordhausen bestimmt.[26-30]

Dies waren zumindest die Pläne für 1943. Als die Me-262 ein Jahr später in das sogenannte „Jägerprogramm" aufgenommen wurde und damit die Prioritäten auf neue Luftwaffen gelenkt wurden, gab es bereits mehrere solcher Fabriken. Die verheerenden alliierten Luftangriffe in jener Zeit erhöhten die Bedeutung unterirdischer Fabriken. Für die Produktion der Me-262 dienten u. a. folgende unterirdische Fabrikanlagen: „Bergkristall" nahe Linz (die einzige fertig gestellte Fabrik produzierte 987 Flugzeuge, die meisten davon innerhalb eines Monats) galt als eine der modernsten Fabriken der Welt,[31] „Lachs" in Thüringen,[32] die zu 40 % fertig gestellt werden konnte und deren Tunnel eine Gesamtlänge von 26 km erreichten, sowie mindestens eine Fabrik der „Weingut"-Serie in Bayern, die aus riesigen halb unterirdischen Bunkern bestand („Weingut II").[33] Unter der 362 m langen, 97 m breiten und mindestens fünf Meter dicken Decke hätte sogar ein Startkatapult für die gebauten Flugzeuge Platz gehabt.

Zudem wurden oder sollten eine Reihe von Komponenten für die Me-262 in anderen Untergrundfabriken hergestellt werden, darunter: „Salamander"[34] (Przyłęk/Polen), „Mittelwerk"[35] (1.463 Triebwerke), „Zechstein"[36] (Rabstein/Tschechische Republik)und die „Flugzeugwerke Eger"[34] (Cheb/Tschechische Republik). Genau wie im Falle anderer Flugzeugtypen oder Raketen waren auch die geheimen Waffen des Dritten Reiches eng mit seiner unterirdischen Wirtschaft verbunden, worüber ich jedoch in einem eigenem Buch geschrieben habe.[37]

Die Me-262. (Foto: Militärarchiv)

Lassen Sie uns in das Jahr 1943 und zu den Arbeiten an der Me-262 zurückkehren. Als alles schon danach aussah, dass schließlich ein erfolgreiches Waffensystem entwickelt worden sei, das dem Dritten Reich, dessen Industrie durch das feindliche Flächenbombardement weitgehend lahm gelegt war, eine positive Wende im Luftkampf hätte bescheren können, tauchten neue Probleme auf: nämlich politische.

Die Me-262A-1a/Jabo. (Foto: NAIC)

Hitler dachte immer nur ans Angreifen, und nicht an die Verteidigung, auch wenn dies im Widerspruch zur tatsächlichen Lage stand. Er forderte nun, dass die Me-262 in einen Bomber „umgebaut" werde. Nach der Invasion der Normandie verstärkte sich diese Tendenz noch weiter.

Er glaubte, dass dieses Bombermodell für den Feind zu schnell und zu „schwer fassbar" sei und daher die feindlichen Angriffe, die immer tiefer nach Frankreich eindrangen, aufhalten könne. In Wirklichkeit war die Me-262 aber als Bomber völlig ungeeignet und das zusätzliche Gewicht verschlechterte seine Leistung erheblich. Obwohl Hitler ursprünglich darauf bestand, bei der Me-262 gänzlich auf die Bezeichnung „Jäger" zu verzichten, wurde ein Kompromiss erreicht, der aus dem Flugzeug eine Jäger-Bomber-Variante machte. Die Me-262A-1a/Jabo wurde als Grundversion eingesetzt und besaß unter dem Rumpf zwei Halterungen für 500-kg-Bomben. Abgesehen davon gab es keine Unterschiede zur „normalen" A-1a-Jägerversion. Unabhängig wurde an einer Spezialversion des Bombers gearbeitet, die es ermöglichen sollte, im Sturzflug Bomben abzuwerfen. Diese Variante besaß eine abgeänderte Nasensektion, in der ein kleines Cockpit mit einem neuen Bombenvisier namens „Lofte 7H" untergebracht wurde. Sie erhielt die Bezeichnung Me-262-2a/U1 bzw. Me-262-2a/U2 (später geändert in Me-262A-4).

Die Me-262V-1a/U1 – ein zweisitziger Nachtflieger, ausgestattet mit Radar. (Foto: Militärarchiv)

Im Herbst 1944 wurde dagegen eine vollkommen neue Version gebaut – ein Nachtjäger. Er war mit einem bordeigenen Radar und einer Antennenanlage an der Flugzeugnase bestückt. Der Nachtjäger wurde auf der Grundlage einer zweisitzigen Trainingsversion entwickelt, in der auf dem Sitz hinter dem Piloten nun Platz für einen Radartechniker und weitere Ausrüstungen war, einschließlich einer Freund-Feind-Erkennung. Der Rumpf wurde etwas verlängert, um das Fassungsvermögen der Treibstofftanks zu vergrößern, das in der Trainingsversion bis zu 1.650 Litern unter dem der Originalversion lag. Es gab zudem die Möglichkeit, zusätzliche Treibstofftanks aufzuhängen. Mit dem Umbau der Trainingsflugzeuge zu Nachtjägern wurden die Lufthansawerkstätten in Berlin-Staaken beauftragt. Die

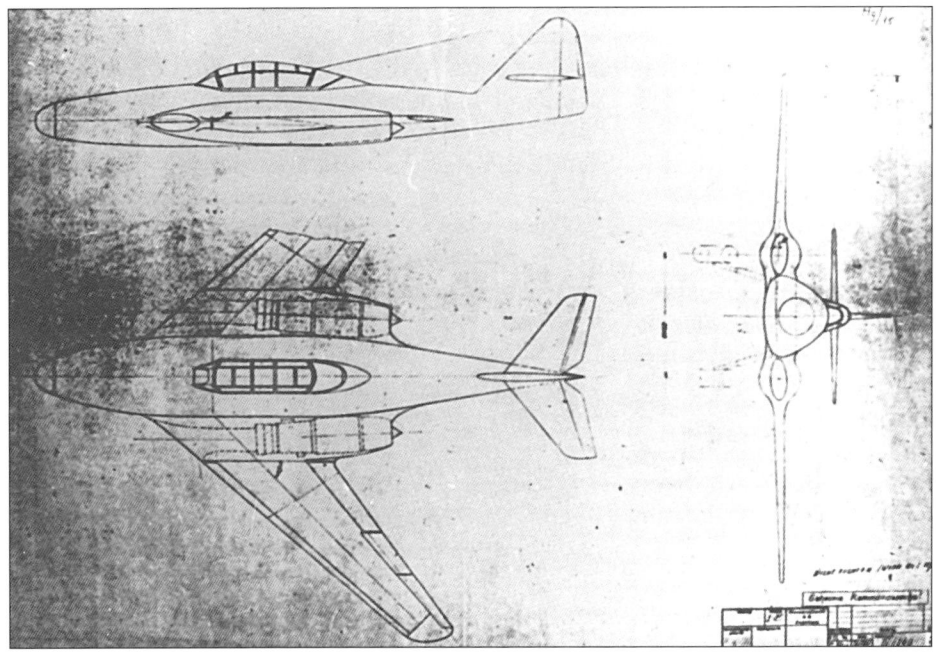

Originalpläne der Me-262 HG III. (Foto aus der Sammlung des Autors)

Modifikationen wurden wie folgt durchgeführt: Die B-1a/U1 und die B-2 wurden mit dem FuG-218-Radar sowie einem außerordentlich nützlichen System mit der Bezeichnung GuG-350 *Naxos* ausgestattet, das die Strahlung britischer H2S-Bomber-Radarsignale orten konnte.

Von den erwähnten Nachtjagdflugzeugen schafften es nur die ersten in den Kampfeinsatz. Mehrere Exemplare, die in der Zeitspanne von Januar bis April 1945 geliefert wurden, nahmen an der Verteidigung von Berlin teil und konnten einige spektakuläre Siege erringen. Allein der Kommandeur der Einheit, Oberleutnant Walter, schoss 29 Flugzeuge ab, darunter zwei viermotorige Bomber.[38]

Die oben beschriebenen Messerschmitt 262 *Schwalbe*-Versionen wurden tatsächlich gebaut, doch darüber hinaus wurden auf Konstruktionsplänen mehrere sehr interessante und ausgefallene Versionen gefunden, von denen auch einige Prototypen in verschiedenen Entwicklungsstadien existierten. In erster Linie wurde an der Aerodynamik gefeilt. Zu diesem Zweck wurden drei Versionen mit neuen Flügeln entworfen, die die Bezeichnung HG I, HG II und HG III erhielten (HG steht für „Hohe Geschwindigkeit"). Die HG-I-Version beschränkte sich auf den Einbau eines neuen Heckteils und verbesserte Abrundungen der Flügelvorderkanten (wie bei der „Hochgeschwindigkeits"-Testversion Me-262V), sowie eine große Flügel-Rumpf-Verbindung vor den Tragflächen, die den Luftwiderstand senkte und den Auftrieb verbesserte. In der HG-II-Version wurden dann vollkommen neue Flügel eingesetzt. Charakteristisch waren eine vergrößerte Auftriebsfläche der Flügel und weiter verbesserte Abrundungen der Vorderkanten. Die Me-262 HG III war die Fortsetzung dieser Entwicklung. Bei ihr erreichten die Abrundungen an den Vorderkanten bis zu 49°, gleichzeitig wurden die Triebwerke in die stromlinienförmigen Flügel-Rumpf-Übergänge eingebaut. Dies war eine der vielen deutschen Lösungen, die nach dem Krieg von Konstrukteuren aus anderen Ländern übernommen wurden. Die HG-Versionen schafften es jedoch nicht über Reißbrettversionen hinaus, wenngleich kleinere Modellversuche stattfanden. Professor Lippisch, der für seine unkonventionellen Konstruktionen bekannt war, schlug eine abgewandelte Version vor, bei der das Cockpit in das Heck verlagert wurde, wo es in einer großen dreieckigen vertikalen Flosse untergebracht werden sollte – dieser Vorschlag wurde jedoch nicht mehr umgesetzt.

Unter anderem wurde auch an alternativen Antriebsmöglichkeiten geforscht. Die Me-262C3 sollte ein Jäger werden, in dem neben den bis dahin verwendeten Triebwerken ein zusätzlicher Raketen-

Die Heinkel He-280 war der Rivale der Me-262, hatte jedoch bedeutend schlechtere Flugeigenschaften. (Foto: Bundesarchiv)

antrieb vorgesehen war. Dazu sollte ein Behälter unter dem Rumpf angebracht werden, in dem sich ein Teil der Flüssigtreibstoffrakete sowie Treibstofftanks und das Oxidationsmittel befanden. Nach Erreichen der gewünschten Höhe sollte der Behälter abgeworfen und mit Hilfe eines Fallschirms zum Boden zurückkehren, wo er eingesammelt und für eine erneute Verwendung vorbereitet werden sollte.

Das Projekt Me-262 *Lorin* stellte einen noch wertvolleren Entwurf dar. Neben den Standard-Jumo-Triebwerken plante man über ihnen die Anbringung zweier großer, aber leichter Ramjet-Triebwerke (eine Triebwerksart ohne Turbine und Kompressor), die nach dem Erreichen der geeigneten Geschwindigkeit zugeschaltet werden sollten. Diese Version war ihrer Zeit wohl am weitesten voraus. Dieses Flugzeug sollte, genau wie die HG-III-Version, eine Geschwindigkeit im Grenzbereich der Schallgeschwindigkeit erreichen.

Zum Schluss sei noch eine weitere Antriebsvariante erwähnt. Nach den verspäteten Verbesserungen des „rivalisierenden" BMW-003-Triebwerks wurde ein Flugzeug mit einem kombinierten Antriebssystem zur Erprobung übergeben, das aus dem besagten Triebwerk und dem BMW-718-Raketentriebwerk (beide in einem einzigen Gehäuse untergebracht) bestand. Letzteres wurde mit einer Mischung aus konzentrierter Salpetersäure, Schwefelsäure (Oxidationsmittel) sowie einer Anilinlösung angetrieben. Die Brenndauer von etwa drei Minuten ermöglichte es, bei steilem Anstieg eine Höhe von 7.500 Metern in nur 90 Sekunden zu erreichen! Eine Höhe von 12.000 Metern wurde nach weniger als vier Minuten erreicht. Insgesamt wurden ungefähr 1.500 Exemplare aller Varianten der Me-262 produziert.

Abschließend sollten wir uns bewusst machen, dass die Me-262 und die individuellen Lösungen, die in ihr zum Einsatz kamen, zum Vorbild für viele Nachkriegskonstruktionen wurden – darunter die russische Su-9. Deutsche Triebwerke wurden zudem in verschiedenen Ländern genau untersucht.

Taktische und technische Details ausgewählter Versionen der Me-262

	A1a	B2A	HG III
Flügelspannweite (m)	12,65	12,65	12,65
Länge (m)	10,60	10,75	10,60
Höhe (m)	3,85	3,85	3,85
Flügelfläche (m^2)	21,70	21,70	28,50
Leermasse (kg)	4.000	4.764	4.323
Startmasse (kg)	6.775	7.700	6.697
Höchstgeschwindigkeit (km/h)*	870	841	1.100
Reichweite (km)	845	–	–

* bei horizontalem Flug in 6.000 Metern Höhe

Die Me-163

Der Zweite Weltkrieg war nicht nur die Zeit, in der Düsenflugzeuge, sondern auch Raketenflugzeuge ihren Einstand gaben. Das einzige deutsche Modell, das im Gefecht zum Einsatz kam, war die Me-163.

Die Me-163, der schnellste Jäger des Zweiten Weltkrieges und das erste im Kampf verwendete Flugzeug ohne Heckleitwerk, war wie die Me-262 das Ergebnis von Arbeiten, die bereits vor dem Ausbruch des Zweiten Weltkrieges begonnen worden waren.

Die Arbeiten verschlangen eine Unmenge an Ressourcen, die in keinem Verhältnis zum militärischen Nutzen standen. Es wurden 364 Exemplare der *Komet* an die Luftwaffe geliefert, bestätigt wurde jedoch nur der Abschuss von etwa einem Dutzend feindlicher Flugzeuge.

Die Me-163 sollte ein Abfangjäger werden, der auf Vorarbeiten des Konstrukteurs Prof. Alexander Lippisch an Flugzeugen ohne Heckleitwerk basierte, die mit einem Raketentriebwerk angetrieben wurden. Der Raketenantrieb wurde von Helmuth Walter, einem Chemiker aus Kiel, entworfen. Während der Entwicklung wurde der Antrieb schrittweise verbessert, sodass sein Schub von ursprünglich 135 kp auf 1.500 kp stieg. Der direkte Vorgänger der Me-163 war ein Testflugzeug mit der Bezeichnung DFS-194, das Ende der 1930er von Lippisch entworfen worden war. Wegen Problemen mit dem Antrieb wurde zunächst ein Kolbenmotor in das Flugzeug eingebaut. Im Jahr 1940 absolvierte die DFS-194 einen erfolgreichen Testflug mit dem „Walter RI-203"-Raketentriebwerk und wurde für das Luftfahrtministerium interessant, das die Entwicklung des später unter dem Namen Me-263A bekannten Flugzeuges anordnete. Es wurde mit dem neuen und verbesserten RI-203-Triebwerk mit einem Schub von 17,5 kN ausgestattet. Im Frühling 1941 wurde der erste Gleitflug durchgeführt, bei dem der Prototyp im Schlepptau einer Me-110 hing. Im Sommer wurden dann Testflüge mit vier Flugzeugen durchgeführt, die bereits mit eigenem Antrieb flogen. Während eines Probeflugs am 2. Oktober übertraf H. Dittmar mit einer Fluggeschwindigkeit von 1.004 km/h in einer Höhe von 3.600 Metern den Geschwindigkeitsweltrekord im Horizontalflug.

Aufgrund dieser Ergebnisse bestellte das Luftfahrtministerium einen Prototyp des Me-163 B-Jägers, in dem ein Walter 109-509A (R-II-211)-Triebwerk mit einem regulierten Schub von 3 – 15 kN verwendet wurde, das mit einem Gemisch aus „T-Stoff" und „C-Stoff" (Hydrazin, Methanol und

Die Me-163 in Gefechtsbereitschaft. (Foto: Deutsches Museum)

Ein Prototyp der Me-263 während der Montage und auf einem Flugplatz mit unvollständiger Verkleidung. Fotos aus dem Frühjahr von 1944. (Foto: Militärarchiv)

Das schockierend schlichte Cockpit der Me-163. (Foto: NARA)

Wasser) betrieben wurde. Um das Trudeln bei hohen Geschwindigkeiten zu vermeiden, wurden Vorflügel an die Tragflächen installiert und die Form des Rumpfes angepasst. Im April 1941 wurde der erste Prototyp der Me-163 BV-1 gebaut. Kurze Zeit später begann die Messerschmitt AG mit der Vor-Serienproduktion von 70 Me-163 B-0-Flugzeugen. Ab Februar 1943 wurde das Erprobungskommando 16 mit der Ausbildung von Piloten und der Entwicklung einer optimalen Kriegstaktik beauftragt.

Die Jäger aus der Serienproduktion erhielten die Bezeichnung Me-163 B-1a. Ihre Bewaffnung bestand aus zwei MK-108 30-mm-Kanonen mit einem Vorrat von 120 Munitionsstücken (die Version B-0 hatte zwei 20-mm-Kanonen).

Es ist kaum bekannt, dass Einheiten, die sich auf heute polnischem Territorium befanden, eine große Rolle bei der Ausbildung der Me-163-Piloten spielten. In Rudniki, nördlich von Częstochowa, wurden hauptsächlich Schulungen mit Gleitern durchgeführt.

Auf dem gegenwärtigen Militärstützpunkt von Mierzęcice nahe Kattowitz kamen die Flugzeuge schon zum Einsatz (damals hieß der Stützpunkt „Udetfeld", in Erinnerung an den verstorbenen Piloten Udet). In Mierzęcice wurden unter anderem auch Versionen der Me-163 mit mehrfachen Raketenwerfern getestet.

Technische Daten der Me-163 B

Leermasse:	1.905 kg
Startmasse:	4.110 kg
Länge:	5,69 m
Flügelspannweite:	9,32 m
Auftriebsfläche:	19,62 m²
Maximaler Schub:	17 kN (1.700 kp)
Brenndauer Raketentriebwerk:	ca. 8 min
Höchstgeschwindigkeit:	auf Meereshöhe: 835 km/h in einer Höhe von 3.000 Metern: 960 km/h
Steigrate:	ca. 60 m/s
Steigzeit:	auf eine Höhe von 2 km: 1 min 46 s auf eine Höhe von 6 km: 2 min 26 s auf eine Höhe von 12 km: 3 min 45 s
Flughöhe:	12.000 m
Reichweite:	ca. 100 km

Die He-162

Die Me-262 und Me-163 waren nicht die einzigen innovativen Kampfflugzeuge, mit denen die Luftwaffe aufgerüstet wurde. Es existierte noch ein weiteres …

Da die Luftwaffe rasch die Kontrolle über den deutschen Luftraum verlor und die deutsche Rüstungsindustrie durch die vielen tausend alliierten Bomber verwüstet wurde, waren die Deutschen zu raschen und unverzüglichen Gegenmaßnahmen gezwungen.

Im März 1944 wurde der Rahmen für das entsprechende „Jägerprogramm" abgesteckt, dessen Ziel die Lieferung eines Jägers an die Luftwaffe war, der relativ leicht zu produzieren und zu warten war und der vor allem nicht zu viele strategische Rohstoffe verschlingen sollte. Der vergleichsweise kleine einsitzige Jäger sollte in hoher Stückzahl produziert und von den damals verfügbaren Einzeldüsentriebwerken angetrieben werden.

Ende August 1944 waren die grundlegenden technischen Richtlinien festgelegt und als Anforderungsliste an die Unternehmen Heinkel, Arado, Blohm und Voss, Focke-Wulf und Junkers übergeben worden. Das Flugzeug sollte mit einem BMW-003-Triebwerk ausgestattet werden und eine Geschwindigkeit von etwa 750 km/h erreichen. Die Flächenbelastung sollte zudem nicht höher als 200 kg/m² sein. Mit einer Startmasse von weniger als 2.000 kg wurde eine Startstrecke von 500 Metern

Die He-162 auf dem Schwechat-Flugplatz in Wien. (Foto: NARA)

angestrebt. Da der „Volks-jäger" von einfachen, dicht verteilten Flugplätzen aus operieren sollte, wurde eine Flugzeit von 20 – 30 Minuten für ausreichend gehalten. Das Flugzeug sollte lediglich mit zwei MK-108-Kanonen bestückt werden.

Es passte zu der ein-fachen Struktur des Jägers, dass die Zeit bis zur Präsen-tation der Entwürfe am 20. September 1944 sehr knapp war. Mit der Serienproduk-tion sollte am 1. Januar des nächsten Jahres begonnen werden. Praktisch gelang es nur Heinkel, diesen engen Zeitplan einzuhalten. Am 23. September stellte das Unternehmen dem Generalinspekteur der Luftwaffe eine Attrappe und einen Vorentwurf seines Flugzeuges vor. Daraufhin wurde Heinkel, noch bevor Prototypen und individuelle Lösungen vorgestellt wurden, mit einem Vertrag für die Produktion des Flugzeuges belohnt, der noch am selben Tag unter-zeichnet wurde, an dem es auch seinen Namen erhielt: He-162. Die Konstruktion war technisch praktisch risikofrei – sie war eben sehr einfach. Um die Konstruktion des Rumpfes zu vereinfachen und die Gefahr zu verringern, dass Fremdkörper in das Triebwerk gesaugt würden, wurde es außen angebracht – auf dem Rumpf. Dies reduzierte auch das Risiko, dass der hölzerne Rumpf Feuer fing.

Ende Oktober waren die Planungsarbeiten endgültig abgeschlossen. Vier Pro-totypen wurden gebaut. Der erste hob am 6. Dezember vom Flugplatz Schwechat in Wien ab. Obwohl die Flüge anfangs ohne größere Probleme verliefen und die Vorteile der erstaunlichen Beweglichkeit dieser einfachen Konstruktion ausgespielt wurden, stürzte der erste Prototyp Anfang Dezember 1944 ab. Die meisten anderen Prototypen stürzten ebenfalls ab. Einer der Hauptgründe dafür war sicherlich Sabo-tage durch Zwangsarbeiter. Ich besitze den Bericht eines Verwandten, der an der Montage eines in Schwechat getesteten Flugzeuges beteiligt war. Er erinnert sich zum Beispiel, dass für gewöhnlich Bohrer mit einem etwas größeren Durchmesser benutzt wurden, um die Löcher für die Bolzen zu machen, was von den Deutschen nicht bemerkt wurde.

Nach den Testflügen wurden bestimmte Modifikationen vorgenommen: Die Flügelkonstruktion wurde verstärkt, eine leistungsfähigere Version des BMW-003-

Triebwerkes mit einem Schub von 800 kp wurde eingebaut und die Rumpfkonstruktion wurde geändert. Die Firmen wurden mit der Serienproduktion beauftragt.

Viele der Richtlinien und Erwartungen in Bezug auf den Jäger waren in jeder Hinsicht unrealistisch – eine Tatsache, auf die Luftwaffenoffiziere sowie zahlreiche Fachleute aus der Industrie wiederholt hinwiesen. Die Hauptkritik betraf die schlechten Kampfeigenschaften des Volksjägers, aufgrund derer er nicht mit den alliierten Flugzeugen konkurrieren konnte, sowie den zumindest fragwürdigen Nutzen ausgesprochen schlecht ausgebildeter und unerfahrener Piloten aus der Hitlerjugend. Die Luftwaffengeneräle forderten stattdessen eine Produktionssteigerung der Me-262, die als erprobtes und bewährtes Flugzeug einen sehr guten Ruf genoss. Professor Willi Messerschmitt vertrat in seinem Bericht an das Luftwaffenministerium dieselbe Haltung:

> „Die He-162 liegt technisch gesehen einen Schritt zurück", und ergänzte, „dass die Ansprüche, denen der Volksjäger gerecht werden soll, auf falschen Grundlagen basieren, da heute bereits existierende Kampfflugzeuge alle diese Aufgaben besser erfüllen können."

Die Jahre 1944 und 1945 waren allerdings ein Zeitraum, in dem Vernunftargumente selten auf Hitlers Zustimmung stießen. Die SS und inkompetente Ideologen aus den engeren Kreisen gewannen einen immer größeren Einfluss auf die Kriegsmaschinerie des Dritten Reiches und unterstützten in ihrem Wettstreit um das Wohlwollen des Führers selbst die absurdesten Konzepte.

Unfertige Rümpfe der He-162 in der Galerie einer Untergrundfabrik – wahrscheinlich „Schildkröte".

Das Programm zur Konstruktion des Volksjägers wurde daher fortgesetzt. Die missliche Situation der deutschen Wirtschaft machte sich hingegen mehr und mehr bemerkbar. Erst im Februar 1945 war an eine Serienproduktion zu denken; für die He-162 definitiv zu spät, um noch eine ausschlaggebende Rolle zu spielen. Über die Umsetzung der Pläne zur Serienproduktion bestanden derweilen keine Zweifel. Produktionspläne von 1945 mit 1.000 – 5.000 produzierten BMW-003-Triebwerken monatlich blieben jedoch bloße Papiertiger. Im März, einem kritischen Monat für die Produktion der He-162, wurden nur 100 Exemplare gebaut. Insgesamt wurden bis Kriegsende nur etwa 250 – 270 Volksjäger produziert. Von den wenigen Luftschlachten, an denen der Jäger teilnahm, fand die erste am 2. Mai statt.

Viele Entwicklungsversionen dieses Jägers blieben nur Reißbrettentwürfe, darunter Exemplare mit leistungsfähigeren Triebwerken, Argus-Resojet-Triebwerken aus der V1 und negativ gepfeilten Flügeln.[26,27,29,30]

Taktische und technische Details der He-162 A2

Länge:	9,05 m
Flügelspannweite:	7,20 m
Startmasse:	2.805 kg
Höchstgeschwindigkeit:	ca. 840 km/h
Reichweite:	ca. 600 km
Bewaffnung:	zwei 20-mm-Kanonen

Die Ho-IX

Von den vielen deutschen Kampfjetmodellen, einschließlich derer, die nicht in die Serienproduktion gingen, verdient eines besondere Beachtung. Es handelt sich dabei um den Nurflügel der Hortenbrüder: die Ho-IX. Dieses Flugzeug war die Krönung der schnellen, aber erfolgreichen Karriere der jungen Konstrukteure aus Bonn.

Die erste schon beschriebene Konstruktion der Brüder war der Me-163-Raketenjäger und seine Weiterentwicklung, die Me-263. Dies war jedoch nur einer von vielen Entwürfen dieser Art. Die berühmten Brüder Reimar und Walter Horten aus Bonn waren nicht nur in Deutschland, sondern in der ganzen Welt Pioniere auf diesem Gebiet.

Ihr erstes Flugzeug mit eigenem Antrieb war die Ho-V, deren Ursprung bis in das Jahr 1936 zurückreicht. Es war eine Versuchskonstruktion, mit deren Hilfe viele neue Lösungen getestet werden konnten, wie etwa die Steuerung mit Hilfe von Klappen an den Flügelenden, was sich zu jener Zeit jedoch nicht als vorteilhaft erwies und den Prototypen zum Absturz brachte. Neben ihrem unkonventionellen aerodynamischen System war die Ho-V auch in anderer Hinsicht eine bahnbrechende Konstruktion. Sie bestand zum größten Teil aus Kunststoffen und in den übrigen Teilen aus Holz. Durch einen Zelluloidüberzug auf der Außenhaut und nur geringen Metallmengen in der Konstruktion wäre das Flugzeug in einem zukünftigen Kriegseinsatz sehr schwer zu entdecken gewesen. Wenn die radarabsorbierende Beschichtung (in Form von Kunststoffen und Farbe – siehe dazu das letzte Kapitel in diesem Buch), die später von den Deutschen entwickelt wurde, hier zum Einsatz gekommen wäre, hätten wir das erste „echte" Tarnkappenflugzeug vor uns. Aber die Deutschen gingen diesen Weg nicht. Die Ho-V war ein Zweisitzer, angetrieben von zwei Hirth HM-60R Kolbentriebwerken mit 80 PS. Es wurde mit finanzieller Unterstützung der Dynamit AG gebaut.

Anfang der 1940er Jahre gelangten Informationen aus den USA nach Deutschland, dass Northrop, ein außergewöhnlich begabter Konstrukteur, an einem aerodynamischen „Nurflügel"-System arbeitete. Daraufhin versah das Luftwaffenministerium die Gebrüder Horten 1942 mit zeitlich unbegrenzten Fördermitteln für Forschungsprojekte.

Die Ho-IX war eine Weiterentwicklung des bis dahin verfolgten Konzeptes. Im Hinblick auf die Verwendung eines Düsenantriebs und des voraussichtlichen militärischen Einsatzes wurde die Flugzeugzelle jedoch vollkommen neu entworfen. Die Konstruktion wurde verstärkt und ein Profil benutzt, das für hohe

Die Ho-IX. (Foto aus der Sammlung des Autors)

Das in Argentinien fertig gestellte Flugzeug der Hortens – die I.Ae.37. (Foto: Instituto Aerotecnica).

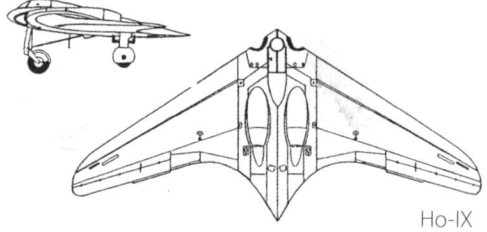

Ho-IX

Geschwindigkeiten ausgelegt war. Hierfür griff man auf Berechnungen und For-schungsergebnisse von Professor Busemann zurück, der sich in den späten 1930er Jahren bereits mit dieser Problemstellung auseinandergesetzt hatte. Der Mittelteil des Flügels wurde verbreitert und die hintere Kante bekam darüber hinaus einen leichten Negativverlauf, sodass in dieser Sektion ein relativ „dickes" Profil verwendet werden konnte. In diesem „Rumpfersatz" wurden beide Triebwerke, in der Vorder-sektion die Zuluftstutzen sowie das Cockpit, eine verhältnismäßig schwere Bewaff-nung (vier MK-108 30-mm-Kanonen plus Munition) und in der Nachtjägerversion zusätzlich noch ein bordeigenes Radar untergebracht. Den Antrieb des Flugzeugs sollten zwei Jumo-004-Triebwerke bilden. Das Startgewicht belief sich auf 7,5 Ton-nen. Es wurde nach persönlicher Intervention Görings, bei dem das Flugzeug auf einer Luftschau im Januar 1945 einen bleibenden Eindruck hinterließ (der Prototyp erreichte eine Geschwindigkeit von 800 km/h), zur Produktion an die Gothaer Wag-gonfabrik überwiesen. Das Flugzeug erhielt die Bezeichnung Ho-229. Es war die bis dahin mit Abstand ausgefeilteste Konstruktion des besprochenen Flugzeugtyps, jedoch konnte bis zum Ende des Krieges nur ein kleiner Verband von Prototypen gebaut werden. Daher wurde die Ho-IX nie im Krieg eingesetzt, was schade ist, da ein Vergleich dieses Flugzeugs mit klassischen Konstruktionen sehr interessant gewesen wäre. 1945 wurden auf Grundlage der beschriebenen Version eine Kampf-bombervariante mit einer Bombenlast von 2.000 kg sowie eine Nachtjägerversion gebaut. Beide Varianten besaßen Zwei-Mann-Cockpits anstelle der Einsitzer in den einfachen Jägervarianten. Nach Kriegsende wurde einer der Ho-229-Prototypen in die USA gebracht, wo er äußerst gründlich untersucht wurde. Die Ho-IX war wahr-scheinlich der erste Prototyp, an dem die Technologie zur Reduzierung der „Radar-sichtbarkeit" getestet wurde. Die Flügelinnenseiten wurden mit einer Mischung aus Holzstaub, Holzkohle und Kleber beschichtet, um den Radarstrahl zu absorbieren und so zu einem gewissen Grad das Metallgerüst abzuschirmen. Die Ergebnisse dieser Versuche sind mir jedoch nicht bekannt. Sie könnten sehr vielversprechend gewesen sein, da allein schon die Form des Flugzeuges in dieser Hinsicht sehr gün-stig war.

Anfang 1945 erhielten die Unternehmen Gotha und Klemm die ersten Aufträge zur Serienproduktion des Ho-229-Jägers – den ersten über 53 und den zweiten über 40 Stück. Ein Nachtjäger, bestückt mit dem FuG-224 „Bremen"-Radar, sollte mit zweithöchster Priorität gebaut werden. Die Ausführung dieser Pläne hatte gerade erst begonnen, als das Kriegsende sie unterbrach.[40-42]

Zur selben Zeit, nämlich von 1944 bis 1945, hatten die Brüder Horten auch eine Reihe verschiedener und interessanter Flugzeuge entwickelt, von denen jedoch alle im Modellstadium blieben oder lediglich als Pläne und Berechnungen existierten.

Es handelte sich dabei um:

- das Ho-VIII Interkontinental-Passagierflugzeug, das schon mit dem Gedan-ken an die Nachkriegszeit entwickelt wurde und von sechs Jumo-222-Flug-motoren mit je 3.000 PS angetrieben werden sollte, die an den Flügelhinter-kanten angebracht waren. Rückblickend sollten es wohl Turbomotoren sein.

Die Passagierkabine sollte im mittleren Abschnitt der Flügel untergebracht werden und den Rumpf des Flugzeuges bilden. Die Startmasse hätte vorrausichtlich 120 Tonnen betragen, für damalige Verhältnisse recht viel. 1945 wurde ein Modell im Maßstab 1:2 gebaut;

• die Ho-X als Antwort auf das Programm zum Bau des „Volksjägers" – ein einsitziger Jäger, der genau wie alle anderen Konstruktionen der Gebrüder Horten ganz offensichtlich im Stil eines „Nurflügels" entworfen wurde. Mit einer Flügelspannweite von 9,2 Metern war er sehr viel kleiner als die Ho-IX mit 16 Metern Spannweite und erinnerte ein wenig an den Me-163-Raketenjäger. Die Ho-X sollte erst im Jahr 1946 serienreif sein;

• das Ho-XII-Trainingsleichtflugzeug, das eine Weiterentwicklung des älteren Ho-IV-Segelflugzeugs war und die neuesten Errungenschaften der Aerodynamik in sich vereinen sollte, darunter Erkenntnisse aus Flugzeugzellentests mit der amerikanischen *Mustang*. Die Flügelspannweite sollte 16 Meter betragen;

• den Überschalljäger Ho-XIII, dessen Entwicklung Anfang 1944 aufgenommen wurde und der in großen Höhen eine Geschwindigkeit von bis zu 1.800 km/h erreichen sollte. Die Flügelkonstruktion des Flugzeugs war sehr interessant, da sie sich von allen bisher verwendeten Konstruktionen unterschied. Eine besonders starke Pfeilung der Vorderkanten von 60°, sehr dünne Flügelabschnitte (Wölbung von etwa 10 % der Flügelbreite), ein äußerst spitzer Winkel der vorderen Abschnitte sowie die exakte Platzierung der Flugzeugdüse auf Flügelhöhe sollten alle zur Reduzierung des aerodynamischen Widerstandes beim Flug mit Überschallgeschwindigkeit beitragen. Das Flugzeug besaß eine Flosse samt Steuerruder mit ebenfalls starker Pfeilung. In der ersten Version des Jägers sollte sich ein enges Cockpit im mittleren Abschnitt des Ruders befinden. Später hatte man vor, das Cockpit und die Einwegunterbauten (mit zusätzlichen Rädern an den Flügelenden) in einem Gehäuse unter den Flügeln zu platzieren. Ursprünglich wollte man ein einziges, großes Triebwerk mit einem Nachbrenner in der Mittelsektion der Flügel unterbringen. Schließlich entschied man sich jedoch, zwei „hybride" BMW-003R-Triebwerke zu verwenden, die unter dem mittleren Bereich der Flügel montiert werden sollten. Ein solches Triebwerk bestand aus einem Standard-Strahlturbinentriebwerk, das einen Schub von 1.000 kp leistete, sowie einem Flüssigtreibstoffraketentriebwerk mit einem Schub von 400 kp. Bei Kriegsende befand sich der erste Ho-XIII-Prototyp in der ersten Bauphase. Mitte 1946 sollte er dann für Flugtests bereit stehen. Als Flügelspannweite waren etwa 12,5 m geplant;

• den Ho-XVIII-Langstrecken-Schnellbomber. Er sollte von sechs modernisierten Jumo-004H-Triebwerken angetrieben werden. Er besaß keinen Rumpf, stattdessen waren Besatzung, Bombenladung und ein Großteil der Bordausrüstung in den Flügeln untergebracht. Die Triebwerke sollten unter den Flügeln montiert werden. Die Bewaffnung sollte aus einer vier Tonnen schweren Bombenlast sowie zwei Fliegerabwehrgeschützen bestehen, eines auf der Bugnase und das andere auf dem Ende der Heckflosse. Bei einer Fluggeschwindigkeit von 800 km/h wurde eine Reichweite von etwa 8.000 km angestrebt. Ein Teil der Bombenlast und das Hauptfahrwerk sollten in die Flügel eingezogen werden können. Die Ho-XVIII sollte sich durch folgende Eigenschaften auszeichnen: Flügelspannweite – 30 Meter, Auftriebsfläche – 156 m^2, Startmasse in einer Größenordnung von 34.000 kg (etwas weniger in einer zukünftigen Variante mit vier HeS-011-Triebwerken). Die Arbeiten an dem Flugzeug begannen Anfang 1945 und sollten zwei Jahre später abgeschlossen sein.

Die Gebrüder Horten waren nicht die einzigen Deutschen, die an dem beschriebenen aerodynamischen System arbeiteten. Sie hatten starke Konkurrenz durch Professor Dr. Alexander Lippisch aus München – einem zur damaligen Zeit weltweit herausragenden Wissenschaftler im Bereich der Aerodynamik und Luftfahrttechnik. Lippischs Arbeit wird im zweiten Teil dieses Buches beschrieben. Erwähnenswert ist noch, dass es entgegen der allgemein vorherrschenden Annahme noch viele weitere deutsche Entwürfe von Nurflügeln gab.[43]

Die P-1111 war eines von mehreren Flugzeugen, das in den Messerschmitt-Werken entwickelt wurde. Es sollte von einem einzelnen HeS-011-Triebwerk angetrieben werden. Sowohl die Flügel der P-1111 als auch ihre Flosse zeichneten sich durch eine außergewöhnliche hohe Vorderkantenpfeilung von etwa 45° aus. Schätzungsweise hätte das Flugzeug auf diese Weise eine Geschwindigkeit von 1.000 km/h erreichen können.

Die Fertigungsstätten der Heinkel-Flugzeugwerke waren neben den Horten-Brüdern und den von Professor Lippisch geleiteten Instituten die dritte wichtige Quelle interessanter Konstruktionen aus der Reihe der Nurflügler. Die von ihnen gelieferte Stückzahl war eher bescheiden, aber nichtsdestoweniger ehrgeizig.

In den letzten zehn Kriegsmonaten wurden dort drei Modelle dieser Flugzeuge gebaut. Das erste war die P-1078, von der zwei Versionen existierten. Die erste (P-1078 A) war klassisch und wurde von einem Triebwerk angetrieben. Ihr Konstruktionsentwurf ähnelte der Ta-183 von Kurt Tank und der Messerschmitt P-1101. Die zweite Version (P-1078 B) zeichnete sich hingegen durch ein Nurflügeldesign (ohne Heckteil mit erheblich reduziertem Rumpf) und einen Antrieb aus zwei Triebwerken aus. Die P-1708 B sollte ein einsitziger Jäger mit einer Startmasse von 3.900 kg werden und eine Geschwindigkeit von bis zu 1.000 km/h erreichen können. Die großflächigen Flügel (etwa 20,5 m^2 bei einer Flügelspannweite von 9,4 m) hätten das Fliegen in großen Höhen von etwa 13.500 Metern ermöglicht.

Eine Weiterentwicklung dieses Projekts war der Entwurf der P-1079, die es in zwei parallel entwickelten Ausführungen gab – klassisch und ohne Heck, jeweils gekennzeichnet als A und B. Die zweite Ausführung unterschied sich von der P-1078 B durch den kompletten Verzicht auf Rumpf und Flosse. Der Pilot saß im Cockpit, das im vorderen linken Teil der Flügelmittelsektion untergebracht war, ein von der

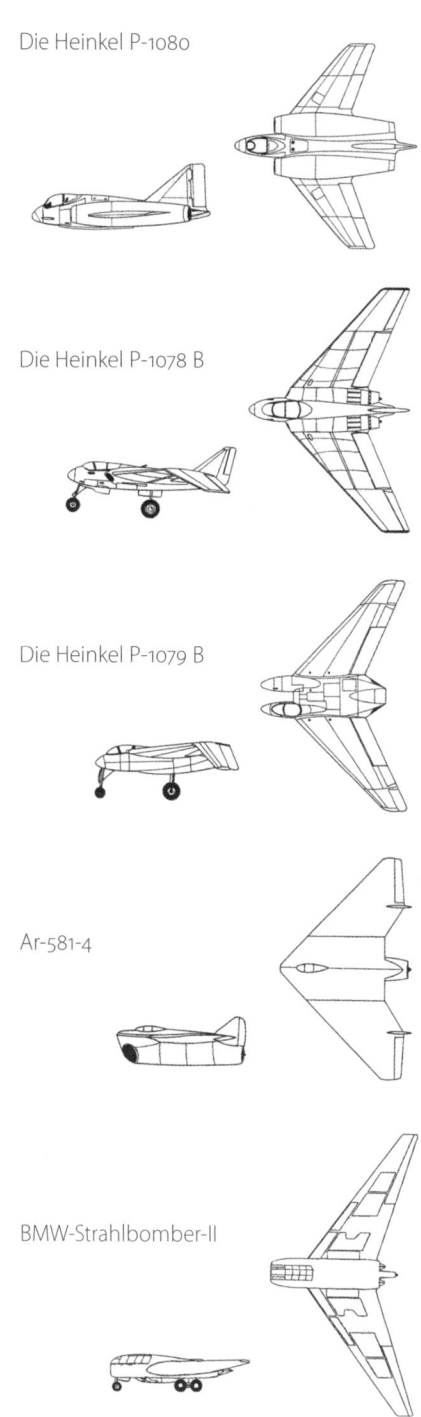

Die Heinkel P-1080

Die Heinkel P-1078 B

Die Heinkel P-1079 B

Ar-581-4

BMW-Strahlbomber-II

Form her ähnliches Gehäuse auf der rechten Seite war für den bordeigenen Radar und die Kanonen gedacht. Diese Ausführung war als einsitziger Nachtjäger konzipiert.

Einen etwas anderen Entwicklungsweg repräsentierte hingegen das Konzept der P-1080. Von ihrer allgemeinen Konstruktion unterschied sie sich weniger von der P-1078 als von der P-1078 B, es kamen jedoch zwei neue, von Dr. Sänger entwickelte Staustrahltriebwerke mit großem Durchmesser (90 cm) zum Einsatz. Diese sollten jedoch mit konventionellem Treibstoff angetrieben werden. Nachdem das Flugzeug von vier Festtreibstoff-Raketentriebwerken beschleunigt worden war, sollten die Haupttriebwerke gezündet werden, um eine Schubkraft von 1.170 kg bei einer Geschwindigkeit von 500 km/h und 4.370 kg bei einer Geschwindigkeit von 1.000 km/h zu erreichen. Ein ernstes Problem, das vor Kriegsende nie gelöst werden konnte, war die extrem hohe Temperatur in der Brennkammer, die 2.500 °C erreichte. Die P-1080 war als Jagdflugzeug konzipiert und mit einem bordeigenen Radar ausgestattet, der unter der Nasenfrontscheibe versteckt war. Vor Kriegsende gelang nicht einmal die Fertigstellung eines einzigen Prototypen.

Auch die Firma Arado versuchte ein eigenes Flugzeug ohne Heckleitwerk (diesmal als Jägervariante) zu konstruieren, das die Bezeichnung Ar-581-4 erhielt. Es sollte mit nur einem HeS-011 Triebwerk angetrieben werden. Dieses Modell sollte dreieckige Flügel mit einer Spannweite von ca. 10 m haben, die im Umriss einem gleichschenkligen, rechwinkligen Dreieck glichen.

Das als *Strahlbomber-II* bekannte Konzept von BMW ähnelte in seiner Konstruktion der Junkers EF-130. Es sollte ein Flugzeug mit einer Startmasse von 31.500 kg sein, angetrieben von zwei im hinteren Mittelteil platzierten BMW-018-Strahltriebwerken mit einer Schubkraft von jeweils 3.450 kp. Vorgesehen war eine für die damalige Zeit sehr große Kampflast von deutlich über 10 Tonnen. Er war einer von mehreren Bombern, die im Rahmen eines Programms zur Konstruktion eines neuen, schnellen Langstreckenbombers in Erwägung gezogen wurden. Zum Abschluss der Beschreibung von Düsenjägern im Dritten Reich sollten noch die Arbeiten an ihrer zweiten Generation – bezogen auf die Me-262 – erwähnt werden. Dabei geht es um die Flugzeuge P-13b von Lippisch, die Ta-283, die *Trieb-flügel* (die im zweiten Teil des Buches beschrieben wird) sowie die P-1101 und P-1110 von Messerschmitt und die Ta-183 von Kurt Tank. Von den drei letzten erreichten wahrscheinlich nur die P-1101 und die Ta-183 die Prototypenstufe.

Messerschmitt P-1101

Die P-1101 wurde von Juli 1944 bis zum Kriegsende auf Grundlage einer Bestellung des Luftwaffenministeriums entwickelt, die Mitte 1944 aufgegeben wurde. Anhand der Testergebnisse dieser Konstruktion sollte (nach eventuell nötigen Modifikationen) ein neues, taktisches Jagdflugzeug entstehen, das die Me-262 hätte ergänzen können. Es sollte besser zum Führen von Luftkämpfen mit feindlichen Jägern geeignet sein, sich durch eine größere Wendigkeit auszeichnen und – was extrem wichtig war – im Horizontalflug eine Geschwindigkeit von nicht weniger als 1.000 km/h erreichen. Die Konstruktion war jedoch im Vergleich zur Me-262 deutlich einfacher. Das Flugzeug war auch weniger anspruchsvoll im Hinblick auf die immer mer knapper werdenden Rohstoffe.

Es sollte durch ein einzelnes HeS-011 Düsentriebwerk angetrieben werden, aufgrund von Produktionsengpässen wurde jedoch zeitweilig das BMW-003-Triebwerk verwendet. Das Triebwerk befand sich in der unteren Mittelsektion des Rumpfes, wobei der Lufteinlass in der Bugnase platziert war. Über dem Triebwerk und hinter dem Cockpit befand sich der Treibstofftank, der für einen etwa halbstündigen Flug ausreichte. Zusätzliche Treibstofftanks waren in den Tragflächen untergebracht.

Die P-1101 mit (wahrscheinlich erst nach dem Krieg) montiertem Triebwerk und Kanonenattrappen, jedoch ohne Triebwerksgehäuse, Flügel-Rumpf-Übergänge und hinteres Rumpfteil. (Foto: US Army)

Die P-1101 – Hinter- und Vorderansicht. (Foto: US Army)

Der wichtigste Schlüssel zum Erfolg der P-1101 sollte die Verwendung neuster Errungenschaften der Aerodynamik sein, darunter vor allem die starke Trag- und Steuerflächenpfeilung. Bei einem der während der ersten Monate des Jahres 1945 konstruierten Prototypen wurden die Tragflächen auf „verstellbaren" Befestigungen installiert, was eine Änderung der Tragflächenpfeilung zwischen 35° und 45° ermöglichte. Dies konnte jedoch ausschließlich am Boden geschehen.

Bei Kriegsende war der erste Prototyp dieses Flugzeugs zu 80 Prozent fertig gestellt (nur das Triebwerk war noch nicht montiert). Nach seiner Übernahme durch die Amerikaner wurde es in die Bell Laboratories gebracht – ähnlich wie im Falle der Ta-183 bedeutete die Kapitulation Deutschlands also nicht das Ende des Projektes. Bei den Amerikanern waren die Tragflächen jedoch auf Lagern montiert, was eine Änderung der Geometrie während des Fluges ermöglichte.

Nach seiner Fertigstellung erhielt es die Bezeichnung Bell X-5. Während der Flugversuche stellte sich heraus, dass ein Großteil der Pläne von Messerschmidt verwirklicht werden konnte. Bestimmte Mängel waren jedoch weiterhin vorhanden. Der erste war die relativ starke Fluginstabilität, die sich aus der „versetzten" Lage der Triebwerksachse zum Schubmittelpunkt ergab. Sehr schwierig war es auch, das Flugzeug aus einem Trudelflug wieder herauszuführen, was zu einem folgenschweren Unfall führte. Danach wurde das Programm beendet.

Ein Problem stellte auch die geringe Höchstflugdauer dar. Noch in Deutschland war versucht worden, dem durch den Entwurf einer Entwicklungsversion abzuhelfen (P-1106), bei der das Cockpit erheblich nach hinten verschoben wurde. Im vorderen Teil des Rumpfes gewann man dadurch ausreichend Platz für einen zusätzlichen Treibstofftank, der die Flugdauer auf ca. eine Stunde hätte verlängern können.

Trotz bestimmter Unzulänglichkeiten bleibt die P-1101 eine der bahnbrechenden Konstruktionen aus der Zeit des Zweiten Weltkriegs.[29,43]

Taktische und technische Details der P-1101

Länge:	9,17 m
Flügelspannweite:	ca. 8 m (verstellbar)
Startgewicht:	4.070 kg
Höchstgeschwindigkeit:	ca. 980 km/h
Flugreichweite:	ca. 500 km
Bewaffnung:	vier 30-mm-Kanonen

Focke-Wulf Ta-183

In den Focke-Wulf Fabriken entstand unter der Leitung von Kurt Tank, dem Hauptkonstrukteur des Unternehmens, eine sehr interessante Konstruktion, die mit der Messerschmitt P-1101 konkurrierte. Es war die Ta-183, eine von vielen Konstruktionen aus der Zeit des Dritten Reiches, die eine wichtige Rolle für die Entwicklung der Düsenluftfahrt direkt nach dem Krieg spielen sollte.[27,43-45] Ihre Pläne, die den Russen 1945 in die Hände fielen, wurden u. a. für den Entwurf der MiG-15 verwendet. Die Ta-183 war nicht nur für die Entwicklung der Luftfahrttechnik ein bedeutender Schritt nach vorn, sondern auch für die Technologie allgemein, da die Deutschen, wie in vielen anderen Fällen auch, durch Einsparungen und den Zwang zur Vereinfachung technischer Verfahren gezwungen waren. Der Arbeitsaufwand für den Bau dieses Flugzeugs wurde sogar auf 25 Prozent niedriger geschätzt als für die Me-262.

Die Arbeiten wurden Anfang 1942 aufgenommen, als das Luftwaffenministerium Interesse an Tanks Konzept für ein einmotoriges Jagdflugzeug mit Düsenantrieb zeigte, obwohl zu diesem Zeitpunkt weder die allgemeine Konstruktionsweise noch die aerodynamischen Vorgaben festgelegt worden waren. Auch das Triebwerk war noch nicht ausgewählt worden, obwohl anfangs das Jumo-004-Triebwerk favorisiert wurde, da es zu dieser Zeit technisch am ausgereiftesten war.

Das Konstruktionsbüro unter der Leitung von Ingenieur Mittelhuber erhielt den Auftrag und begann, viele verschiedene Ver-

Attrappe der Ta-183 im Windtunnel (Foto: DVL)

sionen des Flugzeugs zu entwerfen. Da hier eine völlig neue Konstruktion entstehen sollte, konnte nur begrenzt auf frühere Erfahrungen zurückgegriffen werden; es fehlten auch entwickelte und geprüfte theoretische Grundlagen. Dies führte letztlich dazu, dass ganze neun verschiedene Versionen der Ta-182 entworfen wurden, bevor die endgültige Konfiguration ausgewählt wurde.

Eine bahnbrechende Eigenschaft war die sehr starke Pfeilung sowohl der Trag- als auch der Steuerflächen. Der Rumpf dieser letzten Variante war kurz, während die Steuerflächen durch ihre starke Pfeilung verlängert wurden und jetzt an den geneigten Umriss des Buchstaben „T" erinnerten. Genau diese Konstruktionsweise wurde später sowohl im Westen als auch im Osten eingeführt – darunter bei der MiG-15. Nur schräge aerodynamische Flächen ermöglichten es, die Vorteile des Düsenantriebs voll auszunutzen. Nach der Einführung bestimmter Modifikationen, insbesondere an den Steuerflächen, und der Verschiebung des Cockpits weiter nach hinten entstand die endgültige Konfiguration des Jagdflugzeugs Ta-183. Angetrieben durch ein HeS-011 Triebwerk sollte es eine Geschwindigkeit von etwa 1.000 km/h erreichen. Die Tragfläche hatte eine Pfeilung von 32° und das Flugzeug sollte mit zwei MK-108 30-mm-Kanonen bewaffnet sein. Mit dem Bau der Prototypen wurde im Januar 1945 begonnen, aus technischen Gründen mit den Jumo-004-Triebwerken. Es gelang nicht, sie vor Kriegsende fertig zu stellen. Am 23. Februar 1945 wurde sogar in Bad Eilsen ein Vertrag über die Serienproduktion der Ta-183 unterschrieben, der natürlich nie in die Praxis umgesetzt wurde.

Die Arbeiten wurden jedoch nach Kriegsende fortgesetzt … in Argentinien, wohin Professor Tank, sein Ingenieurteam und die Dokumentation 1947 ausgesiedelt wurden. Basierend auf den Ergebnissen der Arbeiten an der Ta-183 wurden dort die Modelle *Pulqui-I* und *Pulqui-II* gebaut, deren Flug während einer Militärparade im Jahr 1952 vorgeführt wurde. Obwohl dieses Flugzeug zum damaligen Zeitpunkt als eines der besten Düsenjägermodelle galt, ging es nicht in Serienproduktion. In Argentinien wurden im Übrigen auch die Arbeiten an den Nurflügeln der Gebrüder Horten fortgesetzt.

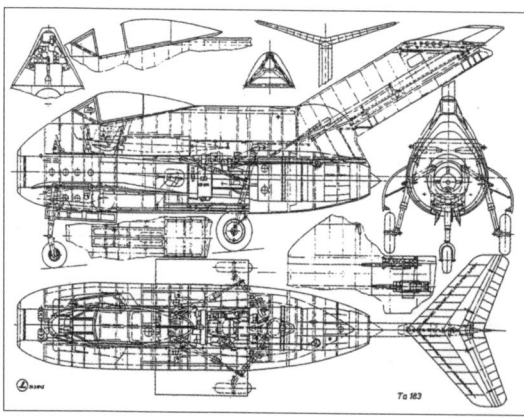

Originalpläne der Ta-183 V1.

Es waren bestimmte Ereignisse in Buenos Aires, die dazu führten, dass die Konstruktion von Kurt Tank weiterentwickelt wurde. Deren Hauptprotagonist war Gallardo Valdez, Major beim militärischen Nachrichtendienst Argentiniens und ehemaliger wissenschaftlicher Mitarbeiter des Caltech Institute in Kalifornien. Kurz vor Weihnachten 1947 bereitete er sich auf eine Forschungsreise nach Moskau vor, die jedoch bald in Frage gestellt wurde, da er über den „Militärkanal" den Befehl bekam, die Stelle des Luftattachés in Stockholm zu übernehmen. Bevor es zur Aufklärung der widersprüchlichen Anweisungen kam, musste er bereits alle Pläne absagen.

Im Spätherbst desselben Jahres (also Frühling in Argentinien) hatte nämlich eine Dienststelle des Nachrichtendienstes in Madrid die Meldung empfangen, dass sich in Norwegen eine Gruppe hervorragender deutscher Wissenschaftler und Konstrukteure befände, die unverzüglich nach Argentinien einzuschleusen sei. Die Gruppe bediente sich gefälschter, am Kriegsende ausgestellter Papiere und konnte jederzeit entlarvt werden.

Mit der Mission ihrer Überführung wurde Major Valdez persönlich beauftragt. In den letzten Tagen des Jahres 1947 begab er sich nach Schweden – nicht, um seine neue Stelle einzunehmen, sondern um auf genauere Informationen über ein Treffen mit den Deutschen zu warten. Danach sollte er nach Oslo reisen. Da das Treffen bereits vorher von Muret, dem argentinischen Konsul in Norwegen, arrangiert worden war, ging alles sehr schnell. Um dem Gegner keine Zeit für eine Reaktion zu lassen, begaben sich die Deutschen zusammen mit Valdez direkt nach dem Treffen zum Flugplatz, wo sie bereits ein Flugzeug erwartete.

Es startete zu einem 40-stündigen Flug nach Buenos Aires (fast 13.000 km), der durch kurze Zwischenlandungen zum Auftanken unterbrochen wurde. Mit Ausnahme einiger weniger nichtssagender Äußerungen auf Englisch unterhielt sich der Major während dieser ganzen Zeit fast überhaupt nicht mit den Deutschen. Er konnte sich lediglich daran erinnern, dass ein Name wie „Matias" oder „Matthies" fiel. Dieser lautete eigentlich Pedro Matthies – der Deckname von Kurt Tank, einem der prominentesten Luftfahrtkonstrukteure des 20. Jahrhunderts. Er hatte zwei seiner wichtigsten Mitarbeiter und einen Koffer voller Mikrofilme von technischen Zeichnungen dabei. Ursprünglich sollten mehr Mitarbeiter des Professors mit an Bord sein, aber einige waren in Dänemark verhaftet worden und das Flugzeug musste ohne sie starten. Dank der Hilfe der Argentinier konnte Tank jedoch schnell neue Mitarbeiter auswählen und „rekonstruierte" damit sein Forscherteam. Ihm wurden die Luftfahrtbetriebe bei Córdoba zur Verfügung gestellt. Dort sollte er die Arbeiten an seinem sehr vielversprechenden Projekt – eben der Ta-183 – beenden.

1948 kam auch der nicht weniger prominente Reimar Horten nach Córdoba, der Mitkonstrukteur (zusammen mit seinem Bruder Walter) der berühmten deutschen „Nurflügel", darunter des supermodernen Düsenjägers Ho-IX/Ho-229, der 1945 eine Geschwindigkeit von über 800 km/h erreichte.

In den Anlagen von Córdoba tauchte auch noch ein anderer prominenter Luftfahrtkonstrukteur des Henschel-Konzerns auf – Julius Henrici. Auch Spezialisten aus anderen bekannten Firmen wie Fieseler, Messerschmitt und Focke-Achgelis fehlten nicht. Letztere erbrachte Pionierleistungen bei der Herstellung von Hubschraubern.

Die Ankunft Tanks war selbst für Perón ein bedeutendes Ereignis, der Tank bald ein Memorandum mit der Beschreibung der technischen Möglichkeiten seines Landes samt allgemeiner Richtlinien zur Luftfahrtentwicklung vorlegte. Im Gegenzug schlug Tank vor, vier Flugzeugarten zu entwerfen – ein leichtes Trainingsflug-

Die *Pulqui-II* – eine Nachkriegsentwicklung der Ta-183. (Foto: Instituto Aerotecnico)

zeug, ein Aufklärungsflugzeug, einen mittelschweren Bomber (diese drei Arten sollten mit Propellerantrieben ausgestattet sein) sowie ein modernes Jagdflugzeug mit Düsenantrieb. Der letztgenannte Flugzeugtyp stieß bei dem argentinischen Staatspräsidenten auf größtes Interesse und sicherte sein sofortiges Wohlwollen.

Grundlage sollte die Konstruktion der Ta-183 sein, an der noch während der letzten Kriegswochen in der Projektabteilung von Focke-Wulf in Bad Eilsen gearbeitet worden war. In diesem Fall ging es um die Version mit hohem Heckleitwerk (in der Form des Buchstabens „T"), an der der bekannte Aerodynamiker Hans Multhopp gearbeitet hatte. Dieses Projekt war in Deutschland bis zum Stadium von Modellversuchen im Windtunnel vorangebracht worden, im Unterschied zur Messerschmitt P-1101 wurde jedoch nie ein Prototyp im Originalmaßstab gebaut. Eine zweirümpfige Konkurrenzversion (ähnlich dem britischen Jagdflugzeug *Vampire*) kam nie über dieses Stadium hinaus. Es waren jedoch genau deren Urheber – Ludwig Mittelhuber und der Ingenieur Ulrich Stampa, die Tank in Córdoba bei seinen Arbeiten unterstützen sollten. Paradoxerweise wurde Multhopp später von den Briten eingestellt und entwickelte ihr Projekt weiter.

Das argentinische Jagdflugzeug I.Ae.33 *Pulqui-II* sollte jedoch nicht nur eine fertige Ta-183 sein. Es wurden erhebliche Änderungen eingeführt, wodurch es sich durch bessere Flugleistungen auszeichnete als das in Bad Eilsen konzipierte Modell. Darüber hinaus mussten zwangsläufig ganz andere Komponenten verwendet werden. Die Ta-183 sollte ursprünglich von einem Triebwerk angetrieben werden, das gar nicht mehr existierte – dem Heinkel HeS-011, das bis zum Kriegsende nicht hatte fertig gestellt werden können und nach sehr optimistischen Schätzungen eine Geschwindigkeit von knapp 1.000 km/h im Horizontalflug entwickeln sollte. In Argentinien hingegen wurde ein Nene-2-Triebwerk von Rolls-Royce eingesetzt, das durch ähnliche Abmessungen gekennzeichnet war und zur damaligen Zeit als sehr modern galt (trotz der wenig zukunftsträchtigen Verwendung eines Radialverdichters). Diese Version war dem Modell sehr ähnlich, das die Russen kopierten und danach als Antrieb für ihre MiG-15 verwendeten. Sie war neben der amerikanischen F-86 *Sabre* eine von zwei Pendants der *Pulqui-II*. Nebenbei bemerkt stellt schon dieser Vergleich allein dem Team von Kurt Tank ein sehr hohes Zeugnis aus, der sein Projekt größtenteils während des Krieges erarbeitet hatte, vom technischen Standpunkt her also in einer ganz anderen Epoche und unter Verwendung viel einfacherer Mittel, als sie später den Konstruktionsbüros in der UdSSR und den USA zur Verfügung standen.

Ähnlich beurteilten Tank auch die Briten, die ihn kurz nach dem Krieg verhörten, aber merkwürdigerweise zu keiner Mitarbeit zu bewegen versuchten. Dies brachte auch Tom Bower, einer der besten Kenner der „Jagd" der Alliierten nach deutschen Wissenschaftlern zum Ausdruck:[48]

> „Tank und sein Luftfahrt-Konstrukteursteam waren stolz auf ihre Errungenschaften und verärgert darüber, dass die Briten ihn ohne weiteres einfach nach Deutschland zurückschickten, anstatt ihn sofort für sein Talent mit einer festen Anstellung zu belohnen. Handel Davis [britischer Luftfahrtkonstrukteur – Anm. d. Autors] – einer von vielen, die sich mit Tank stundenlang unterhalten hatten, war überhaupt nicht überrascht, dass Tank nicht von den Briten eingestellt wurde: ‚Er war solch eine wichtige Person, so großartig, dass es unheimlich schwer gewesen wäre, ihn in einem Konstruktionsteam unterzubringen. Er hätte sich wahrscheinlich nicht unterordnen können.'"

Darüber hinaus sollte nicht unerwähnt bleiben, dass die „argentinische Fortsetzung" auch dadurch stattfand, dass viele bekannte Piloten – Fliegerasse der Luftwaffe – sich in Argentinien einfanden, darunter Hans Ulrich Rudel, General der Jagdflieger Adolf Galland oder General der Kampfflieger Werner Baumbach, der in Argentinien bei der Erprobung einer Entwicklungsversion der Fernlenkrakete Hs-293 starb.

Düsenbomber

Im Dritten Reich entstand auch eine ganze Reihe von Entwürfen für Bomber mit Düsenantrieb, obwohl nur ein Typ in das Waffenarsenal aufgenommen wurde (abgesehen von der Bomberausführung der Me-262). Es handelte sich dabei um die Arado Ar-234 *Blitz*.[26,27,29,39]

Die Ar-234 wird ähnlich wie die Me-262 und die Me-163 entgegen einer alphabetischen oder chronologischen Reihenfolge bereits am Anfang dieses Buches beschrieben, da diese Maschinen zu den einzigen weit fortgeschrittenen deut-

Die Ar-234 B. (Foto: NAIC)

Ein Prototyp mit vier BMW-003-Triebwerken. (Foto: Militärarchiv)

Die Ar-234 nach dem Krieg. (Foto: US Army)

schen Flugkonstruktionen zählen, bei denen es zeitlich noch gelang, sie in bedeutendem Umfang noch im Kampf einzusetzen.

Die Ar-234 wurde ursprünglich als schneller Mittelstrecken-Aufklärer konzipiert, mit der Zeit wurden jedoch Bombereinsätze zu ihrer Hauptbestimmung. Sie war der erste Düsenbomber, der zum Einsatz kam. Zwischen Sommer 1944 und April 1945 wurden insgesamt knapp über 200 Stück in einigen wenigen Versionen hergestellt.

Die Arbeiten an diesem Flugzeug begannen um die Jahreswende 1940/1941. Es sollte mit zwei Triebwerken angetrieben werden, die der Leser bereits aus der Beschreibung der Me-262 kennt: BMW-003 oder Jumo-004 (versionsabhängig). Schließlich wurde jedoch die Entscheidung getroffen, vier Triebwerke zu montieren (ein Paar in einer gemeinsamen Triebwerksgondel unter jeder Tragfläche), da die BMW-Triebwerke sich durch weniger Schubkraft auszeichneten, andererseits aber auch leichter waren. Auf diese Weise entstanden die späteren Versionen B (2 x Jumo) und C (4 x BMW), die bei gleicher Reichweite bis zu

20 % schneller fliegen konnten. In der C5-Version konnte sie sogar auf über 1.000 km gesteigert werden. Die Hauptunterschiede zwischen diesen Flugzeugen ergaben sich eben aus der unterschiedlichen Anzahl der verschiedenen Triebwerke. Mit den Heinkel-Hirth HeS-011-Triebwerken, einem Konzept von Hans Joachim Pabst von Ohain, wurde auch eine P-Version entworfen, die zwar von der Konstruktion her interessant, aber technisch nicht ganz durchdacht war. Aufgrund fortdauernder Probleme mit der Beseitigung verschiedener Mängel wurden lediglich 28 Flugzeuge mit diesen Triebwerken gebaut. Es wurden auch Überlegungen angestellt, zwei Doppelstrahltriebwerke von Daimler-Benz zu verwenden (mit der endgültigen Kennzeichnung DB-007), die Arbeiten konnten jedoch nicht rechtzeitig abgeschlossen werden. Es waren wahrscheinlich die modernsten Düsentriebwerke, die je im Dritten Reich konstruiert wurden. Eine Ergänzung der oben beschriebenen Antriebskomponenten waren zusätzliche Raketentriebwerke, die Flugzeuge mit Jumo-004-Triebwerken beim Start unterstützten.

Die typische Kampflast einer Arado-234 bestand aus zwei unter dem Rumpf aufgehängten Bomben mit einem Gewicht von 500 kg bzw. einer einzelnen Bombe von einer Tonne.

Bis zum Kriegsende wurden die Möglichkeiten untersucht, mit diesem Flugzeug Fernlenkwaffen zu transportieren, darunter die lenkbare Sprengbombe *Fritz X*, die Luft-Boden-Rakete Hs-293 und die V1-Rakete.

Die Schusswaffen (zur Verteidigung) waren bescheiden. Sie bestanden aus zwei aufgehängten MG-151/20 20-mm-Kanonen. Dies ergab sich einfach daraus, dass das beste Verteidigungsmittel gegen feindliche Jäger die hohe Fluggeschwindigkeit des Düsenbombers war, der um einige hundert Kilometer pro Stunde schneller flog als die gegnerischen Flugzeuge mit Propellerantrieb.

Traf die *Blitz* während eines Kampfeinsatzes auf Jäger, konnte sie in der Regel sicher fliehen. Mit zwei im Rumpf installierten Luftkameras vom Typ Rb 50/30 bzw. Rb 75/30 konnten Aufklärungsaufgaben wahrgenommen werden.

Taktische und technische Details

	Ar-234 B2	Ar-234 C5	Ar-234 P3
Länge (m)	12,16	12,90	13,30
Flügelspannweite (m)	14,41	14,41	14,41
Höhe (m)	4,28	4,28	4,28
Auftriebsfläche der Flügel (m²)	27,0	27,0	27,0
Leermasse (kg)	4.900	6.570	5.995
Startgewicht (kg)	ca. 10.000	11.150	10.675
Höchstgeschwindigkeit in 6.000 m Höhe (km/h)	735	870	820
Flugreichweite (km)	770	1.020	–

Die insbesondere seit Anfang 1944 verstärkten Flächenbombardements der Alliierten führten zu einer weitreichenden Umbewertung der Konzeption des Luftkrieges. Aufgrund der geringen Anzahl von Nachtjägern stellte die Bekämpfung der britischen Bomberverbände, die ihre Kampfhandlungen nachts durchführten, ein besonderes Problem dar. Größtenteils trug Hitlers Ignoranz dazu bei, da er der Verwendung der Me-262 als Jagdflugzeug abgeneigt war und die Arbeiten an dem He-219 *Uhu*-Nachtabfangjäger verzögerte. Erst im Oktober 1944 (als es bereits zu spät war) wurde mit dem Umbau der Me-262 Trainings- und Gefechtsjäger zu Nachtjägern begonnen. Die gleichen Anforderungen wurden auch an die Ar-234 gestellt. Da dieses Flugzeug jedoch als Einsitzer konzipiert war, musste zusätzlicher Platz für ein zweites Besatzungsmitglied, nämlich den Radartechniker, geschaffen werden. Dies wurde durch das Entfernen der gleich hinter dem Cockpit angebrachten Kameras möglich. Die Ar-234 war jedoch nicht besonders gut für die neue Rolle geeignet, hauptsächlich wegen der fehlenden Cockpitpanzerung. Im Endeffekt wurde eine vollkommen neue Ausführung mit gepanzertem Cockpit (die erwähnte P-Version) und Plätzen für drei Besatzungsmitglieder entworfen. Die Entscheidung für diese endgültige Konfiguration fiel jedoch erst im Februar 1945, weshalb sie nicht in Serienproduktion ging.

Es entstanden viele Alternativen zur Ar-234, von denen es zwei bis zum Prototypen und zu entsprechenden Testflügen schafften. Es handelt sich hierbei um die Heinkel He-343 – ein der Ar-234 sehr ähnliches Flugzeug – sowie um eine gänzlich andersartige und unkonventionelle Konstruktion: die Junkers Ju-287. Diese war viel schwerer und hatte eine viel größere Kampflast als die Arado.[27,29,30]

Dieses Flugzeug ging jedoch nie in Serie, bis zum Kriegsende (d. h. bis 1944) wurden lediglich einige Prototypen gebaut. Das lag daran, dass es im Vergleich zur Ar-234 später entwickelt wurde, nämlich erst seit Anfang 1943.

Um die Konstruktionsarbeiten zu beschleunigen, kamen viele Elemente und Baugruppen zum Einsatz, die in anderen Flugzeugen ihre Bewährungsprobe bereits hinter sich hatten – unter anderem der modifizierte (und später noch weiter umgebaute) Rumpf aus dem schweren Bomber Heinkel He-177 *Greif*, Steuerflächen aus der Junkers Ju-388, das Hauptfahrwerk aus der Junkers Ju-352 und das vordere Fahrwerk aus einer erbeuteten amerikanischen B-24.

Die Ju-287 war der schwerste Düsenbomber des Dritten Reiches. (Foto: Bundesarchiv)

Als Antrieb des ersten Prototypen kamen vier Heinkel-Hirth HeS-011-Strahltriebwerke mit einer Schubkraft von 12,75 kN (1.300 kp) zum Einsatz; da diese jedoch immer noch nicht ausgereift waren, nutzte man für die übrigen Prototypen jeweils sechs BMW-003 A-1-Triebwerke mit geringerer Schubkraft. All diese Lösungen waren schon geprüft – das aero-

Die Ju-287 während des Fluges. (Foto: Bundesarchiv)

dynamische System jedoch wurde zum ersten Mal eingesetzt und machte die Junkers-287 zur wirklichen Neuheit: Das Flugzeug wurde nämlich mit negativ gepfeilten Flügeln ausgestattet. Sie sollten die Flugeigenschaften der Maschine verbessern, hauptsächlich durch Wahrung einer guten Steuerbarkeit sowohl bei einer kritischen Geschwindigkeit von bis zu 0,85 Mach als auch bei geringeren Fluggeschwindigkeiten. Dafür traten wiederum Probleme mit der Flügelsteifigkeit auf; doch während der Flugversuche mit dem Prototypen konnte die innovative aerodynamische Konzeption ihre Vorzüge ganz klar unter Beweis stellen.

Als ein Bomber, der im Horizontalflug eine Geschwindigkeit von 650 km/h erreichen konnte, wäre die Ju-287 für die Alliierten besonders gefährlich gewesen. Mit einer Kampflast von zwei bis vier Tonnen hätte sie z. B. in Großbritannien gelegene Ziele wirkungsvoll angreifen und damit eine Alternative zur V1- und V2-Rakete darstellen können.

Taktische und technische Details (V-1 Prototyp)

Länge:	18,28 m
Flügelspannweite:	20,10 m
Leermasse:	12.510 kg
Startgewicht:	20.000 kg
Höchstgeschwindigkeit:	650 km/h
Kampflast:	2 – 4 Tonnen
Flugreichweite:	bis ca. 4.500 km

Eine sehr wichtige Inspiration für die Erarbeitung innovativer Flugzeugkonstruktionen – nicht nur für Bomber – war natürlich die Einführung des Düsenantriebs. Obwohl in der Anfangszeit im Grunde nur der Antrieb selbst neu war und man auf traditionelle aerodynamische Konzepte setzte, entstand schon bald eine zweite

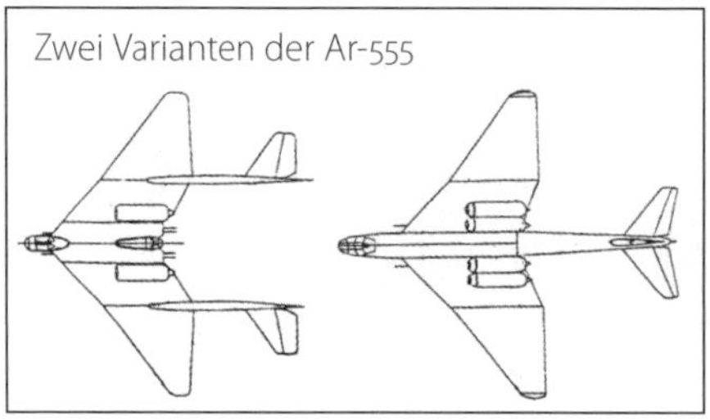

Zwei Varianten der Ar-555

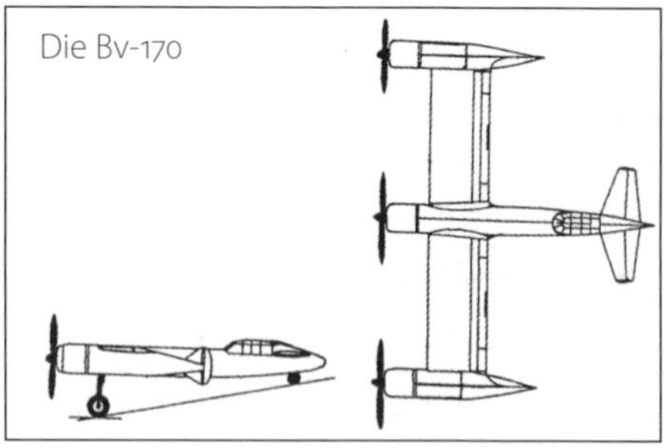

Die Bv-170

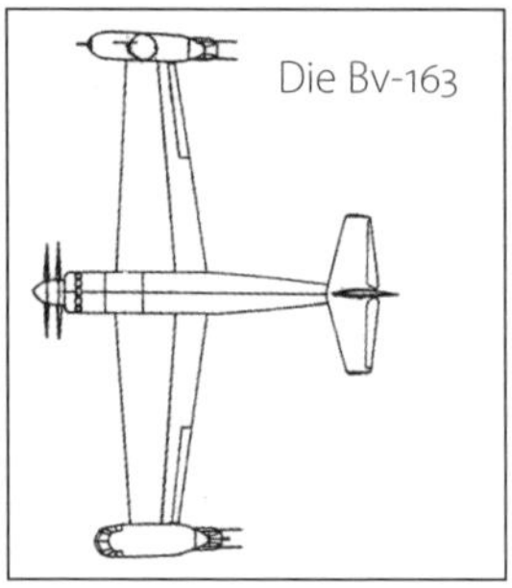

Die Bv-163

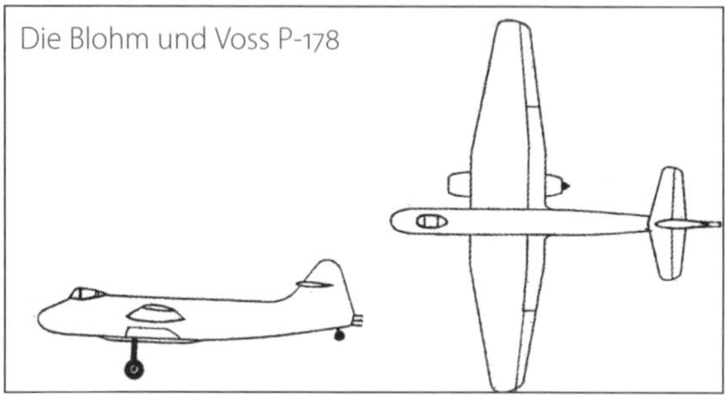

Die Blohm und Voss P-178

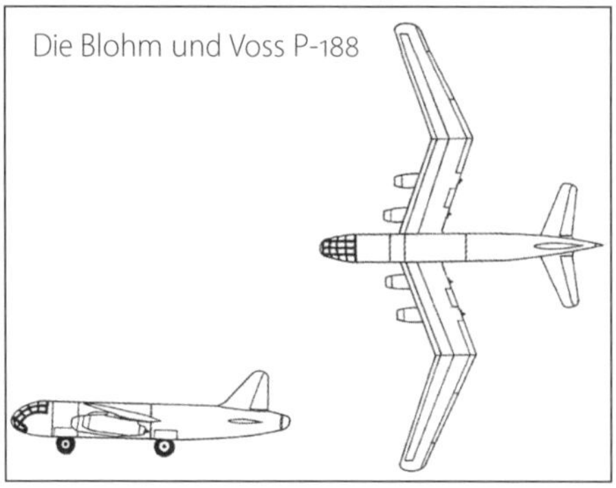

Die Blohm und Voss P-188

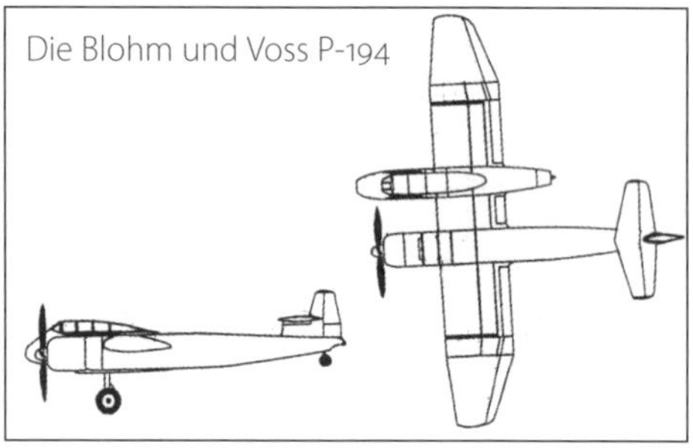

Die Blohm und Voss P-194

Generation von Düsenflugzeugen, die die Vorzüge der neuen Antriebsart voll aus-zunutzen vermochte.

Es lohnt sich, einige dieser unvollendeten Projekte näher zu betrachten, und sei es nur als Kontrast zur Flugzeugtechnik aus der Zeit direkt vor Kriegsausbruch.[27,43]

Als Beispiel dieser Generation wären z. B. Entwürfe für Düsenbomber von Arado zu nennen, die künftig die Ar-234 ersetzen sollten.

Zunächst entstand die E.560. Der Hauptunterschied zur Ar-234 war die Verwen-dung neuer Deltaflügel mit einer Vorderkantenpfeilung von ca. 20°. Anfang 1945 wurde ein Modell dieses Flugzeugs im Windtunnel getestet.

Darüber hinaus entstanden noch mindestens drei fortgeschrittenere Projekte: die Ar-555 (zwei Projekte) und die Arado II, die eine weitere Modifizierung der E.560 war, wobei die Tragflächenpfeilung noch weiter vergrößert wurde. Auch ein Heck-leitwerk mit ähnlich ausgeprägter Pfeilung wurde eingesetzt. Die Rumpfkonstruktion wurde umprojektiert und stärker an eine Stromlinienform angepasst. In der Bugnase sollten vier MK-108 30-mm-Kanonen untergebracht werden, was den Einsatz als Jagdflieger ermöglicht hätte. Die Antriebseinheit wurde auf zwei HeS-011-Triebwerke beschränkt.

Für das nächste Entwicklungsstadium stand das Projekt der Ar-555, von der es zwei grundsätzliche Abwandlungen gab. Zu den gemeinsamen Eigenschaften zählte ein Flügel mit eingeknickter Vorder- und Hinterkantenpfeilung – die Pfeilung war am Rumpf größer und an der Außensektion kleiner. Vorgesehen waren zwei bis vier Düsentriebwerke unbestimmten Typs, die unter den Flügeln in direkter Nähe des Rumpfes aufgehängt werden sollten. Die erste Version war zwar durch einen Rumpf und Steuerflächen ähnlich der Arado II charakterisiert; ihre Weiterentwicklung basierte jedoch auf einer völlig anderen Konzeption. Der eigentliche Rumpf wurde abgeschafft und man vergrößerte lediglich die Mittelsektion der Flügel. In ihrem Vorderteil war ein kleines Cockpit für den Piloten vorgesehen, in der Mitte eine Bombenkammer, und hinten – auf der Flügelhinterkante – das Cockpit des Bordschützen, der auch die Aufgaben des Bombenschützen wahrnehmen konnte. Der restliche, hintere Rumpfteil samt Steuerflächen wurde in zwei enge Heckbalken „aufgeteilt", die mit dem mittleren Bereich der Flügel verbunden waren. Der Vorteil dieses Konzepts bestand darin, dass der für den Schutz des hinteren Flugzeugteils „verantwortliche" Schützenstand in den mittleren Bereich des Flugzeugs verlegt wurde, was die Masse des hinteren („geteilten") Rumpfteils deutlich verringerte.

Im Bereich innovativer Bomberentwürfe muss auch unbedingt ein Konzept erwähnt werden, das Daimler-Benz 1944 zu verwirklichen versuchte.[21,27,43] Hierbei ging

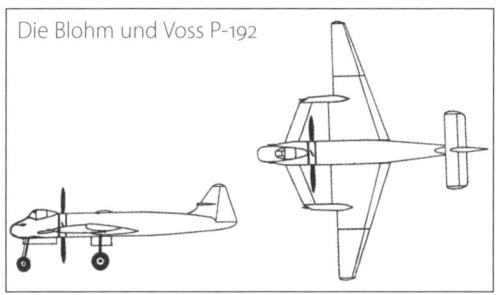

Die Blohm und Voss P-192

Die Blohm und Voss P-208

Die Messerschmitt P-1109 mit verdrehten Flügeln, die eine maximale Pfeilung ermöglichen sollten

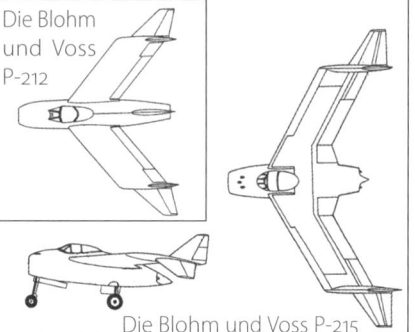

Die Blohm und Voss P-212

Die Blohm und Voss P-215

Die Fa-233 war einer der vielen im Dritten Reich gebauten Hubschrauber. (Foto: Militärarchiv)

Der Hubschrauber FL-282. (Foto: US Army)

Eine innovative Konzeption bedeutete ein großes Risiko, obwohl manchmal auf diese Art überlegene Konstruktionen entstanden. Ein Beispiel dafür ist die Dornier Do-335 *Pfeil* mit zwei Propellern – an der Bugnase und am Heck. (Foto aus der Sammlung des Autors)

es darum, das Problem des Transports von Massenvernichtungswaffen (u. a. chemischen Waffen) zu weit entfernten Zielen wie z. B. Amerika zu lösen.

1944 begann die Daimler-Benz AG in diesem Bereich tätig zu werden. Sie konzentrierte ihre Bemühungen auf Konstruktionspläne für riesige strategische Flugzeuge – Träger von Düsenbombern bzw. ferngelenkte oder durch Kamikazepiloten gesteuerte Flugzeuge – fliegende Bomben also, gebaut nach einem ähnlichen Prinzip wie das *Mistel*-Projekt.

Daraus entstanden Projekte für zwei Trägerflugzeuge:

Das Projekt „A" basierte auf einem Flugzeug, das mit sechs HeS-021-Düsentriebwerken mit einer Schubkraft von jeweils 3.300 kp angetrieben werden sollte, montiert in Triebwerksgondeln oberhalb der Flügel. Die Konstruktion des Fahrgestells wurde auf eine interessante Art gelöst, wenn man berücksichtigt, dass der Bomber unter dem Rumpf transportiert werden sollte. Das Fahrgestell bestand lediglich aus zwei Beinen – hohen Pylonen, die unter dem mittleren Bereich der Flügel platziert waren. Es ist durchaus möglich, dass es Pläne gab, darin Treibstofftanks unterzubringen. In ihren unteren Abschnitten sollten in langen Verkleidungen jeweils drei reihenweise angeordnete Räder untergebracht werden.

Aus verständlichen Gründen konnte die Flugreichweite des Trägers laut Projekt „A" nicht genau vorausbestimmt werden, er sollte jedoch das Angreifen von Zielen im Osten der USA ermöglichen. Er war unbewaffnet, da die Abtrennung des Bombers noch über dem vergleichsweise sicheren Atlantischen Ozean erfolgen sollte.

Der Bomber selbst sollte eine einfache und relativ klassische Konstruktion aufweisen, sieht man einmal von den Steuerflächen in „V"-Form – und dem fehlenden Fahrwerk – ab. Letzteres ergab sich aus der spezifischen Konzeption dieses Systems. Die Aufgabe des Trägers beruhte lediglich darauf, den Bomber an die Grenzen der Reichweite des Trägers „abzuliefern", ihn abzukoppeln und schnellstmöglich zum Stützpunkt zurückzukehren. Nach Einschalten seiner Triebwerke sollte der Bomber im Sinkflug auf das Ziel im Küstengebiet nahe Schallgeschwindigkeit erreichen, was einen Verzicht auf Abwehrbewaffnung ermöglichen sollte. Nach dem Abwerfen der Bombe(n) sollte er eine „Bauchlandung" absolvieren. Danach sollte die Besatzung mit einem U-Boot evakuiert werden. Die voraussichtliche Tragfähigkeit des Bombers ist unbekannt, es steht jedoch fest, dass ein Antrieb mit zwei BMW-018-Düsentriebwerken mit einer Schubkraft von 3450 kp geplant war.

Das Unternehmen Blohm und Voss, Vorreiter bei der Einführung ungewöhnlicher Flugzeugtypen, stellte u. a. eine kleine Serie asymmetrischer BV-141-Flugzeuge her.

Diesem Konzept lag also eine ungeheure Verschwendung zugrunde – das anvisierte Kampfpotential stand in keinem Verhältnis zur Komplexität und Kostspieligkeit des ganzen Systems. Im Falle des Transports einer nuklearen Bombe wäre die Sachlage anders, doch blieb dies 1944 lediglich eine Theorie.

Das Projekt „B" war eine gewisse Modifikation der obigen Konzeption: geplant war ein Träger mit leicht umkonstruierten Tragflächen und einem ökonomischeren

Das Kriegsende war durch einfache und billige Flugzeug-projekte gekennzeichnet. Im Bild: ein Modell der Me-328 im Windkanal. Sie sollte mit zwei Verpuffungsstrahltrieb-werken angetrieben werden. (Foto: DVL)

Die Me-328 (ein Exemplar ohne Triebwerke) beim ersten Flug. (Foto: DVL)

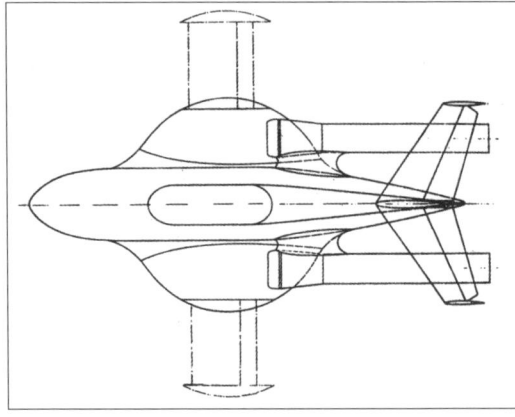

Originalzeichnung einer der geplanten Weiterentwick-lungen der Me-328.

Kolbenantrieb: sechs DB-603-Triebwerke mit einer Leistung von jeweils 1.750 PS, die vier unter den Flügeln platzierte Propeller und zwei Schubpropeller antrie-ben. Dieser Träger sollte wie in der „A"-Variante Bomber oder bis zu sechs kleinere Kamikaze-flieger bzw. von Bord des Trä-gers ferngesteuerte Maschinen transportieren.

Beide Projekte wurden noch 1944 der Luftwaffenführung vor-gestellt, jedoch nicht zur Verwirk-lichung angenommen.

An einem modernen und glei-chermaßen unkonventionellen Bomber mit Düsenantrieb wurde auch in den Werken von Blohm und Voss gearbeitet, die sich bisher mit der Produktion von Wasserflugzeugen einen Namen gemacht hatten.[27,43]

Die P-188 ist ein Beispiel für einen Bomber, der als Pendant zur Ar-234 gedacht war, jedoch nicht in Serienproduktion ging. Es gab zwei Versionen: die erste, angetrieben mit vier separat auf-gehängten Düsentriebwerken (P-188.01), und die P-188.04, bei der die Triebwerke paarweise in zwei Gondeln platziert wurden. Die charakteristischen Merkmale dieses Bombers waren positiv ge-pfeilte Flügel im mittleren Bereich mit gleichzeitiger Negativpfeilung in den Außensektionen. Er hatte auch ein untypisches Fahrwerk – beide Hauptbeine befanden sich in ausgefahrener Position genau unter der Rumpfachse; zur hori-zontalen Stabilisierung des Flug-zeugs sollten zwei zusätzliche

Beine mit kleineren Rädern dienen, die aus den Außensektionen der Tragflächen ausgefahren wurden. Es war vorgesehen, vier Jumo-004-C-Triebwerke zu verwenden, die bereits aus der Me-262 und der Ar-234 bekannt waren. Abgesehen von der in der Bombenkammer transportierten Bombenlast waren vier im Rumpf fest montierte 20-mm-Kanonen sowie zwei bis vier 13-mm-Maschinengewehre in einem oder zwei Maschinengewehrtürmen vorgesehen, die sich im hinteren Rumpfteil befinden sollten.

Taktische und technische Details der P-188.01

Länge:	17,5 m
Flügelspannweite:	27 m
Startgewicht:	23.800 kg
Höchstgeschwindigkeit:	ca. 820 km/h
Flugreichweite:	bis 1.500 km

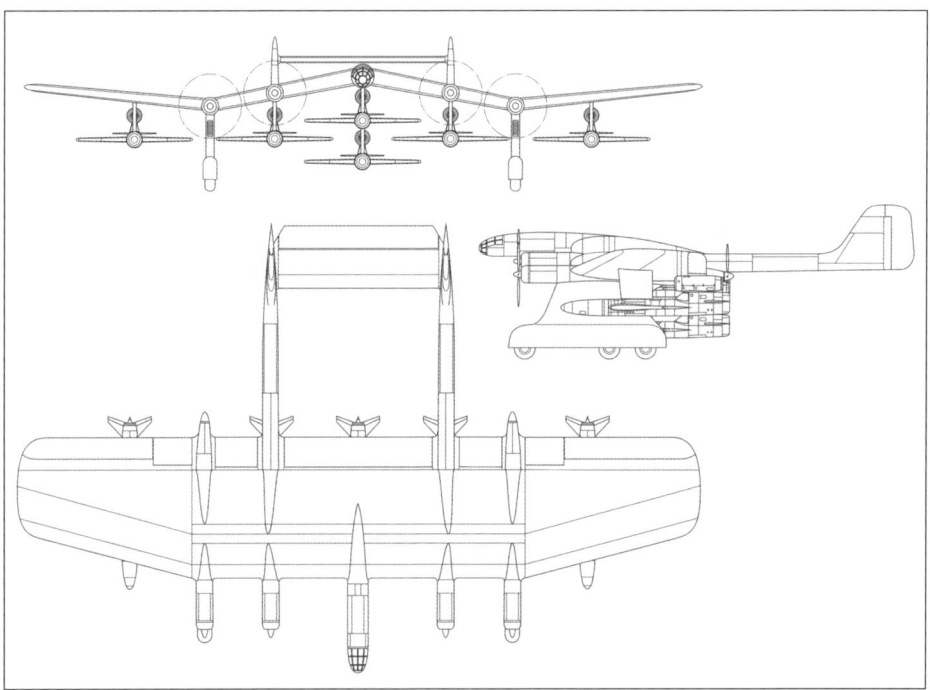

Die Daimler-Benz Projekte „F" und „C". (Zeichnung: M. Ryś)

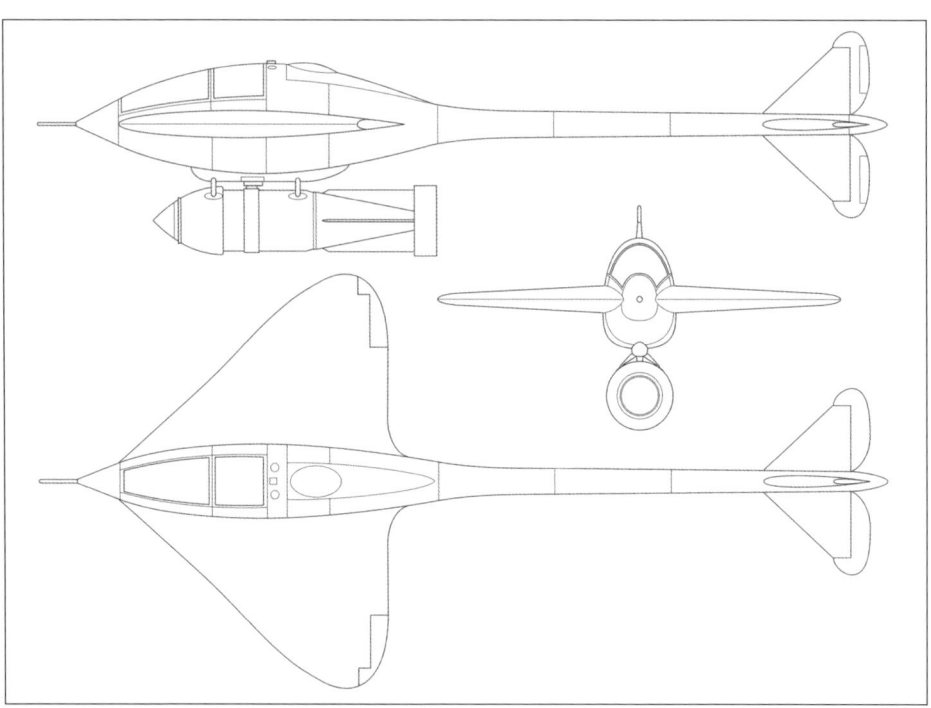

Gleiter Bombenflugzeug / Segler-Bomber (Zeichnung: M. Ryś)

In Deutschland kamen auch einige Projekte mit Rundflügel zustande. Auf dem Bild die AS-1, gebaut vor dem Krieg in Leipzig.

Elektromagnetische Waffen und Alternativlösungen

Allem Anschein zum Trotz bezieht sich der Titel des vorliegenden Kapitels auf ein sehr umfangreiches Gebiet mit einer reichen und gut dokumentierten Geschichte. Schon am Kriegsanfang erhielten die alliierten Geheimdienste hierzu zahlreiche Meldungen.

Den Beweis hierfür stellt beispielsweise eine vom britischen Nachrichtendienst verfasste Zusammenfassung dar, in der schon am 11. November 1939 diese Waffen erwähnt werden. Ihr Verfasser – Dr. R. V. Jones, ein Physiker aus Oxford und Leiter des wissenschaftlichen Nachrichtendienstes beim britischen Luftfahrtministerium – erwähnte in seinem Bericht u. a. Folgendes:[5]

> „... bakteriologische Waffen, neue Kampfgase, Flammenwerfer, Gleitbomben, Lufttorpedos und pilotlose Flugzeuge, Langstreckenkanonen und -raketen, neue Torpedos, Minen und U-Boote, **Todesstrahlen**, Strahlen zum Ausschalten von Motoren, Magnetminen".

Wie sich später herausstellen sollte, war dies lediglich der Anfang groß angelegter Forschungsprogramme. Ich muss dazu sagen, dass ich es während meiner Archivsuche nie darauf angelegt habe, Material zu finden, das auf derartige Forschungsarbeiten verweist. Dennoch stieß ich quasi zufällig auf zahlreiche Dokumente zu diesem Thema. Es kommt also zwangsläufig der Eindruck auf, dass diese Arbeiten, die heute praktisch in Vergessenheit geraten sind, im großen Stil angelegt waren.

Viele amerikanische Geheimdienstberichte wurden mir in Form von Kopien durch P. Henry Stevens aus den USA zugänglich gemacht (leider ohne Unterschriften). Auf diesen Dokumenten basiert der ganze erste Teil des vorliegenden Kapitels.

Als Ausgangspunkt zur Beschreibung dieses Themenkomplexes mag die erste „ernstzunehmende" Meldung

SECRET

SORTIE 3598

19 November, 1944.

Upon taking off from base, the warning light for the landing gear did not go off when wheels were retracted. Before reaching the target this light went out when the ship hit some rough air.

As soon as the pilot entered the target area, around the Schuluch See, his electrical compass commenced spinning around, the magnetic compass became erratic, and the landing gear warning light came on again. To prevent any possible influence upon his engines, the pilot increased and decreased the R.P.M. by several hundred every few seconds. He commenced this as he approached the target area, and continued until he was well out of the area. He reported having no trouble with the engines, and, due to his preventative action, could not tell whether any foreign influence was exerted upon them.

While over the target area, the electrical compass continued spinning erratically. The pilot several times cut off the current to the compass. When turned back on the compass functioned normally for an instant in each case, and then spun about once more. Finally, he cut off the current until he crossed the Rhine en route to England. The compass then seemed to function normally, although it has not been checked for variation.

Arriving over England, the pilot found he could not receive radio communications on "A" channel, which is used for homing at base. His calls were received at base, but faintly, even though the pilot was positive he had been as near to base as Ramling while calling. He was forced to home into Manston on another frequency. After taking off from Manston for base, under the overcast, he did not attempt to use "A" channel until within sight of base. He could then receive all right. No work had been performed on the radio at Manston.

The pilot was examined by the squadron flight surgeon about two hours after landing at base. His pulse and temperature were normal, and there was no evidence that he had been subjected to a high frequency field.

One camera on the aircraft failed to operate, while two others functioned normally. Whether this was a common malfunction or not is unknown.

Conclusion: All malfunctioning instruments were removed and sent to the nearest U.S. Air Force instruments specialists. This check included very thorough examination of the compass, camera and radio apparatus. These last three items had definitely been affected by residual magnetism or any magnetic ray and in each case a common mechanical fault was found to have been the cause of trouble. After correcting faults a flight check showed everything to be again functioning normally.

APPENDIX "Q"

JOHN A. O'MARA
Lt. Col.   AC
Technical Section
Directorate of Intelligence, USSTAF.

dienen, die die Offiziere der westlichen Geheimdienste dazu zwang, sich mit diesem Thema näher zu befassen. Das Ereignis fand Mitte November 1944 statt, und seine erste einigermaßen genaue Beschreibung war Teil eines Anhangs zu einem Spezial-bericht, der auf den 16. November 1944 datiert war (Dokument 42). Dieser bezieht sich auf das amerikanische Aufklärungsflugzeug P-38. Hier die Übersetzung:

GEHEIM
FLUG 3598
19. November 1944

Nach dem Start vom Luftwaffenstützpunkt ging das Warnlicht für das Ein-ziehen des Fahrgestells nicht aus, obwohl das Fahrgestell eingezogen wor-den war. Es erlosch erst, als der Pilot vor dem Erreichen des Ziels in eine Schlechtwetterzone geriet. Als er das Zielgebiet in der Nähe des Schuluch-sees erreichte, begann sein elektrischer Kompass sich im Kreis zu drehen, die Anzeige des Magnetkompasses war fehlerhaft und das Fahrgestellwarnlicht leuchtete erneut auf. Als der Pilot sich dem Zielgebiet näherte, reduzierte und erhöhte der Pilot die Drehzahl der Flugzeugtriebwerke abwechselnd alle paar Sekunden um mehrere hundert Umdrehungen pro Minute, um jeden nur möglichen Einfluss auf das Antriebssystem des Flugzeugs auszuschlie-ßen. Er beendete dieses Manöver erst, als er das Ziel weit hinter sich gelassen hatte. Er erklärte, dass er keine Probleme mit den Triebwerken gehabt habe. Aufgrund seiner Vorsorgemaßnahmen konnte er allerdings auch nicht sagen, ob ein Versuch unternommen wurde, das Antriebssystem zu beeinflussen.

Während des Zielüberflugs drehte sich der elektrische Kompass die ganze Zeit chaotisch im Kreis. Der Pilot unterbrach mehrfach die Stromversorgung zum Kompass. Jedes Mal, wenn der Kompass wieder eingeschaltet wurde, funktionierte er einen Augenblick normal, begann sich dann aber erneut im Kreis zu drehen. Schließlich schaltete der Pilot die Stromversorgung so lange ab, bis er den Rhein überflogen und die Richtung nach England eingeschla-gen hatte. Danach funktionierte der Kompass wieder normal, obwohl er nicht hinsichtlich einer möglichen Abweichung überprüft wurde.

Als der Pilot sich England näherte, bemerkte er, dass er nicht in der Lage war, eine Funkverbindung auf Kanal „A" herzustellen, der bei der Annäherung zum Luftwaffenstützpunkt genutzt wird. Seine Meldungen konnten nur sehr schwach vom Stützpunkt empfangen werden, obwohl er sich in unmittel-barer Nähe befand. Er war zum Weiterflug Richtung Manston gezwungen und musste eine andere Frequenz verwenden. Nach dem Start aus Manston und dem erneuten Anfliegen seines Stützpunktes verzichtete der Pilot auf die Nutzung des Kanals „A", bis er auf Sichtkontakt war. Danach konnte er wieder normal empfangen. Während des Aufenthaltes in Manston wurde die Funkanlage nicht untersucht.

Etwa zwei Stunden nach der Landung auf dem Stützpunkt wurde der Pilot durch den Arzt der Fliegerstaffel untersucht. Sein Puls und seine Körpertemperatur waren normal, und man fand keine Beweise dafür, dass er dem Einfluss eines Hochfrequenzfeldes ausgesetzt gewesen war. [Die Amerikaner wussten wohl, wonach sie suchten! – Anm. d. Autors] Eine der Fotokameras des Flugzeugs war außer Funktion, die übrigen zwei funktionierten jedoch anstandslos. Es konnte nicht ermittelt werden, ob es sich dabei um einen der üblichen Defekte handelte.

Abschließend ist festzustellen, dass alle auf dem Flug ausgefallenen Bordinstrumente demontiert und dem nächstgelegenen qualifizierten Spezialisten der amerikanischen Luftstreitkräfte zur Untersuchung geschickt wurden. Diese Inspektion umfasste eine sehr gründliche Untersuchung des Kompasses, der Fotokamera und der Funkanlage. Die drei Instrumente wiesen keinerlei Spuren von Magnetisierung oder Einwirkung irgendwelcher magnetischer Strahlen auf. In allen Fällen wurde festgestellt, dass die Fehlfunktion rein mechanische Ursachen hatte. Ein anschließender Flugtest zeigte, dass nach der Beseitigung der Störungen die Geräte korrekt funktionierten.

> Anlage „G"
> John A. O'Mara, Oberst A.C.
> Technische Abteilung
> Leitung des Nachrichtendienstes, USSTAF

Genau zur gleichen Zeit, als der erwähnte Bericht verfasst wurde, nämlich am 16. November 1944, fasste das amerikanische Kriegsministerium (Verteidigungsministerium) zum ersten Mal Informationen über eventuelle neue deutsche Waffen zusammen, die in Zusammenhang mit den „Abenteuern" des erwähnten Aufklärungsflugzeugs gestanden haben könnten. Erst jetzt stellte sich heraus, dass es nicht die erste Meldung zu diesem Thema war, und dass die Amerikaner sehr wohl wussten, in welche Richtung die Arbeiten der Deutschen gingen. Hier die erwähnte Zusammenfassung (Dokument 1):

GEHEIM
KRIEGSMINISTERIUM
MILITÄRISCHER NACHRICHTENDIENST, WASHINGTON
16. November 1944

BETREFF: Analyse der Berichte über Strahlen oder Ladungen zur Neutralisierung von Flugzeugtriebwerken.

AN: Major F. J. Smith, Postfach 2610, Washington, D.C.

1. Beim militärischen Nachrichtendienst gehen verschiedene Meldungen über Strahlen zur Stillsetzung oder Neutralisierung [Beschädigung? – Anm. d. Autors] von Flugzeugtriebwerken ein. Beispiele:

a) Es werden intensive Forschungen am Ultraviolettstrahl [einem Bündel ultravioletter Strahlen – Anm. d. Autors] durchgeführt, der Flugzeugmotoren zum Stillstand bringen soll. Diese Arbeiten führten bisher zu keinem Erfolg.

b) Es wurde an einem anderen elektrischen Gerät gearbeitet, das Fahrzeuge zum Halten bringen soll, die in den Bereich des durch dieses Gerät generierten Feldes kommen.

c) Es kommen erneut Gerüchte über den berüchtigten „Todesstrahl" auf; es wird behauptet, dass in der Nähe dieser Anlage (die diesen Strahl erzeugt) bereits viele Flugzeuge abgeschossen wurden.

d) Nutzung von Funkwellen zur Verringerung der Triebwerksdrehzahl alliierter Flugzeuge, die das jeweilige Gebiet überfliegen.

e) Im Februar (1944) wurde berichtet, dass die Deutschen an einer (neuen) Methode zur Abschaltung von Flugzeugtriebwerken arbeiteten.

f) Eine Quelle, die behauptet, sie sei seit langem für die PTT (Post, Telefon und Telegraf) in Tempelhof (Berlin) und für die Reichspostforschungsanstalt tätig, gibt an, dass 80 % der Laborarbeiten dieser Unternehmen die Luftfahrt betreffen. Ein dort beschäftigter, hochrangiger Beamter und ein Ingenieur haben diese Quelle informiert, dass die Arbeiten an einer neuen Luftabwehrwaffe, die innerhalb

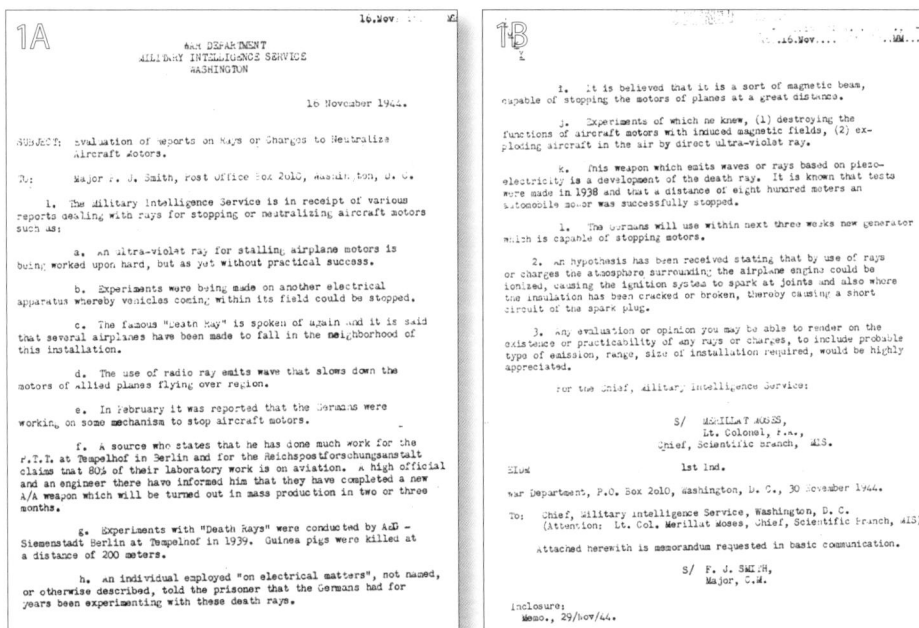

von zwei bis drei Monaten in die Massenproduktion eingeführt werden soll, abgeschlossen wären.

g) Experimente mit „Todesstrahlen" wurden bereits 1939 durch die AEG Berlin-Siemensstadt in Tempelhof durchgeführt. Dabei wurden Meerschweinchen auf eine Entfernung von 200 Metern getötet.

h) Eine Person, von der weder Personalien noch eine nähere Beschreibung vorliegen und die sich mit „elektrischen Fragen" befasste, sagte einem Häftling (oder einem Kriegsgefangenen), die Deutschen würden seit Jahren Experimente mit diesen Strahlen durchführen.

i) Es wird angenommen, dass es sich dabei um eine Art magnetisches Strahlenbündel handelt, das Flugzeugtriebwerke aus großer Entfernung anhalten kann.

j) Die obengenannte Person wusste, dass folgende Versuche durchgeführt worden waren: (1) Zerstören von Flugzeugtriebwerken durch induzierte Magnetfelder, (2) Erzeugen von Explosionen in fliegenden Flugzeugen mit Hilfe eines gerichteten Bündels von Ultraviolettstrahlen.

k) Diese Waffe, die Wellen oder Strahlen auf der Basis des piezoelektrischen Effektes ausstrahlt, ist eine Weiterentwicklung des Todesstrahls. Es ist bekannt, dass entsprechende Versuche 1938 durchgeführt wurden; dadurch ist es gelungen, einen laufenden Fahrzeugmotor aus einer Entfernung von 800 Metern anzuhalten.

l) Die Deutschen werden innerhalb der nächsten drei Wochen einen neuen Generator einsetzen, der in der Lage ist, Motoren anzuhalten.

2. Es wurde die Hypothese aufgestellt, dass die Strahlen oder Ladungen die den Motor umgebende Luft ionisieren könnten, was zur Funkenbildung an den Übergängen des Zündsystems und an Stellen mit beschädigter Isolierung führen würde, die wiederum Kurzschlüsse in den Versorgungskreisen der Zündkerzen verursachen würde.

3. Wenn Sie irgendeine Analyse oder Beurteilung vorlegen könnten, die sich auf die Existenz oder Nützlichkeit irgendwelcher Strahlen oder Ladungen bezieht und mögliche Emissionsarten, die Reichweite und die Größe der erforderlichen Installation berücksichtigt, wäre das von großem Vorteil.

An den Leiter des militärischen Nachrichtendienstes:

Merillat Moses,
Oberst F. A.
Leiter der wissenschaftlichen Abteilung

Der militärische Nachrichtendienst der USA analysierte und sammelte bis zum Kriegsende – und auch noch danach – Informationen über die deutschen „Todesstrahlen". Selbst der Fall des erwähnten Aufklärungsflugzeuges P-38 (dessen Pilot ein gewisser Oberleutnant Hitt war) führte noch im Januar 1945 zu detaillierten Analysen (siehe Dokument 30). Das wichtigste Ergebnis dieser Untersuchungen war Ende 1944 die Schaffung eines umfassenden Forschungsprojektes, das mögliche physikalische Erklärungen für die beobachteten Effekte liefern sollte (Dokument 51).

Obwohl anfangs praktisch alle möglichen Erklärungen in Betracht gezogen wurden – sogar vor dem Flugzeug versprühte Substanzen –, kristallisierte sich relativ schnell eine Hypothese heraus. Man einigte sich darauf, dass unter praktischen Gesichtspunkten die einzige plausible Lösung die Konstruktion eines Generators für elektromagnetische Wellen (auf Funkfrequenz) wäre, der in allen Schaltkreisen des Flugzeugs Ströme induzierte.

Die durchgeführten Berechnungen ergaben, dass bei einer ein Millimeter dicken Flugzeugaußenhaut (Duralumin) durch eine Welle mit einer Frequenz von 75 kHz (also im Langwellenbereich) die größte „Penetration" des Strahlenbündels erreicht werden könnte. Um jedoch ausreichend Energie für die Zerstörung von Flugzeugschaltkreisen im Bereich von 5 Quadratmeilen (ca. 16 km²) auszusenden, wären tausende Tonnen von Leitungen und eine Leistungsaufnahme von mehreren hundert Megawatt notwendig. Dies bezog sich auf die von den Amerikanern analysierte Variante (Langwellen), bei der praktisch keine Möglichkeit zur Bündelung und Fokussierung dieser Energie auf ausgewählte Ziele bestünde. Die amerikanischen

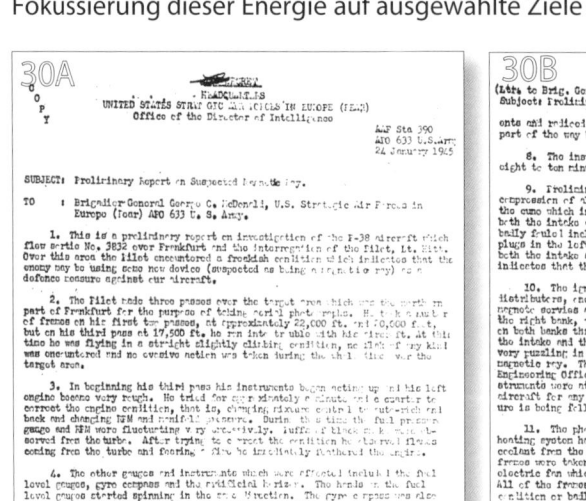

Analytiker ließen eine andere Möglichkeit außen vor: Eine bedeutende Erhöhung der Frequenz des Strahlenbündels bis auf „Radar"-Frequenz hat nämlich zur Folge, dass die Flugzeugaußenhaut die elektromagnetische Welle zwar zunehmend reflektiert, die Welle aber gleichzeitig leichter zu bündeln ist – trotz schlechterer „Penetration" kann also eine stärkere Wirkung bei geringerer Leistungsaufnahme erzielt werden. Die Amerikaner wussten damals nicht, dass sich die Deutschen genau für diesen Weg entschieden hatten ... Im Rahmen der erwähnten Analyse wurde jedoch gleichzeitig festgestellt, dass auch im Falle von Langwellen ein Strahlenbündel mit einer hundertfach geringeren Leistung als die, die sich aus anfänglichen Berechnungen ergab, ausgereicht hätte, um eine Funkenbildung in den Schaltkreisen der Flugzeuge zu erzeugen (anstatt diese zu zerstören).

In Anlehnung an den erwähnten Bericht wurde bald damit begonnen, an möglichen Gegenmaßnahmen für diese neue deutsche Waffe zu arbeiten. Als Ergebnis bereitete am 6. Februar 1945 der Leiter der technischen Dienste der amerikanischen Luftstreitkräfte, Oberst Bunker, ein umfangreiches Dokument mit Empfehlungen für Flugverbände mit dem Ziel vor, die Empfindlichkeit der Flugzeuge gegenüber der beschriebenen Energie zu verringern (Dokument 48). Sein Adressat war der Leiter des technischen Nachrichtendienstes der amerikanischen Luftstreitkräfte auf dem Flugstützpunkt Wright Field bei Dayton im Bundesstaat Ohio.

In diesem Schreiben wird jedoch der Standpunkt vertreten, die wirkungsvollste Strategie unter den gegebenen Bedingungen sei das Sammeln von

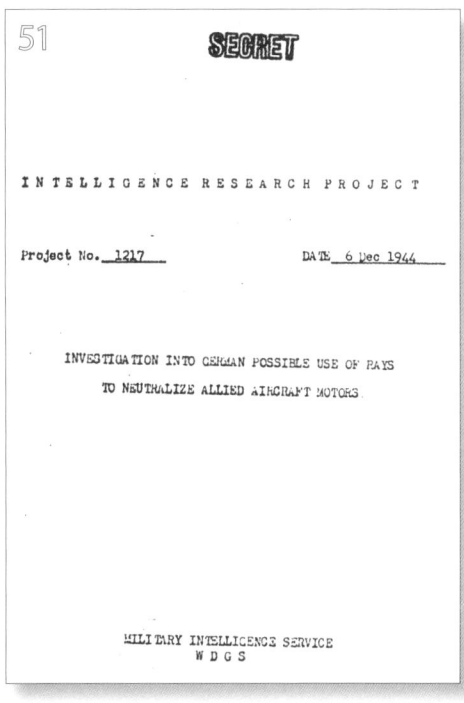

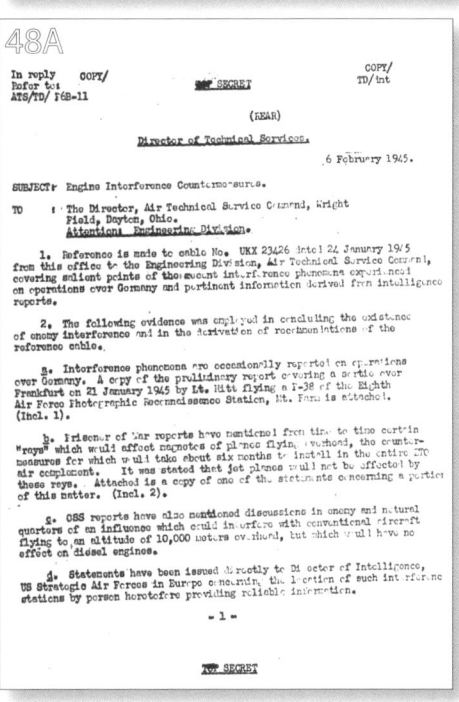

48B

SECRET

3. However incredible it may appear to project from the ground to a height of 30,000 feet sufficient magnetic energy to interfere with the functioning if the ignition system of an airplane, it is believed that the above evidence nevertheless justifies the consideration of countermeasures for such a condition.

4. A possible explanation of the fouling of both intake and exhaust plugs of only one bank of cylinders in the port engine, and only partial interference with the starboard engine of Lt. Hitt's plane may lie in the design of the ignition system. In each engine, one of the magnetos activates the intake plugs of both banks. The ignition sequence requires that firing occur in each bank alternatively. This is accomplished by the distributor circuitry and employment of alternating currents and corresponding alternating magnetic fields in the magnetos. Thus interference could be effected in the firing of one bank of cylinders by synchronizing (1) a pulse of opposing field with every other contact of the distributor, or (2) an alternating field with every contact of the distributor if the frequency of the interfering field is twice, or a multiple of twice, the frequency of the ac used in the magnetos. Thus (with sufficient magnetic energy available) every other pulse of the voltage from the magnetos would be reduced by the interfering field if opposite polarity to a value insufficient to break down the gap of the plugs. Such a condition would cause fouling of one bank of cylinders in the motor with which the interference is synchronized, and may cause partial interference with the operation of the other motor with which it is not in perfect synchronization. The fouling of either engine or instrument interference experienced by the other aircraft flying with Lt. Hitt may be explained by a supposition of bending or concentration of energy on the north side with consequent reduction on the south side of the Main River.

5. It is realized that the points of the above discussion are by no means conclusive. It is further understood that some of the ideas considered herein are improbable from our present scientific viewpoints. But if the evidence gathered on operational flights may be correlated with information provided by intelligence sources, it must be concluded that the enemy not only intends to interfere with our aircraft by some immaterial means, but also has succeeded in accomplishing this intention to a limited extent. The means and countermeasures suggested have not had the benefit of laboratory analysis or the corroboration of later evidence, but they are forwarded in their present form to reduce delay to the minimum. Further information on this and later events concerning this subject will be transmitted immediately to Wright Field where it is

- 2 -

5

COPY   COPY

HEADQUARTERS
EUROPEAN THEATER OF OPERATIONS
P/W and X Detachment
Military Intelligence Service
APO 887   US Army

25 Jun 45

SUBJECT: ETOIN/Ext No 101

To : Col H G Bunker
Director of Technical Services
HQ USSTAF (Rear) APO 633 U S Army

The following information was given by German P/W (W/T Specialist) on German Experiments with Remote Control of Automobile and Airplane Motors.

(This material was written originally by P/W in German and has since been translated into English.)

In the year 1934 successful experiments were made in Germany on the paralyzing of combustion in Automobile Engines viz. the stopping of the motors. Subject heard also that from a Laboratory Engineer of the Weapons Office, that vehicles and motors could be stopped at a distance of 150 meters (about 166 yards)..

An Engineer belonging to a Research Institute of the R.M.V., who attended these experiments, said that the same thing could be done with airplanes.

In 1938, two German Aircraft Plants were entrusted with the order to study motors for aircraft without electrical ignition.

Between Augsburg and Munich, experiments were made in driving an electric motor by wireless.

During the last experiments a small ventilator motor (in Augsburg) was set in motion by a dispatcher controlled in Munich. The power used by the dispatching station in Munich was reported to be very strong.

CERTIFIED A TRUE COPY

Taylor Drysdale
TAYLOR DRYSDALE,
Captain, A.C.

SECRET

Informationen über die Standorte der deutschen Installationen und deren Meidung, bis mehr Daten vorhanden sein würden. Man vermutete, dass Flugzeuge mit Düsenantrieb gegen die Einwirkung der erwähnten Energie immun sein würden, was als Anregung zu verstehen war, dass in Zukunft diese Flugzeugart über den fraglichen Gebieten operieren könnte. In der Zwischenzeit wurde also versucht, mehr nachrichtendienstliche Informationen zu gewinnen, um die Gefahr besser beurteilen zu können. Die gewonnenen Informationen waren jedoch weiterhin nur bruchstückhaft: Sie bestanden aus kurzen Meldungen, die bis zum Kriegsende keine Grundlage für eine mehr oder weniger umfassende Erklärung des Phänomens liefern konnten. Ein Beispiel einer solchen Meldung ist Dokument 5 vom 25. Januar 1945, eine Zusammenfassung der Aussage eines deutschen Kriegsgefangenen, der angibt, Arbeiten auf diesem Gebiet seien bereits 1934 durchgeführt worden, und das mit Erfolg. Damals sei es gelungen, einen Verbrennungsmotor auf eine Entfernung von 150 Metern zum Stillstand zu bringen. Etwas später, aber noch vor Kriegsausbruch – 1938 – seien zwei deutsche Flugzeughersteller mit der Erarbeitung einer analogen Waffe beauftragt worden, die die Triebwerke feindlicher Flugzeuge beeinträchtigen sollte. Diese Arbeiten seien irgendwo „zwischen Augsburg und München" durchgeführt worden.

Wie man sieht, gelangten die Informationen über den Gesamtumfang der Arbeiten – trotz der über ein Jahrzehnt dauernden Untersuchungen – nie in die Hände des Feindes, zumindest nicht des Feindes im Westen …

Das Rätsel um die deutschen „Todesstrahlen" konnte also erst lange nach dem Krieg aufgeklärt werden. Die derzeit erhältlichen Informationen deuten darauf hin, dass die Arbeiten zwei wesentliche Richtungen verfolgten. Die erste (obwohl nicht die einzige) steht mit der genannten Wirkung auf Triebwerke und andere Systeme feindlicher Flugzeuge in Verbindung. Wir wissen, dass diese Arbeiten untrennbar mit Forschungen an Radargeräten verbunden sind und gewissermaßen einen Nebeneffekt dieser Forschungen darstellen. Wir wissen das, weil die Labors, die eines dieser wirkungsvollen Systeme entwarfen, vor allem Radaranlagen konstruierten. Die Rede ist von den sogenannten GEMA-Werken im Ort Lubań (damals Lauban) in Niederschlesien. Leszek Adamczewski – ein Journalist, der sich seit langem mit diesem Thema beschäftigt – schrieb dazu:[49]

> „Nachdem ich in der Zeitung *Przegląd Lubański* einen Aufruf veröffentlicht hatte, damit sich Menschen meldeten, die sich während des Krieges oder kurz danach in Lubań aufgehalten und etwas über geheimnisvolle Phänomene gehört oder etwas gesehen hatten, bekamen wir Hinweise von unseren Lesern. Sie brachten einen im Park entdeckten Brunnen mit der supergeheimen Tätigkeit der GEMA-Werke in Verbindung.
>
> Der GEMA-Rüstungsbetrieb wurde aus Berlin, das von den Alliierten bombardiert wurde, nach Lubań in die damals modernen Betriebe von Gustav Winkler verlegt. Dort wurde – laut den mir vorliegenden Informationen – ein überaus geheimes Radartechnikprogramm entwickelt. Nebenan befand sich das größte Arbeitslager der Stadt, das ‚Wohnheimlager GEMA', in dem sich hauptsächlich russische und polnische Frauen aufhielten.
>
> Der vor kurzem verstorbene Stanisław Siorek, Entdeckungsreisender und Offizier des Sicherheitsdienstes der Volksrepublik Polen, behauptete kurz vor seinem Tod, der zufällig im Park in der Nähe der Esperantystów Straße entdeckte Brunnen sei nicht mehr und nicht weniger als ein alter Belüftungs- bzw. Bergungsschacht des unterirdischen Teils der GEMA-Werke, die zum Kriegsende höchstwahrscheinlich überflutet wurden.
>
> Einer, der auf den Aufruf reagierte, war Józef Bujak aus Lubań. Er kam kurz nach dem Krieg in die Stadt und arbeitete in einem Motorumwicklungsbetrieb, in dem auch ein alter Deutscher mit dem Namen Glaubich beschäftigt war, der Bujak über geheimnisvolle Versuche informierte, die in den GEMA-Werken in der Endphase des Krieges durchgeführt wurden.
>
> Sie beruhten – erinnerte sich Bujak – auf der Erzeugung irgendeines elektromagnetischen Feldes, weil die an den GEMA-Werken vorbeifahrenden Fahrzeuge stehen blieben! Dies konnte man auf einer Strecke von etwa 300 Metern beobachten. Früher wurde ein Teilstück der Straße zwischen Lauban und Görlitz für den Verkehr gesperrt. Als der Versuch abgebrochen wurde, fuhren die Fahrzeuge einfach weiter, als wäre nichts passiert. Glaubich schwor, dass er nicht nur Fahrzeuge mit Funkenzündung, sondern auch Dieselfahrzeuge stehen bleiben sah! Das kann ich mir auf keine Weise erklären …

Bujak begab sich mehrfach in die Ruinen der GEMA-Werke, die durch die im Rückzug befindlichen Deutschen angezündet worden waren. Auf dem Fabrikplatz standen noch ca. 15 Meter hohe Metallkonstruktionen mit einer unten angebrachten Kabine. Diese Konstruktionen waren drehbar, und die Kabinen waren mit Elektronik vollgestopft.

,Natürlich ist diese Elektronik nicht mit der heutigen zu vergleichen', fügt Bujak hinzu, ,aber sie sahen aus wie komplizierte Funkgeräte.'"

Alles deutet darauf hin, dass in Zusammenhang mit diesen Arbeiten ein großer unterirdischer Forschungs- und Produktionskomplex existiert, der bis heute nicht entdeckt werden konnte. Und höchstwahrscheinlich war dies nicht der einzige an diesen Forschungen beteiligte Komplex.

Die obenerwähnten Arbeiten, d.h. der Bau von Anlagen zum Aussenden von gebündelten Radiowellen, die aufgrund ihrer Leistung und Frequenz elektrische Schaltungen überfliegender Flugzeuge unterbrechen oder beschädigen konnten, war jedoch nicht alles, woran die Deutschen im Bereich der sogenannten „elektromagnetischen Waffen" arbeiteten.

Es ist nämlich bekannt, dass u. a. auch an einer Art „Röntgenlaser" gearbeitet wurde – einer Quelle kohärenter Röntgen- oder Gammastrahlung, die bekanntermaßen bei großer Intensität für lebende Organismen tödlich ist. Die Suche in deutschen Archiven ergab, dass im Frühjahr 1944 eine spezielle Luftwaffenforschungseinrichtung in Großostheim mit der Entwicklung einer solchen Waffe beauftragt worden war. Die Dokumente über diese Arbeiten befinden sich zurzeit in einer zivilen Einrichtung – dem Forschungszentrum Karlsruhe – und wurden vor einigen Jahren offen gelegt, darunter eine umfassende Studie zu diesem Thema vom 12. Juli 1944, die für die Luftwaffenführung vorbereitet worden war. Leider ist die Kopie des Berichts in einem so schlechten Zustand, dass ein Großteil davon unleserlich ist. Dessen ungeachtet kann man daraus entnehmen, dass die Deutschen an drei verschiedenen Versionen des tödlichen Strahlers arbeiteten und dass es für das Dritte Reich durchaus möglich gewesen wäre, eine solche Fliegerabwehrwaffe zu bauen. Sie wäre auch innerhalb einer relativ kurzen Zeit, d. h. noch vor Kriegsende, einsatzbereit gewesen. Für die dritte und ausgereifteste Version der Waffe war vorgesehen, ein Ziel auf eine Entfernung von fünf Kilometern mit einer Intensität von sieben Rad pro Sekunde 30 Sekunden lang zu bestrahlen, was – wie im Bericht festgestellt – vollkommen ausgereicht hätte, um die Besatzung eines Flugzeuges komplett außer Gefecht zu setzen. Im Falle eines Ziels, das sich auf einer anderen Höhe befände, wäre eine entsprechend kürzere oder längere Bestrahlungszeit erforderlich. Interessanterweise wurde in diesem Bericht auch festgestellt, dass die Aluminiumaußenhaut des Zielflugzeugs die Wirksamkeit der neuen Waffe auf lebende Organismen eher steigern als mindern würde. In diesem Fall hätte die Außenhaut quasi die Wirkung eines Mikrowellenherdes. Die Frage der Verwendung von Röntgenstrahlgeneratoren im Kampf bleibt bis heute unklar. Falls diese Waffe jedoch jemals zur Anwendung kam, geschah dies sicherlich nur in geringem Maße. Ähnlich wie im Falle der anderen in diesem Buch beschriebenen revolutionären

Konzepte bleibt jedoch ein Frage immer noch aktuell: Gehören – und wenn ja, in welchem Ausmaß – derartige Waffen zum Bestand moderner Arsenale?

Trotz des zukunftsweisenden Charakters dieser Entwicklungen zeigt sich, dass die Wissenschaftler des Dritten Reiches an einer noch fortschrittlicheren Bewaffnung arbeiteten – der sogenannten „Teilchenstrahlwaffe" – einem Strahler für hochenergetische Teilchen oder Ionen, die, unsichtbaren „Mikrogeschossen" gleich, lebendige Ziele treffen und ihre kinetische Energie erst im Augenblick des Auftreffens in tödliche Strahlung umwandeln würden. Im Falle von Atomen schwerer Elemente würden höchstwahrscheinlich sogar einzelne Ionen reichen, um das Opfer zu töten. Soweit mir bekannt ist, wurden keine Berechnungen für eine solche Variante durchgeführt; es ist jedoch kein Geheimnis, dass sogar ein einzelnes Quant einer hochenergetischen Gammastrahlung (also ein einziges Photon!) einen Menschen töten und beim Auftreffen auf den Kopf die Gehirntemperatur sogar um mehrere Grade erhöhen könnte, ganz unabhängig von einer eventuell vorhandenen Sekundärstrahlung. Eine elektromagnetische Strahlung mit solch gigantischer Leistung kann jedoch nur mit riesigen Kosten und auf kleinster Ebene erzeugt werden, nämlich in den größten Teilchenbeschleunigern.

Ein Schwermetallion könnte diese Aufgabe jedoch viel besser erfüllen und wäre einer der besten Kandidaten für die „perfekte Zukunftswaffe". Es kämen natürlich nur schwere Ionen in Frage, die auf eine Geschwindigkeit nahe der Lichtgeschwindigkeit beschleunigt würden. Übrigens erhielt ich vor einiger Zeit Informationen über den reichlich mysteriösen Tod zweier Personen (der sich in der heutigen Zeit, jedoch nicht in Polen, zutrug). Während der Ermittlungen waren mikroskopische Löcher in Fensterscheiben entdeckt worden, deren Durchmesser nur etwa 0,5 mm betrug. Ihre Ränder waren geschmolzen, das Glas hatte jedoch keinen einzigen Riss. Vielleicht beherrscht also jemand bereits diese tödliche Technologie auf einem viel höheren Niveau als die Deutschen während des Zweiten Weltkrieges …

Handfeste Informationen über die von ihnen durchgeführten Arbeiten liefern Dokumente des militärischen Nachrichtendienstes der USA. Der erste relativ umfassende Bericht ist die Aussage eines deutschen Kriegsgefangenen – eines gewissen Karl Schnettler, der am 1. Dezember 1944 gefangen genommen wurde. Seine Aussage (das Protokoll ist in diesem Buch als Dokument 47 reproduziert) bezieht sich also gezwungenermaßen auf eine frühere Zeit. Schnettler erklärte, dass Versuche mit der Teilchenstrahlwaffe in einem unterirdischen Labor bei Ludwigshafen durchgeführt worden waren, das zum I. G.-Farben-Konzern gehörte. Im September 1944 sollte es in die Region von Heidelberg oder Freiburg verlegt werden. Über die dort durchgeführten Versuche wusste der Gefangene jedoch nichts.

Dafür beschrieb er ausführlich das Labor bei Ludwigshafen. Die Versuche seien in einem unterirdischen Bunker mit einem Innenmaß von 25 x 50 Metern und einer Höhe von acht bis zehn Metern durchgeführt worden. Die Bunkerwände hätten eine Dicke von bis zu einem Meter gehabt. Über dem Boden, auf einer Höhe von etwa zwei Metern, gab es eine lange, vier bis fünf Meter breite Plattform, überzogen mit einer drei bis fünf Zentimeter dicken Kunststoffschicht aus Igelit. An einem Ende des Bunkers gab es eine Nische, wo auf speziellen Rollwagen „Elektronenröhren"

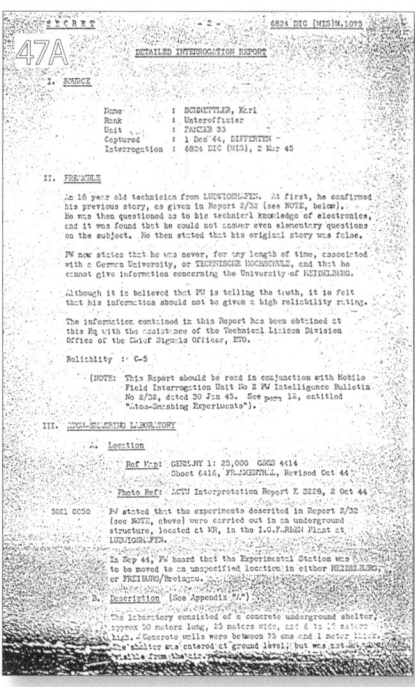

(Ionenkanonen?) standen, die als *Fangpole* und *Sprühpole* bezeichnet wurden. Diese „Röhren" wurden vor Versuchsbeginn in die „Bündelungszone" gebracht, die mit einer halbrunden Quarzplatte abgeschirmt war. In einer Nische am anderen Ende des Bunkers waren die elektrischen Mess- und Steueranlagen untergebracht, die ebenfalls durch eine solche Platte geschützt waren. Davor befand sich das eigentliche Zielgebiet der „Röhren", die wahrscheinlich Ionen- oder Teilchenkanonen waren. Es handelte sich dabei um eine 1,25 – 1,5 m hohe Quadersäule, die von massiven, fünf Zentimeter dicken Quarzplatten umgeben war. Aus dem Text geht hervor, dass diese Platten eine Art „Aquarium" bildeten, das an eine Vakuumpumpe angeschlossen war. Alle Elemente des Ziels waren mit einer dünnen Igelit-Kunststoffschicht bedeckt.

Die Aussage beinhaltet auch die Beschreibung eines Versuchs, der im April 1944 an Ratten durchgeführt wurde: Sie starben sofort, wobei während der Zeit, in der sie der Wirkung der Strahlen ausgesetzt waren, für einen Sekundenbruchteil eine Phosphoreszenz ihrer Körper beobachtet wurde.

Schnettler behauptete, ihre Körper seien sofort zersetzt und in Form von Gas (wörtlich: Natriumdampf) durch die Vakuumpumpe abgesogen worden. Diese Behauptung stieß offenkundig auf Skepsis bei den verhörenden Offizieren, die ans Ende dieses Satzes ein Fragezeichen in Klammern setzten.

Der Gefangene gab auch eine Reihe von Namen von Wissenschaftlern an, die an diesen Arbeiten teilgenommen hatten. Vom Kaiser-Wilhelm-Institut waren das die Ingenieure Kalb, Meissner, Falke und der Praktikant Haeringer, vom I. G. Farben-Konzern in Ludwigshafen die Ingenieure Wendt, Raithel (bzw. Raitrel) und Edlefsen.

Im Dokument 47C sehen Sie eine Skizze des Labors in Ludwigshafen, die dem amerikanischen Bericht beigefügt war.

Auf ihrer Suche nach neuen, unkonventionellen Flugabwehrwaffen und in der Hoffnung, dass genau diese ungewöhnlichen Methoden sich als wirkungsvoll gegen die unaufhörliche Flut amerikanischer und britischer Bomber herausstellen mögen, griff die Führung des Dritten Reiches sogar zu einer solch merkwürdigen „Waffe" wie Wolken, um eine Vereisung der feindlichen Flugzeuge zu bewirken. Es geht hier natürlich um künstlich erzeugte Wolken.

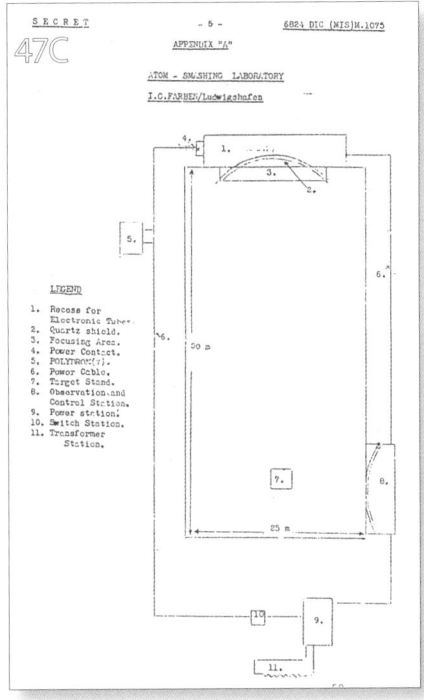

Die Vereisung von Flugzeugen ist, wie allgemein bekannt, ein sehr schwerwiegendes Problem, und die Wirksamkeit der Enteisungsanlage (elektrischen Heizung) ist eine Grundvoraussetzung für einen sicheren Flug. Sogar im Sommer herrschen in einer Höhe von mehreren tausend Metern immer Minusgrade, und in der Luft ist immer eine gewisse Wassermenge in Gasform vorhanden, unabhängig von der Anwesenheit von Wolken. Unter gewissen Umständen, die von der Luftfeuchtigkeit, dem Luftdruck und der Temperatur abhängen, kann dieses Wasser kondensieren. Diese Umstände kann man beeinflussen, indem man zusätzliches Wasser in die Atmosphäre einbringt; der Prozess wird zudem deutlich effizienter, wenn stattdessen Substanzen benutzt werden, die die Kondensation des Wassers fördern. Am wirkungsvollsten sind hierbei verschiedene Arten freier Radikale, die einen Kondensationskern bilden, sowie Kristalle bestimmter Substanzen oder in der Luft kristallisierende Gase, die mikroskopische „Körner" bilden, um die herum Wasserdampf kondensiert und daraufhin zu Wassertropfen und schließlich Eiskristallen wird. In bestimmten Höhen wird sogar Rauch zu einem sehr wirkungsvollen Mittel, das Wasserdampf kondensiert. Wenn zu diesem Zweck meteorologisches Wissen eingesetzt wird und günstige Wetterbedingungen herrschen, lässt sich mit überraschend geringen Kosten (verglichen mit komplizierten Bewaffnungssystemen) eine ernsthafte Gefahr für feindliche Flugzeuge erzeugen. Solche Methoden wurden nach dem Krieg in verschiedenen Ländern entwickelt und kamen auch zur Anwendung – jedoch niemals als Waffe, wie aus den verfügbaren Daten hervorgeht.

In der Sowjetunion wurden in den 1960er Jahren leichte, ungelenkte Raketen entwickelt (sehr einfach und billig), deren Sprengköpfe mit pulverisiertem Silberiodid (AgI) gefüllt waren. Sie wurden als sehr wirkungsvoller Schutz empfindlicher Baumwollfelder vor Gewitter und Hagelschlag eingesetzt. Bei dieser Methode wurde

39

ICING GAS

In their efforts to cope with Allied bombing attacks, it is reported the Germans have introduced their newest weapon - "Icing Gas". The new weapon, it is stated, operates on the principles of accelerated icing induced by an extremely low temperature zone, including crystallization and condensation through a temporary cloud causing the immediate icing of objects passing through it. The equipment is said to consist of a cylindrical reservoir tube secured under each wing of a fighter aircraft. These tubes are filled with "Azote", a liquified nitrogen with a temperature of minus 250° C., combined with liquid air, and a gas outlet is affixed.

Proposed tactics consist of cutting across the bomber path, perpendicularly and releasing the tube facing the bomber, or, flying over the bomber and diving across its path releasing the gas at close range, the higher the altitude the better the results.

According to German sources, extremely satisfying tests have been made on robot target planes at altitudes of 7-3,000 meters. It is alleged that these targets were brought down at once and that on reaching the earth they were found to have a coating of ice about two inches thick. It is further alleged that German fighters have brought down some isolated heavy bombers by employing this method. Bombers are also being built on this weapon as a good defensive measure against a pursuing plane. (Abract of G-2 Periodic Report No. 93.)

SOURCE: Med. Allied Strategic Air Force, Weekly Intelligence Summary No. 2 (X-93317) date 15 January 1945. Abstracted 12 March, 1945 SECRET.

vor einer heranziehenden Wetterfront eine „Sperre" aus Kondensationskernen aufgebaut, wodurch die Wolken sich noch vor dem Erreichen der Felder ihres Ballasts „entledigten".

Dieses Phänomen macht man sich zurzeit auch in der Republik Südafrika zunutze, jedoch unter Anwendung viel einfacherer Mittel. Dichte Wolken, die über trockene und unter Normalbedingungen unfruchtbare Felder hinwegziehen, werden mit Hilfe gewöhnlicher Nebelkerzen zum Abregnen „gezwungen". Mehrere solcher Nebelkerzen werden unter die Tragflächen eines leichten Flugzeuges gehängt, das dann in die Wolken hinein fliegt, wo der Pilot sie elektrisch zündet. Diese Methode ist so wirkungsvoll, dass zur Erzeugung von Niederschlägen gewöhnlich zwei bis vier Kerzen während eines Fluges reichen.

Woran arbeiteten jedoch die Deutschen?

Die Antwort auf diese Frage finden wir erneut in den freigegebenen Dokumenten des militärischen Nachrichtendienstes der USA. In einem der Berichte, die sich auf neue deutsche Waffen beziehen, finden sich auch Informationen zu diesem Thema (Dokument 39). Dort ist die folgende Beschreibung enthalten:

„Es wird berichtet, dass die Deutschen in ihren Bemühungen, den alliierten Bombenangriffen etwas entgegenzusetzen, ihre neueste Waffe einführten – das ,Eisgas'. Die neue Waffe soll auf dem Phänomen der beschleunigten Vereisung beruhen, wobei in einer Zone mit extrem niedriger Temperatur durch eine Wolke Kondensations- und Kristallisationsvorgänge hervorgebracht werden. Jedes Objekt, das diese Wolke passiert, wird unmittelbar vereist. Die für die Erzeugung eines solchen Effektes notwendige Ausrüstung besteht aus zwei zylindrischen Behältern, die unter den Tragflächen eines Jagdflugzeugs aufgehängt, mit flüssigem Stickstoff (vermengt mit Flüssigluft) mit einer Temperatur von minus 250 °C gefüllt und mit einer Gasaustrittsöffnung versehen sind.

Die vorgeschlagene Taktik beruht darauf, die Fluglinie von Bombern senkrecht zu durchschneiden und das Gas vor ihnen freizusetzen bzw. über dem Bomber zu fliegen und danach zum Sturzflug überzugehen, was es ermöglichen würde, das Gas in einer kleineren Entfernung zum Ziel freizusetzen. Je größer die Flughöhe, desto besser wären die Ergebnisse.

Nach deutschen Quellen wurden überaus erfolgreiche Versuche mit ferngelenkten Zielflugzeugen in einer Höhe von 7.000 – 8.000 m durchgeführt.

Es wird berichtet, diese Ziele wären sofort abgestürzt; nach dem Absturz sei eine ca. 5 cm dicke Eisschicht festgestellt worden. Weiterhin wird angenommen, deutsche Jagdflugzeuge hätten auf diese Weise eine gewisse Anzahl schwerer, vom Geschwader gelöster Bomber ‚abgeschossen'. Man hofft auch, mit dieser Methode eine wirksame Verteidigung bei Verfolgungsflügen zu erreichen."

Andere amerikanische Dokumente enthalten Informationen über Versuche mit anderen Substanzen, die nach Versprühen in der Luft die Triebwerke der feindlichen Bomber beschädigen sollten. Dokument 52 beschreibt diese Substanzen wie folgt:

„Es sind zwei Gasarten bekannt, die gegen Flugzeuge eingesetzt werden könnten. Eine davon soll die vorzeitige Zündung bewirken, was zum Abreißen der Zylinderköpfe führen würde, die zweite soll die Viskosität von Ölen, die zur Schmierung des Triebwerks verwendet werden, herabsetzen. Wenn man operative Erkenntnisse unberücksichtigt lässt, machen diese Gase unter Laborbedingungen den Eindruck, als wäre ihre Anwendung tatsächlich möglich. Es ist jedoch zweifelhaft, ob es dem Gegner bei entsprechender Jägereskorte gelänge, eines dieser Mittel in einer Konzentration anzuwenden, die ernsthafte Folgen hätte. Würden zu diesem Zweck Geschosse von Flakgeschützen benutzt, wäre die erreichbare Konzentration wahrscheinlich nicht gefährlicher als das treffsichere Feuer konventioneller Flakartillerie."

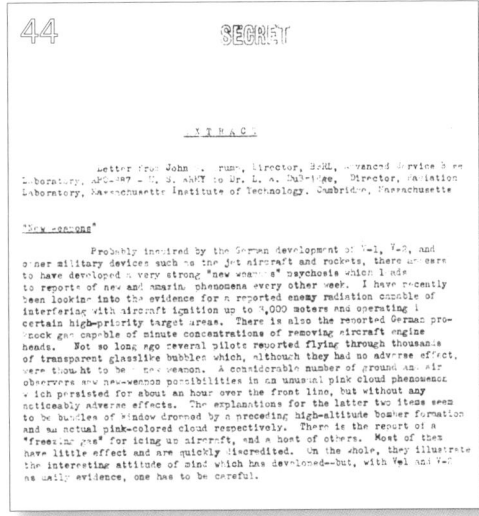

Damit ist jedoch die Liste ungewöhnlicher deutscher Konzepte im Bereich der Flugabwehrwaffen durchaus nicht erschöpft. Das letzte der vorgelegten Dokumente (Dokument 44) verrät noch seltsamere Ideen, deren Sinn und genaue Bestimmung wir lediglich erahnen können. Hier ein kurzer Ausschnitt:

„[…] Vor kurzem sah ich Beweise für eine gemeldete feindliche Strahlung, die in der Lage ist, auf Zündanlagen von Flugzeugen auf eine Entfernung von 3.000 Metern einzuwirken und in der Nähe bestimmter Ziele mit hoher Priorität zur Anwendung kommt. […] Es ist gar nicht lange her, da berichteten viele Piloten, sie seien durch tausende durchsichtige ‚Blasen' geflogen, die von ihrem Aussehen an Glas erinnerten. Obwohl sie keinen negativen Einfluss hatten, wurde angenommen, es handelte sich hierbei um eine neue Waffe.

Viele Beobachter innerhalb des Boden- und Flugpersonals sehen auch in dem ungewöhnlichen Phänomen der rosa Wolken, die ungefähr eine Stunde lang über der Frontlinie schweben, eine neue Waffe, obwohl auch diese Wolken keinen wahrnehmbaren negativen Einfluss auszuüben scheinen."

Es scheint, als wäre das „Eisgas" sogar zum Kampfeinsatz gekommen. So beschrieb es zumindest Otto Skorzeny in seinen Memoiren, der zu dieser Zeit, also um die Jahreswende 1941/1942, in der SS-Division *Das Reich* mitkämpfte:[50]

„Links von uns befindet sich die Stadt Chimki, der Flusshafen von Moskau. Von hier sind es nur acht Kilometer bis nach Moskau. Ohne dass nur ein einziger Schuss gefallen wäre, marschiert am 30. November dort das 62. Aufklärungsregiment ein, das zu Hoepners Panzerkorps gehört. Niemand weiß, warum diese Gelegenheit nicht genutzt wurde. Unsere Motorradfahrer zogen sich zurück.

Hier beginnt die nächste geheimnisvolle Episode des Kampfes um Moskau, die der Aufmerksamkeit vieler Historiker entging. Um den schrecklichen Raketen der ‚Stalinorgel' die Stirn bieten zu können, kam ein neues Raketengeschoss zur Anwendung, das mit Flüssigluft gefüllt war. Die Geschosse ähnelten riesigen Bomben, und ihre Wirkung – soweit mein Wissen mir erlaubte, dies beurteilen zu können – war ohnegleichen. Ihr Einsatz wirkte sich sofort auf die Verteidigungsstärke des Feindes aus. Der Feind nutzte für (scheinbar äußerst banale und ungehobelte) Propagandazwecke riesige Lautsprecher. Einige Tage nach der ersten Anwendung unserer Geschosse drohten uns die Russen über diese Lautsprecher, dass sie mit einem Giftgasangriff antworten würden, wenn wir weiterhin mit Flüssigluft gefüllte Raketen verwendeten. Ab diesem Augenblick wurden diese Raketen nie mehr verwendet, jedenfalls nicht in unserem Sektor. Ich glaube auch nicht, dass sie an anderen Frontabschnitten eingesetzt wurden."

Die „Eiswaffe" hatte jedoch auch ein Gegenstück – eine „Feuerwaffe".

Anfang der 1970er Jahre wendeten die Amerikaner in Vietnam eine „neue", vorher unbekannte Waffe an. Die Auswirkungen der ersten Anwendung waren entsetzlich, aber auch in hohem Maße ungewöhnlich: Als die vietnamesische Inspektion am Angriffsort eintraf, fand sie wirr verstreute, in seltsamen Haltungen erstarrte Körper … die jedoch keine Spuren irgendeiner äußeren Verletzung aufwiesen. Es war lediglich zu sehen, dass aus den Mündern der Toten Blut geflossen war. Aufgrund des ungewöhnlichen Charakters dieser Spuren kamen Anschuldigungen auf, es wäre eine verbotene biologische Waffe eingesetzt worden. Die Amerikaner wiesen diese Anschuldigungen zurück, und die ganze Wahrheit über die „neue" Waffe kam erst erheblich später (erst nach vielen Jahren) ans Licht. Wie sich herausstellte, wurde dieses ungewöhnliche Kampfmittel tatsächlich zum ersten Mal im großen Umfang eingesetzt – ein ungewöhnliches Mittel zwar, das jedoch zum Arsenal der konventionellen Waffen gehört. Es waren sogenannte Aerosolbomben – Fliegerbomben, die aber wenig Ähnlichkeit mit klassischen Bomben aufweisen, denn sie haben keine dicke Stahlhülle. Die Bombe ist eher ein bauchiger, dünnwandiger, zylindrisch geformter Behälter aus dickem Blech. Vom Zünder abgesehen, enthält sie keinen Sprengstoff, dafür verdichtetes Methan beziehungsweise einen anderen flüchtigen Kohlenwasserstoff (Ethan, Hexan oder eine Spezialmischung). Die Besonderheit der „neuen" Waffe war, dass der Sprengsatz erst nach dem Abwerfen der Bombe durch das Vermischen des Inhalts mit Luft (in einem entsprechenden Verhältnis) gebildet wird.

Der grundsätzliche technische Wendepunkt besteht nun darin, dass die entstandene Mischung nicht verbrennt, wie z. B. im Zylinder eines Verbrennungsmotors, sondern detoniert. Dieser Unterschied bedarf einer Erklärung:

Die Verbrennung oder Deflagration (das Verbrennen von Schwarzpulver oder rauchschwachem Pulver im Lauf einer Waffe, die Explosion eines Knallkörpers o. Ä.) ist dadurch gekennzeichnet, dass die Wärme das Hauptagens der Reaktionsausdehnung darstellt – oder anders gesagt: die Flamme, d. h. das sich ausbreitende Medium, das aufgrund der Reaktion erwärmt wurde. Die Verbrennungsgeschwindigkeit ist in der Regel relativ gering – sie übersteigt selten 2.000 m/s. Mit diesem Parameter steht die Grundeigenschaft der Explosionsverbrennung in Verbindung – ihre geringe Zerstörungskraft.

Das Hauptagens der Detonationsübertragung ist hingegen die sogenannte Stoßwelle, also etwas ganz anderes. Sie steht in keiner direkten Verbindung zur Ausbreitung des Mediums – es gibt nämlich einen Unterschied zwischen Stoßwelle und Luftstoß. Die Stoßwelle ähnelt eher einer Schallwelle (deren Ausbreitung lediglich durch eine Oszillation der Luftdichte, aber nicht durch eine räumliche Verlagerung gekennzeichnet ist), bewegt sich jedoch definitionsgemäß immer schneller als der Schall und wird erst bei ihrer Abschwächung zu einer Schallwelle. Sie erreicht eine Geschwindigkeit von ca. 9.000 m/s, deshalb kommt es zu einer gewaltigen Dichteoszillation – und wenn die Materie keine atomare Struktur aufweisen würde, wäre diese Dichte unendlich.

Eine typische Aerosolbombe erzeugt sowohl eine starke Stoßwelle als auch eine sehr starke Expansions- und Hitzewelle. Ein Behälter mit einer halben Tonne Methan ermöglicht eine Explosion, die hinsichtlich ihrer Zerstörungskraft mit der Explosion von ca. 1,5 Tonnen TNT (einem starken Sprengstoff) vergleichbar ist, sie ist also etwa drei Mal so stark. In der Praxis ist sie jedoch noch viel stärker, da bei einer klassischen Bombe die Hülle in der Regel den größten Teil der Masse ausmacht. Wenn wir jetzt also die reine Sprengsatzbestückung vergleichen, kann eine Aerosolbombe sogar fünf bis zehn Mal wirkungsvoller als eine „normale" Fliegerbombe sein. Der Unterschied ist also geradezu kolossal, wobei zu berücksichtigen ist, dass dieses Ergebnis mit relativ geringen Kosten und auf eine verhältnismäßig einfache Weise erreicht werden kann (die Wirksamkeit dagegen durch eine Erhöhung der Treffgenauigkeit zu steigern, wäre sicherlich enorm kostspieliger gewesen).

Die Aerosolbombe hat noch eine weitere „interessante" Eigenschaft: Da die Explosion in großem Volumen erfolgt, tritt ein Phänomen in Erscheinung, das keine Entsprechung bei der Explosion von Sprengstoff hat. Die sich ausdehnende Gasblase erzeugt während ihrer Expansion im Zentrum eine Zone mit negativem Druck –

nach der Ausdehnung kommt es zu einer Art Implosion. Eben dieses Phänomen war für die Blutrinnsäle aus den Mündern der getöteten Vietnamesen verantwortlich – das Blut aus geplatzten Lungenbläschen war durch die „Implosion" nach außen gesogen worden.

Kurzum geht es hier um eine äußerst gefährliche Waffe. Als sehr gutes Beispiel ihrer Einsatzmöglichkeit mag ein ungewöhnlicher Vorfall aus dem Zweiten Golfkrieg dienen, der sich 1991 zutrug. Einer der britischen Aufklärungstrupps (SAS) im Irak konnte aus einiger Entfernung die Explosion einer Aerosolbombe beobachten und interpretierte sie unweigerlich als die Explosion eines kleinen Atomsprengsatzes. Die an das Hauptquartier weitergeleitete Meldung führte zu einem großen Durcheinander: Sie wurde durchaus ernst genommen, da die SAS-Trupps penibel darin geschult sind, verschiedene Waffen an der Art ihrer Auswirkung zu erkennen und deshalb niemand einen solchen „Schnitzer" von ihnen erwartet hatte.

Diese Schilderung sagt jedoch viel über die Möglichkeiten dieser Waffe aus. Ohne große Übertreibung kann man die Aerosolbombe als ein „Zwischenglied" zwischen klassischer Munition und atomaren Sprengsätzen geringer Kapazität bezeichnen.

Wie sich herausstellt, arbeiteten während des Zweiten Weltkrieges auch die Deutschen an einer solchen Waffe …

Diese Arbeiten wurden unter dem Decknamen *Hexenkessel* durchgeführt. Daran beteiligt waren u. a. das Labor für ballistische Forschung im Berliner Ortsteil Gatow, das Labor eines gewissen Dr. Zippermayr und das Unternehmen Dynamit AG Krümel. Die Deutschen nutzten jedoch für diese Zwecke keine flüchtigen Kohlenwasserstoffe, sondern feinen Kohlenstaub. Dieses Material stellt höhere Ansprüche, zeichnet sich jedoch durch ähnliche Wirksamkeit aus. Einige Informationen zu diesem Thema liefern gegenwärtige Forschungen über Kohlenstaubexplosionen in Bergwerken: Zur Bildung eines explosiven Gemisches kommt es bereits durch millimetergroße Kohlekörnchen, wenn deren „Konzentration" zwölf Prozent der Luftmasse übersteigt. Die approximative Explosionsgrenze liegt bei 45 bis 1.000 g Staub in einem Kubikmeter Luft. Die stärkste Explosion erfolgt bei einem Gehalt von 300 – 500 g Kohlekörnern in einem Kubikmeter Luft.[51] Bestimmte Daten über das Projekt *Hexenkessel* konnten aufgrund des Zugangs zu den Akten des vorhin erwähnten Dr. Ing. Zippermayr gewonnen werden. Im August 1945 wurde er durch eine Dienststelle der amerikanischen Spionageabwehr in Österreich verhört. Die wesentlichen Informationen über die Arbeiten, an denen er beteiligt gewesen war, finden sich im Verhörprotokoll wieder (Dokument 54). Hierzu ein Ausschnitt, der sich auf diese Arbeiten bezieht:

> „In den Jahren 1923 und 1924 war der Verhörte (Mario Zippermayr) Assistenzprofessor an der Technischen Hochschule in Karlsruhe. In der zweiten Hälfte des Jahres 1924 begab sich Zippermayr nach Wien, wo er sein eigenes Privatlabor gründete und dort bis August 1939 wissenschaftliche Untersuchungen für verschiedene Industrieunternehmen durchführte. Zu dieser Zeit erhielt er auch seinen Doktortitel im Fach Ingenieurwesen. Im August 1939 wurde

Zippermayr als einfacher Soldat zum Dienst in der Luftwaffe einberufen. Im Mai 1942 wurde er einer Gruppe technisch begabter Soldaten zugewiesen, die bei der Luftwaffe verbleiben, jedoch entsprechend ihrer technischen Begabung eingesetzt werden sollten. Zippermayr wurde dann mit der Anweisung nach Wien zurückgeschickt, sein Labor für die von der Luftwaffe in Auftrag gegebenen Untersuchungen wiederaufzubauen. Dafür sollte er zusätzliche Ausrüstung erhalten. Dieses Labor befand sich in Wien im Bezirk 19, in der Weimarer Straße 87. In diesem Zusammenhang bekam er entsprechendes Personal – 35 Personen, die ihn bei seiner Arbeit unterstützten. Es wurden Versuche im Rahmen von drei Hauptprojekten durchgeführt: die Entwicklung des L-40-Torpedos; von zwei Flugabwehrraketen, bekannt unter den Bezeichnungen *Enzian* und *Schmetterling*; sowie eines Hochgeschwindigkeitsflugzeugs mit Düsenantrieb. Diese Arbeiten wurden durch das Reichsluftfahrtministerium finanziert und vom Chef der Technischen Luftrüstung geleitet. Der L-40-Torpedo sollte zum Abwurf aus einem mit hoher Geschwindigkeit und in großer Höhe fliegenden Flugzeug geeignet sein und sein Mechanismus sollte einem Aufprall auf der Wasseroberfläche standhalten können. Er sank langsam abwärts und behielt die vorgegebene Richtung mit Hilfe

54A

COUNTER INTELLIGENCE CORPS
SALZBURG DETACHMENT
UNITED STATES FORCES AUSTRIA
APO 777

Case No. S/2/55   Zell am See Section
                                                       4 August 1945

MEMORANDUM FOR THE OFFICER IN CHARGE:

SUBJECT: ZIPPERMAYR Mario Dr.Ing., Director of the Dr.Ing.
         ZIPPERMAYR Laboratorium, Lofer, Bezirk Zell am See,
         Land Salzburg.

RE   : Investigation and Interrogation of Subject.

        Pursuant to instructions from the Officer in Charge,
this Agent investigated and interrogated Subject on 3 August
1945 at Lofer, Bezirk Zell am See, Land Salzburg, Austria.

        Information had been received by this office from Captain
Glenn R. Dean, CO, "C" Company, 242nd Infantry, stationed at
Lofer, to the effect that the presence of fifty or sixty people
connected with Dr. ZIPPERMAYR'S Laboratory presented an economic and security problem as none of them were residents of
Lofer. Captain Dean also stated that technical equipment of
the ZIPPERMAYR Laboratorium had been destroyed by unknown
persons.

        Interrogation of Subject by this Agent revealed the
following information:

        ZIPPERMAYR Mario, Dr.Ing. was born on 25 April 1899 in
Milan, Italy. His father was ZIPPERMAYR Hans, an Austrian
Citizen, who owned a heating and equipment factory in Milan.
The family moved to Freiburg in Breisgau, Baden, Germany.
Subject attended Volksschule and Hochschule in Freiburg and
the University of Freiburg from 1918-1919. He attended the
Technical High School in Karlsruhe, Baden, Germany from 1919
to 1922 and graduated with the title Dipl.Ing.

        In 1923 and 1924 Subject was an assistant professor in
the Technical High School in Karlsruhe. During the last half
of 1924 Subject went to Vienna to set up his own private laboratory in which he undertook scientific experiments for var-
ious industrial enterprises until August 1939. During this
period he also received his doctor's degree in Engineering.
In August 1939 Subject was drafted into the Luftwaffe as a
private. In May 1942 he was included in a group of technic-
ally skilled soldiers who were to remain in the Luftwaffe but
who were to be utilized according to their technical skill.

54B

Subject was sent to Vienna and told to set up his own laboratory again and that he would receive supplementary equipment
to further experiments which he was to conduct for the Luftwaffe. His laboratory was located at Wien, Bezirk 19,
Weimarerstrasse No. 87. He was furnished a staff of 35 people
who assisted him in the work. Experiments were conducted on
three main projects; development on the L-40 Torpedo; two
anti-aircraft rockets known as Enzian and Schmetterling; and
a jet propelled high-speed plane. This work was financed by
the Reichsluftfahrtministerium and was under the direction of
the Chef der Technischen Luftruestung.

        The L-40 Torpedo was one that could be dropped at high
speed from a high altitude, constructed so that it's mechanism would not be damaged upon contact with the water. It was
slow in its descent and had a self directing mechanism. The
L-40 Torpedo was successful but was not put into production
because the type of plane necessary to its launching was not
being produced.

        The Enzian and Schmetterling were anti-aircraft rockets
that were charged with a coal dust explosive strong enough so
that upon explosion the concussion could break the wings of a
bomber. This item also was proved to be successful by August
1943 but orders for its production were not issued until 9
March 1945.

        The jet-propelled high speed plane was an outgrowth of
technical knowledge obtained in the development of the torpedo
L-40 and was only in the early stages of development. By the
end of the war it was to fly at a speed of one thousand miles
per hour and was of a radical design with only one wing which
ran parallel to the plane.

        In January 1945 the laboratory and staff was moved to
Lofer but Subject stayed in Vienna where he continued experiments in coal dust explosives. On 1 April 1945 Subject came
to Lofer to continue his work, at which time he had a staff
of approximately eighty workers and technicians. The Lofer
laboratory is dispersed, the main group of buildings being
located in a place just outside of Lofer called Hochtal.
Hochtal is enclosed by a circle of mountains with a dirt road
as the entrance. Two other shops are located in Lofer itself.

        Subject conducted his experiments until 8 May 1945. When
the American troops came he reported the presence of 2,000
kilos of explosives at the Hochtal laboratory to the CO of the
occupying troops. At the time all buildings and equipment
were in excellent condition. At the present time, however,
buildings and equipment are in a condition which indicates
wholesale looting and vandalism.

        On 15 May 1945 Subject was arrested by a CIC Agent who

21

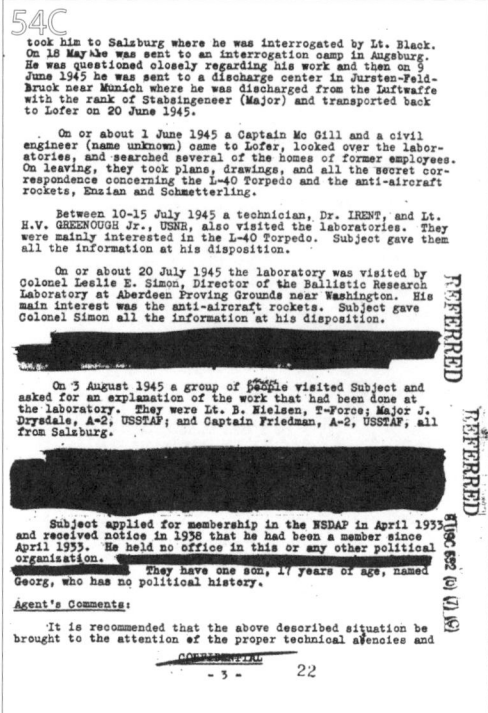

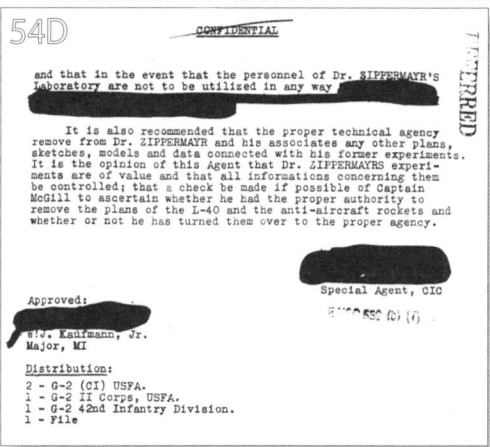

eines Navigationssystems bei. Versuche mit dem L-40-Torpedo waren erfolgreich, er ging jedoch nicht in Produktion, da kein Flugzeug hergestellt wurde, das für seinen Transport geeignet gewesen wäre.

Enzian und *Schmetterling* waren Flugabwehrraketen, die mit Kohlenstaub ausgerüstete Sprengköpfe besaßen. Ihre Explosionskraft war so groß, dass sie die Tragflächen eines angegriffenen Bombers abreißen konnten. Diese Raketen wurden im August 1943 auch erfolgreich getestet, der Befehl zur Aufnahme der Produktion erging allerdings erst am 9. März 1945.

Das Hochgeschwindigkeitsflugzeug mit Düsenantrieb wurde auf Grundlage des technischen Wissens konstruiert, das bei der Entwicklung des L-40-Torpedos erlangt worden war, und befand sich in einem frühen Entwicklungsstadium. Zum Kriegsende sollte es einen Flug mit einer Geschwindigkeit von 1.000 Meilen pro Stunde (1.609 km/h) absolvieren. Es war eine kompromisslose Konstruktion mit nur einem Flügel, der parallel zum Flugzeug [zum Rumpf? – Anm. d. Autors] verlief.

Im Januar 1945 wurde das Labor samt Personal nach Lofer verlegt, Zippermayr blieb jedoch in Wien, wo er seine Versuche mit Aerosolbomben auf Grundlage von Kohlenstaub fortführte. Um seine Arbeit fortzusetzen, kam Zippermayr am 1. April nach Lofer, wo er über ein Personal von 80 Arbeitern und Technikern verfügte. Das Labor in Lofer ist zerstreut, die Hauptgebäude befinden sich direkt außerhalb der Stadt an einem Ort mit dem Namen Hochtal. Es ist ein von Bergen umgebenes Tal, zu dem eine unbefestigte Straße führt. Zwei andere Werkstätten befinden sich in Lofer selbst.

Zippermayr führte seine Versuche bis zum 8. Mai 1945 durch. Als die amerikanischen Besatzungstruppen kamen, meldete er ihrem Befehlshaber, in den Labors in Hochtal seien 2.000 kg Sprengstoff gelagert. Damals waren alle Gebäude und die gesamte Ausrüstung in einem ausgezeichneten Zustand; heute zeugt der Komplex von massenhaften Plünderungen und Vandalismus.

Am 15. Mai 1945 wurde Zippermayr durch einen Agenten des CIC (des militärischen Abwehrdienstes) verhaftet, der ihn nach Salzburg brachte, wo er von Leutnant Black verhört wurde."

Die amerikanischen Dokumente deuten darauf hin, dass die Arbeit dieser Person sich keineswegs ausschließlich auf die obenerwähnten Fragen beschränkte, obwohl er selbst nicht gewillt war, dies zuzugeben (es ist nicht auszuschließen, dass der Grund dafür Menschenversuche waren). Hier ein Ausschnitt aus Dokument 58, das Informationen hierzu enthält:

„Mit Hilfe der 3. Division des CIC und unter Mitwirkung verschiedener Personen in Lofer wurde ermittelt, dass Zippermayr sehr stark an einer anderen Erfindung zur Tötung von Menschen durch die Zerstörung ihrer Gehirnzellen interessiert gewesen war. Zippermayr bestritt, mit dieser Entdeckung etwas zu tun gehabt zu haben, obwohl Informationen darauf hindeuten, dass er an der Leitung dieser Arbeiten beteiligt gewesen war."

Hier haben wir also ein weiteres Rätsel, das bisher der Aufmerksamkeit von Forschern entging, die sich mit der Geschichte des Zweiten Weltkrieges beschäftigen. Vielleicht kann auch dieses Rätsel irgendwann gelöst werden.

Viele Dokumente zum Thema „Todesstrahlen" fand ich in den Jahren 2000–2001 in amerikanischen Archiven, vor allem unter dem Material, das sich auf die sogenannte „ALSOS-Mission" bezieht, die direkt nach dem Krieg das deutsche Atomprogramm und die damit in Verbindung stehenden Fragen klären sollte.[52] Die „Todesstrahlen" werden auch in der Analyse des britischen Nachrichtendienstes erwähnt, die den Teilchenbeschleunigern gewidmet ist, konkret den sogenannten Betatrons.[53] Mit ihrer Hilfe konnte ein hochenergetischer gerichteter Röntgenstrahl erzeugt werden. Im britischen Bericht steht hierzu:[53]

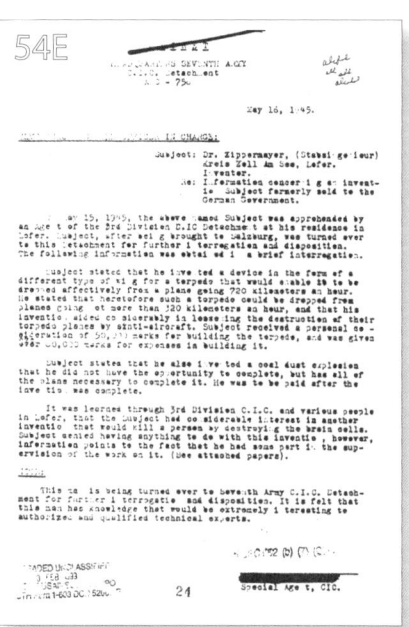

„Die Luftwaffe autorisierte die Arbeiten in der Hoffnung, Todesstrahlen zur Bekämpfung feindlicher Flugzeuge einsetzen zu können."

Die Dokumente der ALSOS-Mission belegen wiederum, dass das Betatron als Ausgangspunkt für die Konstruktion eines Waffensystems angesehen wurde. Mit der Verwirklichung dieser Aufgabe wurden viele Forschungsgruppen beauftragt, die wichtigsten waren wohl die Gruppe um Dr. Wideröe und die Firma BBC aus Mannheim. Wideröe hinterlässt den Eindruck eines äußerst aktiven und ideenreichen Wissenschaftlers. Alleine bis zum September 1943 mündeten seine Forschungen in mindestens zehn Patentanmeldungen.

Der letzte erhältliche Bericht von Dr. Wideröe zum Fortschritt der Arbeiten vom 15. September 1944 legt nahe, dass zur Fertigstellung einer „Waffe" noch ca. vier Monate fehlten. Es sollte ein Beschleuniger sein, der elektrische Entladungen mit einer Spannung von 200 MV (Millionen Volt) nutzt.

Auch der vom Mai 1944 stammende Bericht von Prof. Dr. E. Schiebold, dem Leiter des ebenfalls mit dieser Aufgabe betrauten Forschungslabors der Luftwaffe, deutet auf einen ähnlichen Fortschritt der Arbeiten hin.[52] Darin wird u. a. die Nutzung der Ressourcen der Luftwaffe, der Bau einer „großen Halle" für Forschungszwecke auf dem Laborkomplex in Großostheim und die Schulung von Spezialisten erwähnt, die vom Militär freigestellt wurden. Man könnte den Eindruck gewinnen, das Ganze

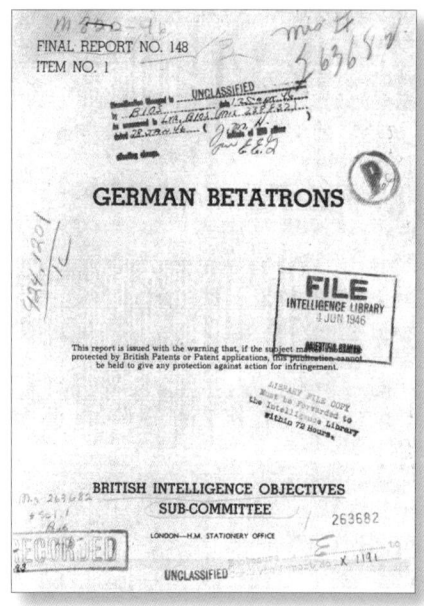

Ein deutsches Dokument aus den Akten der „ALSOS-Mission" mit einer Kurzbeschreibung des „Todesstrahlenprojektes", das mit Großostheim in Verbindung stand.

sei über das Versuchsstadium nicht hinausgekommen, die Daten sind jedoch weitgehend unvollständig – sie brechen an einer Stelle ab und umfassen offensichtlich nicht den ganzen Fragenkomplex. Es findet sich zum Beispiel nichts über die Arbeit des früher erwähnten Unternehmens GEMA. Daneben gibt die große Zahl der mitwirkenden Personen und Institutionen zu denken. Vor diesem Hintergrund erscheint es eigenartig, dass dieses Thema in aktuellen Abhandlungen einfach übergangen wird.

Dies ist um so frappierender, wenn wir wissen, dass in den Akten des Persönlichen Stabes des Reichsführers-SS eine spezielle Aktenmappe existierte, in der sich Korrespondenz über eine „Waffe" fand, die gerichtete Energie zur Bekämpfung feindlicher Flugzeuge nutzte (diese Dokumente gelangten 2001 in meine Hände).[54] Auch hier finden wir Spuren zu den

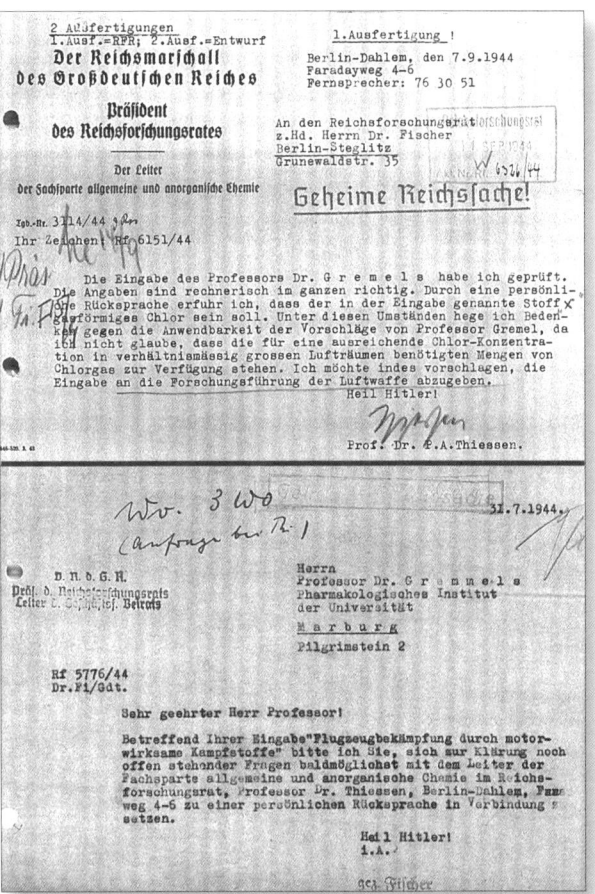

Zwei Dokumente des Reichsforschungsrates über chemische Mittel, die die Triebwerke alliierter Bomber lahmlegen konnten. (aus den Dokumenten der „ALSOS-Mission").

höchsten Kreisen, die an der ganzen Sache beteiligt waren. Diese Aktenmappe beinhaltet u. a. Schreiben der Unternehmen ELEMAG und AEG sowie des Reichsforschungsrates. Aus ihnen geht allerdings nicht hervor, ob es zu irgendeiner praktischen Anwendung kam – es war u. a. der Leiter des Planungsamtes des Reichsforschungsrates, Prof. Dr. Werner Osenberg, der am 7. Februar 1945 feststellte, dass die Arbeiten, obwohl sie schon „seit mehreren Jahrzehnten" durchgeführt wurden, bisher keine konkreten Ergebnisse gebracht hatten.

Interessant in diesem Zusammenhang wäre auch die Stellungnahme des Bevollmächtigten für Hochfrequenzforschung, die in dieser Angelegenheit ausschlaggebend sein müsste. Ein Dokument vom Januar 1945 enthält eine solche Stellungnahme.[54] Daraus geht hervor, dass aufgrund der „großen Belastung" der dem Bevollmächtigten unterstellten Forschungseinrichtungen diese nicht in der Lage seien, sich diesem Fragenkomplex zu widmen.

Ich konnte also in den deutschen Quellen keine eindeutige Bestätigung für eine Gefechtsanwendung gerichteter Energiestrahlen finden, obwohl allein die Anzahl der in diesem Zusammenhang auftauchenden Institutionen verwundert, und nicht besonders zu einem Projekt ohne Praxisrelevanz passt.

Wenn schon von „elektromagnetischen Waffen" die Rede ist, sollte noch ein weiteres Projekt erwähnt werden, das im Übrigen auch gegen alliierte Bomber gerichtet war.

Unter den hunderten, wenn nicht gar tausenden Meldungen alliierter Geheimdienste über „neue Waffen" des Dritten Reiches bezogen sich viele auf revolutionäre bzw. einfach ungewöhnliche Konzepte im Bereich der Artilleriebewaffnung. Manchmal tauchten in diesen Meldungen Fehler oder übertriebene Bewertungen auf, die die neuen deutschen Lösungen unheimlicher erscheinen ließen, als sie es in Wirklichkeit waren. Hierzu ein Beispiel – eine Beschreibung, die im Dokument 4 vom 29. Dezember 1943 auftaucht:

> „Laut Meldungen aus Frankreich, die auf Informationen aus Industriekreisen basieren, ist die neue deutsche Waffe eine schwere Langstreckenkanone. Sie feuert Geschosse mit Phosphor und anderen chemischen Substanzen ab, die den Sauerstoff in der Atmosphäre im Umkreis von mehreren hundert Metern von der Einschlagstelle aufbrauchen und dadurch tödliche Bedingungen für alle lebendigen Organismen erzeugen."

Die Deutschen arbeiteten natürlich tatsächlich an einer schweren Langstreckenkanone, ein daraus abgefeuertes Geschoss hätte jedoch mit Sicherheit nicht die beschriebene Wirkung. Die schiere Flut ähnlicher, sehr widersprüchlicher Meldungen führte dazu, dass einem bestimmten Teil von ihnen keine angemessene Aufmerksamkeit geschenkt wurde. Diese Dokumente enthielten ähnlich ungewöhnliche Details, bezogen sich jedoch auf eine Waffe, über die man erst nach dem Krieg zweifelsfrei sagen konnte, dass die Deutschen tatsächlich intensiv an ihr gearbeitet hatten (diese Tatsache ist bis heute nicht allgemein bekannt).

Es geht um die „elektromagnetische Kanone" – eine Waffe, bei der das Geschoss nicht durch Gase beschleunigt wird, die durch die verbrennende Pulverladung erzeugt werden, sondern durch ein äußerst starkes Magnetfeld, das für den Bruchteil einer Sekunde aufrechterhalten wird. Das Funktionsprinzip der elektromagnetischen Kanone ist relativ einfach – sie arbeitet ähnlich wie ein elektrischer Linearmotor –, die technologischen Anforderungen beim Bau eines vollwertigen Geräts sind jedoch so hoch, dass noch heute eine solche Waffe als zukunftsweisend betrachtet wird, gerade auch deshalb, weil sich damit viele technische Barrieren bewältigen ließen, die im Falle einer klassischen Kanone unüberwindbar sind. Solch ein grundsätzliches Hindernis, von dessen Überwindung die Ingenieure und das Militär träumen, ist die Mündungsgeschwindigkeit des Geschosses – ein Schlüsselparameter, von dem die Durchschlagskraft von Kerngeschossen (der Grundform panzerbrechender Munition) abhängt. Kein moderner Panzer schießt Geschosse mit einer Anfangsgeschwindigkeit von über 2.000 m/s ab. Die Überschreitung dieser „magischen" Grenze auf der Basis klassischer Lösungen wäre ungemein schwierig und würde Kosten nach sich ziehen, die in keinem Verhältnis zu der erreichbaren Wirkung stünden. Vor allem würde dies zu einer drastischen Verkürzung der Rohrlebensdauer führen – wahrscheinlich wären lediglich 100 – 200 Schüsse möglich (die Lebensdauer der Rohre moderner Panzerkanonen vom Kaliber 120 – 125 mm beträgt etwa 500 – 1.000 Schüsse, wobei zu bedenken ist, dass ein solches Rohr im Schnitt einige zehntausend Dollar kostet). Neue Lösungen wären auch im Bereich der Pulverladung selbst erforderlich – das Pulver müsste wahrscheinlich durch ein ganz anderes Material ersetzt werden, das eine entsprechend höhere Verbrennungsgeschwindigkeit und Energie aufweist, was wiederum das Explosionsrisiko eines solchen Materials erhöhen würde (wodurch nicht nur die Kanone, sondern der ganze Panzer zerstört werden könnte). Schwer zu überwinden ist auch die Rohrzerreißfestigkeitsgrenze – sie ist exakt festgelegt. Die Festigkeit von Stahl lässt sich nicht mehr bedeutend erhöhen, und eine „Verdickung" des Rohrs bringt sehr wenig – seine Innenschichten würden immer noch bersten. Aufgrund taktischer Anforderungen ist auch die Rohrlänge selbst begrenzt.

Das oben dargestellte Problem lässt sich auch viel einfacher zusammenfassen: Es ist allgemein bekannt, dass seit dem Ende des Zweiten Weltkrieges die Konstruktionsweise klassischer Rohrwaffen nicht mehr wesentlich geändert wurde. Die moderne Basiswaffe der Infanterie, das automatische Gewehr (ein Selbstlader für sogenannte Mittelpatronen), unterscheidet sich nicht erheblich von der ersten Konstruktion dieser Art, der MP-43 von 1943. Daran wird das geschilderte Problem ersichtlich, wie auch an der Tatsache, dass bis heute für den Bedarf der Bundeswehr sowie für mindestens zehn weitere Armeen das Basismaschinengewehr der Wehrmacht – die MG-42 (gegenwärtig MG-3) ohne größere Änderungen hergestellt wird.

Im Laufe der Zeit und der Weiterentwicklung der übrigen Bewaffnungsarten wird deshalb die Notwendigkeit immer stärker, die klassischen Rohrwaffen zu verwerfen, die, wie man sieht, im Grunde ihre Grenzen schon vor einem halben Jahrhundert erreicht hatten. Diese Notwendigkeit wird von immer größeren Anstrengungen bei der Suche nach analogen, qualitativ jedoch ganz neuen Lösungen begleitet.

Obwohl nach solchen Lösungen durchaus schon länger Ausschau gehalten wird, bin ich überzeugt davon, dass die überwiegende Mehrheit der Spezialisten, befragt nach dem besten zukunftsweisenden „Nachfolger" der klassischen Kanone, eindeutig die elektromagnetische Kanone nennen würde.

Paradoxerweise führten die 63 Jahre, die seit der Unterbrechung der beschriebenen Kriegsforschungen vergangen sind, durchaus nicht dazu, dass diese an Aktualität verloren hätten. Im Gegenteil – diese Zeitspanne gebietet es, sie mit besonderer Aufmerksamkeit zu betrachten, da sie immer noch eine Inspirationsquelle darstellen.

Kehren wir deshalb zu den Quellen aus der Kriegszeit zurück …

Die verfügbaren Daten zeigen deutlich, dass die Deutschen nicht vorhatten, die neue Bewaffnung in ihren Panzern einzusetzen – es fehlte einfach eine Energiequelle mit entsprechender Leistung, die man im Panzer hätte verbauen können. Es kam also ausschließlich eine stationäre Waffe in Frage. Die elektromagnetische Kanone war für die Führung des Dritten Reiches daher aus einem einfachen Grund attraktiv: Sie war die einzige Werferwaffe, die eine wirksame Alternative zur gelenkten V1-Rakete und der (besonders teuren) V2-Rakete hätte darstellen können (insbesondere angesichts der Probleme mit dem unrealistischen Konzept der V3-Kanone). Man darf nämlich nicht vergessen, dass in die Entwicklung, Produktion und den Einsatz der V1 und der V2 ein ähnliches Potential investiert wurde, wie in den Vereinigten Staaten in die Entwicklung der Atombombe – das „Manhattan-Projekt" hatte dort ein mythisches Ausmaß angenommen. Eine Konkurrenzlösung in diesem Bereich eröffnete deshalb den Zugang zu enormen Mitteln, die man heutzutage für ein solches Ziel gar nicht erhalten könnte …

Ungeachtet der genannten Vorteile der „elektromagnetischen Kanone" ist zu berücksichtigen, dass die hohe Fluggeschwindigkeit der Flugkörper nicht nur eine große Reichweite, sondern auch eine hohe Zielgenauigkeit zur Folge hat – speziell bei beweglichen Zielen, da hier die Verkürzung der Geschossflugzeit eine Schlüsselstellung einnimmt. Ebendiese Faktoren sorgten wahrscheinlich dafür, dass die neue deutsche Lösung auch bei der Flugabwehr zum Einsatz kam. Das zeigte sich aber erst nach dem Krieg.

Ein weiteres nachrichtendienstliches Dokument, diesmal vom 30. März 1944, enthält ausschließlich Informationen über die elektromagnetische „Superkanone":

> „Neue Werfervorrichtung:
>
> Sie besteht aus Selenoid [einer Magnetspule – Anm. d. Autors] mit einer Länge von ca. 900 – 1.000 Metern, das unter einem flachen Winkel am Rand des Cotentin-Distrikts vergraben wurde. Die Selenoidspule ist mit einem Hochspannungskabel mit einer Übertragungsleistung von 10.000 Kilowatt (10 MW) verbunden, das durch die C. C. M. verlegt wurde."

Eine etwas frühere Meldung – vom 5. März 1944, die jedoch auf Informationen vom Februar basiert (Dokument 10) – enthält wesentlich mehr Informationen. Die Geschosse seien demnach mit einem zusätzlichen Raketenantrieb ausgestattet (dessen Masse einen geringen Teil der Geschossmasse ausmache). Dies ist eine interessante Information, die ihre Entsprechung in gegenwärtigen Forschungen findet; sie erfordert jedoch eine Erläuterung: Im Falle von Geschossen mit einer sehr hohen Fluggeschwindigkeit kann ein solcher Antrieb die Reichweite entscheidend beeinflussen, auch wenn er (paradoxerweise!) keinen großen Schub liefert. Es geht hier um einen physikalischen Effekt, der darauf beruht, dass unter den beschriebenen Bedingungen ein Großteil des aerodynamischen Widerstandes aufgrund des Vakuums entsteht, das direkt hinter dem fliegenden Geschoss erzeugt wird. Ein zusätzlicher Raketenantrieb (oder gar ein größerer Leuchtspursatz) füllt neben seiner Grundfunktion dieses Vakuum mit Verbrennungsgasen.

Hier die Übersetzung dieses hochinteressanten Dokuments:

„Präzisierung der Eigenschaften von Kanonen und Geschossen:

3. Februar 1944

Es war uns möglich, die Grundzüge der ‚Geheimwaffe' (einer Kanone) einem Offizier vorzulegen, der für die ‚Geländevorbereitung' verantwortlich und an der Aufstellung dieser Kanonen beteiligt gewesen war. Er bestätigte, dass diese Informationen der Wahrheit entsprechen, in Bezug auf das Kalibermaß des Raketenflugkörpers meinte er jedoch, dieses würde 700 mm betragen. Der Flugkörper sei mannshoch.

7. Februar 1944

Jeder Flugkörper durchquert auf einem Schlitten einen ca. drei Kilometer langen, mit Beton verkleideten Tunnel. Für seine Beschleunigung sorgt ein elektromagnetisches System. Die für das Abschießen des Flugkörpers erforderliche Leistung beträgt 7.000 kW (7 MW) und wird auf 10.000 kW erhöht. Die Tunnelmündung ist in einem Winkel von 50° geneigt.

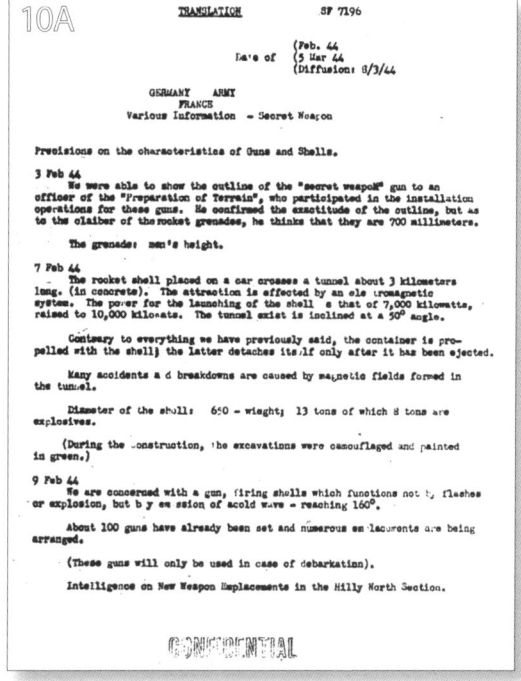

Entgegen dem, was wir vorher festgestellt hatten, wird der Flugkörper zusammen mit dem Behälter [dem sogenannten Schuh – einem Element, das den Flugkörper im Rohr bzw. in der Gleitschiene zentriert – Anm. d. Autors] beschleunigt. Dieser Behälter wird vom Flugkörper erst nach dem Abschuss getrennt.

Die Magnetfelder, die im Tunnel entstehen, verursachen zahlreiche Unfälle und Störfälle. Durchmesser des Flugkörpers: 650 [mm], Gewicht – 13 Tonnen, wovon der Sprengstoff 8 Tonnen ausmacht.

Während des Baus wurden die Erdarbeiten mit einer grünen Farbe getarnt. [...]

Nachrichtendienstliches Material zur Stellung der neuen Waffen in der gebirgigen Nordzone:

Wie sich aus einem Gespräch mit einem von den Deutschen eingestellten Arbeiter während einer Zugfahrt ergab, werden Arbeiten an drei großen

Installationen (Geheimwaffen) in der Nähe von Cherbourg durchgeführt: in Valognes, Couville und Martinvaast.

11. Februar 1944

Aus den mit den Arbeitern in Moissac geführten Gesprächen geht hervor, dass entlang der ganzen Küste von Kap Hague bis nach Frouville verstärkte Betonplattformen gebaut werden, die etwas mit Langstreckenartillerie zu tun haben. Laut einem der Arbeiter, der ein Vorarbeiter oder Meister zu sein schien, haben diese Plattformen eine Fläche von ca. 100 m²; darunter befinden sich verstärkte Bunker (drei oder vier), in denen die Munition gelagert und Gefechtsstände untergebracht sein sollen. Der größte davon beherbergt wahrscheinlich auch eine Elektroartilleriegruppe [‚electroguns group' im Original – Anm. d. Autors], da es bei all dem um eine elektrische Kanone gehe, die in der Lage sei, die englische Küste und ein großes Gebiet im Landesinneren zu beschießen. [...]

Es wird geschätzt, dass die Decke eines jeden Bunkers aus einer 6,5 Meter dicken Stahlbetonschicht besteht.

24. Februar 1944

Wir machen uns Sorgen um die geplante [neue] Kanone, die elektrisch geladen und abgefeuert wird. Das Kanonenrohr hat eine Länge von 48 Metern. Sie verschießt Flugkörper mit einem Durchmesser von 30 bis 35 Zentimetern, einer Länge von vier Metern und einer Masse von 450 kg. Reichweite: 240 km. Feuergeschwindigkeit: ein Schuss alle 30 – 45 Sekunden. Die Rohrinnenschicht, die auch zur Beschleunigung des Flugkörpers dient, wird in einer dreistündigen Feuerpause ausgewechselt. [...]

Im Innern [der Bunker] befinden sich das Hauptkraftwerk und ein Munitionslager.

Es gibt [beim Abschuss] keine Detonation, der Abschuss wird lediglich durch ein surrendes Geräusch begleitet.

Es werden viele Kanonen in Stellung gebracht. Die deutsche Industrie setzt alles daran, ihre Anzahl drastisch zu erhöhen. [...]"

Dieses Dokument wirft mehr Fragen auf, als es Antworten liefert. Wenn die darin enthaltenen Informationen überhaupt als Fakten betrachtet werden können, was passierte dann mit diesen gigantischen Kanonen, als die Deutschen gezwungen waren, dieses Gebiet zu verlassen? Konnten solche Kanonen überhaupt je existiert haben?

Ihr Bau wäre zweifelsohne sehr schwierig gewesen, es ist jedoch entschieden festzustellen, dass sie tatsächlich existiert haben könnten. Trotz ihres spektakulären Charakters überstieg eine solche Herausforderung nicht die Möglichkeiten der deutschen Wirtschaft.

10C

28 Feb 44
An informer who helped build many emplacements for shell launching rockets, claims that there are 38 of these between Dieppe and Dunkerque.

These apparatuses comprise of a hole more or less inclined of a diameter and depth X, in which a coating of concrete is poured, in this shell is installed a guide (not of the gun) which brings about the firing of the rocket shell.

T is rocket shell, weighing 5 tons at departure, comprises of 4 tons of explosives on arrival at target (1 ton serving towards the engine propulsion). Its range is 430 kilometers approximately, the levelling deviation course is that of 10 kilometers - launching rockets which cannot be oriented.

An underground casemate - containing projectiles, is constructed under each rocket thrower.

G-3 Comment:

Report consists of conglomerate facts poorly expressed and arranged and for the most part probabl

Special attention however is invited to following extracts:

1. Under date of 7 Feb.: Tunnel - it is inclined at a to degree angle. Weight of shell 13 tons on which 8 tons are explosives.

2. Under date of 8 Feb.: large site at Martinvast and supply site at Valognes are noted. Couville is often quoted with reference to Martinvast as it is the nearest town of fair size.

3. Under date of 24 Feb.: Firing cadence: 1 shot every 30 or 45 seconds—replacable bores.

The extract data listed above are not to be accepted as true, but represent the more important statements in the report. They should be weighed and compared with more credible information.

Wenn die in Zusammenhang mit den Kanonen errichteten unterirdischen Objekte (Bunker) von den sich zurückziehenden Deutschen gesprengt und getarnt worden wären (was sicherlich der Fall gewesen wäre), ist es durchaus nicht so sicher, dass man sie später entdeckt und untersucht hätte. Es genügt, die Geschichte der deutschen unterirdischen Industrieobjekte zu betrachten, deren Zugänge (Aus- und Eingänge von Kommunikations- und Installationstunneln) gesprengt und getarnt worden waren – derartige Operationen konnten überaus professionell durchgeführt werden. Deshalb konnten viele solcher Objekte bis heute nicht entdeckt und in vielen Fällen nicht einmal lokalisiert werden. Heute sind es riesige Gräber, da die in ihnen arbeitenden Menschen (Gefangene) aufgrund eines speziellen Befehls vom Reichsführer-SS vor der Sprengung nicht herausgelassen wurden. Etwaige Abweichungen von diesem Grundsatz waren sehr selten.

Könnte es also sein, dass die Alliierten nur einen Teil der Wahrheit über die deutschen elektromagnetischen Kanonen herausgefunden hatten?

Auch andere Daten deuten darauf hin: In einem Sonderbericht über die Forschungen an der elektromagnetischen Kanone, der Anfang 1946 durch ein Spezialkomitee des amerikanischen Nachrichtendienstes ausgearbeitet wurde,[55] fehlen nämlich auch Informationen, die wir aufgrund anderer Quellen erst heute kennen. Im Grunde beschreibt der Bericht die Rolle, die eine bestimmte Einrichtung – eine von vielen – bei der Erforschung dieser Waffen spielte: das Labor des Heereswaffenamtes in Berlin. Wir wissen heute, dass die Einrichtung in Peenemünde eine Schlüsselrolle bei dem erwähnten Projekt spielte (übrigens bleibt sogar sein Deckname ein Geheimnis), denn nach dem Krieg wurden dort Geschosse für eine experimentelle elektromagnetische Kanone gefunden. Die in diesem Kapitel beschriebenen Arbeiten sind also eines der zahlreichen Beispiele für einen Fragenkomplex, von dessen Existenz wir wissen – jedoch mit Sicherheit nur einen Teil der Wahrheit kennen.

Was enthält der erwähnte Bericht nun konkret? Er ist in zwei Hauptteile gegliedert: Der eine enthält allgemein gehaltene Analysen, der andere beschreibt die Arbeiten an einer elektromagnetischen (relativ kleinen) Flugabwehrkanone mit einer sehr hohen Feuergeschwindigkeit.

Hier einige ausführliche Auszüge aus dem amerikanischen Bericht:[55]

„Versuche, Schießpulver durch elektrische Energie zu ersetzen, sind nicht neu. An der Verwirklichung vieler Konzepte wurde in diesem Labor [dem obenerwähnten Berliner Labor] gearbeitet – letztlich wurde eine Methode angewendet, die während des letzten Krieges durch Fauchon-Villiplee erarbeitet worden war. Eine große Schwierigkeit besteht natürlich darin, eine ausreichend hohe Leistung für das Abschießen des Geschosses zu erreichen. Die hier durchgeführten Versuche zeigten, dass es möglich war, einen Körper mit einer Masse von zwölf Gramm auf 1.100 m/s zu beschleunigen – in einem zwei Meter langen Rohr [ein überraschend gutes Resultat, vergleichbar mit den Ergebnissen vieler in den 1980er Jahren durchgeführten Versuche! – Anm. d. Autors], was einer 30.000 Mal höheren Beschleunigung als der Erdbeschleunigung entspricht. Die Kopplung von zwei solchen Rohren stellte sich nicht als besonders erfolgreich heraus – es wurde ein Wert von 1.200 m/s erreicht.

Das Geschoss wird durch einen ‚Linearmotor' beschleunigt, der in der einfachsten Variante aus zwei Leitern (parallel zueinander verlaufenden Schienen) besteht, zwischen denen sich das Geschoss befindet, das den Stromkreis mit Hilfe seines hinteren Leitwerks schließt [für eine solche Lösung entschieden sich die Deutschen auch im Falle des in Peenemünde gefundenen Geschosses – Anm. d. Autors]. Wenn Strom durch den Kreis fließt, bewegt sich das Geschoss nach vorn. Für dieses Verfahren gelten die klassischen elektromagnetischen Gleichungen.

Diese Methode wurde mir am Beispiel eines Beschleunigers mit einer Länge von 50 cm sowie von Geschossen vorgeführt, die in diesem Bericht besprochen werden. Nach dem Abschießen waren die aus Kupfer gefertigten Ränder des Leitwerks geschmolzen. Die Mündungsgeschwindigkeit des Geschosses war bei dieser Vorführung gering. Es ist sehr schwierig, eine entsprechende Spannungsquelle zu finden. Für die Versuche wurden Blei-Schwefelsäure-Akkumulatoren mit sehr dünnen Elektroden verwendet, die eine Leistung von 9.000 kW lieferten. Zusätzlich wurden Kondensatoren

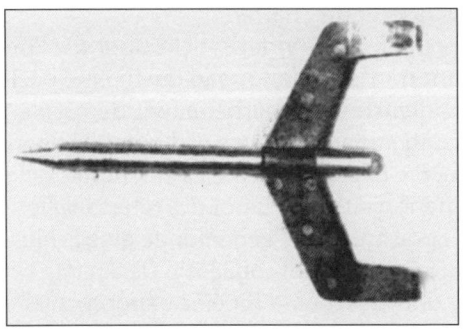

Ein in Peenemünde gefundenes Geschoss für eine elektromagnetische Kanone

mit einer Kapazität von 20.000 Mikrofarad eingesetzt, die eine Spannung von 2.000 V abgaben.

Große Vorteile eines elektromagnetischen Systems wären:

1) die Möglichkeit, auf ein Rohr zu verzichten,
2) eine höhere Geschwindigkeit als bei der Verwendung von Pulver,
3) eine höhere Energieausbeute als mit Pulver,
4) niedrigere Energiekosten.

Es war geplant, Arbeiten an einem Geschoss mit einem Zentimeter Durchmesser und einer Masse von 60 – 70 Gramm zu beginnen und eine elektromagnetische Flugabwehrkanone (siehe beiliegender Bericht) mit einem Kaliber von 40 mm zu bauen. Zu diesem Zweck wären eine Stromstärke von 1.500.000 Ampere und eine Spannung von 1.300 Volt notwendig [also eine Leistung von knapp zwei Gigawatt! – Anm. d. Autors]. Für die Spannungsversorgung waren drei Unipolar-Generatoren mit einem Gewicht von jeweils 150 Tonnen vorgesehen.

Elektrisch abgeschossene Projektile müssten mit Stabilisierungsflossen versehen sein, da sie nicht rotiert werden können. Dies legt nahe, mit den Arbeiten in einem Windtunnel zu beginnen, und erklärt gleichzeitig die enge Zusammenarbeit dieses Labors mit dem Personal aus Peenemünde, das im Windtunnel in Kochel gearbeitet hatte.

KURZBESCHREIBUNG DER ELEKTROMAGNETISCHEN FLUGABWEHRKANONE MIT EINEM KALIBER VON 4 CM

I. Einleitung

Projektile, die mit Hilfe von Pulver abgeschossen werden, haben eine begrenzte Geschwindigkeit, die nach van Langweiler theoretisch 2.810 m/s betragen kann. Dieser Wert wurde von ihm durch Versuche bestätigt, in denen er eine Geschwindigkeit von 2.790 m/s erreichte. Eine solche Geschwindigkeit kann jedoch nur bei einer bestimmten Masse erreicht werden. Bei schwereren Objekten (Geschossen) ist die tatsächliche Geschwindigkeit geringer und beträgt in der Regel weniger als 2.000 m/s. Auf jeden Fall verhindern viele praktische Faktoren das Erreichen der theoretisch möglichen Geschwindigkeit. Die einzige bekannte Methode, höhere Geschwindigkeiten (d. h. höhere Beschleunigungen) zu erreichen, basiert auf elektrischen Lösungsansätzen. Einige solcher Lösungen wurden konzipiert und Informationen hierzu veröffentlicht – hauptsächlich in der deutschen Patentliteratur. Die vielversprechendste Lösung wurde von dem Franzosen Fauchon-Villiplee erarbeitet; entsprechende Modelle wurden von der Gesellschaft für Gerätebau konstruiert und untersucht. Die Versuche wurden die ganze Zeit fortgeführt und erst kurz vor Kriegsende unterbrochen. Die obengenannte Firma

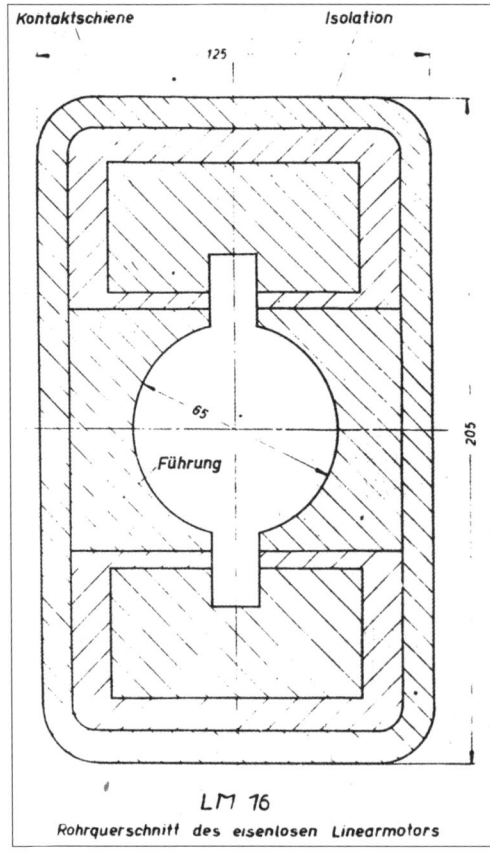

LM 76
Rohrquerschnitt des eisenlosen Linearmotors

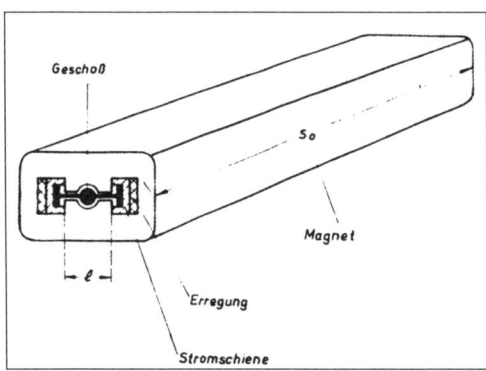

Allgemeiner Konstruktionsentwurf einer deutschen elektromagnetischen Kanone. (via „ALSOS")

veröffentlichte die Ergebnisse in Form von Berichten, deren letzter am 18. Januar 1945 erschien.

Mit elektrischen Methoden ist es nicht möglich, Energie in so konzentrierter Form wie im Pulver zu speichern. Deshalb kann eine elektromagnetische Kanone in den durch klassische Werfersysteme erreichbaren Geschwindigkeitsgrenzen keine Konkurrenz zu einer konventionellen Kanone darstellen. Über diesen Grenzen gibt es jedoch gute Einsatzmöglichkeiten für elektromagnetische Waffen. Dazu könnten Flugabwehrkanonen, Langstreckenartillerie und Beschleunigungssysteme (Startsysteme) für große Raketen zählen.

Anfängliche Überlegungen zu einer elektromagnetischen Kanone konzentrierten sich auf die Möglichkeit, eine Langstreckenkanone zu bauen, die Projektile mit einer Mündungsgeschwindigkeit von 2.000 m/s abschießen würde. Als jedoch Raketen vom Typ V1 und V2 erarbeitet worden waren, wurde diese Idee verworfen bzw. zurückgestellt, bis viel höhere Mündungsgeschwindigkeiten erreicht werden konnten.

Aufgrund des Fortschritts in der Luftfahrt, der eine Steigerung der Flughöhe und der Geschwindigkeit ermöglichte, sowie des Unvermögens konventioneller Flugabwehrartillerie, mit dieser Entwicklung Schritt zu halten, wird der mögliche Einsatz elektromagnetischer Kanonen in diesem Bereich durchaus real. Durch die Erhöhung der Projektilmündungsgeschwindigkeit steigt sowohl die Trefferwahrscheinlichkeit als auch die Reichweite. Auch wenn es stationäre Kanonen sein müssten, wäre dies kein wesentlicher Nachteil, da die Mehrheit der heutigen, auf dem eigenen Territorium verwendeten Flugabwehrartillerie stationären Typs ist.

Eine weitere mögliche Anwendung dieses Phänomens, das bereits in der elektromagnetischen Kanone verwirklicht wurde, sind Startrampen (Abschusskatapulte) für große Raketen. Aufgrund der Empfindlichkeit ihrer Steuersysteme können diese Raketen keine extremen Beschleunigungen verkraften und bedürfen deshalb relativ langer Rampen, um die erforderliche Startgeschwindigkeit innerhalb ihrer Beschleunigungsgrenzen zu erreichen. Dabei kann die Startrampe umso kürzer sein, je gleichförmiger die Beschleunigung ist. Die Einschränkung der ‚Parameterstreuung‘ und der Vibrationen während des Beschleunigungsvorgangs ermöglicht es, der anvisierten Belastungsgrenze noch näher zu kommen. Ein elektromagnetischer Beschleuniger kann deshalb als Konkurrenz zu anderen Methoden der Beschleunigung großer Raketen betrachtet werden, die engen Beschränkungen unterliegen.

II. Der Kern des Problems, Spezifikationen

Die rasante Entwicklung der Wissenschaft machte es möglich, die Frage der elektromagnetischen Geschossbeschleunigung praktisch anzugehen. Die Gesellschaft für Gerätebau veröffentlichte am 10. September 1944 den vorläufigen Entwurf einer elektromagnetischen Flugabwehrkanone mit einer Projektilmündungsgeschwindigkeit von 2.000 m/s und einer durchschnittlichen Feuergeschwindigkeit von 6.000 Schuss pro Minute. Basierend auf diesem Entwurf wurden Gespräche mit den Leitern des OKL (Oberkommando der Luftwaffe), der TLR (Technische Luftrüstung) und der Luftabwehr geführt, als deren Ergebnis die folgenden Anforderungen formuliert wurden:

A) Mündungsgeschwindigkeit: 2.000 m/s

B) Projektilnutzlast: 500 Gramm [es geht hier um die Masse des Sprengstoffs; im nächsten Abschnitt des Berichts wird die Geschossmasse mit 6,5 kg angegeben – Anm. d. Autors]

C) Die Kanone soll keine schnellen Serien von sechs Schüssen mit sehr großer Geschwindigkeit abfeuern, wie im ursprünglichen Entwurf vorgesehen war, da die Sorge aufkam, dass die Abnutzung der Rampe (des ‚Rohrs‘) zu stark sein würde. Stattdessen sollten sechs gleichzeitig feuernde Kanonen an eine Stromversorgung angeschlossen sein.

D) Die Batterie [gemeint ist eine Batterie aus sechs „Schienen" im Sinne eines taktischen Verbunds – Anm. d. Autors] sollte alle fünf Sekunden eine Projektilsalve abfeuern; dies ergibt 6 x 12 = 72 Schuss/min.

E) Wie Berechnungen ergaben, sollten die Rampenschienen eine Länge von zehn Metern haben, wobei sie aufgrund zeitlicher Engpässe auf einer Standardflugabwehrlafette montiert werden sollten. Es wurde vorgeschlagen, eine Lafette für Flugabwehrkanonen vom Kaliber 128 mm zu verwenden.

F) Der Leiter der TLR beim OKL verlangte, dass in kürzester Zeit ein experimentelles Flugabwehrsystem mit eigener Stromversorgungsanlage sowie einer Versuchskanone mit drei Schienen („Rohren") fertig gestellt werden solle. [...]

V. Überlegungen zur Gefechtsanwendung und zur weiteren Entwicklung der Kanone [nach dem Krieg]

Aufgrund des oben Gesagten lässt sich schließen, dass die Anordnung der sechs Kanonen einer Batterie auf einem Kreis mit einem Durchmesser von 40 Metern [wie ursprünglich vorgeschlagen worden war] falsch wäre, insbesondere, wenn sie an nur eine Stromversorgungsanlage angeschlossen wären:

1) Wenn diese Anlage ausfällt, fällt auch die ganze Batterie aus.

2) Durch die Anordnung auf so engem Raum sind die Kanonen – und vor allem die Anschlüsse – nicht ausreichend vor Luftangriffen geschützt.

3) Die in der obigen Variante erforderlichen Kabellängen [mit großem Durchmesser] zwischen den einzelnen Kanonen (Batterieelementen) von je 20 Metern führen zu einem übermäßigen Rohstoffverbrauch.

4) Bei der Weiterentwicklung der Kanone muss die notwendige Mobilität der ganzen Installation berücksichtigt werden. Beim Anschluss an eine einzige externe Stromversorgung ist ein Standortwechsel unmöglich. Es ist von vornherein anzustreben, jede Kanone mit einer eigenen Anlage auszustatten. Dies würde es auch erlauben, das Gewicht der ganzen Installation zu reduzieren.

Wie Versuche ergaben, beträgt der Drehzahlabfall des Rotors im Stromgenerator nach der Abgabe von sechs Schüssen lediglich 4,8 %. Sogar der doppelte Wert, also um die 10 %, wäre noch unproblematisch. Dies würde eine Verbesserung der Energieausnutzung um den Faktor zwei bedeuten und eine Gewichtsreduktion um weitere 50 % ermöglichen. Wenn jede Kanone

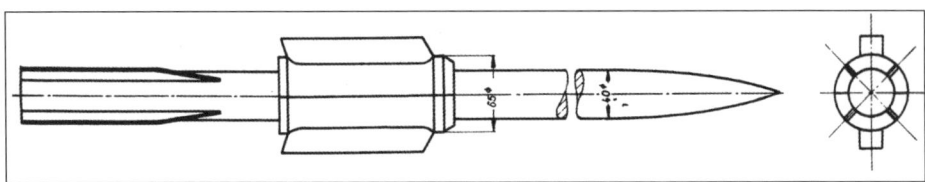

Endgültige Version eines Geschosses für die elektromagnetische Flugabwehrkanone.

einen eigenen Generator besäße, könnte dieser um den Faktor sechs ver-
kleinert werden. Durch die Kombination dieser beiden Ansätze könnte das
Gewicht der Stromversorgungsanlage [also das Hauptproblem der System-
mobilität – Anm. d. Autors] von 450 auf 37,5 Tonnen reduziert werden.

Neuere, bereits geplante Generatoren haben eine Winkelgeschwindigkeit
in der Größenordnung von 200 m/s. Es müsste jedoch mühelos möglich
sein, diese Geschwindigkeit auf 300 m/s zu erhöhen – insbesondere mit
Unipolar-Generatoren –, was die Menge der erzeugten Energie je Genera-
tormasseneinheit mehr als verdoppeln würde. Auf diese Weise könnte man
die Stromversorgungsanlagen um weitere 50 % „schlanker machen".

Die Überprüfung dieser Konzepte wird weitere intensive Forschungen erfordern, die mehrere Wochen in Anspruch nehmen werden. Unserer Meinung
nach wird es jedoch möglich sein, mobile Kanonen dieses Typs zu bauen."

Soweit zum amerikanischen Bericht von 1946 … Eine Ergänzung der darin enthaltenen Informationen stellen Angaben über die in Peenemünde (bestimmten
Quellen nach auch im Ort Schlosskranzbach) durchgeführten Versuche dar.

Daraus geht hervor, dass auch eine modifizierte Version der beschriebenen Flugabwehrkanone mit einer verkürzten, bis zu acht Metern langen Schiene („Rohr")
entwickelt wurde, die für leichtere Projektile mit einem Gewicht von 2,88 kg vorgesehen war. Damit wurde jedoch eine viel höhere Mündungsgeschwindigkeit
erreicht, die 2.500 m/s überstieg. Die 1944 formulierten Schätzungen bewahrhei-
teten sich also. Diese Kanone wurde mit einem Kondensatorensatz versehen, der in

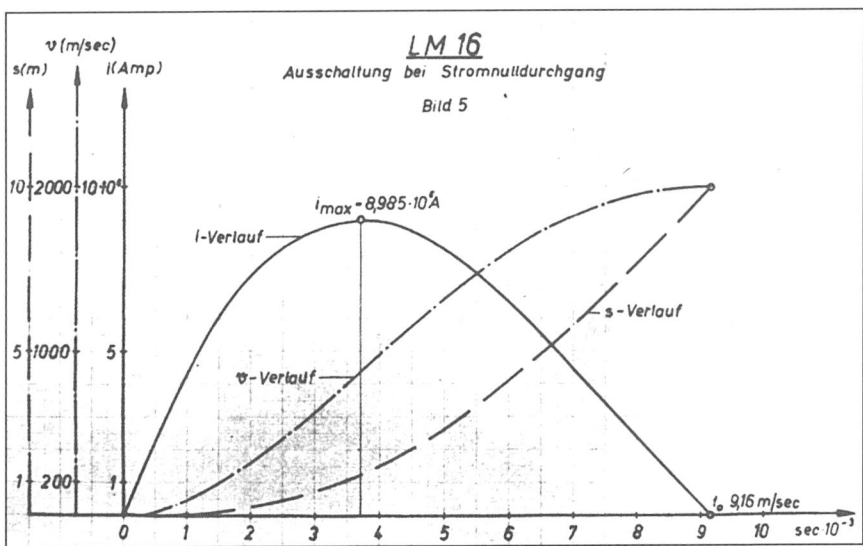

Ein Diagramm, das den Verlauf eines der Versuche demonstriert. Daraus geht hervor, dass das
Geschoss eine Geschwindigkeit von 2.000 m/s erreichte. (via „ALSOS")

einem kurzen Impuls einen geradezu gigantischen Strom mit einer Stärke von drei Millionen Ampere lieferte. Die Kondensatoren wiederum wurden durch einen mit zwei Turbinenmotoren angetriebenen Stromgenerator gespeist. Zuletzt fand ich in den Dokumenten der ALSOS-Mission[52] einen deutschen Originalbericht über diese Arbeiten. Vom Inhalt her stimmt er mit der amerikanischen Ausarbeitung (oder eher der Übersetzung) überein. Er enthält jedoch technische Originalzeichnungen – darunter solche, die die endgültige Version der 40-mm-Munition darstellen. Diese Pläne wurden auf den vorhergehenden Seiten abgedruckt. Schon ein flüchtiger Blick darauf lässt erahnen, warum daran in Peenemünde gearbeitet wurde. Das Geschoss stellt eine Miniaturversion des Projektils für die V3-Kanone dar, die ja auf der benachbarten Insel getestet wurde. Vielleicht war die elektromagnetische Kanone als eine der Alternativen für eine Mehrkammerkanone gedacht?

Das unbekannte Gesicht der Panzerfahrzeuge

Die bewaffneten Fahrzeuge des Dritten Reiches werden selten als ein Gebiet beschrieben, auf dem größere Durchbrüche erzielt wurden. Das war aber durchaus der Fall, auch wenn es eher die Endphase des Krieges betrifft. Die zu dieser Zeit entstandenen Projekte lassen manchmal eher an den Entwicklungsstand der 1960er oder gar 1970er, und weniger der 1940er Jahre denken. Sie übertrafen sehr deutlich vergleichbare Errungenschaften anderer Länder, obwohl diese Tatsache sehr wenig bekannt ist.

Am Anfang dieses Kapitels zitiere ich eine der Analysen des amerikanischen Nachrichtendienstes von 1945 wörtlich, weil sie sehr interessante Anmerkungen zu den in den letzten Kriegsmonaten aufkommenden Tendenzen auf dem Gebiet des Panzerbaus enthält. Informationen dazu sind äußerst rar – diese Periode, in der das Dritte Reich bereits zerfiel, ist jedoch von immenser Bedeutung, da sie ganz einfach Entwicklungen vorwegnahm, die im Bereich gepanzerter Fahrzeuge nach dem Krieg oft erst nach einigen Jahrzehnten Wirklichkeit werden sollten! Hier nun das Zitat: [56]

„Selbst im Jahr 1945 wurde die Feuerstärke deutscher Panzer noch immer erhöht (durch die Montage von Kanonen mit größerem Kaliber oder längerem Rohr). Es wurden Pläne ausgearbeitet, eine stärkere Bewaffnung in allen Panzern und Geschützkampfwagen zu verwenden.

Der Pz. Kpfw. IV war lange Zeit der wichtigste Panzer der deutschen Armee. (Foto: Bundesarchiv)

Von Jahr zu Jahr wurden immer mehr Panzerfahrzeuge mit Kanonen ausgestattet, deren Bewegung in der Horizontalebene eingeschränkt war. Diese Maßnahmen wurden durch Infanterie- und Artillerieverbände unterstützt, stießen jedoch auf Widerstand bei den Panzertruppen selbst.

Ein leichtes, vollwertiges Gleiskettenfahrzeug, auf dem verschiedene Kanonen und Haubitzen hätten installiert werden können, stand kurz davor, in die Produktion zu gehen. Es sollte durch selbstfahrende Feldartillerieeinheiten verwendet werden.

Der Trend zum Bau größerer und schwererer Panzer wurde gegen Kriegsende praktisch vollständig gestoppt. Die Konzipierung von Fahrzeugen mit einer Masse von 150 und 200 Tonnen, mit der in den Jahren 1942-1943 begonnen worden war, verlief aufgrund des fehlenden Interesses an der Spitze sehr schleppend.

Bei den Bodentruppen und in der Panzerwaffenindustrie herrschte die Meinung, dass der Panzerkampfwagen *Tiger II* (*Königstiger*) aufgrund seiner Größe und Masse in der Herstellung viel aufwändiger war, als es sein Gegenwert als Waffe gerechtfertigt hätte.

Der Entwicklungszyklus eines deutschen Panzers, vom Entwicklungsstadium bis zur Aufnahme der Produktion, betrug vor dem Krieg ca. 2,5 Jahre und wurde während des Krieges auf ca. 15 Monate verkürzt.

Der Rumpf

Beim Betrachten der Rümpfe moderner deutscher Panzer könnte der Eindruck entstehen, als ständen bei ihrer Konzipierung ballistische Überlegungen im Vordergrund. Es wird fast ausschließlich die [gewalzte] Flachplatte eingesetzt, und alle Flächen sind unter dem größtmöglichen Winkel ge-

Die selbstangetriebene Kanone *Ferdinand/Elefant* – der erste in Serie hergestellte Kampfwagen mit elektrischer Antriebsübertragung. (Foto: Tank Museum)

neigt. Platten aller Größen sind durch gegenseitige Verzahnung miteinander verbunden; die Verbindungsstellen sind zusätzlich mit speziellen Profilen verstärkt.

Dies muss in vielen Fällen zu einer wesentlichen Steigerung der Herstellungskosten geführt haben. Es fehlen zur Zeit Informationen, inwieweit solche Methoden den Panzerschutz verbesserten. [Dem amerikanischen Offizier könnten hierzu Informationen gefehlt haben, die Konzeption ergab sich jedoch aus sehr konkreten Überlegungen. Nach der Einführung der IS-Panzerserie (Josef Stalin) mit einer 122-mm-Kanone durch die Russen kam es zu einem sprunghaften Anstieg der Geschossmasse. Auch wenn das Geschoss die Panzerung nicht durchschlug, war die Explosionskraft so groß, dass sie oft zum Reißen der Schweißnähte führte – Anm. d. Autors]

Es deutet nichts darauf hin, dass bedeutend dickere Panzerungen als bei dem Panzerkampfwagen *Tiger II* geplant gewesen wären. Die superschweren Panzer, an deren Konstruktion gearbeitet wurde, hatten im Vergleich zum *Königstiger* um ca. 30 % dickere Platten.

Der Antrieb

Man ging dazu über, Benzinmotoren durch luftgekühlte Dieselmotoren zu ersetzen. Solche Motoren für Fahrzeuge mit einem Gewicht von 15 – 20 Tonnen sollten 1945 in die Produktion gehen. Für größere Fahrzeuge wurden sie hingegen erst entwickelt, und es fehlte noch einiges bis zu ihrer Serienreife.

Der Panzerkampfwagen *Tiger I*. (Foto: Bundesarchiv)

Die Verwendung von Kühlern, die außerhalb des wasserdichten Teils des Rumpfes (also außerhalb der Antriebszelle) angebracht sind, hat bei den Panzern vom Typ *Tiger* und *Panther* eine Reihe von Vorteilen und ist bei der Entwicklung neuer Fahrzeuge eine Überlegung wert.

In der Entwicklung befanden sich vollautomatische Schaltgetriebe und [hydrokinetische] Drehmomentwandler, die von den deutschen Ingenieuren als vielversprechend betrachtet wurden.

Hydraulische Steuerschaltungen zum Übertragen der Leistung auf die einzelnen Gleisketten mit Hilfe von Hydraulikpumpen wurden gebaut und getestet [sogenannte hydrostatische Drehwerke, die es erlauben, Kurven mit beliebigen Radien zu fahren, ohne dass die kinematische Verbindung mit dem Motor unterbrochen werden müsste – Anm. d. Autors]. Die Ergebnisse wurden als sehr zufrieden stellend bewertet.

Das Fahrwerk

Bei allen modernen Fahrzeugen werden Räder mit großem Durchmesser verwendet.

Die bei den Panzern des Typs *Panther* und *Tiger I* sowie den Halbkettenfahrzeugen eingesetzte Aufhängung mit überlappenden Rädern verursachte aufgrund des zusätzlichen Widerstandes viele Probleme, wenn die Räder im Schlamm versanken oder vereisten. Es wurde die Notwendigkeit erkannt, Fahrwerke zu entwickeln, bei denen eine Reibung der Räder von vornherein ausgeschlossen wäre.

Sehr positiv wurden Räder mit Gummiummantelungen beurteilt, die wiederum von Stahlringen umschlossen waren. Letztere schützten die Gummischicht und verlängerten gleichzeitig entscheidend die Lebensdauer der Räder.

Bakelit und andere für die Aufhängung verwendete Verbundstoffe [als Beläge für Reibungsstoßdämpfer, die zu diesem Zweck noch heute verwendet werden – Anm. d. Autors] bewährten sich in vielen Anwendungen und erfordern weitere Forschungen.

Die Anwendung von Aufhängungen, die auf Torsionswellen basieren, fand in den letzten Jahren keine Verbreitung [das Funktionsprinzip beruht darauf, dass als Stoßdämpfer eine Torsionswelle fungiert, d.h. eine Feder in der Form eines tordierten Stabes. Diese Torsionswelle verläuft in Bodennähe durch den Rumpf. Sie ist auf der einen Seite fest mit der Fahrzeugbordwand verbunden und führt auf der anderen Seite durch ein Lager nach außen, wo sie mit einer Schwinge endet, an deren Ende sich das Rad befindet. Diese Lösung wird zur Zeit standardmäßig eingesetzt, jedoch langsam durch eine hydropneumatische Aufhängung (wie in modernen Bussen) verdrängt – Anm. d. Autors]. Die Deutschen wollten eine billige Aufhängung konzipieren, die jedoch keinen Platz im Rumpfinnern beanspruchen würde.

Der Turm

Die Konzeption des Turms für den Panzerkampfwagen *Tiger II* galt im Vergleich zu allen anderen Typen als überragend; nach den gleichen Kriterien wurde der Turm des Panzerkampfwagens *Panther* umkonzipiert. [...]

In der Entwicklung befanden sich Stabilisatoren für Zielvorrichtungen und Kanonen. [Sie ermöglichten ein wirkungsvolles Feuern während der Fahrt – Anm. d. Autors]. [...]

Diverses

Bei dem Panzerkampfwagen *Tiger II* waren alle Vorrichtungen einschließlich der Kanonenaufhängung nur am Boden bzw. an der Decke befestigt. Diese Praxis scheint nachahmenswert.

In Vorbereitung waren Panzer zur Überwindung von Wasserhindernissen mit einer Tiefe von 6 Metern. Dieses Projekt wurde jedoch nicht mehr umgesetzt, da es nicht dringlich genug war, um zusätzliche Kosten und arbeitsaufwändige Vorbereitungen zu rechtfertigen."

Die Entwicklung von Panzerfahrzeugen verlief gleichzeitig in vier Richtungen:

1. Bereits in Herstellung befindliche Panzer wurden modernisiert. Dies betraf vor allem den Pz. Kpfw. V *Panther* und den Pz. Kpfw. VI *Tiger*.

2. Konzepte superschwerer Panzer wurden überprüft (Prototypen des Panzerkampfwagens *Maus* und des Panzers *Ratte*).

3. Es wurden Panzer entworfen, die die bisherige Entwicklungslinie fortführen sollten: der Pz. Kpfw. IX und der Pz. Kpfw. X.[57]

4. Es wurden Fahrzeugprototypen der Serie „E" gebaut – sie war eine Alternative zu der in Punkt 3 erwähnten Serie.[58]

Man könnte meinen, die fortschrittlichsten Konstruktionen wären bei den Punkten 3 und 4 zu erwarten, dies entsprach jedoch nicht ganz den Tatsachen. Es war beispielsweise geplant, den Panzerkampfwagen *Panther* erheblich zu modernisieren – und zwar so, dass er in Wirklichkeit seinen eventuellen Nachfolgern (E-50, Pz. Kpfw. IX) fast ebenbürtig gewesen wäre. Es war vorgesehen, die Panzerung zu modifizieren, ein System zum wirksamen Feuern bei Nacht und während der Fahrt (Kanonenstabilisator) einzuführen, den klassischen Benzinmotor durch einen Motor ganz neuer Generation mit einer fast 50 % höheren Leistung zu ersetzen (die Manövrierfähigkeit war der schwächste Punkt von Panzern aus dieser Zeit) und den *Panther* mit einem gänzlich neuen Antriebsübertragungssystem sowie innovativen Drehwerken auszurüsten. Allem Anschein zum Trotz waren diese Arbeiten bereits sehr fortgeschritten und es fehlte nicht viel bis zur vollständigen Umsetzung der Pläne. Das Haupthindernis war der durch die Luftangriffe hervorgerufene Zusammenbruch der Wirtschaft um die Jahreswende 1944/45, und nicht die technische Umsetzung. Eines der wenigen Elemente, die unverändert bleiben sollten, war die Kanone. Trotz des kleineren Kalibers (beispielsweise im Vergleich zum Panzerkampfwagen *Tiger*) wurde sie als ausreichend für ein Fahrzeug dieser Gewichtsklasse gehalten. In dieser Hinsicht brauchte sich der *Panther* nicht einmal vor dem schweren russischen Panzer IS-2 (Josef Stalin) zu verstecken. Ich zitiere Auszüge aus einem Artikel zu diesem Thema, der von einem Kenner der russischen Panzerfahrzeuge verfasst wurde. Der Artikel beschäftigt sich mit dem IS-2-Panzer:[59]

> „Paradoxerweise war die Bewaffnung die größte Schwäche des Panzers. Eine der an die Fahrzeugkonstrukteure gestellten Forderungen war ja gerade ein Bewaffnungssystem, das es erlauben würde, alle zur Zeit eingesetzten und auch künftige Panzer des Gegners zu bekämpfen. Wie wir aus Artikeln in der *Nowa Technika Wojskowa*, Ausgaben 2 und 3/01 wissen, wurden viele Kanonenarten mit dem IS getestet, von Anfang an wurde jedoch der 122-mm-Kanone D-25 der Vorzug gegeben. Sie zeichnete sich tatsächlich durch deutlich bessere Parameter in Bezug auf die Durchschlagskraft aus als die zur damaligen Zeit verfügbaren 76-mm- und 85-mm-Kanonen, im Vergleich zu den gegnerischen Kanonen war sie dennoch durchaus keine Offenbarung. Man darf nicht vergessen, dass die D-25 die gleiche Ballistik wie die A-19-Rumpfkanone aufwies, die vor allem für die Bekämpfung von Zielen mit indirektem Feuer vorgesehen war, da beim Beschießen von Befestigungen die Projektilanfangsgeschwindigkeit keine besonders große Rolle spielte.
>
> Ganz anders sieht es bei der Bekämpfung von gepanzerten Zielen aus. Hier hat die Anfangsgeschwindigkeit einen entscheidenden Einfluss auf die kinetische Energie, die das ins Ziel einschlagende Geschoss hat. Deshalb verfügt ein aus einer D-25-Kanone abgeschossenes Panzerabwehrprojektil mit

Der Panzerkampfwagen *Tiger II*/*Königstiger* in einer Version mit Porsche-Turm.
(Foto: Tank Museum)

einem Gewicht von 25 kg und einer Mündungsgeschwindigkeit von 781 m/s über eine vergleichbare Panzerungsdurchschlagsleistung wie ein Wuchtgeschoss mit einem Gewicht von 4,75 kg, das mit einer Anfangsgeschwindigkeit von 1.120 m/s aus einer 75-mm-*Panther*-Kanone abgefeuert wurde – von der 88-mm-*Königstiger*- oder *Jagdpanther*-Kanone gar nicht zu reden. Die Möglichkeiten der IS-2-Kanone waren also gar nicht so fantastisch: Auf typische Entfernungen, auf die Panzergefechte ausgetragen wurden (also bis maximal 1.000 m), war das vollständige Durchschlagen eines *Panthers* an der Rumpffrontplatte unrealistisch. Ich bestreite jedoch nicht, dass auch ohne Penetration ein Treffer mit einem 25-kg-Geschoss (auch einem Splittergeschoss) den Panzer, und allem voran seine Besatzung, für eine gewisse Zeit kampfunfähig machte. Die Situation änderte sich mit der Einführung der HEAT-Panzerabwehrgeschosse, wozu es aber erst nach dem Krieg kam. […]

Ein weiterer Bereich, der mit der Bewaffnung des IS-Panzers in Zusammenhang steht, ist der Munitionsvorrat und die Feuergeschwindigkeit. Der Vorrat betrug lediglich 28 Stück, d. h. fast dreimal weniger als beim *Panther* und beim *Königstiger*! Darüber hinaus war die Munition nicht integriert, was dazu führte, dass die Kanone in zwei Zyklen geladen wurde. Dies war übrigens unvermeidbar, da ein komplettes Geschoss über 40 kg wog. Das wiederum beschränkte die Feuergeschwindigkeit auf zwei bis drei Schüsse pro Minute, während der entsprechende Wert für deutsche Panzer, deren Kanonen mit integrierter Munition geladen wurden, um das Zwei- bis Dreifache höher lag. Auf dem Kampffeld kann so etwas nicht hoch genug geschätzt werden. Wenn man berücksichtigt, dass auf eine Entfernung von 1.000 m und weniger der IS-Panzer keinen Schutz vor 88-mm-KwK-43-, 75-mm-KwK-44- oder PaK-40-Geschossen bot, führte das zu einer Situation, in der der Gegner die taktische Überlegenheit hatte."

Das alles bedeutet jedoch nicht, dass die Feuerkraft des *Panthers* und anderer bereits gefertigter Panzer auf dem gleichen Niveau verbleiben sollte. Wie in der oben zitierten nachrichtendienstlichen Analyse zu lesen ist, wurde an Panzerkanonenstabilisatoren gearbeitet. In kleinen Stückzahlen wurden die erwähnten Panzer darüber hinaus mit sogenannten „aktiven" Nachtzielgeräten (Nachtfernrohren) ausgestattet, die im Infrarotband arbeiteten. Von den dutzenden Geräten, die im Dritten Reich entwickelt wurden, waren nur zwei für Panzer vorgesehen.

Sowohl das F.G. 12/50 als auch das F.G. 12/52 wurden zunächst nur auf Schützenpanzerwagen montiert (mit dieser Bestückung bekamen sie den Decknamen *Falke*), kurz darauf entstand jedoch eine für den Panzerkampfwagen *Panther* vorgesehene Modifikation, die den Decknamen *Puma* erhielt. Das bisher auf Maschinengewehren vom Kaliber 7,92 mm montierte Zielgerät wurde an die 75-mm-Panzerkanone angepasst. Eine kleine Anzahl dieser Systeme wurde im Kampfeinsatz verwendet – mit sehr guter Wirkung, was sicherlich auch auf dem Überraschungseffekt beruhte. Trotzdem hatte diese Ausrüstung bei der Wehrmacht viele Gegner, wahrscheinlich aus rein irrationalen Gründen.

Zum ersten scharfen Meinungsaustausch kam es im August 1944 während einer der Stabsbesprechungen des Oberkommandos des Heeres (OKH), als die künftige Gegenoffensive in den Ardennen geplant wurde. Allein aufgrund der ersten Zusammenstöße an der Westfront kamen die meisten Generäle zu dem Schluss, Panzerverbände könnten nur nachts erfolgreich vorgehen – natürlich unter der Voraussetzung, dass sie mit entsprechenden Ziel- und Beobachtungsgeräten ausgerüstet wurden. Es ging hauptsächlich um die Geräte F.G. 12/50 und F.G. 12/52. Die Tatsachen waren nämlich schockierend: Im Juli diesen Jahres vernichteten die alliierten Luftstreitkräfte innerhalb nur einer Woche (23.–31.07.) ca. 400 deutsche Panzer. Deshalb wurden nicht nur Nachtsichtsysteme vorbereitet, sondern sogar spezielle Tarnuniformen für den Infrarotbereich (die sich letztlich als überflüssig herausstellten, da der Feind nicht über entsprechende Sichtgeräte verfügte). Diese Maßnahmen waren zweifelsohne sehr angemessen, potentiell stellten sie ein klassisches Beispiel dar, durch eine überraschende Anwendung neuer Kampfmittel zur richtigen Zeit die Überlegenheit zu erlangen – die Ardennengegenoffensive sollte ja im Winter erfolgen, als die Observationsbedingungen nachts am besten waren.

Einer der bei der erwähnten Besprechung anwesenden hohen Offiziere des Generalstabs stellte jedoch zur Überraschung der übrigen Anwesenden fest:[63]

> „Meine Herren, ich kann nicht verstehen, worum es Ihnen mit diesem modernen Kram eigentlich geht, die Front ist mit unseren bisherigen Maßnahmen zufrieden".

Daraufhin verließen einige Generäle den Besprechungssaal, und die kostspieligen Nachtsichtgeräte, die bereits in die Fahrzeuge eingebaut worden waren, wurden wieder demontiert und in einem stillgelegten Bergwerk in Österreich eingelagert. Nur eine symbolische Anzahl blieb übrig, die keinen entscheidenden Einfluss auf die Lage haben konnte. Wie ich bereits anmerkte, geht aus den verfügbaren Informationen hervor, dass diese Ausrüstung im Westen nur einmal zur Kampfanwendung kam – und das erst am 9. April 1945: in den Kämpfen bei Wietersheim an

Panzerkampfwagen *Panther*, ein Panzer mittlerer Größe. (Foto: Bundesarchiv)

der Weser, als wenige *Panther* eine Gruppe britischer Panzer dezimierten, die einen Brückenkopf verteidigten. Die neue Erfindung konnte den Kriegsverlauf nicht mehr umkehren ... Aus dem nachrichtendienstlichen Material der USA geht hervor, dass diese Erfindung in einem etwas größeren Ausmaß und gemeinsam mit dem später beschriebenen *Uhu*-System noch an der Ostfront zur Anwendung kam. Es ist unbekannt, wie viele *Panther* auf diese Weise modernisiert wurden, wahrscheinlich waren es eine oder zwei Kompanien. Die Resultate ihrer Kampfhandlungen überstiegen die kühnsten Erwartungen, u. a. wurden innerhalb nur einer Nacht 67 „blinde" russische Panzer vernichtet.[64]

Man kann sich also unschwer vorstellen, was passiert wäre, wenn laut ursprünglichem Plan nicht nur wenige Kompanien, sondern zwei bis drei Divisionen umgerüstet worden wären. Der Verlauf der russischen Januaroffensive beispielsweise wäre dann gar nicht mehr so unausweichlich gewesen.

Einer der weniger bekannten Bereiche, die mit der Entwicklung von Panzerfahrzeugen im Dritten Reich zusammenhängen, betrifft den umfassenden (scheinbar jedoch wenig faszinierenden) Fragenkomplex der hydraulischen Antriebsübertragungssysteme. Es geht hier sowohl um eine Art hydrokinetischer Kupplung (nicht-starre Verbindung), die den Drehmoment vom Motor zum Schaltgetriebe weiterleitet, als auch um vergleichbare Vorrichtungen, die eine fließende Änderung des Wenderadius fast ohne Leistungsverluste des Antriebswerks garantieren, und zwar im Gegensatz zu bisherigen Lösungen, bei denen der Fahrer den Antrieb einer der Gleisketten abschaltete, um Kurven fahren zu können. Das Ziel bestand also auf der einen Seite darin, Leistungsverluste zu minimieren: Wenn die kinematische

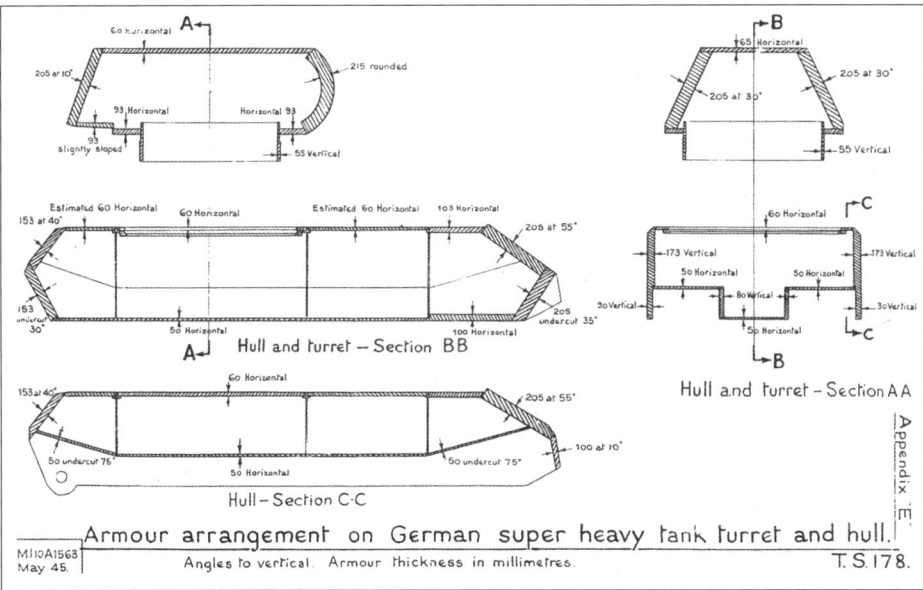

Querschnitte des Panzerkampfwagens *Maus*. (Zeichnung aus der Sammlung des Autors)

Verbindung zum Motor beim Gangwechsel nicht unterbrochen wird, steigt z. B. die Fahrzeugbeschleunigung beträchtlich. Auf der anderen Seite war es einfach das Ergebnis der Suche nach der vernünftigsten Methode, die klassische Kupplung zu ersetzen, die eine begrenzte Widerstandsfähigkeit hat und nicht bei beliebig großen Belastungen arbeiten kann – bei Lokomotiven z. B. gibt es in der Regel keine starre Kupplung, weil sie durch das Einschalten bei hoher Motordrehzahl einfach verbrennen und der Zug nicht losfahren würde. Bei den hydrokinetischen Pendants kommt hingegen das Problem der Reibung nicht vor, da es keine starre Kontaktfläche gibt. Die einfachste Variante eines solchen Drehmomentwandlers ist eine Art Doppelturbine. In einem hermetischen, annähernd walzenförmigen und mit Öl gefüllten Gehäuse befinden sich zwei mit entsprechenden Schaufelringen ausgerüstete Rotoren (die nicht miteinander verbunden sind, obwohl sie sich auf einer Achse befinden). Wenn einer davon sich zu drehen beginnt, versetzt er die Flüssigkeit in Bewegung, die ihrerseits die Bewegung des zweiten Rotors erzwingt. Die Verluste sind wider Erwarten nicht besonders hoch und – außer bei niedrigen Drehzahlen – nicht größer als zwei bis vier Prozent.

Der Panzer *Maus* Ende 1944 auf dem Truppenübungsplatz in Kummersdorf. (Foto aus der Sammlung des Autors)

Die *Maus* im Profil. (Foto aus der Sammlung des Autors)

Solche Vorrichtungen waren keine deutsche Erfindung – bereits vor dem Krieg arbeiteten die Amerikaner und Engländer daran. Die deutsche Firma Voith aus Heidenheim begann jedoch als erste, eine ganze Reihe von Modellen zu entwickeln, die für Kampfwagen vorgesehen waren. Hydrokinetische Antriebsübertragungssysteme sollten in den Panzerkampfwagen *Panther*, *Tiger II* / *Königstiger* (in beiden Ausführungen) und dem E-25 eingesetzt werden. Diese Arbeiten wurden nicht zu Ende geführt – sie wurden kraft einer Verwaltungsentscheidung vom 8. August 1944 unterbrochen. Wenn wir allerdings berücksichtigen, dass gleichzeitig an einer elektrischen Antriebsübertragung (Lichtmaschine – Elektromotor, wie bei der selbstangetriebenen Kanone *Ferdinand* / *Elefant* und beim superschweren Panzer *Maus*) gearbeitet wurde, **hydrostatische**

Drehwerke entwickelt wurden und auch vorgesehen war, die zur damaligen Zeit relativ modernen Dieselmotoren zu verwenden, erinnert das eher an die 1970er Jahre.

Zur Zeit des Zweiten Weltkriegs blieb allerdings das einzige von der Firma Voith hergestellte hydrokinetische Antriebssystem, das zu breiter Anwendung kam, eine für Lokomotiven vorgesehene Lösung mit einer Leistungsübertragung von bis zu 1.800 PS.[56,60]

Neben dem hydrokinetischen und elektrischen System zur Leistungsübertragung entstand noch eine weitere Alternative, die es erlaubte, die steigende Motorleistung besser auszuschöpfen. Es war ein Automatikgetriebe mit magnetischen (elektromagnetischen) Kupplungen, das unter der Kennzeichnung G/EV/75 durch die Firma Z.F. (Zahnradfabrik in Friedrichshafen) entwickelt wurde – ein Sechsganggetriebe. Seine Anwendung wurde bei den neuen *Panther*-Versionen in Erwägung gezogen, während modifizierte Versionen in den Fahrzeugen vom Typ E-10 und E-25 installiert werden sollten.[62]

Die Motoren selbst waren bei allen im Kampfeinsatz verwendeten Panzern als Benzinmotoren ausgeführt; in naher Zukunft sollten sie durch Dieselmotoren ersetzt werden.

Zur gleichen Zeit gingen die Firmen Daimler-Benz, BMW und Heinkel-Hirth einen ganz anderen Weg: Sie arbeiteten bereits an der Nachfolgegeneration der Dieselmotoren, nämlich Turbinenantrieben. Dieser Schritt hätte in Verbindung mit anderen Maßnahmen zu einer wahren Revolution auf dem Panzerkampffeld geführt. Es wurde z. B. ein Motor mit einer Leistung von 1.000 PS entwickelt, dessen Turbine (!) einen Durchmesser von lediglich 32 cm aufwies. Mit einem solchen Antriebssystem, bezeichnet als GT-102, sollte beispielsweise der Panzerkampfwagen *Königstiger* (Pz. Kpfw. VI) ausgestattet werden.[61] Den Deutschen gelang es, einige grundsätzliche Probleme zu überwinden – u. a. die Herstellung von „hohlen" Turbinenschaufeln zur Kühlung sowie wirksamen keramischen Schutzverkleidungen für diese Schaufeln, was ihre Lebensdauer ungefähr verzehnfachte.

Unfertiger Rumpf des E-100 auf einem speziellen Transportwagen. (Foto: NARA)

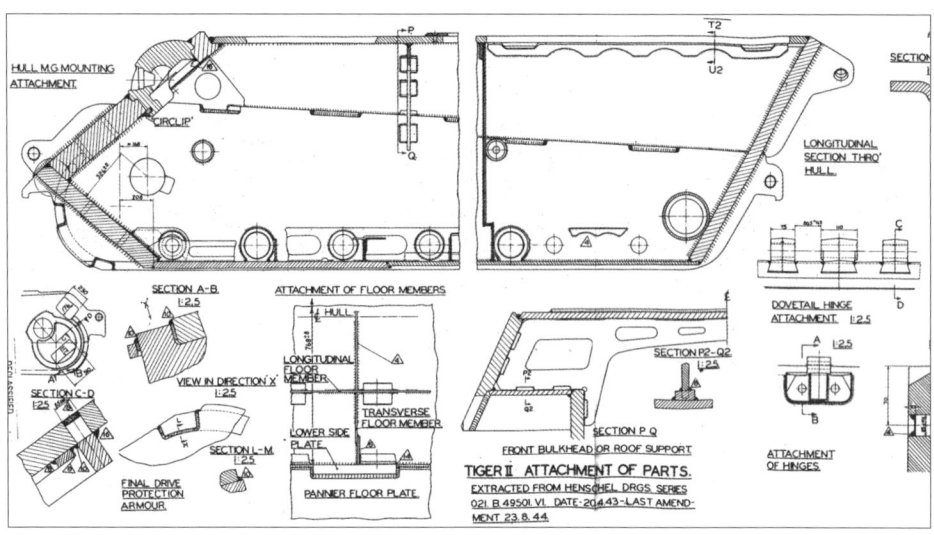

Querschnitte des *Tiger II*-Rumpfes. (Zeichnung: CIOS)

Der einzige Nachteil eines solchen Motors ist der durchschnittlich doppelt so hohe Kraftstoffverbrauch im Vergleich zum klassischen Pendant, die Überlegenheit gegenüber den damals verwendeten, mit Benzin angetriebenen Kolbenmotoren war jedoch kolossal. Feststellbar war vor allem eine deutliche Leistungssteigerung bei gleichzeitiger Verringerung von Motorgewicht und Motorgesamtvolumen. Dazu kam die Eliminierung des Kühlers und die Vermeidung von Vibrationen – und Letztere beeinflussten ja das Zielen. Dadurch wurden die Hauptnachteile der Panzer des Zweiten Weltkrieges beseitigt, die den Anschein erweckten, als wäre es unmöglich, drei Grundmerkmale miteinander in Einklang zu bringen: Feuerkraft, Panzerung und Manövrierfähig-

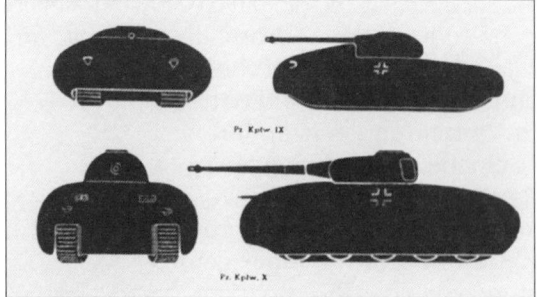

Konzepte der Fahrzeuge Pz. Kpfw. IV und Pz. Kpfw. X. (Foto aus der Sammlung des Autors)

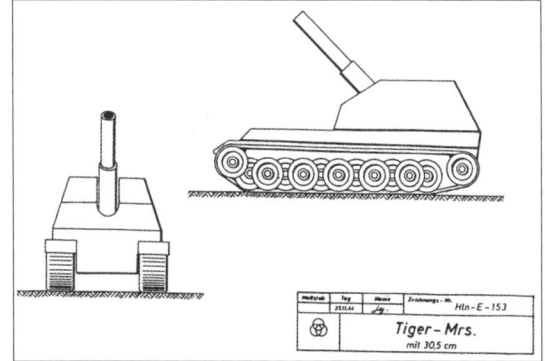

Projekt des selbstangetriebenen 305-mm-Mörsers auf dem Rumpf des *Tiger*-Panzers.

keit. Mit Ausnahme leichter Panzer fiel in der Regel die letzte Eigenschaft Kompromissen zum Opfer – der mit einem 600 – 700 PS-Motor angetriebene *Tiger*-Panzer (abhängig von der jeweiligen Version) hatte beispielsweise eine Höchstgeschwindigkeit von nur 30 – 40 km/h.

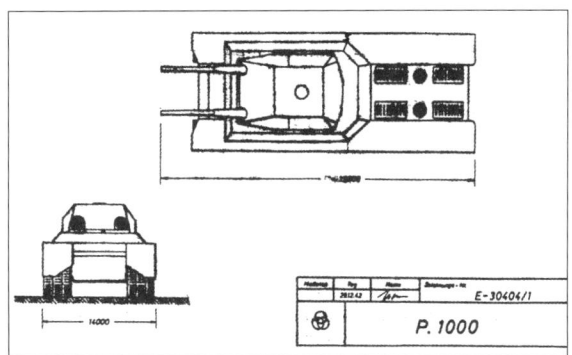

Das Projekt des *Ratte*-Panzers.

Ende der 1960er Jahre wurde einem kleinen Kreis von Militärs der „revolutionäre" deutsch-amerikanische Panzer Kpz-70 / MBT-70 vorgestellt (der nicht in Serienproduktion ging).

Dieser „Superpanzer", der im Übrigen zur Hälfte durch die während des Krieges dominierenden Krauss-Maffei-Betriebe entwickelt worden war, war u. a. mit einer stabilisierten Kanone großen Kalibers, einem Turbinenantrieb, einem hydrokinetischen System zur Leistungsübertragung, hydrostatischen Dreh-

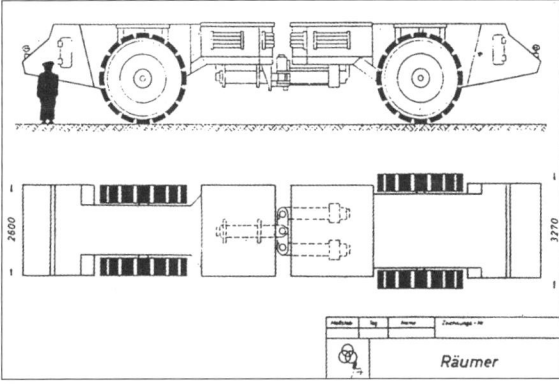

Der *Räumer-S.* (Originalzeichnung)

werken und einem System zum Schutz vor Massenvernichtungswaffen ausgestattet. All dies machte einen gänzlich neuen Eindruck – in Wirklichkeit jedoch war diese Technologie bereits ein Viertel Jahrhundert alt, und dieser Fall war nicht der einzige.

Zeitgleich zur Modernisierung bereits existierender Fahrzeuge wurden auch noch weitere Konzepte entwickelt:

Zwei neue Typen (Pz. Kpfw. IX und Pz. Kpfw. X) waren in der Entwicklung, die als Nachfolger der *Panther* und *Tiger* vorgesehen waren. Sie sollten sich durch vollständig gegossene Rümpfe und Türme in der Form monolithischer Elemente auszeichnen. Außer provisorischen Plänen ist sehr wenig über sie bekannt.[57]

Eine ganze Reihe von Kampfwagen der Serie „E" wurde entwickelt, ferner die sogenannten superschweren Panzer *Maus* und *Ratte* – vergrößerte Entwicklungsversionen des *Tigers* und des E-100.

Die „E"-Serie ist eine neue Generation von Kampfwagen, die aus fünf Typen besteht:[58]

1)   dem leichten E-10 mit einem Gewicht von 10 – 15 Tonnen;

2)   dem E-25-Fahrzeug mit einem Gewicht von 25 – 30 Tonnen, ähnlich dem Jagdpanzer 38(t) *Hetzer*;

3)   dem E-50-Panzer mit einem Gewicht von ca. 50 Tonnen, der den *Panther* ersetzen sollte;

4)   dem E-75-Panzer – dem Nachfolger des *Tigers*. Dies wäre der erste serienmäßige Panzerkampfwagen mit hydromechanischer Antriebsübertragung gewesen;

5)   dem superschweren Panzer E-100 mit einem Gewicht von 130 – 140 Tonnen.

Letzterer war zwar vom militärischen Gesichtspunkt her am wenigsten brauchbar, seine Entwicklung war jedoch am weitesten fortgeschritten.

Kurz vor der Fertigstellung des ersten Prototypen wurde auf die Herstellung des E-100 verzichtet. 1943 plante man, die übrigen Modelle um die Jahreswende 1944/1945 zu produzieren. Der auf den Namen *Adler* getaufte E-100 war 40 Tonnen leichter als die *Maus*, obwohl fast genau der gleiche Turm und eine ähnlich starke Frontalpanzerung verwendet wurden und der Rumpf, obwohl er etwas niedriger war, sogar breiter ausfiel – und das trotz schwerer Bewaffnung! Der

Der *Räumer-S* fiel den Amerikanern in die Hände. (Foto: NARA)

Hauptgrund war eine Verlagerung der schweren Panzerung nach vorn. Zweifelsohne war die Bewaffnung, die noch schwerer als die 150-mm-Kanone der *Maus* sein sollte, seine größte Stärke (obwohl ihre Brauchbarkeit im echten Kampfgeschehen bezweifelt werden kann). Der Antrieb war dagegen eher rückständig – der Motor aus dem halb so schweren und trotzdem nicht besonders mobilen *Königstiger* mit einer Leistung von 700 PS hätte gerade mal eine Geschwindigkeit von gut 20 km/h auf der Straße ermöglicht. Im Juni 1944 kam der Befehl von Hitler persönlich, die Montagearbeiten am Prototypen des *Adlers* zu unterbrechen, obwohl sie in sehr langsamen Tempo (die Firma Henschel, in der die Montage erfolgte, teilte diese Aufgabe nur drei Personen zu; außerdem fehlten auch Teile) bis zum Januar 1945 fortgeführt wurden. Der direkte Konkurrent des E-100 war der Superpanzer *Maus* mit einer Kampfmasse von knapp 200 Tonnen, dessen zehn Probeexemplare sich in verschiedenen Baustadien befanden. Die *Maus* war wahrscheinlich das kurioseste Kampffahrzeug des Zweiten Weltkrieges.

Das Fahrzeug wurde von Professor Ferdinand Porsche entworfen. Die Entscheidung über den Projektierungsbeginn dieser ungewöhnlichen Konstruktion wurde am 29. November 1941 von Hitler gefällt (der bekanntermaßen der Gigantomanie verfallen war – es war auch nicht sein letztes Wort zu diesem Thema), direkt nach einem „inspirierenden" Gespräch mit dem Professor. Schon im Juni 1942 stellte er Hitler die ersten Pläne des Fahrzeugs vor – zu diesem Zeitpunkt wurde auch die Frage der möglichen Bewaffnung

Der unvollendete Prototyp einer selbstangetriebenen 170-mm-Kanone, die auf den vergrößerten Rumpf des *Tiger II*-Panzers aufgesetzt wurde. (Foto: NARA)

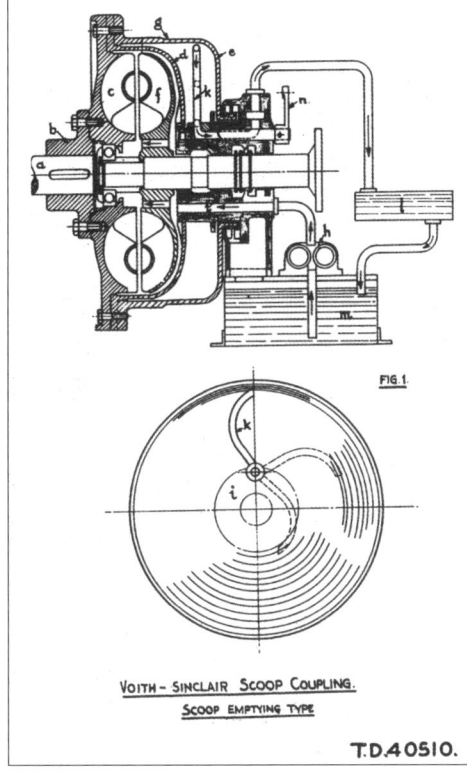

Querschnitt des hydrokinetischen Antriebsübertragungssystems der Firma Voith, das während des Krieges für Panzer entworfen wurde. (Foto: CIOS)

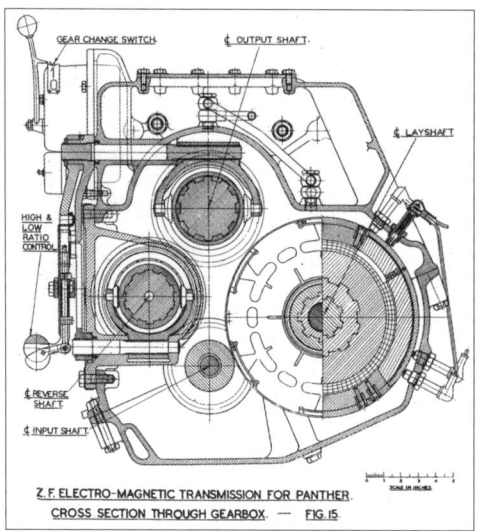

Querschnitt des elektromagnetischen Antriebsübertragungssystems für den Panzerkampfwagen
Panther. (Foto: BIOS)

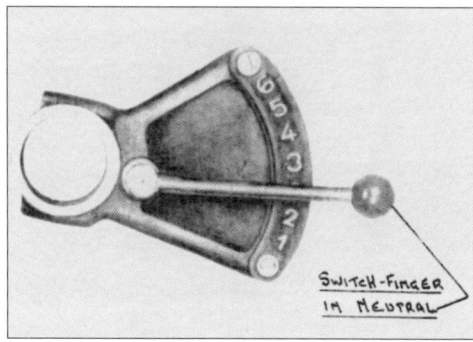

Ein Fragment des elektromagnetischen Antriebsübertragungssystems für den Panzerkampfwagen
Panther – der Gangwechselschalter. (Foto: BIOS)

erörtert. Zwei Varianten kamen in Betracht – bei beiden sollten im Turm
zwei Kanonen eingebaut werden: eine
75-mm-Kanone und eine 150-mm-Ka-
none bzw. eine 105-mm-Langrohrka-
none (das Rohr sollte eine Länge von
knapp 7,5 m haben). Schließlich fiel die
Entscheidung jedoch auf eine Lösung
mittlerer Größe: die 128-mm-Kanone
KwK 44 L/55, die zur Grundbewaffnung
des Fahrzeugs wurde. Auch die Auf-
tragnehmer wurden ausgewählt: Mit
der Herstellung der Türme und Rümpfe wurden die Kruppwerke, mit dem
Bau der elektrischen Vorrichtungen
die Firma Siemens-Schuckert, mit der
Aufhängung die Firma Skoda und mit
der Montage der fertigen Fahrzeuge
die Berliner Firma Altmärkische Ket-
tenfabrik beauftragt.

Dabei ist anzumerken, dass weder
die *Maus* noch die übrigen superschweren Panzer klassische „Durch-
bruchsfahrzeuge" darstellen sollten,
obwohl sie sich von ihrer Bauweise
und der allgemeinen Optik her nicht
von der Konstruktion typischer Panzer
unterschieden. Aufgrund der erwarteten geringen Manövrierfähigkeit
(die sich sowohl aus den Traktions-
parametern an sich als auch aus dem
Kraftstoffverbrauch, den Möglichkeiten der Geländebewältigung sowie
der Nutzung von Brücken und Straßen
ergab) waren sie einfach nicht in der
Lage, die für „normale" Panzer vorgesehenen Aufgaben wahrzunehmen. Anstatt
typische Kampfaufstellungen zu bilden, sollten sie eher als bewegliche Befesti-
gungslinien dienen, die sich ständig bewegen und wie stark bewaffnete und ge-
panzerte Bunker versetzen ließen. In gewissem Sinne stellte das einen Versuch dar,
sich auf die Stellungsstrategie des Ersten Weltkrieges zurückzubesinnen, ähnlich wie
im Falle der gigantischen und teuren, jedoch wenig wirksamen Schienenkanonen.
Letzlich war der Versuch wohl nur Ausdruck bestimmter Vorlieben und persönlicher
Schwächen.

Hier wurde im Übrigen auch der Fehler begangen, ihre rein defensiven Möglichkeiten zu schmälern – in ihrer ersten Version war die *Maus* mit keinem einzigen Maschinengewehr ausgerüstet!

Dennoch kam bei diesem Panzer eine ganze Reihe origineller und interessanter Lösungen zur Anwendung, wobei zu den wichtigsten sicherlich das Antriebssystem zählte, das auf einem elektromechanischen System beruhte: Die Leistung wurde nicht direkt – also mittels Getrieben und Kupplungen – vom Motor zu den Rädern, die die Gleisketten antrieben, sondern durch einen elektrischen Generator und zwei seitliche Elektromotoren übertragen. Das war keine gänzlich neue Lösung: Schon 1940 entwarf Porsche ein elektromechanisches Antriebssystem für den VK-3001(P)-Panzerprototypen, der nicht in Produktion ging, da er dem *Tiger* unterlegen war. Nach einer Umkonstruierung

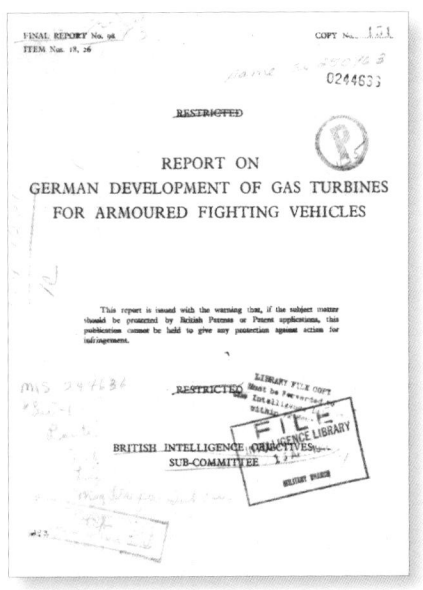

Deckblatt des im Text erwähnten Berichtes.

wurde daraus jedoch die selbstangetriebene Kanone *Elefant*, besser bekannt unter der inoffiziellen Bezeichnung *Ferdinand*, die in begrenztem Umfang (88 Stück) in das Waffenarsenal aufgenommen wurde. Es war das erste Fahrzeug mit einer solchen Antriebsübertragung, das im Kampf eingesetzt wurde.

Der Bau des *Maus*-Panzers samt den Vorbereitungen zu seiner Produktion verschlang riesige Mittel und war mit großen Problemen verbunden, die in keinem Verhältnis zum realen Kampfwert standen. Diese Probleme ergaben sich aus der ungewöhnlichen Größe des Fahrzeugs und den Abmessungen seiner Bewaffnung – der fast ein Meter lange Rohrrücklauf der Hauptkanone sowie Geschosse mit einer Länge von 1,52 Metern erforderten einen riesigen Turm, dessen Gewicht 50 Tonnen überstieg und mit dem Gewicht des *Tiger*-Panzers vergleichbar war.

Allein die Hauptkanone wog sieben Tonnen. Der Turm bot Platz für vier Besatzungsmitglieder – den Panzerkommandanten, den Richtschützen und zwei Ladeschützen. Sie hatten im Übrigen besonders „schwere" Aufgaben wahrzunehmen, da das (integrierte) Geschoss für eine 128-mm-Kanone rund 56 kg wog.

Es war eines der am stärksten gepanzerten Kampffahrzeuge – den Rumpfvorderteil bildeten 205 mm starke Panzerplatten mit einer Neigung von 35° und 55°, und der Vorderteil des Turms war eine Profilplatte mit einer Stärke von 215 mm. Auch die übrigen gepanzerten Elemente waren mehr als 150 mm dick und außerordentlich durchschlagfest (was die Rolle dieses Fahrzeugs als „fahrender Bunker" am besten verdeutlicht). Einzig die Turmdecke war als eine 65-mm-Platte ausgeführt.

Eine sehr interessanter Nebeneffekt des elektromechanischen Antriebssystems war die Art, in der das Fahrzeug mit Wasserhindernissen fertig wurde. Die *Maus*

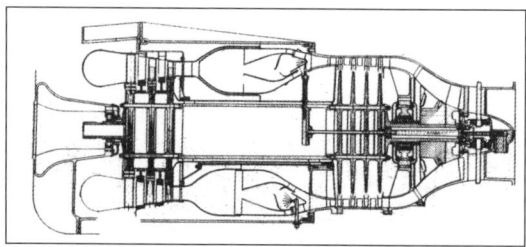

Ausgewählte Typen deutscher Turbinenmotoren für Panzer. (Foto: BIOS)

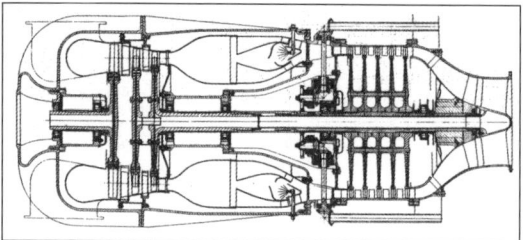

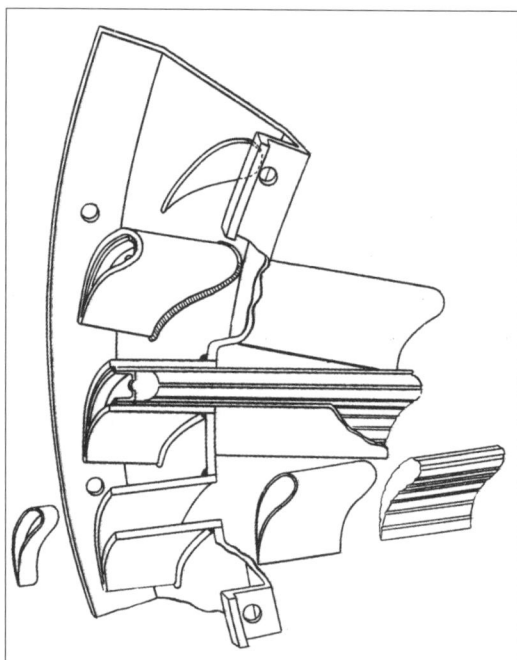

Einzelteil eines der Motoren – Methode zur Schaufelherstellung. (Foto: BIOS)

konnte sie nämlich bis zu einer Tiefe von 6 Metern, also bei vollem Tiefgang, überwinden (natürlich unter der Voraussetzung, dass sie sich nicht in den sumpfigen Grund vergrub). Dazu wäre nur ein zweiter Panzer dieses Typs mit eingeschaltetem Motor nötig gewesen, aus dem Kabel für die Versorgung der Elektromotoren führen würden.

Die ersten Exemplare dieses Panzers wurden bereits Mitte 1942 und die erste Serienpartie von 180 Stück im März 1943 bestellt. Doch obwohl das Bauprogramm äußerste Priorität bekam und von Hitler begeistert unterstützt wurde, blieb die Praxis weit von den Plänen entfernt: Neben Konstruktionsschwierigkeiten trugen auch die Luftangriffe dazu bei. Der erste Prototyp war erst Ende 1943 fertig, obwohl er immer noch unvollständig war – es fehlte der Turm. Der zweite und einzige komplette Prototyp wurde erst im November 1944 geliefert. Vor Kriegsende waren einige weitere in verschiedenen Montagestadien. Die *Maus* blieb nur eine Kuriosität ...

Die gigantischen, aus militärischer Sicht nicht besonders sinnvollen Panzer *Maus* und *Adler* waren jedoch nicht der Höhepunkt der Bestrebungen Hitlers in Bezug auf Panzerfahrzeuge. Sie waren wahrlich Miniaturen im Vergleich zu einem Panzer mit einem Gewicht von 1.000 Tonnen, mit dessen Entwurf er am 23. Juni 1942 die beiden Ingenieure Grote und Haker während einer der Besprechungen beauftragte, die der Zukunft der Panzerherstellung gewidmet waren. Dieser „Supergigant", der noch schnell den Namen *Ratte* (ähnlich neckisch wie im Fall der *Maus*) verpasst bekam, sollte klassisch konstruiert werden, abgesehen von der Turmbewaffnung, die aus zwei (gleichen) Großkaliberkanonen (um die 200 mm) bestehen sollte. Bei einer Länge von circa 32 Metern und einer Höhe von fast zehn Metern wäre die *Ratte* eine Art „Landkreuzer", aber lassen wir uns nicht täuschen – die mit seinem eventuellen Bau verbundenen Konstruktionsprobleme waren für die deutsche Kriegswirtschaft gänzlich unüberwindbar. Hitlers Idee war quasi eine Kollision von Utopie und Wirklichkeit, deshalb wurden die Arbeiten an diesem Panzer noch vor dem Abschluss der Projektierungsphase unterbrochen.

Zu den deutschen Errungenschaften zählten jedoch auch zahlreiche sehr viel sinnvollere Innovationen auf dem Gebiet der Panzerfahrzeuge. Zu erwähnen wäre hier beispielsweise die Einführung von HEAT-Panzerabwehrgeschossen und Wuchtgeschossen in die Panzerbewaffnung (u. a. die sehr passable 45/55-mm-Kanone mit kegelförmigem Lauf, die auf den Fahrzeugen Pz. Kpfw. IV montiert wurde).

Ein ähnlich bahnbrechender Schritt war die Einführung von Wuchtgeschossen mit Urankern in die Produktion – dazu sollten mehrere hundert Tonnen Uran verwendet werden, die im Rahmen des von Verzögerungen geplagten Kernwaffenprogramms entbehrlich waren.

Beachtenswert sind auch die wenig bekannten Errungenschaften des Dritten Reiches auf dem Gebiet der Artilleriebewaffnung.

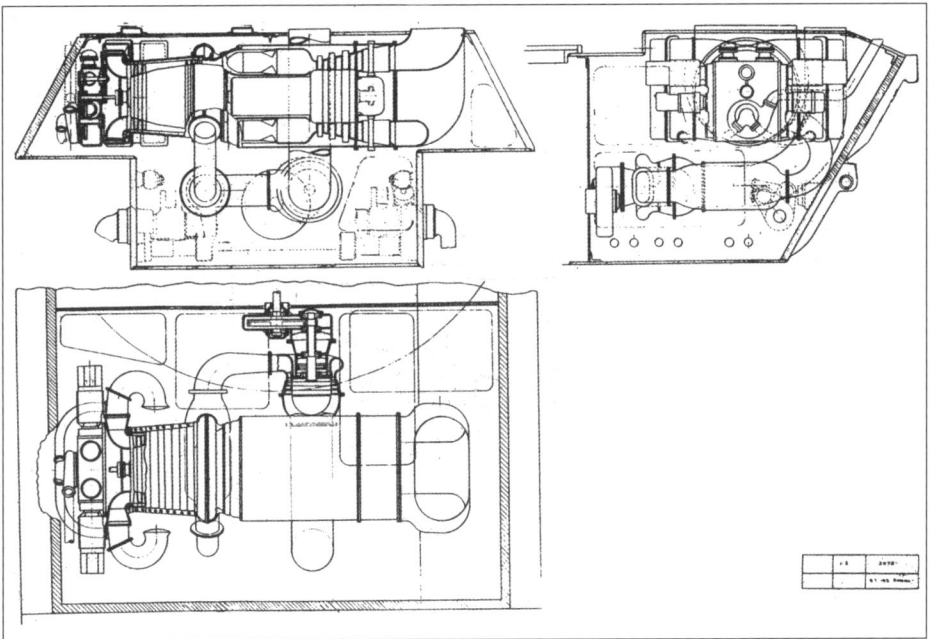

Einbaulage des GT-102-Turbinenmotors im Rumpf des *Königstigers*. (BIOS)

Neben der Entwicklung von Schienenkanonen, die genauso riesig wie die „Superpanzer" waren, wurde auch (hauptsächlich in Peenemünde) eine Reihe bahnbrechender, mit Steuerflossen stabilisierter Wuchtgeschosse mit abwerfbarem Mantel konstruiert, die für einige neue Glattrohrkanonen – anfangs vor allem für die Langstrecken-Mehrkammerkanone V3, den berühmten *Tausendfüßler* – vorgesehen waren. In der Entwurfsphase befand sich jedoch auch eine neue 800-mm-Kanone (!), für die ein technisch besonders weit fortgeschrittenes Geschoss konstruiert wurde. Diese Kanone, mit einem Gewicht von ca. 1.500 Tonnen, sollte auf einem modifizierten Rumpf des *Ratte*-Panzers montiert werden. Der Rumpf des *Tiger II*-Panzers sollte als Untersatz für eine selbstangetriebene Kanone dienen, diesmal mit einem Kaliber von 170 mm. Der Prototyp dieser Kanone wurde im Laufe des Jahres 1945 gebaut – sie bekam die Kennzeichnung 17 cm K44 Sf/Gw-IV. Es war geplant, auf demselben Fahrgestell auch einen 210-mm- und einen 305-mm-Mörser (*Bär*) zu installieren.[65]

Wie man also sieht, war die *Maus* nicht das einzige „superschwere" Fahrzeug mit einem Gewicht von über 100 Tonnen. Es gab sogar noch ein weiteres, obwohl es kein Panzer war, sondern ein Minenräumfahrzeug. Abgesehen vom Gewicht selbst (130 t) war auch seine Bauweise sehr unkonventionell. Das Fahrzeug bestand aus zwei Rümpfen, die durch ein Gelenk miteinander verbunden waren. Jeder Rumpf hatte nur ein Radpaar, dafür hatten die Räder einen Durchmesser von fast drei Metern. Die Räder waren aus Stahl und mit sehr dicken Gummiummantelungen ausgerüstet, unempfindlich gegenüber explodierenden Minen. Doch auch vom *Räumer-S* existierten nur wenige Prototypen.[65]

Konventionelle Waffen: ganz neue Konzepte

Das vorliegende Kapitel ist durchaus nicht allen innovativen Konzepten aus dem Bereich konventioneller Waffen gewidmet, die im Dritten Reich eingeführt oder einfach einer Überprüfung unterzogen wurden, sondern lediglich den interessantesten und am wenigsten bekannten.

Energiestrahler

Beginnen wir mit den wirklich ungewöhnlichen Erfindungen – der „Schallkanone" und der „Windkanone", einem Generator für gerichtete Luftstoßwellen.[65]

Die Schallkanone war dabei die unvergleichlich simplere Konstruktion: ein großer massiver Paraboloidspiegel mit einem Durchmesser von 2,3 Metern, in dessen Brennpunkt eine kleine Sprengladung gezündet wurde (es ist bekannt, dass u. a. Nitroglyzerinladungen mit einem Gewicht von 19 kg eingesetzt wurden). Etwas später entschied man sich für eine Mischung aus Methan und Sauerstoff, die in einer auf der Paraboloidachse platzierten Kammer detoniert wurde, wobei das Paraboloid ein Viertel so lang war wie die erzeugte Schallwelle. Der Vorteil einer solchen Lösung bestand darin, eine hohe Explosionsrate zu erzielen (800 oder 1.500 Explosionen pro Sekunde), sowie im dauerhaften Betrieb des Gerätes. Seine Wirkung auf den Menschen beruhte hauptsächlich auf der Betäubung und der Lähmung des Nervensystems (festgestellt wurde, dass der Betroffene u. a. punktförmige Lichtquellen als Linien wahrnahm). Die Arbeiten wurden in einer

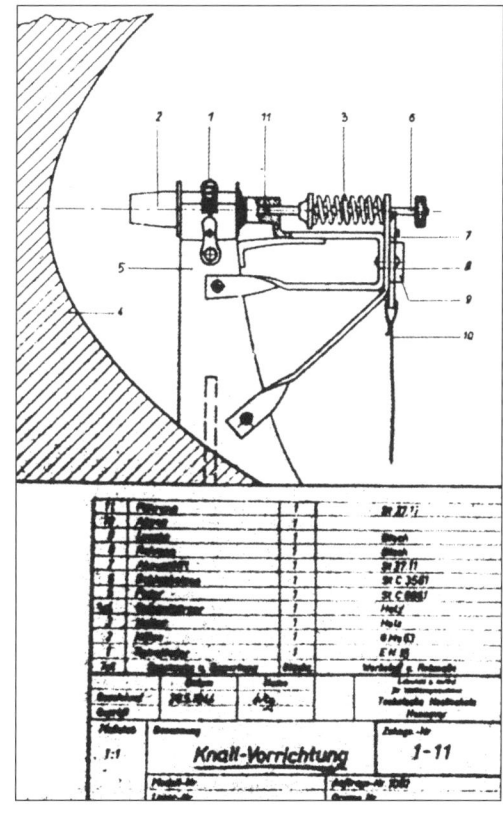

Technische Originalzeichnung der „Schallkanone".

Ein Versuchsgenerator für gerichtete Luftstoßwellen. (Foto: NARA)

Zwei Modelle der „Schallkanone" zur Erzeugung einer gerichteten Stoßwelle. (Foto: NARA)

dem Speer-Ministerium unterstellten Forschungseinrichtung bei Lofer in Österreich durchgeführt.

Dr. Richard Wallauscheck zeichnete für sie verantwortlich. Die Wirkungsweise dieser Erfindung beruhte darauf, dass eine Stoßwelle sich wie jede andere ebene Welle verhält, d. h. sie kann an einem Punkt gebündelt werden, sie unterliegt der Interferenz, der Wellenbeugung u. Ä. – kurzum: Sie ist vom geometrischen Standpunkt aus betrachtet vollständig vorhersehbar. Dabei ist zu bedenken, dass eine Stoßwelle der effektivste Energieträger außerhalb der Kernphysik ist. Im Gegensatz zur Schallwelle erfolgt der Dichtesprung an der Stoßwellenfront völlig schlagartig (nichtlinear), und im Falle starker Sprengstoffe kann diese Druckveränderung das Millionenfache betragen, was eine sehr hohe Dichte zerstörerischer Energie zur Folge hat.

Diese „Kanone" mit einer effektiven Reichweite von mehreren hundert Metern sollte gegen Menschen angewendet werden – und wurde es wahrscheinlich auch –, jedoch nie im Kampf. Auf einem ähnlichen Prinzip sollte eine „Lichtkanone" beruhen, die aber vermutlich nie fertig gestellt wurde.

Eine Weiterentwicklung der „Schallkanone" war eine Rohrvorrichtung, die eine starke, verhältnismäßig gerichtete Luftstoßwelle erzeugte. Sie wurde von einer Stuttgarter Firma entwickelt und auf dem Testgelände in Hillersleben getestet. Wie der amerikanische Nachrichtendienst herausgefunden hatte, gelang damit der Durchschuss eines 25 mm dicken Stahlbretts auf eine Entfernung von 200 Metern, jedoch nahm die Wirksamkeit mit steigender Entfernung sehr schnell ab. Aus diesem Grund wurde am Ende des Krieges auf die geplante Nutzung des Prototyps zur Flugabwehr bei der Verteidigung einer Brücke über der Elbe verzichtet. Nicht alle Bereiche der wissenschaftlich-technischen Suche stellten sich jedoch nach dem Krieg als Sackgassen heraus.

„Unsichtbare" Flugzeuge und Schiffe

Manche davon waren der Beginn vielversprechender oder gar zukunftsweisender Strömungen in der Waffentechnik, obwohl sie bis heute praktisch unbekannt geblieben sind. Ein perfektes Beispiel hierfür ist das deutsche Forschungsprogramm zur Entwicklung von Materialien, die das Aufspüren durch Radargeräte, Echolote u. Ä. verhindern sollten – ein Bereich, der heute mit dem englischen Begriff „stealth" umschrieben wird.

Erst vor kurzem gelang es mir, in den Besitz entsprechender Quellen zu kommen – Dokumente, die diese Arbeiten beschreiben. Es geht um die bereits erwähnte Arbeit von Instituten, die dem Reichsbevollmächtigten für Hochfrequenzforschung (BHF) unterstellt waren.[8] Darin wird angegeben, dass für diese Arbeiten vor allem die Firma I. G. Farben verantwortlich war, die in diesem Bereich u. a. mit der Technischen Hochschule Danzig zusammenarbeitete. Die Federführung für diese Arbeiten lag bei dem Leiter der chemischen Laboratorien der Hochschule, Prof. Dr. Klemm. Die Leitung der „rein radartechnischen" Angelegenheiten oblag Diplomingenieur Karl Roewer, von dem nicht genau bekannt ist, welcher Institution er angehörte.

Es wird angegeben, dass für das erwähnte Projekt zwei Decknamen verwendet wurden, wovon wenigstens der erste sehr modern klingt: *Schwarzes Flugzeug*; der zweite war *Schornsteinfeger*. Ein weiterer weißer Fleck in der Geschichte des Zweiten Weltkrieges!

Leider wird auch mir nur teilweise gelingen, ihn auszufüllen.

Informationen zu diesem Thema wurden durch Verhöre der obenerwähnten Personen gewonnen. Die Offiziere des amerikanischen Nachrichtendienstes fanden auch Klemms Labor in Schmalkalden (Thüringen), wo er während der letzten Kriegsmonate gearbeitet hatte. In Travemünde bei Lübeck wurde eine Apparatur zur Analyse neuer Materialien sowie entsprechende Proben entdeckt – Pressplatten, die aus Pulvern einer (zum Zeitpunkt der Berichterstellung) unbekannten Zusammensetzung bestanden. Die Substanzen selbst waren in geringen Mengen in den Laboratorien des I. G. Farben-Konzerns in Höchst hergestellt worden.

Grundsätzlich suchte man in diesem Forschungsbereich nach Materialien mit magnetischer Leitfähigkeit und elektrischer Durchlässigkeit, die möglichst den Eigenschaften der Luft entsprechen sollten. Während des Krieges wurden in Travemünde Materialen untersucht und in geringen Mengen hergestellt, die hauptsächlich Wellen aus dem mittleren Frequenzbereich (bis zu 100 kHz) absorbieren. Im Entwicklungsstadium waren Substanzen, die vor der Entdeckung durch Radargeräte schützen sollten, die mit höheren Frequenzen arbeiteten (also modernerer Bauart waren) – kurz vor Kriegsende wurde in Travemünde ein Gerät fertig gestellt, mit dem Substanzen auf diese Eigenschaften hin überprüft werden konnten.

Obwohl diese Arbeiten äußerst innovativ waren, wurden sie im Dritten Reich niemals als vorrangig betrachtet. Die beschriebenen Materialien wurden fast ausschließlich für Versuche verwendet. Die einzige mir bekannte Ausnahme sind Unterseeboote vom Typ XXI, die serienmäßig mit Schnorcheln ausgerüstet waren, die mit Materialien dieser Art umhüllt waren. Das Kriegsende führte dazu, dass das Interesse an der „Stealth-Technik" vorübergehend schwand. Erst in der zweiten Hälfte der 1950er Jahre erinnerten sich die Amerikaner an die deutschen Untersuchungen, als sie Antiradarfarben für das Überschallaufklärungsflugzeug SR-71 *Blackbird* entwickelten – dessen erster Flug 1962 stattfand. Zurzeit erfährt dieser Bereich eine stürmische Entwicklung, da die Radarerkennbarkeit als eine der wichtigsten Problemzonen moderner Kampfflugzeuge gilt.

Als ich bereits die Arbeit an diesem Buch begonnen hatte, kam ich an weitere nachrichtendienstliche Ausarbeitungen der Alliierten zu diesem Thema, und diese Meldungen waren ziemlich ungewöhnlich. Neben den bereits erwähnten gab es, wie sich später herausstellte, noch mindestens vier weitere derartige Ausarbeitungen![66,67,68,69] Dies zeugt natürlich von der Bedeutung dieses Fragenkomplexes für die „Eroberer". Zusätzliche Informationen befinden sich hin und wieder im Bericht über die amerikanische Spionageaktion *Lusty*, die ausführlich im zweiten Teil des Buches beschrieben wird. Aus diesem Bericht geht klar hervor, dass das I. G. Farben-Institut bei Frankfurt (in Höchst) nicht die einzige wichtige Einrichtung auf diesem Gebiet war. Es wurden noch folgende genannt:

1)   das Danziger Institut für Anorganische Chemie (Prof. Klemm)

2)   die Firma Osram – „Studiengesellschaft für Elektrische Beleuchtung" – Berlin (Dr. Friederich)

3)   das Labor des Degussa-Konzerns – 8 km von Konstanz entfernt, in der Nähe des Bodensees (Prof. Fuchs und andere)

4)   das Labor für Keramik der Firma Lutz und Co. in Lauf/Pegnitz in Bayern (Dr. Franz Rother – Erfinder des Materials, das für U-Boote vom Typ XXI verwendet wurde)

5)   die Technische Hochschule Stuttgart (Dr. Fricke)

6)   die Technische Hochschule Prag (Prof. Hüttig)

Es gab auch andere Hinweise, wie z. B. den Bericht eines polnischen Soldaten, der kurz nach dem Krieg seinen Dienst auf dem ehemals deutschen Flughafen Sorau (Żary) bei Zielona Góra leistete. Er beschrieb, wie eines der Flugzeuge mit irgendeiner grauen, porösen „Quasi-Farbe" bemalt wurde, die sich in einem zurückgelassenen Fass befand. Sie bewirkte, dass der leichte *Storch* für Radargeräte vollkommen unsichtbar wurde.

Daneben wurden im Dritten Reich auch Materialien entwickelt, die durch das Absorbieren von sich im Wasser ausbreitenden Schallwellen Unterseebote vor Entdeckung mit Schallmethoden (ASDIC – Echolot) schützen sollten. Auch hier finden sich frappierende Ähnlichkeiten zu Nachkriegsentwicklungen, u. a. zum polnischen Unterseeboot „Orzeł – III" („Adler"), das 1986 von der UdSSR gekauft wurde und mit einer identischen Schutzschicht wie manche U-Boote am Ende des Zweiten Weltkrieges ausgestattet war.

Auch auf diesem Gebiet konnte der I. G. Farben-Konzern bahnbrechende Erfolge verbuchen, allen voran seine Labore in Höchst am Stadtrand von Frankfurt am Main.[70] Mit den Untersuchungen wurde 1940 begonnen, und 1944 wurden sie mit dem Stapellauf von zwölf U-Booten mit einer „Antischallschicht" abgeschlossen. Dieses Projekt trug den Decknamen *Alberich*.

Obwohl bestimmte Vorbereitungsarbeiten noch vor 1940 durchgeführt worden waren, konnte man erst zu diesem Zeitpunkt vom Beginn eines „ernsthaften" Programms sprechen. Dieses Jahr steht mit der Verwirklichung eines gänzlich neuen Konzepts in Verbindung, dessen Urheber Professor Meyer vom Heinrich-Hertz-Institut war. Es beruhte auf der Verwendung vieler entsprechend geformter Schichten eines speziell ausgewählten Gummis, wobei ein wesentlicher Vorteil im Vergleich zu früheren Ideen war, dass die äußere Schicht glatt blieb – der hydrodynamische Widerstand stieg also nicht an. Es war eine effektive, gleichzeitig jedoch simple Lösung. Die meisten untersuchten Varianten lassen sich wie folgt beschreiben: An eine Stahlplatte, die eine Imitation der Rumpfaußenhaut darstellte, wurden nacheinander zwei (ca. 2 mm) dünne Gummilappen aufgeklebt. Die Außenschicht bestand aus einem geschlossenen glatten Lappen. Die wichtigste Rolle spielte dabei erwartungsgemäß die Schicht, die direkt auf dem Rumpf haftete. Sie war perforiert und wurde mit einer großen Anzahl kleinerer (bis zu 2 mm) und einer etwas kleineren Anzahl größerer (ca. 5 mm im Durchmesser) Löcher versehen, in denen

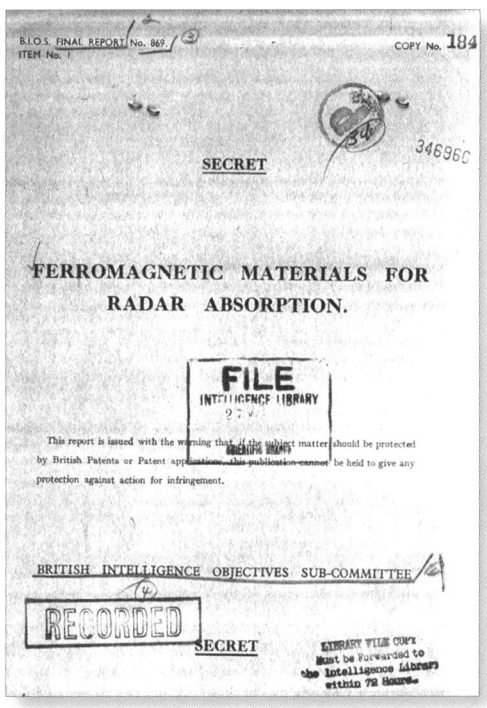

Deckblätter ausgewählter nachrichtendienstlicher Berichte über die deutsche „Stealth"-Technologie.

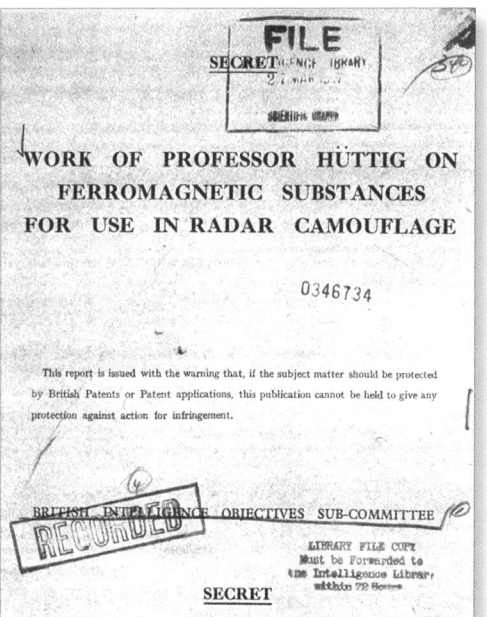

aufgrund von Interferenzen ein Großteil der Schallwelle gedämpft werden sollte; der Durchmesser der Löcher war umgekehrt proportional zur Frequenz. Das Ganze bildete deshalb eine weiche, beinahe schwammartige Abschirmung, die das „Schallbild" des Bootes verwischen sollte.

Trotz ihrer Einfachheit konnte diese Verkleidung, so denn korrekt konzipiert, sehr wirkungsvoll sein – der maximale gemessene Dämpfungsgrad (für wenige kHz) betrug 95 %. Das ist allerdings nur die eine Seite der Medaille. Solch eine große Wirksamkeit konnte nur erreicht werden, wenn der Lochdurchmesser ideal an die durch den Feind verwendete Schallfrequenz „angepasst" war. Die Deutschen befürchteten, dass durch die Verwendung von Geräten, die in verschiedenen Frequenzbereichen arbeiteten, Meyers Erfindung stark an Bedeutung verlieren würde. (Nebenbei bemerkt ist das genau das gleiche Problem wie bei der „Stealth"-Beschichtung für Flugzeuge; so sind z. B. die „unsichtbaren" amerikanischen Bomber F-117A relativ gut mit Hilfe alter Radargerättypen zu entdecken, die im Mittelwellenbereich arbeiten). Im Falle der „Antischallbeschichtung" kam noch ein weiteres Problem hinzu: Es war offensichtlich, dass sie nur bis zu einer Tiefe wirksam sein würde, in der die „Luftblasen" aufgrund des Drucks nicht die gleiche Dichte wie Wasser hätten. Berechnungen und Messungen in einem Spezialrohr, das wie ein Schornstein senkrecht aufgestellt war, ergaben, dass diese Grenze bei ca. 70 Metern Tiefe liegt. Trotzdem war die Erfindung wertvoll, denn sie ermöglichte einen effektiven Schutz bei Kampfhandlungen, wenn sich das Boot in geringer Tiefe und in der Nähe feindlicher Einheiten befand (obwohl Boote vom Typ XXI die ersten waren, die einen Angriff starten konnten, ohne das Periskop über die Wasseroberfläche herauszuschieben, mussten sie dennoch eine geringe Tauchtiefe einhalten). In größeren Tiefen war dieses Problem nicht so prekär, vor allem auch deshalb, weil sich eine Schallwelle nicht genauso „in die Tiefe" wie in die Horizontale ausbreitet. Das Meer ist keineswegs eine homogene Wassermasse, sondern hat eine bestimmte Struktur und ist in viele „Schichten" unterteilt, die sich durch unterschiedlichen Salzgehalt, Sauerstoffgehalt u. Ä. auszeichnen. Dies äußert sich in fast sprunghaften Dichteunterschieden, was teilweise zur Reflexion, Brechung und letztlich zur Zerstreuung der Schallwelle führt. Im Ozean (d. h. ohne den Einfluss des Meeresbodens) finden diese Phänomene in einer Tiefe statt, die die Höhe der Wellen (Wasservermischung) um eine Größenordnung übertrifft, d. h. unterhalb von, sagen wir, 100 – 200 Metern. U-Boote erreichten hingegen eine Tiefe von etwa bis zu 300 Metern. Auch in dieser Tiefe konnten sie

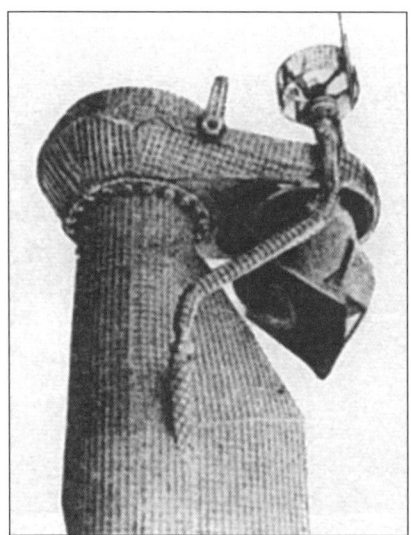

Der Schnorchel eines Unterseebootes vom Typ XXI, mit „Stealth"-Material überzogen. (Foto aus der Sammlung des Authors)

natürlich entdeckt werden, die Tauchtiefe ist jedoch generell ein Parameter, der ihre Entdeckungsmöglichkeit am stärksten beeinflusst. Der zweite wichtige Parameter ist natürlich die unter Wasser entwickelte Höchstgeschwindigkeit, also die Fluchtgeschwindigkeit. Die beschriebene Erfindung stellte sich also trotz allem als relativ wertvoll und „entschieden besitzenswert" heraus – zu diesem Schluss kam jedenfalls der amerikanische Bericht.

Die Deutschen statteten zwölf ihrer Unterseeboote mit der *Alberich*-Beschichtung aus. Die Mehrheit davon wurde lediglich getestet, und nur zwei nahmen an Kampfhandlungen teil. Eines davon wurde versenkt, es besaß jedoch keinen Schnorchel und wurde wahrscheinlich mittels Radar entdeckt. Es wurde nicht angegeben, um welchen Bootstyp es sich handelte. Bei der Besprechung dieses Materials sollte auch ein benachbartes, wichtiges und wenig bekanntes Gebiet nicht unerwähnt bleiben: die Kunststoffe des Dritten Reiches. Das ermöglicht uns ein weiterer nachrichtendienstlicher Bericht.[71]

Kunststoffe

Kunststoffe werden hauptsächlich mit den 1960er Jahren in Verbindung gebracht, als sie das Industriedesign revolutionierten und in eine Reihe von Gegenständen des täglichen Gebrauchs Einzug fanden.

Wie jedoch bei vielen „Neuigkeiten" aus dieser Zeit ging es in Wirklichkeit darum, revolutionäre Errungenschaften der Wissenschaft und Technik aus dem Zweiten Weltkrieg in den Massenmarkt einzuführen. Kunststoffe waren eine davon …

Ihr Erscheinen wird häufig den Amerikanern zugeschrieben, den Erfindern der Nylonfaser (Du Pont-Konzern), die damals synthetische Seide genannt wurde und aufgrund neuer nahtloser Strümpfe in Mode kam, obwohl sie sich am wertvollsten vor allem als billiger Rohstoff für Fallschirme herausstellte, die man jetzt praktisch in beliebigen Mengen herstellen konnte.

Die Deutschen verfügten ebenfalls über Nylon, und sie beherrschten dessen Herstellung nicht viel später als die Amerikaner; zudem entwickelten sie viele neue Kunststoffe – insgesamt etwa ein Dutzend verschiedener Arten. Die meisten davon kennen wir heute aus eigener Erfahrung.

Am frühesten tauchten natürlich chemisch gehärtete Kunststoffe auf der Basis von Phenol auf, wie Bakelit, das schon vor dem Krieg breite Verwendung bei der Herstellung von Zusatzelementen von Handfeuerwaffen – Schaftbelägen und Kolbenflanschen – sowie von elektrischen Isolatoren fand. Mit seiner Produktion wurde in geringen Mengen noch vor dem Ersten Weltkrieg auf der Basis eines belgischen Patents begonnen. Wenn es hingegen um die im Dritten Reich durchgeführten Arbeiten geht, können folgende Wendepunkte unterschieden werden:

- Juni 1938: der erste Verbundstoff (hochrobustes, mit Kunststoff laminiertes Gewebe)

- Januar 1939: Synthese der ersten thermoplastischen Polymere. Zur gleichen Zeit wurden Polymerlager entwickelt, mit deren Produktion im September 1939 begonnen wurde

- Januar 1942: erste Herstellung von Elementen aus thermoplastischen Kunststoffen im Gießverfahren, das vier Monate später durch das Spritzgussdruckverfahren ersetzt wurde

- Mai 1942: Entwicklung einer Spezifikation zur Herstellung von Wälzlagern aus Verbundstoffen

- März 1943: Spezifikation zur Herstellung von Kunststoffelementen im Stanzverfahren

Im Dritten Reich war der I. G. Farben-Konzern Monopolist in Sachen Entwicklung und Herstellung von Verbundstoffen, und die wichtigste Rolle spielten seine Betriebe und Laboratorien in Bitterfeld, in Höchst (bei Frankfurt am Main) und im Berliner Stadtteil Oppau, wo sich der Sitz des „Stickstoff-Syndikats" befand, einer Abteilung der I. G. Farben, die sich auf diesem Gebiet spezialisiert hatte. Dieser Bereich nahm eine Schlüsselstellung ein – was auch durch die Ernennung eines Sonderbeauftragten im Speer-Ministerium zum Ausdruck kam, der für die Verwirklichung von vorrangigen Kriegsprojekten der Regierung verantwortlich war („Sonderbeauftragter für die Stickstoffindustrie"). Mit der Realisierung ihrer ehrgeizigen Aufgaben beauftragten die Deutschen auch eine Reihe von Betrieben in den von ihnen besetzten europäischen Ländern, hauptsächlich in Frankreich, Belgien und Holland, u. a. die Phillipswerke in Eindhoven und Venlo, die Firma Cogebi (Compagnie Generale Belge d'Isolants) in Loth bei Brüssel und das „Institut für Kunststoffe" in Delft.

Insgesamt wurden folgende Kunststoffe entwickelt:

- Polystyrol – dieses Material wurde unter dem Namen „Trolitul" in geringen Mengen hergestellt und als nicht konkurrenzfähig betrachtet;

- Polyvinylcarbazol – ein im Spritzgussverfahren geformter, also technologisch günstiger Verbundstoff, der sich dabei aufgrund seiner faserigen Struktur durch sehr gute Belastungsparameter sowie sehr geringe elektrische und Wärmeleitfähigkeit auszeichnete. Dieser Stoff wurde als vielversprechend angesehen;

- Polyvinylchlorid – in vielen Sorten hergestellt, u. a. in Venlo, für verschiedene Anwendungen (PVC);

- Plexiglas (Polymethylmethacrylat) – allgemein als „organisches Glas" bekannt. Aufgrund seiner geringen Tendenz zum Bersten wurden aus ihm Verglasungselemente für Flugzeuge hergestellt. Eine Alternative war mit Vinyl laminiertes (geklebtes) Standardglas, das durch die „Société de Verreries des St. Gobain" in Lyon hergestellt wurde. Die Deutschen planten, Elemente für einfache optische Geräte aus Plexiglas zu produzieren, aber letztlich wurden lediglich Linsen für Taschenlampen daraus hergestellt;

- Polyvinylacetat (PVAc) – eine sehr widerstandsfähige Substanz, die als Betonzusatz getestet wurde; möglicherweise sollte sie in Betonpanzerverkleidungen eingesetzt werden;

- Polyamid (Nylon) – ein Material, das während des Krieges in verschiedenen Varianten hergestellt wurde;

- Polyethylen – trotz intensiver Forschung konnten die Untersuchungen erst nach dem Krieg in der BRD abgeschlossen werden. Polyethylen ist ein Kunststoff, aus dem heute Plastiktüten, Injektionsspritzen u. Ä. hergestellt werden;

- Polyisobutylen – ein Material, das während des Krieges als Kautschukersatz verwendet wurde;

- Aldole – bilden eine Alkoholgruppe, die ein Polyvinylderivat ist, aus der u. a. Kabelisolierungen hergestellt wurden.

Außer an den obengenannten Kunstoffen wurde auch an einigen neuen Substanzen weitergeforscht, die schon vor dem Krieg entdeckt worden waren. Es wurden verschiedene Zelluloseverbindungen synthetisiert, darunter fotografische Filme mit Zelluloid, eine Verpackungsfolie aus Cellophan u. Ä.

Aufgrund ihrer Isoliereigenschaften verwendeten die Deutschen die Kunststoffe hauptsächlich in der elektrotechnischen und elektronischen Industrie. Es wurde jedoch deutlich, dass diese Materialien auch in anderen Bereichen immer populärer wurden – in Form von Kunststoffbehältern, Tarnnetzen aus Nylon sowie PVC-Fliesen und -Knöpfen. In geringen Mengen wurde eine Polyamidfolie mit großer Reißfestigkeit hergestellt – u. a. zur Produktion von Tonbändern (die hauptsächlich durch die GESTAPO verwendet wurden). Die Deutschen beherrschten auch die Technologie der Herstellung von

Eine deutsche Anzeige von 1944.

Synthetikgeweben … dieser Bereich ist schon aus dem Grund wichtig, weil er die industrielle Verwendung von Verbundstoffen einleitete – z. B. in der Luftfahrt.[71]

Der Krieg unter Wasser

Ein weiterer und wenig bekannter Bereich, der bereits auf den vorangegangenen Seiten angedeutet wurde, sind Technologien, die mit dem „Krieg unter Wasser" im Zusammenhang standen. Das Problem lag einfach darin, dass der Krieg auf dem Meer mit Hilfe von U-Booten geführt wurde, die (mit bestimmten Ausnahmen) noch vor dem Krieg gebaut worden waren. Die Ergebnisse der während des Krieges durchgeführten Forschungen blieben deshalb bisher praktisch unbemerkt.

Es ist also gewissermaßen paradox, dass trotz der in die Forschung investierten Riesensummen die Deutschen den Krieg auf dem Atlantik zu verlieren begannen.

Es halfen nicht einmal solche „Neuigkeiten" wie z. B. ein akustisch gesteuerter Torpedo (der T-5-Torpedo *Zaunkönig*, der 1943 in das Waffenarsenal aufgenommen wurde), da die Alliierten sehr schnell lernten, wie sie dieser Gefahr begegnen konnten – mit Geräten, die hinter dem Schiff ins Schlepptau genommen wurden und ein viel stärkeres Geräusch als das Schiff selbst erzeugten. Die Verluste der Unterseeflotte wurden immer größer. Der Grund dafür war, dass der Gegner zwei revolutionäre Erfindungen einsetzte, die heute sehr gut bekannt sind: das Sonargerät (Echolot) und ein Radargerät, das in der Lage war, nicht nur aufgetauchte Unterseebote, sondern sogar deren Periskope und Schnorchel aufzuspüren. Dabei ist zu bedenken, dass die Haupttypen der von der Kriegsmarine verwendeten Unterseebote (in den Versionen VIII und IX, die in das Waffenarsenal aufgenommen worden waren) sich durch eine Reichweite von etwa 60 Seemeilen unter Wasser auszeichneten und damit nur eine Art „Tauchboot" waren. Es bestand also die dringende Notwendigkeit, wirklich radikale Änderungen vorzunehmen und vollkommen neue Unterseeboote zu konzipieren, die in der Lage wären, den Kampf mit Mitteln zu führen, gegen die sich die Alliierten nicht wehren könnten.

Solche Unterseeboote wurden konstruiert und stellten in diesem Bereich tatsächlich den Höhepunkt des technisch Machbaren dar. Viele Nachkriegskonstruktionen orientierten sich an ihnen. Dazu gehörten die Typen XVII, XXI und XXIII.

Obwohl das Unterseeboot vom Typ XVII auf Lösungen basierte, die noch vor dem Krieg entstanden waren, war es eins der interessantesten. Der Durchbruch im Vergleich zu älteren Einheiten vom Typ VII und IX beruhte auf der Verwendung eines neuen Antriebs, der unabhängig von der Luftzufuhr war: der Walter-Turbine. Diese Erfindung wurde bereits Anfang der 1930er Jahre untersucht. Sein Erfinder war der Ingenieur Hellmut Walter, ein Chemiker aus Kiel. Es handelte sich um einen Turbinenmotor, für den ein klassischer Treibstoff verwendet wurde (Dieselkraftstoff), der in einer speziellen Kammer in einer Atmosphäre aus Sauerstoff und Wasserdampf verbrannte. Der Sauerstoff stammte aus der katalytischen Zersetzung von 80-prozentigem Perhydrol (konzentriertem Wasserstoffperoxid – H_2O_2). Es war also eine spezielle Abwandlung einer gewöhnlichen Wasserstoffsuperoxidlösung, wobei die in Apotheken erhältliche Lösung eine Konzentration von lediglich drei Prozent aufweist. Das Perhydrol für den Turbinenantrieb wurde von Walter zu Ehren seines ältesten Sohnes auf den Namen „Ignolin" getauft.

Anfangs erwog er die Verwendung von konzentrierter Salpetersäure als alternatives Oxidationsmittel, verzichtete jedoch wegen ihrer ätzenden Eigenschaften und der toxischen Wirkung ihrer Zersetzungsprodukte (hauptsächlich Stickstoffmonoxid) rasch auf sie, da das Durchsickern dieser Substanz z. B. in das Schiffsinnere niemals gänzlich ausgeschlossen werden konnte. Es sollte nicht unerwähnt bleiben, dass in Deutschland das Perhydrol in der erforderlichen Konzentration zur Zeit der Konstruktion von Unterseebooten vom Typ XVII bereits in Industriemengen hergestellt und als Antrieb für Turbinen benutzt wurde, die den Kraftstoff in den V2-Raketen pumpten. Da die Produktionskapazitäten beschränkt waren und die Substanz relativ teuer war, konkurrierten sowohl Unterseeboote als auch Torpedos, in denen der gleiche Antrieb verwendet werden sollte, mit den V2-Raketen, die noch dazu höchste Priorität hatten.

Die Arbeiten an der Walter-Turbine als Antrieb eines künftigen Unterseebootes begannen schon 1933 und führten bereits Mitte der 1930er Jahre zum Bau eines Motors mit einer Leistung von 4.000 PS. In seiner Brennkammer herrschte während des Betriebs eine Temperatur von ca. 450 °C und ein Druck von 36 atm. Verbrennungsgase und Wasserdampf wurden zum Antrieb der Turbine genutzt, anschließend wurden sie gekühlt und abgeleitet. Der Wasserdampf wurde kondensiert und verblieb im Unterseeboot.

Die erfolgreichen Forschungsergebnisse führten 1938 zur Bestellung des ersten Versuchsunterseebootes mit diesem Antrieb. Den Auftrag bekam die Germania-Werft. Das Boot mit der Kennzeichnung V-80 wurde zwei Jahre später fertig gestellt. Es hatte einen statischen Auftrieb von lediglich 80 Tonnen und eine Dreimannbesatzung, ermöglichte es jedoch, die tatsächlichen Möglichkeiten des neuen Antriebs zu erforschen.

Die Ergebnisse waren tatsächlich sehr vielversprechend: Während einer Fahrt erreichte die V-80 eine Rekordgeschwindigkeit von 28,1 Knoten unter Wasser. Das größte Problem war hauptsächlich der hohe Preis des Oxidationsmittels. Die Versuchsergebnisse waren jedoch ausreichend, um die Entscheidung für den Bau eines neuen, diesmal für den Kampfeinsatz bestimmten Unterseebootes vom bereits erwähnten Typ XVII zu treffen. Die Bestellung für den Bau des ersten Bootes (des U-791) erfolgte 1942, aus verschiedenen Gründen wurde diese Bestellung jedoch bald storniert. Vier weitere Boote wurden hingegen gebaut: das U-792, das U-793, das U-794 und das U-795. Es waren verhältnismäßig kleine Einheiten mit einer Länge von 52,1 Metern und einem statischen Unterwasserauftrieb von ca. 330 Tonnen (zum Vergleich hatten die Unterseeboote vom Typ VII einen statischen Unterwasserauftrieb von bis zu 865 Tonnen, und die Unterseeboote vom Typ IX von 1.232 – 1.804 Tonnen, je nach Version). Abgesehen von zwei Walter-Turbinen (mit einer Höchstleistung von je 2.500 PS) wurden sie auch konventionell angetrieben: Jedes von ihnen war mit einem Dieselmotor ausgerüstet, der – allerdings mit einer verhältnismäßig kleinen Leistung von 210 PS – an der Oberfläche zum Einsatz kam, sowie mit zwei

Ein Unterseeboot vom Typ XXI im Mai 1945 vor dem Bunker der Hamburger Werft. (Foto: Bundesarchiv)

„Reserveelektromotoren" mit einer Leistung von lediglich 75 PS. Die Hauptmotoren hatten einen Arbeitsdruck von 30 atm, und in der Brennkammer herrschte eine Temperatur von etwa 550 °C.

Es waren die ersten Unterseeboote, die unter Wasser eine viel höhere Geschwindigkeit als auf der Wasseroberfläche erreichten (ca. 26 Knoten), und das bei einer Rekordreichweite von etwa 150 Seemeilen. So lange und so schnell konnten sie jedoch nur ein einziges Mal unter Wasser schwimmen, und nicht jedes Mal nach dem Aufladen der Batterien, wie dies bei konventionellen Unterseebooten der Fall war. Deshalb waren sie nicht hochseetüchtig und sollten ihren Dienst hauptsächlich in der Nordsee verrichten.

Sie wurden Anfang 1944 in den Dienst der Kriegsmarine gestellt, ihre operative Bereitschaft erreichten sie jedoch erst in den letzten Kriegsmonaten, weshalb sie niemals an Kriegshandlungen teilnahmen. In der ersten Hälfte des Jahres 1944 wurden drei weitere Einheiten mit einem etwas höheren statischen Auftrieb und einer auf 21 Knoten verringerten Geschwindigkeit unter Wasser bestellt. Sie wurden noch in gleichem Jahr fertig gestellt, kamen jedoch nicht zum Einsatz. Die Deutschen selbst sprengten sie gegen Kriegsende in die Luft

Ein U-Boot vom Typ XVII, das nach dem Krieg von den Amerikanern übernommen wurde. (Foto: NARA)

Eines der Unterseeboote vom Typ XXI in Norwegen, im April 1945. (Foto aus der Sammlung des Autors)

(der für diese Operation verantwortliche Offizier wurde später durch ein britisches Gericht zu sieben Jahren Haft verurteilt!).

Noch bevor es dazu kam, wurden drei weitere U-Boote vom Typ XVII-G und XVII-K sowie 100 (!) größere Hochseeeinheiten des Typs XVIII bestellt, die jedoch nie fertig gestellt werden sollten.

Ihr bewährter, revolutionärer Antrieb wurde nach dem Krieg in den USA, in Großbritannien (wohin Walter selbst gebracht worden war) und in der UdSSR weiterentwickelt. Die UdSSR war das einzige Land, in dem nach dem Krieg mit Walter-Turbinen angetriebene Unterseeboote in das Waffenarsenal aufgenommen wurden.

Das relativ kleine Unterseeboot vom Typ XVII-A nahm 40 Tonnen Wasserstoffperoxid an Bord, was drei Viertel der gesamten Treibstoffmenge ausmachte und lediglich für 100 Meilen Fahrt reichte (immerhin mit einer Geschwindigkeit von über 20 Knoten). Vom Wirkungsgrad der Turbinen zeugt am besten der Vergleich mit dem Dieselantrieb, der das letzte Viertel der Gesamttreibstoffmenge verbrauchte und eine ca. 20-fach größere Reichweite auf der Wasseroberfläche als das erstgenannte Antriebssystem ermöglichte.

Der Antrieb wurde bis zum Kriegsende weiterentwickelt und sollte in einigen neuen Unterseeboottypen verwendet werden: XVIII, XXIII, XXIV, XXVI-A und XXVIII. Die zwei erstgenannten hatten eine hochseetaugliche Reichweite – der Typ XVIII konnte beispielsweise dank der Walter-Turbinen (mit einer Gesamtleistung von 15.000 PS!) sogar 350 Meilen erreichen, musste jedoch über 200 Tonnen konzentrierten Perhydrols mitnehmen. Der Typ

Ein U-Boot vom Typ XXI im Schiffsdock, Heckansicht. (Foto aus der Sammlung des Autors)

XXVI-A sollte eine Verbindung zwischen der klassischen Lösung und den Walter-Turbinen darstellen, wobei Letztere nur in Gefahrensituationen zum Einsatz kommen sollten. Keines dieser U-Boote wurde jedoch fertig gestellt, obwohl intensive Forschungen zur Erhöhung des Turbinenwirkungsgrades beitrugen.[72,73] Diese Forschungen waren nötig, weil der Antrieb die grundsätzlichen Einschränkungen der U-Boote einfach implizierte.

Dies hatte zwei Gründe: Erstens konnte ein U-Boot (z. B. vom Typ VII oder IX) unter Wasser nicht vor einem Zerstörer fliehen, da es deutlich langsamer war – sogar doppelt so langsam. Zweitens konnten U-Boote nur kurze Zeit, meistens nur einige Stunden, unter Wasser schwimmen, weshalb sie relativ leicht zu entdecken waren, z. B. durch Flugzeuge, die ständig sowohl den Nordatlantik als auch die Zugangsrouten zu den Häfen patrouillierten.

Die Antriebsparameter wurden auf mehrere Arten verbessert. Die sehr modernen U-Boote vom Typ XXI (hochseetauglich) und vom Typ XXIII wurden mit klassischen Antriebssystemen ausgestattet (Dieselmotoren plus Elektromotoren), zählten jedoch zu einer ganz neuen Generation und erlaubten eine radikale Änderung der Taktik. Der Typ XXI entwickelte eine Geschwindigkeit von bis zu 17,2 Knoten unter Wasser, wobei er einmalig sogar 340 Meilen, also 630 Kilometer bewältigen konnte, gespeist alleine durch die Batterien! Eine solche Entfernung war um einiges größer als bei all seinen Vorgängern bzw. Konkurrenten. Er konnte nicht nur einem typischen Zerstörer einfach entfliehen, auf die Rekordtiefe von 330 Metern abtauchen (wie einer der Versuche ergab) und seine Ziele angreifen, ohne aufzutauchen (passiver Entfernungsmesser), sondern war auch unter Wasser besonders schwer zu entdecken.

Ein U-Boot vom Typ XXIII. (Foto aus der Sammlung des Autors)

Ein Exemplar wurde 1946 durch die amerikanische Marine getestet, deren Schiffe das U-Boot nicht einmal aus einer Entfernung von 200 Metern entdecken konnten. Das Beschichten der Schnorchel mit dem „Stealth"-Material führte natürlich auch zu einer ganz neuen Qualität an der Oberfläche bzw. auf Periskoptiefe.

Generell gesagt war dies ein Sprung vom Niveau der 1940er in die 1960er Jahre …

Das zeigt, wie viel durch die gelungene Ausnutzung von gründlich überarbeiteten, jedoch durchaus konventionellen und in groben Zügen bereits früher bekannten Konzepten erreicht werden konnte.

Das U-Boot war mit einem vollkommen revolutionären Feuerleitsystem ausgerüstet, das es ihm erlaubte, wirkungsvolle Angriffe sogar bei völligem Abtauchen durchzuführen. Die Zielpositionen wurden durch das Umrechnen von Peilungen aus sehr präzisen Peilempfängern ermittelt, danach floh das U-Boot mit einer Höchstgeschwindigkeit, bei der die gegnerischen Sonargeräte vollkommen wirkungslos waren (sie funktionierten nur bis zu einer Geschwindigkeit von 12 Knoten wirklich gut). Praktisch gab es also überhaupt keine Möglichkeit, das angreifende U-Boot zu entdecken, während dies bei älteren Typen zu Kriegsende fast unvermeidbar war: Sie wurden durch Sonargeräte entdeckt und mussten darüber hinaus vor dem Angriff das Periskop ausfahren, das durch den Feind in der Regel mit Hilfe von Radargeräten entdeckt werden konnte. Aber auch bei dieser Angriffsvariante war der Typ XXI dem Feind enorm überlegen, denn dessen ausgefahrener Schnorchel konnte aufgrund der Spezialbeschichtung durch kein Radargerät entdeckt werden.

Eine weitere Angriffsvariante, die auf größere Entfernungen verwendet werden sollte, war die Erkennung von Zielpositionen mit Hilfe eines ausfahrbaren Radars. Dafür war vorgesehen, mit Zielsuchvorrichtungen ausgestattete Torpedos (z. B. Magnettorpedos) zu verwenden.

Auch die letzte der fatalen Schwächen älterer U-Boote wurde beseitigt, und zwar ihre relativ große Empfindlichkeit gegenüber Luftangriffen, die sich teilweise aus der fehlenden Möglichkeit einer entsprechend schnellen Entdeckung der Flugzeuge ergab. Dieses Problem wurde durch die Verwendung eines bordeigenen Radars beseitigt. Im Gegensatz zu seinen Vorgängern hatte ein U-Boot vom Typ XXI bei der Konfrontation mit einem einzelnen Patrouillenflugzeug (die typischste Situation) darüber hinaus sehr große Siegchancen, da es mit zwei Flakdrehtürmen mit vier 20-mm-Schnellfeuerkanonen ausgestattet war, die zudem mit dem Radargerät gekoppelt werden konnten. Falls auch sie sich als unzureichend herausstellen sollten, konnte das U-Boot in Rekordzeit (nämlich in lediglich 18 Sekunden) untertauchen.

Der Typ XXI war solch ein radikaler Qualitätssprung, dass er – was fast schon unmöglich schien – die Waagschale noch mehr zugunsten der Deutschen neigte.

Es war das erste modular aufgebaute U-Boot – der Rumpf war in acht Sektionen aufgeteilt, die im Schiffsdock lediglich miteinander verbunden wurden. Das vereinfachte die Herstellung, führte jedoch (bzw. vor allem) auch zur „Verlagerung" fast aller Produktionsschritte in die am meisten durch Bombardements gefährdeten Schiffsdocks. Es war auch das erste Schiff, das nur einen einzigen Rumpf hatte, in dessen Innern alle Geräte und Vorrichtungen verbaut waren. Bisher wurden U-Boote mit einem steifen (langen und schmalen) Innenrumpf gebaut, der zunächst von Ballastbehältern und erst dann von einem Außenrumpf umschlossen war. Dies machte es möglich, den Platz im Innern des Rumpfes deutlich zu vergrößern und u. a. zahlreiche Erleichterungen für die Besatzung einzuführen: Jedes Besatzungsmitglied verfügte über sage und schreibe 17 m^2 Platz, es gab außerdem eine Klimaanlage und Waschräume – alles Dinge, von denen Besatzungen älterer Typen nur träumen konnten. Die Besatzungsmitglieder konnten sich normal duschen, während die Matrosen, die auf den mit salziger Nässe und Modergeruch durchsetzten Typen VII und IX ihren Dienst verrichteten, sich meistens mehrere Monate lang nicht waschen konnten, was zu vielen Erkrankungen führte.

Als Ergänzung der U-Bootflotte vom Typ XXI waren neue „Küstenunterseeboote" des Typs XXIII vorgesehen, die auf dem gleichen Stand der Technik, aber etwa zweimal kleiner waren und eine geringere Reichweite hatten.

Die deutschen Versuche, das Antriebsproblem zu lösen, gingen aber noch in eine andere Richtung:

Es handelte sich dabei um einen Dieselmotor, der ohne Luftzufuhr arbeitete, und zwar im sogenannten geschlossenen Kreislauf.

Dies war durchaus kein neues Konzept – die ersten Umsetzungsversuche gingen auf die Jahre 1915 – 1918 zurück, es mussten jedoch mehrere dutzend Jahre vergehen, bevor die technologische Entwicklung weit genug vorangeschritten war. 1939 wurde im Dritten Reich auf diesem Gebiet ein umfassendes Untersuchungsprogramm gestartet, mit dem u. a. folgende Firmen beauftragt wurden:

- die Zeppelin GmbH, wo unter der Leitung von Dr. Durr zu diesem Ziel Dieselmotoren der Firma Daimler-Benz modifiziert wurden;

- die Germania Werft in Kiel – eine Werft, die für die letzte Phase der Arbeiten verantwortlich war;

- das Forschungsinstitut für Kraftfahrzeuge – ein Institut, das das Gros der Forschungsarbeiten und Berechnungen durchführte (Prof. Kamm, Dr. Huber);

- die Junkers-Bessar-Betriebe sowie die Luftfahrtakademie Sotow (in Berlin), die sich hauptsächlich auf neue Torpedoantriebe spezialisierten (Prof. Holfsleber) und über sehr wertvolle Erfahrungen auf diesem neuen Gebiet verfügten;

- die Ingenieure Dipling und Schlefler aus Berlin, die früher Spezialmotoren für schnelle Sturmboote entwickelten und großes Wissen auf dem Gebiet der Erhöhung des Wirkungsgrades von Verbrennungsmotoren mitbrachten.

Auf welchem Prinzip basierte nun diese innovative Antriebsart?

Dieselmotoren, die im geschlossenen Kreislauf arbeiten, sind von ihrer Konstruktion her klassischen Dieselmotoren ähnlich, wobei der Treibstoff nicht mit Luft, sondern mit Sauerstoff vermischt wird, der aus dem Druck- bzw. dem Kryogensystem zugeführt wird. Die aufgrund der Verbrennung entstehenden Gase (Kohlendioxid und Wasserdampf) werden gekühlt, wodurch der Wasserdampf teilweise kondensiert und das übrige CO_2 sich leicht im Meerwasser löst. Erst in dieser Form verlassen die Verbrennungsprodukte das U-Boot, das nur noch über ein Antriebssystem verfügt (eventuell noch über einen zusätzlichen elektrischen Spezialantrieb zum langsamen „Heranschleichen"), das sowohl auf der Wasseroberfläche als auch unter Wasser verwendet wird. Auf diese Weise konnte die Schwimmzeit unter Wasser sogar bis auf mehrere Tage und im Falle der modernsten damaligen Projekte sogar bis auf mehrere Wochen ausgedehnt werden.

Kommandoturm eines versenkten U-Bootes vom Typ XXI – zu sehen sind zwei Flakdrehtürme mit einer Radarantenne dazwischen. (Foto: US Army)

Elektrische Motoren und massive Batterien durch Energiequellen mit einem deutlich höheren Wirkungsgrad zu ersetzen bringt also entscheidende Vorteile.

Zu diesem Zweck wurden Anfang der 1940er Jahre Motoren von Daimler-Benz, hauptsächlich vom Typ DB-501, modifiziert. 1942 wurden zwei U-Boote vom Typ IX-D umprojektiert, wobei die Originalmotoren der Firma MAN (jeweils zwei) mit einer Leistung von 2.000 – 2.500 PS durch neue, jedoch noch nicht modifizierte Motoren von Daimler-Benz ersetzt wurden. Diese

Unfertige Miniaturunterseeboote vom Typ *Seehund*. (Foto: US Army)

waren deutlich kleiner, und da jedes U-Boot mit sechs Stück ausgestattet werden sollte, war es notwendig zu prüfen, wie die Antriebskomponente am besten umzuprojektieren war. Auf diese Weise konnte in der Praxis die Konfiguration getestet werden, die der Zielkonfiguration am nächsten kam. So war es auch möglich, die Eigenschaften der künftigen Konfiguration abzuschätzen.

Wie sich herausstellte, stieg die Höchstgeschwindigkeit lediglich um 2 – 2,5 Knoten auf ca. 23 Knoten (auf der Wasseroberfläche), obwohl sich die Gesamtleistung von 5.000 PS auf 9.000 PS erhöhte.

Es war der erste Versuch, den neuen Antrieb an die Verwendung in Serienunterseebooten anzupassen, obwohl noch vor dem Abschluss dieser Arbeiten entschieden wurde, eines der U-Boote vom Typ XVII zu modifizieren, das als Erstes mit den endgültigen Motoren mit geschlossenem Kreislauf ausgestattet werden sollte (was sich jedoch in die Länge zog, weshalb dieses U-Boot niemals fertig gestellt wurde – es wurden lediglich einige Elemente des neuen Systems ohne die Motoren selbst installiert). Es erhielt die Kennzeichnung XVII-K. Vorgesehen war, dass dieses U-Boot 23 Tonnen Dieselkraftstoff und ca. neun Tonnen verdichteten Sauerstoff in 16 Flaschen mitführte, was je nach Geschwindigkeit einer Reichweite von etwa 1.100 – 2.600 Seemeilen auf dem Wasser entsprach. Die Reichweite unter Wasser würde hingegen bei einer Höchstgeschwindigkeit von 16 Knoten ca. 110 – 120 Meilen betragen. Dieses U-Boot, das noch schnell die taktische Kennzeichnung U-798 bekommen hatte, wurde von den Deutschen selbst Anfang Mai 1945 versenkt.

Es handelte sich natürlich nur um eine reine Testkonstruktion ohne Bewaffnung. Der erste Typ, in den die neuen Motoren serienmäßig eingebaut werden sollten, war das Miniaturunterseeboot *Seehund*, das nicht viel größer als ein Torpedo war. Dazu sollte sein Rumpf um einen Meter verlängert und die Behälter mit verdichtetem Sauerstoff durch Kryogentanks ersetzt werden, die viel einfacher zu handhaben waren. Der *Seehund* hatte nämlich eine sehr geringe Reichweite und der Sauerstoffverlust aufgrund der Verdampfung stellte kein wesentliches Problem dar. Dieses Projekt wurde jedoch ebenfalls nicht verwirklicht, und so kam keiner der im Dritten Reich gebauten Motoren des beschriebenen Typs je auf dem Meer zum Einsatz.

Die mit der neuen Idee verbundenen Forschungsarbeiten wurden jedoch fortgesetzt und lieferten trotz allem interessante Ergebnisse. So traten vor allem Probleme mit der Verwendung einer neuen Kraftstoffmischung bei den DB-501-Motoren zutage. Es wurde versucht, sie zu beseitigen sowie alle peripheren Vorrichtungen zu vervollkommnen und weiterzuentwickeln.

Dabei ging es u. a. um die Modifizierung der Hauptproblemquelle, und zwar des Systems zur Regulierung der Einspritzung von Dieselkraftstoff und Sauerstoff (in dem nicht immer Hochdruck herrschte – anfangs waren es 400 atm, im Laufe der Tankentleerung fiel der Druck jedoch auf 1 atm). Trotzdem musste das Verhältnis zwischen eingespritztem Treibstoff und Sauerstoff gleichbleiben.

Aufgrund des Wassers, das im verdichteten Sauerstoff vorhanden war, kam es zu Motorschäden. Auch die Sauerstoffdruckanlage, in der trotz der hohen Sorgfalt bei der Schweißnahtherstellung kleine Lecks festgestellt wurden, war technisch sehr schwierig umzusetzen. Keine Probleme gab es hingegen mit dem Abgasverdichter, der die Verbrennungsgase – natürlich auch in großen Tiefen – nach außen abführen sollte.

Auch ein spezieller Sauerstoffverdichter war in der Entwicklung, der es erlaubt hätte, auf einen Teil der Druckbehälter zu verzichten, da die Sauerstoffvorräte auf offener See aufgefüllt werden konnten.

Das ganze beschriebene Forschungsprogramm sollte die Konstruktion und die Aufnahme der Serienproduktion von einigen neuen Unterseeboottypen mit den Kennzeichnungen XXIX-K (hochseetauglich), XXXIII (küstentauglich, jedoch mit einer Unterwasserreichweite von 3.000 km!) und XXXIV (küstentauglich) ermöglichen. Die Unterwasserreichweite der beiden erstgenannten Modelle wäre zur Zeit des Zweiten Weltkrieges schockierend gewesen – sie wäre mindestens um ein Vielfaches größer als bei jeder beliebigen Konkurrenzlösung. Das zeigt nachdrücklich die Bedeutung des beschriebenen Konzepts.[72,74]

Zusammenfassend lässt sich fragen: Wie konnte es dazu kommen, dass trotz solch herausragender technischer Errungenschaften sich die Situation der Kriegsmarine nicht besserte? Das ist eine sehr interessante Frage, auf die nur wenige eine Antwort wissen. Allein von den U-Booten des Typs XXI wurden seit Juni 1944 bis zum April des darauffolgenden Jahres 118 Stück fertig gestellt (obwohl insgesamt 1.300 Stück bestellt worden waren) – keines davon schaffte es jedoch, auch nur ein einziges Schiff zu versenken. Das Hauptproblem lag darin, dass die beiden modernen Modelle XXI und XXIII viel komplexer als die Vorgängermodelle waren. Die Matrosen mussten hochqualifizierte Fachleute sein. Genau an ihnen fehlte es aber.

Die Ausbildung zog sich in die Länge und wurde nur in einer Einrichtung in Gdynia (Gotenhafen) durchgeführt. Am Ende wurden die meisten von ihnen (1.100 Personen) Anfang 1945 durch die sowjetische Januaroffensive in der Kesseljagd von Danzig/Gdynia eingeschlossen. Sie sollten auf dem Seeweg evakuiert werden; das Schiff, auf das sie gebracht worden waren, wurde jedoch versenkt. Es handelte sich dabei um die berühmte *Wilhelm Gustloff* …

Schiffe aus Beton

Eine andere interessante und wenig bekannte Tatsache im Zusammenhang mit der deutschen Kriegsmarine ist, dass im Rahmen der verzweifelten Versuche, die Flotte wieder aufzubauen, solch unglaublichen (und wohl sinnlosen) Konzepten wie dem Bau von Betonschiffen nachgegangen wurde. Sie waren jedoch keine reine Theorie. Die Werft, die damit beschäftigt war, befand sich in Darłowo (Rügenwalde) an der Ostseeküste. Noch heute sind die Rümpfe zweier solcher Schiffe Teil des Hafendamms in Darłowo; auf einer Militärkarte ist einer von ihnen mit einer Strichlinie als ein Körper mit den Abmessungen von 90 x 15 m eingetragen. Eine ähnliche Idee versuchte Göring einmal durchzusetzen. Zu der Zeit, als die alliierte Luftwaffe sich u. a. auf die Vernichtung von Lokomotiven als einen der „Engpässe" konzentrierte, legte der Reichsmarschall das Konzept der Massenproduktion von Betonlokomotiven vor.[13] Die Idee fand jedoch keinen Anklang, wobei es durchaus nicht bedeuten soll, dass die Führungskräfte des Dritten Reiches grundsätzlich nach rationalen Kriterien handelten. Davon zeugen schon solche Dilemmas wie der Me-262-Bomber gegen den Me-262-Jagdflieger, oder V2-Raketen gegen Flugabwehrraketen. Ein vergleichbares Beispiel sind superschwere Panzer.

In diesem Zusammenhang möchte ich an die Anmerkungen in meiner Einleitung erinnern.

Rückstoßfreie Waffen

Da wir nun schon bei den kuriosen Ideen angelangt sind, können wir auch noch kurz bestimmte interessante Konzepte im Bereich von Rohrwaffen, Munition und Raketen betrachten – obwohl sie im Vergleich zu den obenerwähnten entschieden sinnvoller erscheinen. Viele solche Beispiele finden sich u. a. bei den rückstoßfreien Waffen. Oft wird übersehen, dass selbst die *Panzerfaust* zur Zeit des Zweiten Weltkrieges trotz ihrer Einfachheit eine äußerst innovative Lösung war. Durch diese Waffe wurden hunderte, wenn nicht gar tausende feindliche Kampffahrzeuge zerstört. Sie war billig und simpel, denn sie bestand hauptsächlich aus einem überkalibrigen Geschoss, einer Zündladung und einem Werfer (Stahlrohr). Dennoch war das Funktionsprinzip an sich – dass der Rückstoß durch die am anderen Rohrende entweichenden Pulvergase kompensiert wurde –, etwas Neues und wurde erst im Zweiten Weltkrieg genutzt. Ähnlich innovativ war das Geschoss selbst: Bis zu diesem Zeitpunkt war es nie gelungen, mit einem langsam fliegenden Projektil eine 10–20 cm dicke Fahrzeugpanzerung zu durchdringen. Die Wende kam mit einer speziellen Sprengladung, dem sogenannten HEAT-Geschoss, das eine konische, mit Kupfer oder Stahl ausgekleidete Hülse besitzt – die sogenannte Hohlladungseinlage. Diese wird durch die Explosion verformt, wobei ein Strahl aus flüssigem Metall mit einer Geschwindigkeit von bis zu 10 km/s entsteht. Genau dieser Strahl durchdringt dann die Panzerung.

Besagtes Prinzip nun ermöglichte die Konstruktion einer ganzen Familie rückstoßfreier Waffen.

Ein Soldat mit dem *Panzerfaust*-60-Granatwerfer. (Foto: ADM)

Die rückstoßfreie Kanone ist eine leichte Spezialartilleriewaffe. Das Konzept kam lange vor dem Ausbruch des Zweiten Weltkrieges auf, die turbulenteste Entwicklung erfolgte jedoch erst um die Wende der 1930er und 1940er Jahre. Solche Lösungen wurden in verschiedenen Ländern entwickelt (u. a. in Polen kurz vor Kriegsausbruch durch den Ingenieur Czekalski), im Dritten Reich entstanden jedoch besonders viele Modelle.

In einem rückstoßfreien Granatwerfer ist das Rohr einfach von beiden Seiten offen, während das Geschütz einen Verschluss besitzt, der den Pulvergasen eine leichte Ausbreitung nach hinten erlaubt. Er dient ausschließlich dazu, das Geschoss im Rohr zu blockieren und die Sprengkapsel zu initiieren. Die Geschosshülse wird aus einem brennbaren Material oder aus dünnem perforiertem Blech hergestellt. Das Patronenlager ist so konstruiert, dass die Pulvergase den rudimentären Verschluss passieren (das Lager hat einen größeren Durchmesser als das Kaliber) und in den hinteren Teil des Rohrs gelangen, das in der Regel mit einer speziell profilierten Düse abgeschlossen ist.

Der *Panzerschreck*. (Foto aus der Sammlung des Autors)

Die fehlende Rückstoßkraft ermöglicht eine starke Vereinfachung der Konstruktion, u. a. durch den Verzicht auf die Rücklaufeinrichtung, was den Hauptvorteil einer rückstoßfreien Kanone ausmacht. Auf diese Weise steht der leichten Infanterie ein Ersatz für eine klassische Artilleriewaffe zur Verfügung, der z. B. durch Luftlandetruppen, Gebirgsjäger und Aufklärungsuntereinheiten genutzt werden kann. Sie werden dadurch in die Lage versetzt, befestigte Punkte des Widerstandes (Bunker) und Kampffahrzeuge des Gegners zu vernichten (seit dem Anfang der 1940er Jahre, d. h. seit der Einführung von HEAT-Geschossen, da die Projektilmündungsgeschwindigkeit der rückstoßfreien Kanone zu gering ist, als dass wirkungsvoll Kerngeschosse abgefeuert werden könnten).

Wir kommen also jetzt zum Hauptnachteil der rückstoßfreien Kanone: der geringen kinetischen Energie der Geschosse und damit auch der geringen effektiven Reichweite, die beim Geradeausschießen 1.000 m nicht überschreitet. Dies ergibt sich aus dem Funktionsprinzip selbst – der „Undichtigkeit" des Patronenlagers und der leichten Rohrkonstruktion.

Trotzdem war es damals eine fortschrittliche Waffe und für viele Anwendungen geradezu von unschätzbarem Wert. Davon zeugt schon alleine der „Boom", den man in diesem Bereich direkt nach Kriegsende beobachten konnte. Erst mehrere dutzend Jahre später begann diese Waffe aufgrund der Einführung mobiler Abschussrampen für gelenkte Panzerabwehrgeschosse allmählich an Bedeutung zu verlieren.

Die deutschen rückstoßfreien Kanonen aus der Kriegszeit können in zwei Hauptgruppen unterteilt werden: einmal die verhältnismäßig konventionellen Konstruktionen, die in das Waffenarsenal aufgenommen wurden, und zum anderen die weniger konventionellen, die über das Versuchsstadium auf dem Testgelände oder das Planungsstadium nicht hinauskamen.

Am interessantesten ist natürlich die zweite Kategorie.[75,76,77]

Es handelte sich dabei um folgende Projekte:

1. Eine 150-mm-Kanone, die vermutlich 1942 entworfen wurde (worauf die Kennzeichnung hindeutet) und eine Ergänzung der zwei obenerwähnten Typen darstellen sollte. Sie war unter den Bezeichnungen LG 42 und LG 292 Rh bekannt und wurde von denselben Spezialisten entwickelt, die die 75-mm- und 105-mm-Kanonen konstruiert hatten: Ingenieur Wind und Dr.

Biermann (der auch ein Geschoss mit einem Gewicht von 45 kg entwarf). Weder das Gesamtgewicht noch die Schussreichweite sind bekannt. Wir wissen lediglich, dass das Rohr 2.145 mm lang war und die Geschossmündungsgeschwindigkeit vermutlich 290 m/s betrug. Es wurden nur wenige Prototypen hergestellt.

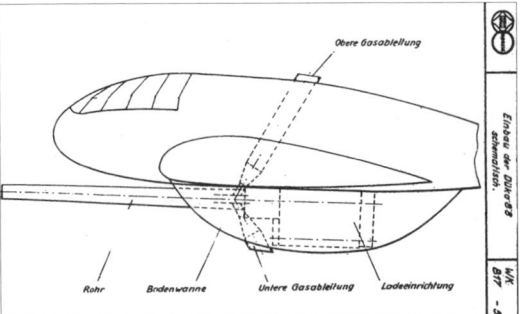

Originalzeichnung der Installation einer rückstoßfreien 88-mm-Kanone unter dem Rumpf eines Flugzeugs. (Zeichnung: Rheinmetall).

2. Die 88-mm-Kanone DKM-43, in Sommerda für die Kriegsmarine als mögliche Bewaffnung für Patrouillenkutter und andere kleine Einheiten entwickelt. Ihr Rohr war 2,8 Meter lang und das Gesamtgewicht betrug 350 kg. Die Reichweite ist nicht bekannt, die hohe Geschossmündungsgeschwindigkeit (600 m/s) deutet jedoch auf eine Schussreichweite von über 10 km hin. Schussversuche auf dem Testgelände verliefen positiv, die Kanone ging jedoch nicht in Serienproduktion.

Sie hatte eine ungewöhnliche Konstruktion, die sich gänzlich von anderen rückstoßfreien Kanonen unterschied.[78] Ziel war es, die existierende, äußerst bewährte Flugabwehr-/Panzerabwehrkanone dieses Kalibers zu modifizieren. Wäre es möglich, sie in eine rückstoßfreie Kanone umzuwandeln, ohne die bisherigen grundsätzlichen Konstruktionseigenschaften zu verändern?

Es stellte sich heraus, dass das möglich war.

Hinter die Kanone wurde einfach ein zweites Lager platziert, in dem beim Abfeuern eine zweite Ladung explodierte, und der daraus entstehende Rückstoß kompensierte den Kanonenrückstoß. Ein unlösbares Problem stellte jedoch die Situation dar, in der die beiden Explosionen nicht genau synchronisiert werden konnten bzw. eine Ladung nicht gezündet wurde.

3. Als Entwicklungsversion der obigen Konstruktion war eine Flugzeugkanone (!) desselben Typs vorgesehen, die die gleiche Munitionsart abfeuern sollte. Als sich jedoch herausstellte, dass sie zu schwer war und das Flugzeug einer solch starken Explosion nicht standhalten konnte (es ging natürlich hauptsächlich um den Gasstrahl hinter der Kanone), wurden die Arbeiten unterbrochen. Die Versuche wurden auf dem Testgelände bei Treuburg mit einem modifizierten Flugzeug vom Typ Ju-87c durchgeführt. Es beschoss verschiedene Panzer, die auf dem Testgelände aufgestellt worden waren. Als die rückstoßkompensierende Ladung bei einem Flug jedoch nicht explodierte, wurde es stark beschädigt. Ein Teil des stromlinienförmigen Kanonengehäuses wurde nach hinten gedrückt und beschädigte das Flugzeugheck.[78]

4. Eine schwere rückstoß-
freie 280-mm-Kanone,
die 1944 für die Kriegs-
marine entwickelt
wurde. Sie sollte zur
Küstenverteidigung
vor der geplanten
Truppenlandung in
Frankreich dienen,
war als Bewaffnung
der schweren Bunker
vorgesehen und sollte
sage und schreibe 28
Tonnen wiegen! Da
die Truppenlandung
vor dem Abschluss
der Arbeiten stattfand,
wurden diese abge-
brochen. Das Projekt
bekam die Kennzeich-
nung DKM-44 (Düsen-
Kanone-Marine, Mo-
dell von 1944).

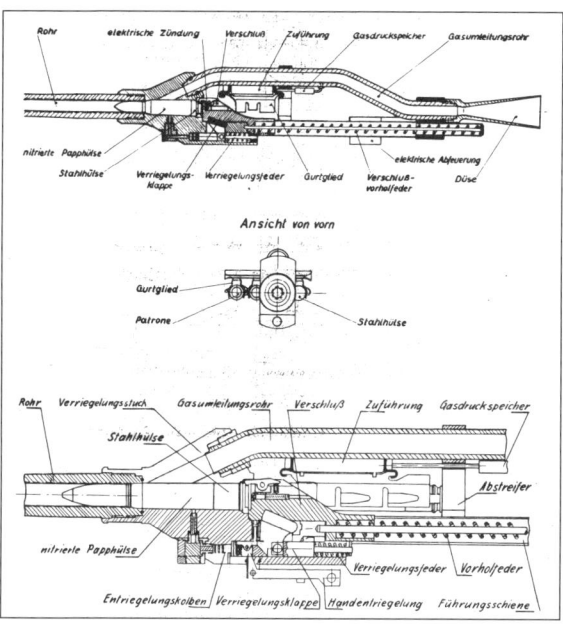

Originalquerschnitte der automatischen rückstoßfreien MK-115-Maschinenkanone.

Die obigen unvollendeten Projekte stellen eher eine Suche nach einer optimalen Verbindung der Vorteile von rückstoßfreien Kanonen mit den Vorzügen anderer Arten von Artilleriebewaffnung dar. Sie zählen nicht zu den wirklich bahnbrechenden Errungenschaften, die es jedoch auch gab …

Damit ist die rückstoßfreie automatische Schnellfeuerkanone gemeint, die in den letzten Kriegsjahren als bordeigene Flugzeugbewaffnung entworfen wurde und in den Flugzeugtragflächen montiert werden sollte. Es handelt sich also um die Verwirklichung eines gänzlich ungewöhnlichen und umso bahnbrechenderen Konzepts, da für diese Waffe spezielle Patronen mit teilweise selbstverbrennender Hülse (mit Zellulosenitrat getränkte Pappe) entworfen wurden. Lediglich der Hülsenboden, der den hinteren Teil des Patronenlagers während der Schussabgabe abdichtete, war aus Metall. Diese Maschinenkanone bekam die Kennzeichnung MK-115.

Den Ausgangspunkt für die Arbeiten bildeten die Forschungsergebnisse zu einer früheren, experimentellen rückstoßfreien 50-mm-Flugzeugkanone sowie die folgenden Vorgaben des Luftwaffenministeriums:

• Kaliber: 55 mm

• Projektilmündungsgeschwindigkeit: 600 m/s

• Projektilgewicht: 1,5 kg;

- minimale Feuergeschwindigkeit: 300 Schuss/min

- Verwendung von Kohlenstoffstahl

- Zuführung: rechts- oder linksseitig

- Schussinitiierung: elektrisch

- Möglichkeit, die Hülsenböden wieder in den Patronengurt zu stecken

Die Firma Rheinmetall-Borsig nahm sich der Aufgabe an und stellte ein Projekt für eine Maschinenkanone mit folgenden Eigenschaften vor:

1. Das Hauptmotto war Einfachheit, auch aus technologischer Sicht. Daher war das Rohr als Monoblock ausgeführt und durch ein Gewinde mit einem gegossenen Patronenlager verbunden.

2. Die Hauptkomponente der Waffe war das Patronenlager, mit dem das Rohr, der Verschlussblock, die Nachlade- und Zuführungsmechanismen, das zum Abführen der Pulvergase verwendete Gasumleitungsrohr u. Ä. verbunden waren.

3. Auch der Verschluss war als Monoblock ausgeführt und aus gewöhnlichem Kohlenstoffstahl gegossen. Die Patronen wurden elektrisch abgefeuert.

4. Eine der originellsten und einzigartigsten Lösungen war das Zuführungssystem für die Waffenautomatik. Der Schuss wurde mit verriegeltem Rohr abgegeben, was bei dieser Patronenenergie natürlich unabdingbar war (verriegelt in der klassischen Bedeutung des Wortes, siehe Punkt 5). Es wurde der sogenannte halbstarre Verschluss verwendet – sein Rückstoß wurde durch eine spezielle Vorrichtung verzögert, die durch die seitlich durch eine Öffnung im Patronenlager abgeführten Pulvergase ausgelöst wurde (die Hülse dichtete das Patronenlager ja nicht auf seiner ganzen Länge ab). In der mit dem Patronenlager verbundenen Gasleitung befand sich ein kleiner Metallkolben, dessen Trägheit für die notwendige Verzögerung bei der Rohrentriegelung sorgte. Dieses System funktionierte also ganz anders als die allgemein bekannte Vorrichtung (die z. B. bei automatischen Karabinern genutzt wurde, so auch beim MP-43-Sturmgewehr, das ungefähr zur gleichen Zeit, also 1943, in die Produktion ging), deren Funktionsprinzip auf der Abführung von Gasen durch eine seitliche Rohröffnung beruht. Diese wird zur genau definierten Zeit ausgelöst, nämlich wenn das Geschoss die seitliche Rohröffnung passiert. Bei der MK-115-Maschinenkanone kam der Entriegelungsimpuls sofort, und die Feuergeschwindigkeit hing ausschließlich von der Trägheit des Kolbens und des Verschlusses ab. Ein Grund, sich für diese Lösung zu entscheiden, war, dass so der Zugang zum Patronenlager nicht durch die (durchbrennende) Hülse eingeschränkt wurde. Vorrangig ging es aber darum, dass der Nachladezyklus relativ schnell erfolgt, da im Gegensatz zu automatischen Karabinern der Druck der Pulvergase bis zum Austritt des Geschosses nicht besonders stabil bleibt, weil das Rohr von Anfang an offen

ist. Dafür sorgte das Gasumleitungsrohr, das für die Rückstoßkompensierung verantwortlich war (es war mit einer Düse abgeschlossen, die sich in der verlängerten Rohrachse befand). Auf diese Weise wurde der Verschlussrückstoß direkt durch den Hülsenboden bewirkt, auf den die Pulvergase einwirkten, und nicht (wie bei den Karabinern) durch die Kolbenstange, die durch die aus der seitlichen Rohröffnung abgeführten Gase versorgt wird. Der Verschluss entfernte nach dem Schuss den Metallhülsenboden, entnahm während der Rückbewegung, die mit Hilfe einer Feder erfolgte, die nächste Patrone und führte sie in das Patronenlager ein.

5.   Auch das Problem der Entfernung von Blindgängern (fehlerhaften Patronen) aus dem Rohr wurde auf eine interessante Weise gelöst. Im Verbindungsrohr zwischen dem Patronenlager und der hinten eingebauten Düse befand sich eine kleine Öffnung, die zum Druckbehälter führte, in dem ein Teil der Pulvergase unter Druck gehalten wurde. Bei Bedarf versorgte dieser Behälter das für das Nachladen verantwortliche Druckluftsystem, das elektrisch ausgelöst wurde.

Vor Kriegsende wurde nur ein Prototyp der MK-115-Maschinenkanone gebaut und teilweise getestet. Die Versuche erfolgten natürlich ausschließlich am Boden. Die Deutschen kamen lediglich zu dem Ergebnis, dass die Waffe funktionierte und tatsächlich keinen messbaren Rückstoß erzeugte. Es wurde ausschließlich mit Einzelpatronen geschossen, da sich während der automatischen Ladeversuche herausstellte, dass der Hülsenboden zu schwach mit dem brennbaren Teil der Hülse verbunden war, was zur Beschädigung der Patronen führte. Die Zeit reichte nicht mehr, diesen Fehler zu beheben …

Es wurde auch nicht untersucht, wie der Luftstoß und die Stoßwelle, die hinter der Maschinenkanone nach der Schussabgabe erzeugt werden, die Konstruktion und die Triebwerke des Flugzeugs beeinflussen – diese Waffe war ja für die eventuelle Nutzung in Flugzeugen vorgesehen.

Diese Maschinenkanone wäre zwar eine komplizierte, aber trotzdem attraktive Alternative zu ungelenkten Raketenwerfern. Als Vorteile wären vor allem eine größere Treffgenauigkeit (die Geschosse werden aus einem gezogenen Rohr mit einer höheren Anfangsgeschwindigkeit als Raketen abgefeuert) und höhere Feuergeschwindigkeit zu erwarten, was die Wahrscheinlichkeit, das Ziel zu treffen, erhöhen würde.[75-77]

Generell gesagt stellten sich rückstoßfreie Waffen als sehr wertvoll heraus. Nur dank dieser Waffen hatte die deutsche Infanterie bis zum Kriegsende eine in großen Zahlen hergestellte und wirkungsvolle Panzerabwehrwaffe zur Verfügung, trotz ständiger Erhöhung der Stärke der Kampffahrzeugpanzerung. Damit setzte sie sich deutlich von allen anderen damaligen Armeen ab.

Eine wichtige und vergleichbar wirkungsvolle Ergänzung dieser Waffe stellten Raketenpanzerbüchsen vom Typ *Panzerschreck* dar.

Ungewöhnliche Ideen

Eine Quelle vieler wichtiger Daten über weniger konventionelle deutsche Konzepte ist das Archiv des Reichsforschungsrates.[79] Eines der Dokumente beinhaltet u. a. Informationen über eine bisher unbekannte Variante der erwähnten Waffe.

Dieses Dokument ist hochinteressant und fand seinen Weg ins Archiv des „Rates" aus der Technischen SS- und Polizeiakademie. Es ist auf den 18. Januar 1945 datiert und beinhaltet eine Aufzählung vieler verschiedener Typen damals moderner Waffen, wobei im Teil „A" diejenigen beschrieben sind, deren Entwicklung abgeschlossen worden war, und im Teil „B" diejenigen, die immer noch in der Entwicklung standen. Dieses Dokument finden Sie ungekürzt auf den nächsten Seiten, mein Kommentar bezieht sich jedoch nur auf die interessantesten Auszüge.

Punkt A-3 beinhaltet eine eher kuriose Information über die Raketenpanzerbüchse *Panzerschreck*. Dort steht:

> „Angeregt durch die Entwicklungsarbeiten des Flammenwerfers [Punkt A-2] aus Pappe [imprägniert?] hat die Akademie die Entwicklung betrieben, Rohr und Schutzschild des *Panzerschrecks* aus Pappe zu fertigen. Die Entwicklung ist abgeschlossen. Die aus Pappe gefertigten Geräte entsprechen allen gestellten Anforderungen durchaus befriedigend. Das aus Pappe gefertigte Gerät ist sogar gegen Deformieren durch Stoß oder Druck widerstandsfähiger als das Blechgerät [der Werfer war aus 2,5 mm dickem Stahlblech angefertigt]. Durch die Umstellung auf Pappe wird eine Gewichtsverminderung von zwei Kilogramm und eine Einsparung von 5,5 kg an Metall pro Gerät erreicht."

Der *Panzerschreck* war eine leichte, jedoch sehr wirkungsvolle Panzerabwehrwaffe der Infanterie. Das mit einem HEAT-Sprengkopf versehene Raketengeschoss durchdrang bis zu 220 mm dicke Stahlpanzerungen, wodurch alle damalig vorhandenen Panzer zerstört werden konnten (Kaliber: 88 mm). Die Waffe war darüber hinaus einfach und billig, was eine Verwendung in sehr großen Stückzahlen erlaubte. Dies bestätigt u. a. eine Analyse aus dem Jahr 1951:[19]

> „Das ganze Geschoss ist ungewöhnlich leicht und kann sehr billig aus Elementen hergestellt werden, die keiner Oberflächenbearbeitung bedürfen (mit Ausnahme der Zünderfassung und der Gewindeverbindung). Das Fehlen jeglicher exakter Passungen erlaubt die Massenproduktion von Pressteilen."

Im weiteren Teil des R2-Dokuments finden wir unter Punkt A-5 die nächste interessante Information. Dort wird ein Zünder beschrieben, der für Sabotageakte verwendet werden sollte und bei Dunkelheit auslöste. Er sollte samt der Sprengladung an Züge angebracht werden – die Explosion würde beim Hereinfahren des Zuges in einen Tunnel erfolgen. Auf diese Weise könnten sowohl der Zug als auch der Tunnel zerstört werden. Unter Punkt B-1 wird hingegen ein anderer, barometrischer Zünder (Druckzünder) beschrieben. Er sollte hauptsächlich für Eintonnenbomben verwendet werden, die zur Bombardierung feindlicher Bomberformationen dienten.

Technische H - und Polizei-Akademie   Brünn, den 18. Januar   1945.

R2A

Geheime Reichssache!
zu Tgb z 966/15 (g.Rs.)

Anlage.

A. Abgeschlossene Arbeiten.

1. MG-Lafette mit Fahrgestell.

Die Lafette mit Fahrgestell ist am 12. und 13. Dezember 1944 in Suhl dem Sonderausschuss Infanteriewaffen vorgestellt worden und hat sich beim Beschuss sowohl mit dem MG 34 als auch MG 42 bewährt. Z.Zt. wird vom Heereswaffenamt die Lafette auf Truppenbrauchbarkeit geprüft.

2. Einstossflammenwerfer.

Der von der Akademie zusammen mit dem Heereswaffenamt entwickelte Einstossflammenwerfer befindet sich in Grossfertigung. Die Akademie hat nunmehr die Entwicklung dahingehend weiter betrieben, dass der Einstoss - flammenwerfer statt aus Blech aus Pappe gefertigt wird. Die abgeschlossenen Versuche haben ergeben, dass die Ausführung aus Pappe allen Anforderungen entspricht.

Die Metalleinsparung beträgt pro Werfer 485 g bei einem Gesamtgewicht des Werfers von 1625 g.

3. Panzerschreck.

Angeregt durch die Entwicklungsarbeiten des Flam - menwerfers aus Pappe hat die Akademie die Entwicklung betrieben, Rohr und Schutzschild des Panzerschrecks aus Pappe zu fertigen. Die Entwicklung ist abgeschlossen. Die aus Pappe gefertigten Geräte entsprechen allen ge - stellten Anforderungen durchaus befriedigend. Das aus Pappe gefertigte Gerät ist sogar gegen Deformieren durch Stoss oder Druck widerstandsfähiger als das Blechgerät. Durch die Umstellung auf Pappe wird eine Gewichtsvermin- derung von 2 kg und eine Einsparung von 5,5 kg an Me- tall pro Gerät erreicht.

4. Mehrstossflammenwerfer.

Die Entwicklung eines Einkessel-Mehrstossflammen- werfers für 8-10 Flammstösse wurde abgeschlossen. Es wurde an Stelle des mit Stickstoff gefüllten Druckbehäl- ters eine Pulverpatrone verwendet, die sich im Ölbehälter des Werfers befindet und durch einen Abreisszünder be- tätigt wird.

Dieses mittels Pulverdruck arbeitende Mehrstoss - flammenwerfergerät ist fertigungs-, bedienungs- und schubmässig (Fortfall der Stickstoffflasche) sehr viel einfacher als das Stosstruppgerät 41.

R2B

— 2 —

5. **Verdunklungszünder.**

Für den Sicherungsdienst wurde ein Lichtschalter für Sabotagezwecke entwickelt, der eine Sprengladung bei Eintritt der Dunkelheit zum Entzünden bringt (z.B. zum Sprengen von Tunnels usw.).

6. **Entlastungsmine.**

Die Entlastungsmine ist eine Mine, die, wie der Name sagt, dann zur Auslösung kommt, wenn ein auf ihr liegender Gegenstand entfernt wird. Sie eignet sich besonders für Sabotagezwecke, Verminung von Häusern und dergleichen. Für die Verwendung dieser Mine ergeben sich, auf Grund ihrer Konstruktion, unzählige Möglichkeiten.

Die Entlastungsmine ist dringend von den H-Jagdverbänden gefordert worden. Der Vorläufer dieser Mine war sprengstoffmässig gesehen leichter und hat sich bereits in Einsatz bewährt.

Von der Akademie ist die Fertigung von monatlich 100 – 200 Stück aufgenommen worden. Die ersten 100 Stück werden am 17.1.1945 ausgeliefert.

B. **In Entwicklung befindliches Gerät.**

1. **Barometrischer Zünder.**

Diese Zünderart ist seit langer Zeit bekannt, konnte aber wegen zu grosser Ungenauigkeit bisher nicht mit Erfolg eingesetzt werden.

Es gelang in wenigen Wochen in Zusammenarbeit mit O.K.L. einen voll brauchbaren Zünder zu entwickeln.

Verwendung: a) Bekämpfung feindlicher Pulks durch Abwurf von 1000 kg-Minenbomben.

Bedienung des Zünders ist derart vereinfacht worden, dass der Pilot lediglich Höhe des feindlichen Pulks, aber in einem Abstand von diesem, einen elektrischen Kontakt zu betätigen hat. Er kann dann einer beliebigen Zeit und aus beliebiger Höhe seine Minenbombe abwerfen. Sie wird genau in Höhe der feindlichen Maschinen knallen.

b) Für alle Geschosse, die in einem bestimmten Abstand vom Erdboden zum Zerknallen gebracht werden sollen.

Z.Zt. finden Abwurfversuche statt mit einer Maschine des Baumusters Me 262.

2. **Stahlvergütung.**

Durch ein neu entwickeltes, sehr einfaches Wärmebehandlungsverfahren

R2C

handlungsverfahren ist es gelungen, die Zähigkeit von chrom- usw. armen Stahlen wesentlich zu verbessern.

2 cm-Geschützrohre, die nach bisherigen Härteverfahren bei 5 g Sprengstoff aufrissen, hielten nach dem neuen Verfahren bis 11,5 g.

Das Verfahren wird z.Zt. in Zusammenarbeit mit Ministerium Speer und Heereswaffenamt fabrikationsreif gemacht.

3. Munitonswirkung im Ziel.

Auf Veranlassung des Heereswaffenamtes und des O.K.L. wird das Eindringen von verschiedenen Geschossformen im Ziel mit neuartigen Mitteln untersucht. Wichtig für Verbesserung der Munition und für die Vereinfachung von Abwehrkonstruktionen.

Für Kaliber vis 10,5 cm und mittlere Auftreffgeschwindigkeiten werden Ergebnisse in Kürze vorliegen.

4. Beton-Handgranate und Papp-Handgranate.

Angeregt durch den Engpass Sprengstoff wurde die Entwicklung von Handgranaten aufgenommen, die bei gleicher Splitterwirkung mit weniger Sprengstoff auskommen.

1. Ausführung Splitterbeton.

Der Handgranatenkörper wird aus einer Mischung von Beton und Schrottabfällen gegossen und benötigt zur Zerlegung wegen des geringen Energieaufwandes zum Zerreissen der Hülle und der bereits fertigen Splitter etwa 1/2 bis 1/3 (80-40 g) von der sonst in der Stielhandgranate benötigten Sprengstoffmenge (180 g). Bei dem Vergleich der Beton-Handgranate und der normalen Handgranate hat sich gezeigt, dass mit einem Splittergewicht von ca. 300 g bei 50 g Sprengstoff die Wirkung der Beton-Handgranate der normalen Handgranate überlegen war. Der Nachteil besteht im Gewicht der Granate. Bei Wurfversuchen lag die Reichweite etwa 10 m kürzer. Der Vorteil dieser Beton-Granate besteht darin, dass sie leicht in Heimarbeit herzustellen ist und so für Volkssturmverbände besonders gut geeignet ist. Sie lässt sich in Verbindung mit dem Zugzünder 23.42 auch als Schützenmine verwenden. Bei dieser Verwendung spielt das Gewicht keine Rolle.

2. Papp-Handgranate.

Zu der Ausführung der Handgranate in Pappe ist bis auf das Gewicht das Gleiche wie zu der Ausführung aus Beton zu sagen. Die Papp-Handgranate benötigt voraussichtlich bei gleichem Gewicht wie die eingeführte Stielhandgranate nur etwa 1/3 Sprengstoff bei gleicher Spreng- Splitterwirkung.

Durch diese Entwicklungen wird ausser der Einsparung an Walzblech- und Sprengstoffkapazität wegen der einfachen Fertigung die Produktion wesentlich gesteigert.

R2D

– 4 –

**5. Wesentliche Erhöhung der Anfangsgeschwindigkeit
von Geschossen.**

Auftrag des Reichsluftfahrtministeriums.
Es sind zwei Wege beschritten worden und zwar:

a) Geschoss mit Kaskaden-Kartusche,
d.h. ein Artillerie-Geschoss wird mit mehreren Kartuschen versehen, die nacheinander im Geschützrohr zur
Zündung gebracht werden. Die erste Kartusche wird wie
üblich gezündet, die weiteren, die ja mit dem Geschoss
mitfliegen, müssen durch die Rohrwand des Geschützes
hindurch gezündet werden.

Die Versuche haben ergeben, dass durch einen In-
duktionsstrom eine einwandfreie Zündung durch die Rohrwand hindurch möglich ist.

b) Antrieb durch Detonationsgase.
Ersatz des Pulvers zum Antrieb durch Sprengkörper.
Die Schwadengeschwindigkeit der Detonationsgase liegt
bei 4-5000 m/sec.

Die Versuche sind sehr schwierig; es scheint aber
mit Hilfe von Hohlraumsprengkörpern eine Lösung möglich
zu sein.

6. Kraftstoff-Kanone.

Hierunter wird eine Waffe verstanden, die an Stelle
von Pulver mit Diesel- oder Otto-Kraftstoff unter Zusatz
von Sauerstoff genau wie ein Motor arbeitet, nur wird an
Stelle des Kolbens ein Geschoss vorwärtsgetrieben.

Gelingt es, eine ausreichende Beschleunigung des Geschosses zu erreichen, so sind die Vorteile sehr gross z.B.

einfache Konstruktion,
geringer Energiebedarf,
Wegfall der Kartusche,
Wegfall des Zündhütchens,
grössere Schussgeschwindigkeit.

7. Automatische Pistole mit kartuschfreier Munition.

Die Entwicklung einer solchen Waffe wird besonders
vom Sicherheitsdienst gefordert.

Bei dieser Waffe handelt es sich im wesentlichen um
eine Pistole, die voll automatisch schallgedämpft schiesst.
Bei den bisherigen Konstruktionen war ein automatisches
Schiessen nicht möglich, da beim Öffnen des Verschlusses
die Waffe unverändert knallt. Zur Erreichung des gewünschten
Zieles musste also gesorgt werden, dass die Waffe während
ihrer Funktion vollkommen geschlossen bleibt. Diese Bedin-
gung kann nur dadurch erfüllt werden, dass eine Munition
verschossen wird, die ohne Rückstand (Kartusche) das Rohr
verlässt – kartuschfreie Munition – Die Munition ist nach
dem Prinzip der Rakete aufgebaut.

Der Stand der Arbeiten ist so weit, dass im Januar/Fe-
bruar der Beschuss erfolgen sollte. Die Vorversuche brachen ein positives Ergebnis.

R2E

— 5 —

Die Forderung einer solchen Waffe ist deswegen gestellt worden, weil bei irgendwelchen Unternehmungen mit
dieser Bewaffnung oft der zweite, dritte und vierte Schuss
notwendig wird.

8. Pionier-Zugzünder ZZ 42.

Der bei der Wehrmacht eingeführte Pionier-Zugzünder
besteht aus einem Bakelit- bzw. Stahlgehäuse. Der Zünder
wird als Zug- und Zerschneidezünder verwendet. Von der
Akademie ist die Entwicklung betrieben worden, das Gehäuse
dieses Zug- und Zerschneidezünders aus Pappe zu fertigen,
wodurch Bakelit bzw. Stahl eingespart wird.

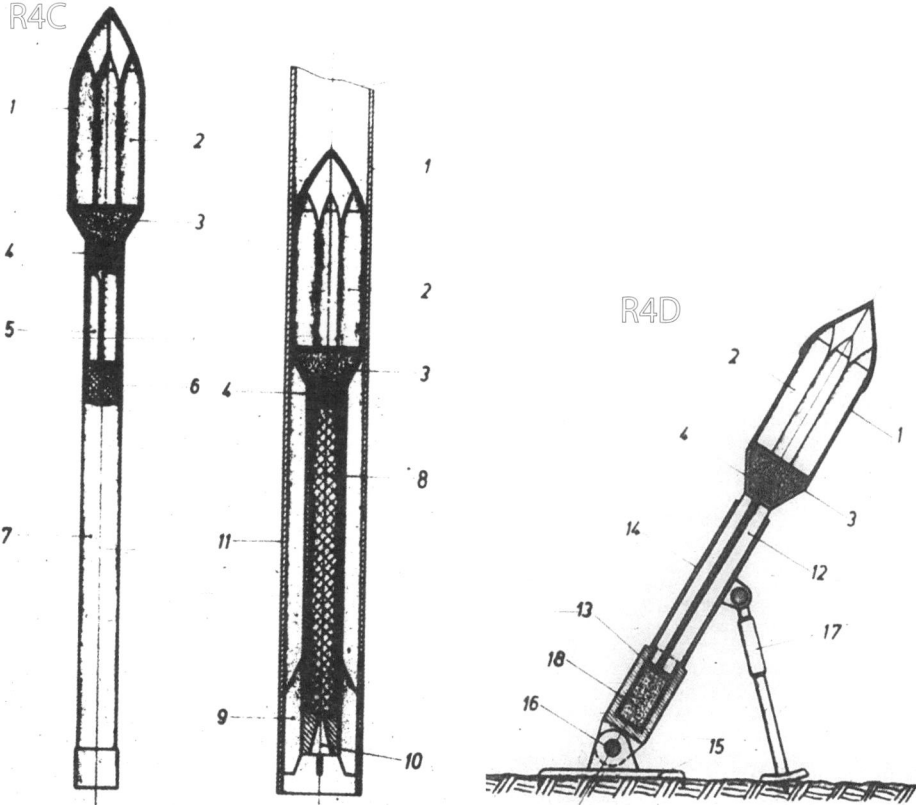

R2F

002404

B e r i c h t über die Besprechung bei GL-Flak E
am 22.8.1944 in Berlin.

Gegenstand der Besprechung: Die Erzielung einer hohen V_0 durch
neuartige Waffen.

Von den in der letzten Besprechung im Juni behandelten Möglichkeiten
wurden neuerdings behandelt:

Progressive Pulverladung: Die Entwicklung leidet unter geringfügigen Herstellungsschwierigkeiten, so dass praktisch nichts geschieht.
Erhofft wird eine V_0-Steigerung auf 2000 m/sek. durch die Mischung
von Pulver und zeitlich nachdetonierendem Sprengstoff.

Mehrfach-Ladungen: Die Anwendung von mehreren nacheinander zur Entzündung zu bringenden Pulverladungen würde ausführlich besprochen,
doch scheint ein Erfolg nur bei Verwendung extra langer Rohre, d.h.
der Entwicklung eigener Geschütze gegeben zu sein. Praktisch geschieht auf diesem Gebiet nichts.

Wasserstoff-Kanone: Ein von Prof. Reyner entwickeltes Wasserstoff-
Geschüts wird bei der Technischen Akademie der SS in Brünn Vorversuchen unterzogen, die gegenüber Pulvertreibmitteln eine Wirkungsgradverbesserung von 1 : 1,7 ergaben. Man erwartet eine V_0 von
1600 m/sek. Die Fertigstellung einer Erprobungsreifen-Konstruktion
dürfte aber noch 6 bis 9 Monate dauern.

F-Mine: Prof. Schardin berichtete über die weitere Entwicklung seiner Mine, deren Wirkungsgrad mit 30 - 40 % bereits den von Geschützen erreicht hat. Die tatsächlichen Fluggeschwindigkeiten der Stahlscheiben liegen wohl weit unter den 3000 m/sek. der Modellversuche
bei 1800 m, doch konnte er einen neuen Effekt studieren. Statt der
homogenen Scheibe verwendete er eine aus 120 Stückchen bestehende
Einlage, die bei Detonation in ganz engen Streuwinkel mit ca 2000
m/sek. abgeschossen wurden, also eine ideale Schutwirkung für Schrapnellgeschosse ergaben. Die weitere Entwicklung der F-Mine soll nun
mit uns in Richtung einer Jäger-Mine zur Bomberbekämpfung mit Brandschrapnell's erfolgen. Konstruktiv und fertigungstechnisch wurden
eine Reihe von zu bearbeitenden Aufgaben mit einzelnen Sachbearbeitern von GL-Flak durchgesprochen.

Lindau, den 24. August 1944
Dr.Dee/Si.

R4A

BLATT 2

PATENTANSPRÜCHE

1. Waffe insbesondere zur Bekämpfung von Flugzeugen dadurch
   gekennzeichnet, daß das Geschoß aus einem eine Mehrzahl
   von Einzelgeschossen aufnehmenden stromlinienartig ge -
   stalteten Hohlkörper besteht, der aus einem Rohre mittels
   eines Treibsatzes, eines Raketenantriebes oder einer
   Treibladung ausgestoßen und nach dem Zielraum überführt
   wird.

2. Waffe nach Anspruch 1 dadurch gekennzeichnet, daß der die
   Einzelgeschosse aufnehmende Hohlkörper an seinem rückwärtigen Ende ein Leitwerk trägt, das in ein mit einem Treib-
   satz ausgestattetes Abschußrohr eingesetzt ist (Figur 1).

3. Waffe nach Anspruch 1 dadurch gekennzeichnet, daß der
   die Einzelgeschosse aufnehmende Hohlkörper an seinem
   rückwärtigen Ende einen Raketenantrieb mit Leitflächen
   trägt, wobei der Abschuß aus einem Führungsrohr heraus
   erfolgt. (Figur 2)

4. Waffe nach Anspruch 1 dadurch gekennzeichnet; daß der
   die Einzelgeschosse aufnehmende Hohlkörper an seinem
   rückwärtigen Ende ein Führungsstück und daran anschlies-
   send einen Treibspiegel trägt, wobei der Abschuß aus
   einem Rohr mittels einer Treibladung erfolgt (Figur 3).

5. Waffe nach Anspruch 1 bis 4 dadurch gekennzeichnet, daß
   das Abschußrohr als Handwaffe ausgebildet ist.

6. Waffe nach Anspruch 1 bis 4 dadurch gekennzeichnet, daß
   das Abschußrohr auf einem Gestell mittels Richtmitteln
   einstellbar nach Art eines Werfers oder Düsengeschützes
   angeordnet ist.

7. Waffe nach Anspruch 1 bis 6 dadurch gekennzeichnet, daß
   der die Einzelgeschosse aufnehmende Hohlkörper einen
   Sprengsatz mit einem einstellbaren Zeitzünder enthält.

R4B   B L A T T 10

8. Waffe nach Anspruch 1 bis 7 dadurch gekennzeichnet, daß
   das Gehäuse für die Einzelgeschosse mehrteilig ist und
   bei Erreichen des Zielraumes zwecks Freigabe der Einzel -
   geschosse zerteilt wird.

9. Waffe nach Anspruch 1 bis 8 dadurch gekennzeichnet, daß
   die Einzelgeschosse in an sich bekannter Weise mit ei -
   genen Treibsätzen ausgerüstet sind, unter deren Einwirkung die Geschosse im Zielraum kreisende, spiralförmi -
   ge oder hin- und hergehende Bewegungen ausführen.

10. Waffe nach Anspruch 1 bis 8 dadurch gekennzeichnet, daß
    die Einzelgeschosse bei evtl. Verfehlen des Zieles durch
    die Wechselwirkung ihrer eigenen Schwere und weiterer
    Kraftimpulse ihrer eigenen Treibsätze mehrfach erneut
    an das Ziel herangebracht werden.

11. Waffe nach Anspruch 9 bis 10 dadurch gekennzeichnet,
    daß bei Nichtzustandekommen eines Aufschlags durch
    Auftreffen des Geschosses auf das Ziel nach Beendigung
    des Abbrandes des letzten Teiles des Treibsatzes das
    Geschoß selbsttätig durch Entzündung seines Sprengsat-
    zes zerlegt wird.

Es wird angegeben, dass Versuche mit der Me-262 durchgeführt wurden. Ich weiß nicht, ob dieses Konzept verwirklicht werden konnte, eine Eintonnenbombe hätte jedoch tatsächlich einen ganzen Bomberverband vernichten können. Dort steht auch, dass dieser Zünder viel präziser als die bisherigen sei.

Die weiteren Abschnitte des Dokuments beinhalten nicht nur Kurioses, sondern vor allem Informationen über Waffen, die die Bezeichnung „bahnbrechend" voll und ganz verdienten. Punkt B-5 beschreibt eine neue Kanonenart, die als Alternative für die berühmte V3 gedacht war – eine Mehrkammerkanone aus Międzyzdroje (Misdroy). Diese komplizierte Vorrichtung bewährte sich jedoch nicht, die Konstruktion war darüber hinaus falsch berechnet und hielt den Solldruck nicht aus.

Punkt B-5 beschreibt aber auch eine Lösung, die einen viel sinnvolleren Eindruck macht. Diese Kanone würde sich äußerlich nicht viel von einer klassischen Langstreckenkanone unterscheiden, obwohl viele Pulverladungen vorgesehen waren, die nacheinander initiiert werden sollten. Sie würden sich zusammen mit dem Geschoss in speziellen Behältern bewegen und elektrisch gezündet werden, und zwar induktiv (durch die Rohrwand hindurch). Um die Geschossmündungsgeschwindigkeit zu erhöhen, wurde sogar erwogen, das Pulver durch einen speziellen brisanten (detonierenden) Sprengstoff zu ersetzen, da dadurch eine Erhöhung der Gasausdehnungsgeschwindigkeit auf bis zu 4.000 – 5.000 m/s hätte erreicht werden können. Dieses Forschungsprojekt ist praktisch unbekannt und leider wurden keine genaueren technischen Daten angegeben …

In einem der beiliegenden Dokumente (R2F) wird außerdem eine Kanone beschrieben, bei der Wasserstoff als Agens zur Geschossbeschleunigung beschrieben wird. Diese Versuche wurden von Prof. Reyner, ebenfalls von der Technischen SS-Akademie in Brünn, durchgeführt. Es wurde in diesem Zusammenhang erwartet, dass die Geschossmündungsgeschwindigkeit auf 1.600 m/s steigen würde. Der erste Prototyp sollte im Frühjahr 1945 fertig gestellt sein.

Punkt B-6 scheint eine Fortsetzung von B-5 zu sein – darin wird ein mehr perspektivischer Plan vorgestellt, der jedoch durchaus im Bereich der technischen Möglichkeiten lag. Es wird der Bau einer Kanone für flüssigen Treibstoff geschildert (Sauerstoff in Verbindung mit einem Erdölderivat). Aus heutiger Sicht lässt sich feststellen, dass diese Lösung tatsächlich am fortschrittlichsten war. Im Dokument werden beispielsweise folgende Vorzüge herausgestellt:

- einfache Konstruktion
- großer Energiewirkungsgrad
- keine Hülse
- kein Zünder
- Erhöhung der Geschossmündungsgeschwindigkeit

Sowohl Punkt B-6 als auch B-5 bestätigen wahrscheinlich zum ersten Mal, dass diese durch und durch bahnbrechenden Arbeiten tatsächlich durchgeführt wurden.

Das Gleiche gilt auch für Punkt B-7, der Konstruktionsarbeiten (durchaus nicht theoretischer Natur!) an einer Automatikpistole für hülsenlose Patronen beschreibt. Sie wurde auf Bestellung des Sicherheitsdienstes (SD) entwickelt, da sie eine fast vollständige Schalldämpfung ermöglichte. Normalerweise ist das bei einer Automatikwaffe niemals möglich, da das Patronenlager zu einem Zeitpunkt geöffnet wird, wenn im Rohr noch ein relativ hoher Druck herrscht, damit die Hülse herausbefördert werden kann. Diese Eigenschaft war gerade für den Sicherheitsdienst von Bedeutung, *„weil bei irgendwelchen Unternehmungen mit dieser Bewaffnung oft der zweite, dritte und vierte Schuss notwendig wird"*, wie in dem Dokument zu lesen ist.

Dort steht auch:

> „Der Stand der Arbeiten ist so, dass im Januar oder Februar [1945] der Beschuss erfolgen soll. Die Vorversuche versprechen ein positives Ergebnis."

Erst Mitte der 1980er Jahre gelang es schließlich, mit der erfolgreichen Produktion kleiner Stückzahlen dieser Waffengattung zu beginnen. Es handelte sich dabei um den G11-Karabiner für hülsenlose Munition der Firma Heckler und Koch.

Trotz fundamentaler Vorteile gegenüber einem klassischen Karabiner (zwei- bis dreifach höherer Feuerwirkungsgrad bei Verwendung einer ähnlichen Munitions-

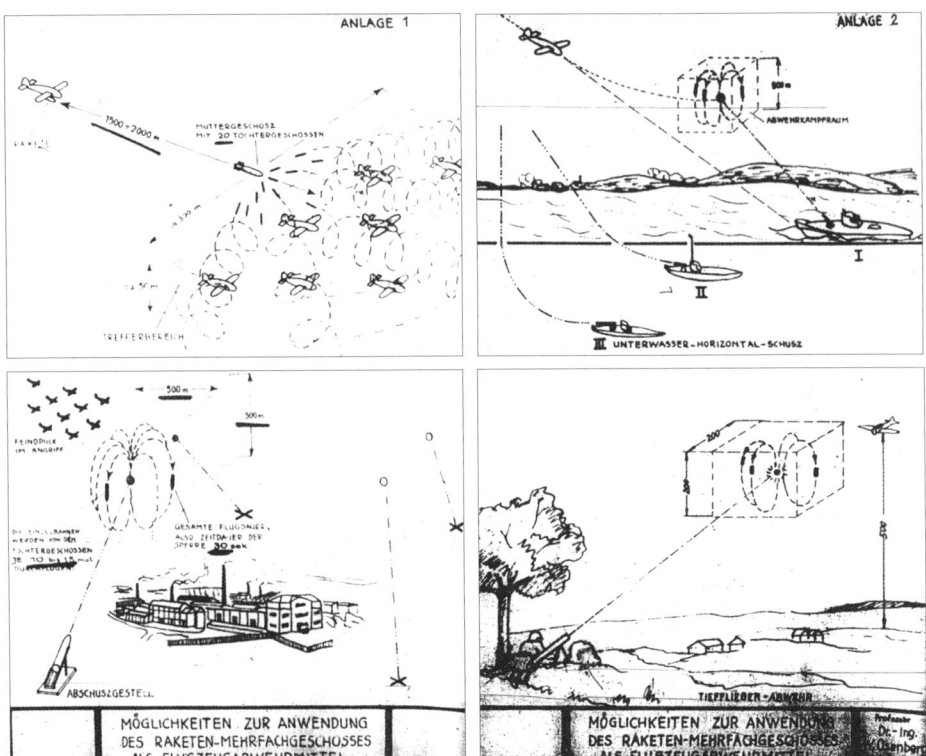

Zeichnungen als Anlage des R5-Dokuments.

masse, geringeres Gewicht der Waffe) wurde er aufgrund der Munitionsstandardisierung bei der NATO nicht in das Waffenarsenal aufgenommen. Er hat(te) ein Kaliber von 4,74 mm, und der Bezeichnung „Maschinenpistole" entging er nur aufgrund der großen Geschossenergie.

Ein weiteres Dokument beschreibt die wenig bekannten Vorbereitungen zur Gefechtsanwendung mancher Luft-Luft-Raketengeschosse mit einem Kaliber von 214 mm. Sie hatten ein Gewicht von 100 kg und waren mit einem 40 kg schweren Minen-/Brandsprengkopf ausgestattet, der 400 vorgeformte Splitterzündladungen enthielt. Diese Geschosse wurden durch das Jägerregiment aus Parchim (JG-10) getestet. Die erste Partie traf dort Ende 1944 ein. Abgedruckt wurde eine technische Zeichnung des Geschosses.

Auch das Dokument R4 bezieht sich auf ungelenkte Flugabwehrwaffen. Es ist eine Patentspezifikation für viele vorgeschlagene Flugabwehrversionen der Modelle *Panzerfaust* und *Panzerschreck*. Auf den Originalzeichnungen von Prof. Osenberg sind drei Versionen zu sehen: eine Raketenausführung, eine rückstoßfreie Ausführung und eine dem Mörser entsprechende Version. Die Zeichnungen sind insofern interessant, als sie ganz andere Konzepte als das endgültige Modell des Raketenwerfers *Fliegerfaust* darstellen, der in geringer Auflage produziert wurde. Die genannten Zeichnungen finden Sie auf den vorhergehenden Seiten als Abbildungen R4C und R4D.

Prof. Osenberg (Leiter des Planungsamtes des „Rates") war der Urheber noch seltsamerer, jedoch durchaus sinnvoller Konzepte, die im Dokument R5 beschrieben und illustriert wurden. Darin ist von ungelenkten, kreisenden Flugabwehrgeschossen die Rede! Mit ihnen wäre es möglich, eine Art „Flugabwehrfeuersperre" aufzustellen, die sich für eine gewisse Zeit selbstständig aufrechterhalten würde. Das Raketengeschoss könnte also im Vergleich zur geraden Flugbahn mit größerer Wahrscheinlichkeit ein Luftziel treffen, umso mehr, da parallel verschiedene Splittersprengköpfe entwickelt wurden – Sprengköpfe also, die im Zielgebiet autonom kreisende Geschosse

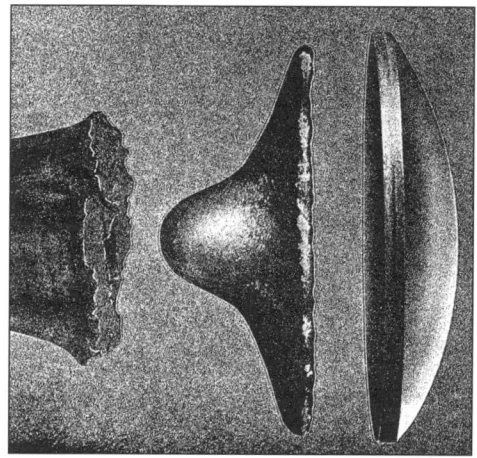

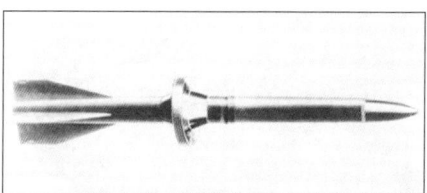

Ein weiteres Konzept, das sich als zukunftsweisend herausstellen sollte: Ein durch Leitflossen stabilisiertes Subkalibergeschoss, das für eine 280-mm-Kanone entwickelt wurde – die Reichweite wurde dadurch auf 150 km erhöht! (Foto aus der Sammlung des Autors)

Einzelphasen der explosiven Geschossformung – eine Zusammenstellung von Bildern der Firma Rheinmetall.

verteilten. Osenberg schrieb, dass die erste Version Ende Februar 1945 für Versuche bereit wäre, die Serienproduktion in geringen Stückzahlen (500 Stück) sollte hingegen Anfang Mai aufgenommen werden. Das galt nur für die Luft-Luft-Version mit einer „großen Anzahl" von Subgeschossen, die innerhalb von ca. 30 Sekunden etwa 10 – 15 Schleifen durchführen konnten. Nichts deutet darauf hin, dass die Deutschen es schafften, Schießversuche mit irgendeiner dieser Versionen durchzuführen. Nach dem Krieg hingegen wurde dieses Konzept nicht mehr weiterentwickelt.

Anders war es jedoch mit einer Idee, die im Dokumentensatz mit der Kennzeichnung R6 beschrieben wird. Diese Dokumente beziehen sich auf das Konzept der

Scihardin-Mine wird beim
Angriff herausgelassen

R6B

002406
Att. W. 1.9.44 Geheim

8/73-20

A k t e n n o t i z

Betreff: <u>Flakentwicklung</u>

Vorgang: <u>Teilnahme an der Sitzung der GL/Flak E 1 am 20.6.1944</u>

Die Besprechung diente dazu, die Möglichkeiten zu erörtern, von
denen eine beträchtliche Steigerung der Geschossgeschwindigkeiten
erwartet werden kann.
Dabei wurde zunächst der Erfolg der auf der vorhergegangenen Sitzung beschlossenen Arbeitsverteilung besprochen. (Siehe Anlage,
Seite 3).

Zu Punkt 1: Die Berechnung ist durchgeführt. Einzelheiten wurden
           nicht besprochen.
Zu Punkt 2: Es ist noch nichts geschehen. Angeblich fehlen Unter-
           lagen.
Zu Punkt 3: Die Wasag beschäftigt sich seit Jahren mit diesem
           Problem. Erfolge wurden nicht genannt.
Zu Punkt 4: Professor Regener ist damit beschäftigt. Es soll be-
           schleunigt werden.
Zu Punkt 5: Rohre sind noch nicht bestellt.
Zu Punkt 6: Inneneinrichtung ist noch nicht angegeben.
Zu Punkt 7: Noch nicht durchgeführt.

<u>Als Ergebnis:</u> Es ist seit der letzten Sitzung vor 2 Monaten kaum
           etwas geschehen.

In der weiteren Besprechung wurden wesentliche Bemerkungen nur von
2 Teilnehmern gemacht.

1. Oberbaurat Steinhardt OKM A Wa A I r, Eberswalde 3151/810.
    Die Marine entwickelt ein Versuchsgeschoss von 745 g, 3,7 cm
    Kaliber, Rohrlänge 130, Höchstdruck 15 000 Atm. in Zusammen-
    arbeit mit Basset, Frankreich.
    2 Rohre sind bei Krupp bestellt.
    Die Treibladung liefert Basset.
    Voraussichtlicher Schusstermin 1. Oktober. Wir werden eingeladen.
    Berechnete V_0 = 2 000 m/sek.

2. Mitarbeiter von Professor Schardin.
    Im ballistischen Institut von Professor Schardin wurde folgendes
    beobachtet.

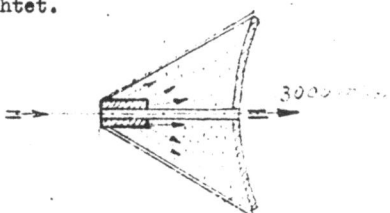

Die Sprengladung wird zur Detonation gebracht. Dann tritt eine
ähnliche Wirkung wie beim Hohlladungsprinzip auf.
Die Eisenschale wird innerhalb weniger Zentimeter auf 3000 m/sek.
beschleunigt.
Dabei kann man nach 150 m noch eine Tragfläche treffen mit einer
Streuung von ± 0,5 m.

„explosiven Formung (und Beschleunigung) von Geschossen", das in der deutschen Nomenklatur aus der Kriegszeit als „Schardin-Effekt" bezeichnet wird. Diese Entdeckung nahm ihren Anfang in den Vereinigten Staaten, als der Physiker R. W. Wood 1936 die Entstehung eines kugelförmigen Splitters beobachtete, eines Minigeschosses aus der konkaven Stirn einer Sprengkapsel, die er zufällig in den Ofen warf (es wurde eine Ermittlung eingeleitet, da dieser Splitter einen Menschen tötete). Nur die Deutschen nutzten jedoch dieses Phänomen während des Krieges, indem sie eine ganze Familie von Panzerabwehrladungen entwarfen. Diese Forschungen waren bereits 1940 in einem fortgeschrittenen Stadium. 1944 schrieb Osenberg, dass es ihm gelungen war, eine sehr hohe Anfangsgeschwindigkeit des Ge-

Der superschwere Mörser *Thor*.
(Foto: *Die Wehrmacht*)

schosses von 3.000 m/s zu erreichen und seine Streuung auf ca. 0,5 Meter bei einer Entfernung von 150 m zu begrenzen.

Zu den besonders wenig bekannten Tatsachen zählen u. a. die Entwicklung der „Schardin-Mine", die durch ein Jagdflugzeug als Selbstverteidigungswaffe ins Schlepptau genommen werden sollte, sowie eines zweiteiligen Geschosses: Eine durch die Explosion verformte Platte sollte ein zweites, durch Leitflossen stabilisier-

Die superschwere (800 mm) Kanone *Gustav* in Rügenwalde. Vom wirtschaftlichen Gesichtspunkt war sie sicher nicht die beste Lösung, aber sie besaß dennoch ein paar einzigartige Vorteile. Einer der bedeutendsten war wohl, dass das Geschoss in extremer Tiefe – üblicherweise 35 – 40 Meter(!) – unter der Erdoberfläche explodierte. Normalerweise war das nicht erforderlich, aber bei einem Angriff auf wichtige Verteidigungsanlagen wurde diese Eigenschaft unbezahlbar. So konnte *Gustav* u. a. 1942 das Munitionsdepot der Festung Sewastopol zerstören. (Foto: *Die Wehrmacht*)

tes Geschoss beschleunigen (siehe Zeichnungen auf den vorhergehenden Seiten).
Ein Panzerabwehrsprengkopf diesen Typs wurde auch im Auftrag der Kriegsmarine
entwickelt.

Damit war jedoch die Erfindungsgabe von Professor Osenberg noch nicht erschöpft! Der als R7 gekennzeichnete Dokumentensatz beschreibt in Form einer
Patentspezifikation samt Zeichnungen noch eine weitere ungewöhnliche (auch
nach dem Krieg weiterentwickelte) Idee. Diesmal ging es um eine durch Flugzeuge
transportierte Panzerabwehrwaffe, eine umfassende Weiterentwicklung der *Panzerfaust*, die sich von ihrem Vorgänger u. a. dadurch unterschied, dass das aus einem
rückstoßfreien Rohr abgeschossene Projektil nicht nur aus einer HEAT-Sprengladung
bestand (die in diesem Fall speziell zur Durchdringung von Beton entwickelt worden war), sondern auch aus einem zweiten rückstoßfreien Geschoss, das in das
Zielinnere durch die Öffnung eindringen sollte, die durch die erste Ladung erzeugt
worden war. Dieses zweite Geschoss besaß einen Verzögerungszünder, und wurde während des Fluges durch Leitflossen stabilisiert, die nach der Schussabgabe
ausgeklappt wurden.

Es ist nicht bekannt, ob die Deutschen diese Waffe bis 1945 testen konnten; die
nach dem Krieg erzielten Ergebnisse deuten jedoch darauf hin, dass es buchstäblich
ein technischer „Volltreffer" war. Es entstand eine ganze Gruppe sehr wirksamer

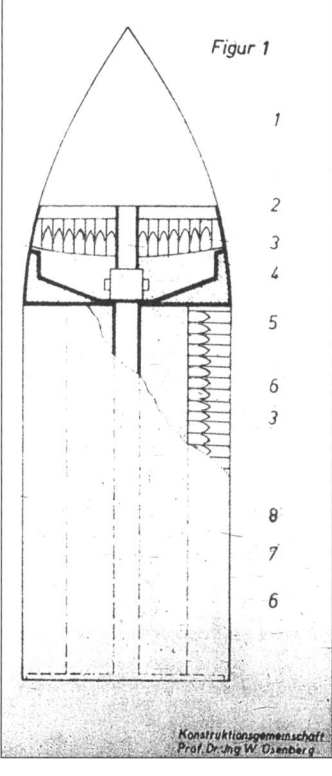

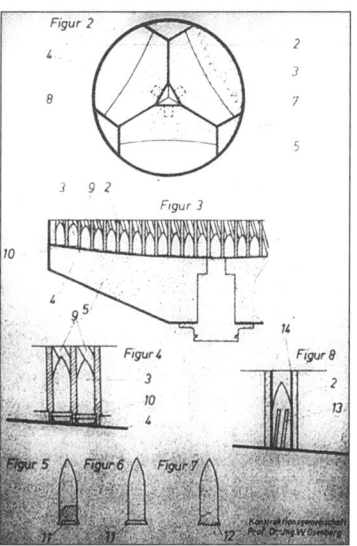

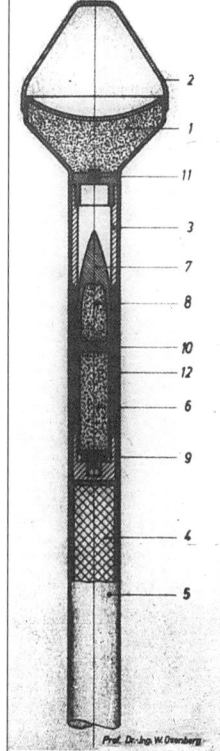

Zeichnungen, die den Patentspe-
zifikationen beilagen.

Links: R7

Oben und rechts: R8

Waffen zur Zerstörung von Bunkern, Luftschutzhangars und Startbahnen – die unter den Betonplatten von Startbahnen explodierenden Geschosse erzeugen in der Regel irreparable Schäden ...

Der mit dem Symbol R8 versehene Dokumentensatz beschreibt noch eine weitere (und durchaus nicht die letzte) Erfindung Osenbergs. Hier haben wir es erneut mit einer genauen Patentspezifikation zu tun, der diesmal ein Bericht über die auf einem Testgelände durchgeführten Versuche beilag. Darin wird ein Artilleriesplittergeschoss mit einer vollkommen untypischen Konstruktion beschrieben, das sich durch eine viel größere Reichweite und Splitterdurchdringungsfähigkeit als üblich auszeichnete. Seine Hülle ist in vier Teile bzw. Platten unterteilt: eine Stirnplatte und drei Seitenplatten. Jede dieser Platten besitzt dutzende bis mehr als hundert gezogene (gerillte) Öffnungen, in denen sich bereits die geformten Splitter befinden. Diese Splitter waren eigentlich Miniaturgeschosse mit einer Drehstabilisierung während des Fluges. Diese Lösung war sicherlich viel teurer als eine gegossene Hülle, eine deutliche Steigerung der Wirksamkeit auf bestimmte Ziele war jedoch unbestreitbar. Die Praxis der militärtechnischen Entwicklung zeigt, dass es oft am billigsten ist, die Wirksamkeit eines bestimmten Waffensystems durch die Modernisierung seiner Munition zu steigern. In der Geschichte gibt es viele Beispiele dafür, dass sich die Ausgaben in diesem Bereich stets gelohnt haben.

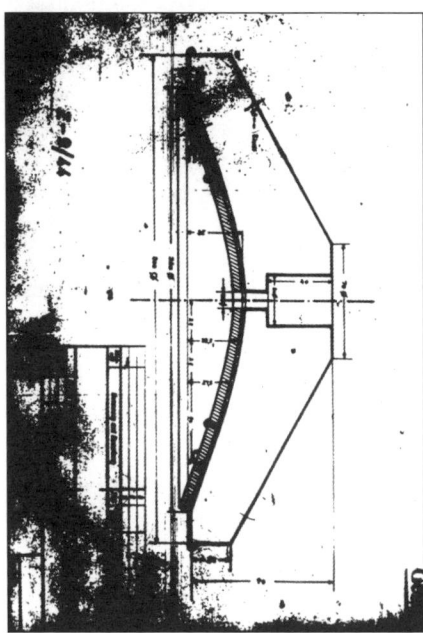

Diese Zeichnung von Professor Schardin sieht den Projekten aus den 1980er Jahren täuschend ähnlich. Leider lässt ihre Qualität zu wünschen übrig.

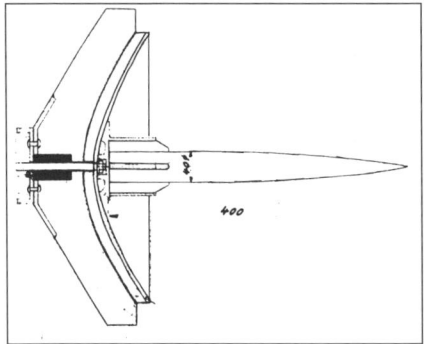

Ein modifiziertes Projekt, beruhend auf der explosiven Beschleunigung eines durch Leitflossen stabilisierten Panzerabwehrkerngeschosses.

Am 24. und 26. Januar (wahrscheinlich des Jahres 1945) wurden in der Nähe von Redlin die ersten Versuche mit dieser Munition durchgeführt. Um die Splitterfluglinien leichter verfolgen zu können, wurde als Versuchsoberfläche ein gefrorener See mit einer ca. 35 cm dicken Eisschicht gewählt, auf dem die „Ziele" platziert wurden: eine senkrecht aufgestellte Sperrholzplatte mit den Abmessungen 6 x 5 Meter und dahinter eine Tragfläche der Focke-Wulf 190, ein paar Panzerblechplatten mit einer Stärke von 5 mm und einer Fläche von jeweils 0,5 m² sowie zwei leere Treibstoffgummibehälter mit einer Wandstärke von 10 mm. 150 Meter vor diesem „Aufbau" wurde ein 1 Meter hoher Holzklotz aufgestellt, darauf ein Sprengkopf vom erwähnten Typ mit der Kennzeichnung 240/5. Der Sprengkopf wog 39 kg. Mit Hilfe einer optischen Vorrichtung wurde er ins Ziel gelenkt und danach elektrisch gezündet. Seine Effizienz war erstaunlich.

Obwohl die Splitterflugbahnen generell in einem Winkel-Konus von 26° gestreut wurden, trafen allein 38 den senkrecht aufgestellten „Schutzschild". Zwei Splitter durchdrangen die Tragfläche der FW-190. Zwei durchstießen die Wand des Treibstoffbehälters und verblieben im Innern, wobei einer davon ein Zündsplitter war. Eine der Panzerplatten zeigte Treffspuren, durchstoßen war sie aber nicht. An der Explosionsstelle entstand hingegen ein Loch im Eis mit einem Durchmesser von 1,5 Metern.

Später wurden noch vier weitere Versuche durchgeführt, wobei die Entfernung zum Ziel stufenweise verringert und ein mit Kraftstoff gefüllter Behälter aufgestellt wurde. Es konnte eine immer höhere Trefferanzahl beobachtet werden. Obwohl ein Teil der Splitter zünden sollte, fing der Treibstoff jedoch kein Feuer. Die Panzerplatten wurden auch nicht durchstoßen, obwohl sie bei der kleinsten Entfernung

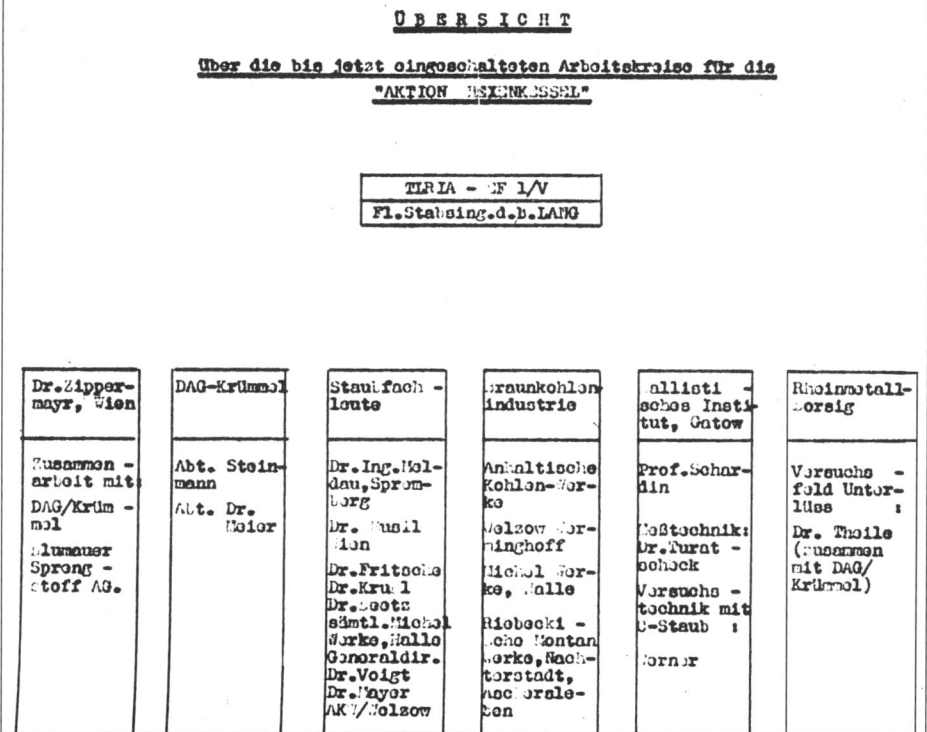

Organisationsdiagramm zum *Hexenkessel*-Projekt.

von 45 Metern deutlich verformt waren. Der letzte Versuch wurde mit einem Raketengeschoss durchgeführt, das mit dem 240/5-Sprengkopf ausgestattet und aus einem tieffliegenden FW-190-Jagdflugzeug abgefeuert wurde. Die Rakete wurde nach wenigen hundert Metern Flug instabil und purzelte in einer Entfernung von ca. 1.300 Metern von der Abschussstelle entfernt zu Boden, prallte wieder hoch und blieb in einem Baum hängen – der Annäherungszünder löste nicht aus. So endete die Geschichte einer der interessantesten Ideen von Prof. Osenberg …

Das nächste Projektdokument beschreibt den *Hexenkessel*, d. h. die Arbeiten an Kohleaerosolsprengladungen – eine ausgezeichnete Ergänzung der Beschreibung in einem der früheren Kapitel. Es geht um einen Bericht über ein Gespräch mit einem gewissen Ingenieur Lang über den Fortschritt der Arbeiten. Darin wird vorgeschlagen, diese mit hoher Priorität durchzuführen, da nur dann in kurzer Zeit konkrete Ergebnisse erzielt werden könnten. Es wird angegeben, dass der Erfolg eine weitere Intensivierung der wissenschaftlichen Forschungsarbeiten erforderlich mache. Da das Dokument vom 17. Februar 1945 stammt, ist es offensichtlich, dass die Deutschen vor Kriegsende keine Chance hatten, diese Entdeckung praktisch einzusetzen. Dieses Schreiben bestätigt jedoch nachhaltig, dass der Reichsforschungsrat sich intensiv für die Verwirklichung des heute so wenig bekannten *Hexenkessel*-Projektes engagierte. Dem Dokument liegt das abgedruckte Organisationsdiagramm zu diesem Projekt bei.

Ähnlich ist das Dokument R10 vom 9. Februar 1945 einzuordnen, das das Engagement des „Rates" für die Forschungen zur Bekämpfung feindlicher Bomber durch das Stören ihrer Triebwerke sowie der Navigations- und Funkausrüstung belegt.

R11 ist wahrscheinlich das interessanteste hier abgedruckte Dokument. Es ist ein Auszug aus einer umfassenden Sammlung von Meldungen, die sich auf Informationen über neue deutsche Waffen beziehen, die auf der anderen Seite der Front aufkamen (z. B. durch Publikation). Die Abwehr – der militärische Geheimdienst – versorgte den „Rat" regelmäßig mit solchen Daten.

Die reproduzierte Seite beinhaltet zwei interessante Meldungen: J-9180 und J-9181. Sie verdienen es, als Ganzes wiedergegeben zu werden. Hier der Inhalt der ersten Meldung vom 7. Dezember 1944:

> „Alliierte Flieger an der italienischen Front sind auf eine neue deutsche Geheimwaffe gestoßen, die bezweckt, Bombenangriffe dadurch unmöglich zu machen, dass die angreifenden Bombenflugzeuge gelähmt werden. Die neue Waffe wird als ein phantastischer ‚Eisluftwagen' beschrieben, ein Jagdflugzeug, das Wolken von ‚dehydrierter gefrorener Luft' vor den alliierten Flugzeugen ausspritzt, wenn diese Bombenangriffe in Formationen vornehmen.
>
> Die Absicht besteht darin, dass die ‚gefrorene Luft' sich mit der verdünnten Atmosphäre vermengt und die ganze Umgebung dadurch zu einer Todesfalle macht, dass sie Eisbildung auf den Bombenflugzeugen verursacht, die Kontrollapparate stoppt und das ganze Flugzeug zum Spinnen [sic] zwingt."

R11

001484

J 9179 "Daily Mail" über die steigende deutsche Flugzeugproduktion.
(Daily Mail vom 14.12.1944)

An der Westfront hört man jetzt sehr häufig die Befürchtung,
daß sowohl die Front wie London demnächst auch bei Tage von Ra-
ketenflugzeugen beschossen werden würden.
Die Zahl der an der Westfront erscheinenden deutschen Raketenflugzeuge sei im Steigen begriffen. Man höre, daß die deutsche
Flugzeugindustrie immer noch in der Lage sei, bis zu 1500 Kriegs-
flugzeuge im Monat herzustellen und das werde eine sehr starke
Belastung der englischen Offensive bedeuten.

J 9180 "Eisluftwagen" lähmt Bomber.
(Neue deutsche Geheimwaffe.
(Aftonbladet vom 7.12.1944)

Alliierte Flieger an der italienischen Front sind auf eine neue
deutsche Geheimwaffe gestossen, die bezweckt, Bombenangriffe
dadurch unmöglich zu machen, daß die angreifenden Bombenflugzeuge
gelähmt werden. Die neue Waffe wird als ein „phantastischer "Eisluftwagen" beschrieben, ein Jagdflugzeug, das Wolken von "dehydrier-
ter gefro. .er Luft" vor den alliierten Flugzeugen aussprit zt,
wenn diese Bombenangriffe in Formationen vornehmen.
Die Absicht besteht darin, daß die "gefrorene Luft" sich mit der
verdünnten Atmosphäre vermengt und die ganze Umgebung dadurch zu
einer Todesfalle macht, daß sie Eisbildung überall auf den Bomben-
flugzeugen verursacht, die Kontrollapparate stoppt und das ganze
Flugzeug zum Spinnen zwingt.

J 9181 Neue deutsche Waffe.
(Interradio Sonderdienst vom 13.12.1944)

Es wird mitgeteilt, daß an der Westfront heute eigenartige
Silberkugeln, die durch die Luft flogen, gesichtet worden sind.
Man nimmt an, daß die Deutschen eine neue Geheimwaffe anwenden,
während es noch nicht möglich war zu ermitteln, wie diese neue....
Geheimwaffe arbeitet. Die neue Waffe wird wahrscheinlich der .....
... der ernsten Verteidigung sein.

- 6 -

Die obigen Informationen decken sich mit den Meldungen alliierter Nachrichtendienste mit der einen Ausnahme, das das Hauptagens nicht „gefrorene Luft" war, sondern eine spezielle Gasmischung, die bei ihrer Ausdehnung eine sehr niedrige Temperatur erzeugte. Die Bestätigung für eine andere Waffe, die in der Meldung J-9181 erwähnt wird, findet sich auch in anderen Quellen (die Information stammt von den deutschen Radioabhörmaßnahmen):

> „Es wird mitgeteilt, dass an der Westfront heute eigenartige Silberkugeln, die durch die Luft flogen, gesichtet worden sind. Man nimmt an, dass die Deutschen eine neue Geheimwaffe anwenden, während es noch nicht möglich war zu ermitteln, wie diese neue Geheimwaffe arbeitet. Die neue Waffe wird wahrscheinlich der … [sic] der ernsten Verteidigung sein."

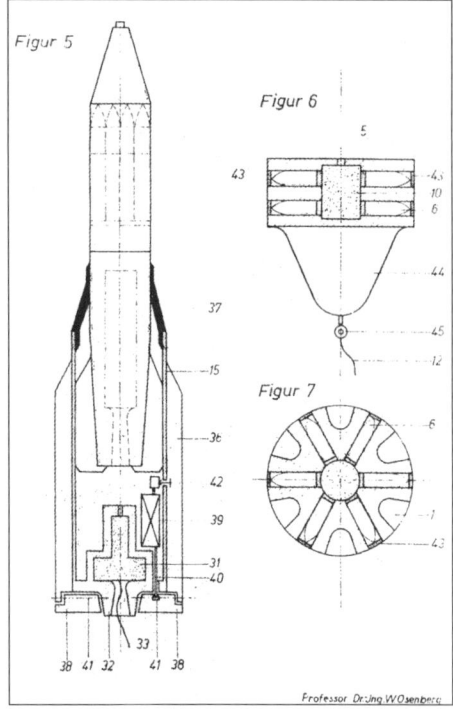

Eines der ungewöhnlichen Konzepte von Prof. Osenberg – das Projekt eines zweistufigen Raketengeschosses, das wiederum kleinere Geschosse abfeuern sollte. (Foto: ALSOS)

Besonders viele innovative Ideen dieser Art wurden im Bereich der Flugabwehrwaffen verwirklicht, wo der Druck des technischen Fortschritts außerordentlich groß war. Eine der wichtigsten, gleichzeitig jedoch am wenigsten bekannten Maßnahmen war die Kopplung von Flugabwehrkanonen mit Radargeräten, was zur Konstruktion eines auf Funkortung basierten Feuerleitsystems führte.

Diese Lösung bewährte sich ausgezeichnet. Einer der alliierten Piloten erinnerte sich daran:[97]

> „Das war mein zweiter Kampfflug. Ich konnte das Unken der alten Kampfpiloten nicht vergessen: ‚Normalerweise schießen sie dir beim zweiten Mal den Hintern ab'. Wir waren über dem Ziel. Die ersten Geschosse ex-

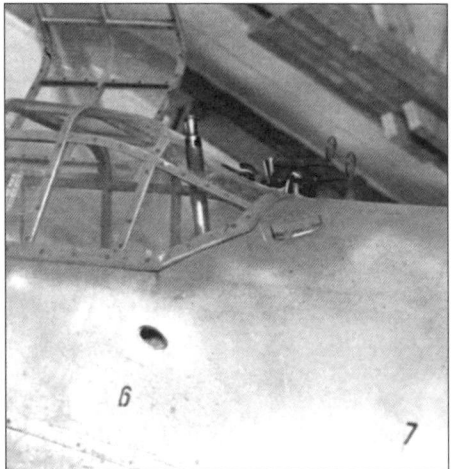

Schräge Musik – das Rohr der nach oben schießenden Kanone. (Foto: NARA)

Eine der zahlreichen deutschen Antworten auf das sowjetische *Katjuscha*-Projekt. (Foto: ALSOS)

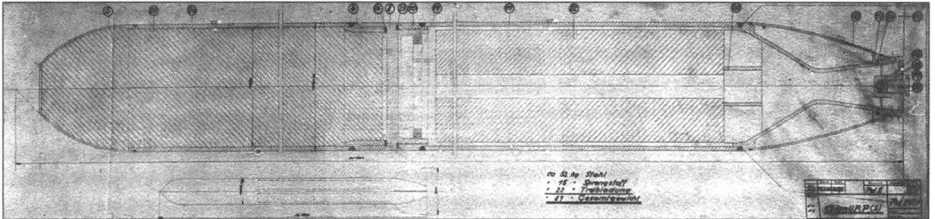

plodierten präzise zwischen den Maschinen. Das war kein Sperrfeuer. Es schossen die neuesten funkgeleiteten 105-mm-Kanonen. [...]

Direkt vor uns blühte eine riesige Explosionswolke auf. Wir tauchten in sie ein und spürten das Gepolter von Splittern, die den Rumpf zerhackten. Ich sah, wie ein Geschoss den führenden Bomber direkt traf. Die Seiten der getroffenen Festung dehnten sich wie ein Ballon. Der Rumpf kehrte wundersamerweise in seine ursprüngliche Form zurück, große Teile fielen jedoch von ihm ab und aus den aufgeschlitzten Nähten bleckten Feuerzungen heraus. Die brennende Maschine begann, nach links abzudriften."

Eine andere geniale Lösung wurde zur Jagdflugzeugbewaffnung eingesetzt. Die deutschen Flieger stellten irgendwann fest, dass es sehr schwer ist, eine Formation feindlicher Bomber zu bemerken, wenn man direkt unter ihnen fliegt – besonders nachts. Sie kamen deshalb auf die Idee, senkrecht zur Rumpfachse 20-mm-Kanonen auf den Bf-110-Jagdflugzeugen (hinter dem Cockpit) zu montieren, damit diese nach oben schießen konnten. Das erleichterte es im Übrigen, den Bomber zu treffen, da seine Silhouette eine viel größere Fläche hatte als z. B. beim Angriff von hinten.

Bei der deutschen Armee spielte die Raketenartillerie eine wichtige Rolle, wobei dem abgebildeten WGr-System die Hauptbedeutung zukam. (Foto: *Die Wehrmacht*)

Eine WGr-Raketensalve. (Foto: *Die Wehrmacht*)

Diese Bewaffnung bekam den inoffiziellen Decknamen *Schräge Musik*. Sie wurde zusammen mit neuen Bordradargeräten (SN-2 *Lichtenstein*) eingesetzt, die wenig empfindlich gegenüber Störungen und den Metallfolienstreifen waren, die durch alliierte Bomber verstreut wurden.

Das Debüt dieser Kombination fiel zeitlich mit dem Luftangriff auf Nürnberg zusammen (30. März 1944). Insgesamt verloren die Alliierten in dieser Nacht 95 von den 795 Bombern und die Deutschen lediglich wenige Nachtjäger.[96]

Handfeuerwaffen neuer Generation

Die in diesem Kapitel beschriebenen Konzepte waren größtenteils rein experimenteller Natur und den existierenden Konstruktionen nicht immer überlegen – was ja ein unvermeidliches „Nebenprodukt" jeglicher Forschung ist. Natürlich war das nicht immer so – nur die Forschung ermöglicht es ja, bahnbrechende Lösungen zu finden. Eine solche Waffe möchte ich im Folgenden vorstellen.[80,81]

Die Deutschen implementierten während des Zweiten Weltkrieges viele „historische" Bewaffnungsarten, die bereits bestens bekannt waren. Den Spitzenplatz nimmt das Maschinengewehr MG-42 ein, das viele für die perfekte Handfeuerwaffe dieser Klasse halten (obwohl der entscheidende Schritt, also das System der Rollenverriegelung, dem polnischen Vorkriegspatent von Ingenieur Szteke „entnommen" worden war, das er für seine Selbstladebüchse entwickelt hatte). Das MG-42 vom Kaliber 7,62 mm wird unter veränderten Bezeichnungen (MG-2, MG-3) bis heute in mehreren Ländern hergestellt und von mehreren dutzend Armeen auf der ganzen Welt verwendet. Sehr gelungen waren die bis heute populären Walther-Pistolen PP und PPK. Auch das automatische Gewehr FG-42 war eine originelle, gelungene Konstruktion, die speziell für Fallschirmjägertruppen entwickelt wurde. Eine fortschrittliche Waffe stellte die bereits erwähnte Pistole für hülsenlose Munition dar.

Ich möchte jedoch jetzt auf eine etwas andere Handfeuerwaffe eingehen, die meiner Meinung nach genauso bahnbrechend war, jedoch weniger bekannt ist: den Karabiner MP-43, dank dessen (im Hinblick auf die knapper werdenden Rohstoffe) vollkommen neue technologische Standards eingeführt wurden, die einen echten qualitativen Durchbruch darstellten. Da er hauptsächlich im Schmiede- und Pressverfahren hergestellt wurde, war er um ein Vielfaches weniger material- und energieaufwändig als die früheren Modelle, die hauptsächlich im spanabhebenden Verfahren hergestellt wurden. Er gab dabei dem Soldaten eine qualitativ neue Feuerstärke. Beginnen wir jedoch bei den Ursprüngen …

In der Zwischenkriegszeit bestand die Infanteriebewaffnung in fast allen Ländern der Welt hauptsächlich aus Repetierbüchsen. Aufgrund der während des Ersten Weltkrieges (eines Stellungskriegs) gewonnenen Erfahrungen wurde eine solche Lösung aus mehreren Gründen als optimal betrachtet. Zu den Vorteilen der Gewehre zählten eine große Treffgenauigkeit, Reichweite und Geschossdurchschlagskraft, ein Nachteil war hingegen ihre geringe Feuergeschwindigkeit. Diese Bewaffnungsart eignete sich also gut für Kämpfe mit geringer Intensität, wenn der Beschuss längere Zeit auf eine Entfernung von mehreren hundert Metern erfolgte.

Als Ergänzung zu den Gewehren wurden stufenweise Maschinenpistolen eingeführt – leichte automatische Waffen, die die Infanteriefeuerkraft beim Angriff steigerten (bei fehlender Gelegenheit zum genauen Zielen) und auch bei Nahkämpfen nützlicher waren. Die Kombination Gewehr plus Maschinenpistole schien vorteilhaft. Nach der Analyse der ersten Zusammenstöße des Zweiten Weltkrieges kam man jedoch zum gegenteiligen Schluss. Dies wurde insbesondere nach dem deutschen Überfall auf die UdSSR deutlich. An der Ostfront nutzte die Infanterie Handfeuerwaffen hauptsächlich auf eine Entfernung von 100–200 Metern. Unter solchen Bedingungen war weder die große Reichweite von Gewehren noch eine große Geschossdurchschlagskraft notwendig. Einerseits blieb das Potential dieser Waffe größtenteils ungenutzt, andererseits war es de facto ohnehin aufgrund der niedrigen Feuergeschwindigkeit gering. Zudem war die Entfernung von 100–200 Metern für Maschinenpistolen zu groß. Ihre Wirksamkeit war bei solchen Entfernungen sehr gering. Die nach dem Krieg durchgeführten Analysen zeigten, dass auf einen toten oder verletzten deutschen Soldaten ca. 40.000 verbrauchte Patronen für Maschinenpistolen vom Typ PPS und PPSh kamen. Ähnlich war es mit den deutschen Modellen MP-38, MP-40 und den Bergmann-Maschinengewehren. Auf solche Entfernungen waren die Pistolengeschosse einfach nicht wirkungsvoll genug – wurde ein Helm getroffen, bedeutete das nicht immer auch, dass das Geschoss ihn durchdrang, und ein Direkttreffer schloss einen Soldaten nicht immer vom weiteren Kampf aus.

Dieses Problem war für die deutschen Befehlshaber besonders eklatant, da ihnen der Feind in der Regel zahlenmäßig überlegen war. Der nach der Analyse der militärischen Anforderungen formulierte Bedarf führte zur Entwicklung einer neuen Handfeuerwaffenart – des sogenannten Karabiners –, der bestimmte Eigenschaften der Maschinenpistole (Feuergeschwindigkeit) und des Gewehres (effektive Feuerreichweite) in sich vereinte. Da davon ausgegangen wurde, dass das Schlüsselelement, von dem die Eigenschaften und die Konstruktion der neuen Waffe abhängen werden, die Patrone war, konzentrierten sich die Deutschen zunächst auf deren Entwicklung. Daraus entstand eine verkürzte Version der Gewehrpatrone Mauser 7,92 × 57 mm.

Patronen dieses Typs werden heute als Mittelpatronen bezeichnet. Es sei hierbei angemerkt, dass die Deutschen nicht die Ersten waren, die eine solche Patrone entwickelten: Dies gelang 1892 dem tschechischen Ballistiker Karel Krnka, der eine entsprechende Patrone für das vom schweizerischen Büchsenmacher F. W. Hebler entwickelte Gewehr anfertigen sollte. Das Gewehr war um ein Drittel kürzer und leichter als das damalige schweizerische Armeegewehr. Ihre Arbeiten gerieten jedoch bald in Vergessenheit. 1918 veröffentlichte der deutsche Oberleutnant Piderit eine Ausarbeitung, die ein Projekt beinhaltete, eine der tschechischen ähnliche Patrone in die Produktion aufzunehmen. 1927 wurde durch die Mauser-Betriebe eine 7-mm-Mittelpatrone entwickelt und in kleinen Stückzahlen hergestellt. In den

1930er Jahren wurde in verschiedenen Produktionsstätten an einer Handfeuerwaffe für diese Patronen gearbeitet.

Als Erste meldete die Firma Walther 1938 ihren Prototypen für Versuche an. Nach zahlreichen Modifikationen bekam die Waffe die Kennzeichnung MKb-42(W) – Maschinenkarabiner-42. Seitdem wird der Name „Karabiner" (engl.: carbine) verwendet. Obwohl der MKb-42(W) nicht weiter getestet wurde (um später unter einer anderen Kennzeichnung in einer Version zu erscheinen, die für neue Patronen angepasst war), wurden die Forschungsarbeiten an der neuen Patrone aufgrund einer offiziellen Bestellung der Armee vom 18. April 1938 fortgesetzt. Trotz einer Verringerung der Zündladungsmasse um 50 % (im Vergleich zu einer Gewehrpatrone) war die effektive Feuerreichweite der Waffen für diese Patrone deutlich größer als die von Maschinenpistolen für Patronen des Typs 9 mm Parabellum. Die 7,92 x 33 mm Kurzpatrone in der für die Herstellung freigegebenen Version wurde in den Jahren 1934 – 1938 durch die Firma GECO entwickelt. Es war die erste Mittelpatrone in der Geschichte, die in das Waffenarsenal aufgenommen wurde. Ihre Produktion begann ein Jahr nach Kriegsausbruch in zwei Versionen: mit Blei- und Weichstahlkern.

	Parabellum 9 mm	Kurzpatrone	Mauser-Gewehrpatrone
Patronengewicht (g)	10,5 – 12,5	16,5 – 16,8	24,1 – 26,2
Geschossmasse (g)	7 – 8	7,9 – 8,2	11,53 – 12,83
Zündladungsmasse (g)	0,32 – 0,36	1,57 – 1,59	3,15 – 3,25
Patronenlänge (mm)	29,7	47,8	80,5
Hülsenlänge (mm)	19	33	56,8
Geschosslänge (mm)	15,5	25,6	28
Mündungsgeschwindigkeit (m/s)	390 – 400	690 – 700	765 – 911
Geschossanfangsenergie (J)	580 – 590	1.880 – 2.010	3.374 – 5.324

Für die neue Patrone der Firma GECO wurde der zweite von den neuen Karabinern entwickelt, der MKb-42(H) von Haenel. Hauptkonstrukteur des MKb-42(H) war der berühmte Hugo Schmeisser, was sicherlich dazu beitrug, dass sich diese Konstruktion besser als der MKb-42(W) bewährte. Beide Modelle funktionierten jedoch nach dem gleichen Prinzip: Die Automatik wurde durch die partielle Ausnutzung der Pulvergase versorgt, die durch eine seitliche Öffnung im Rohr abgeführt wurden. Ähnlich wie bei den meisten modernen Karabinern befand sich die Gasleitung ober-

Vergleich der drei wichtigsten Patronenarten der deutschen Infanterie. Von links nach rechts:
1) Parabellum 9 mm – für Pistolen und Maschinenpistolen (z.B. MP-40)
2) Kurzpatrone – Mittelpatrone für das MP-43
3) Mauser-Gewehrpatrone
(Foto: I. Witkowski)

halb des Rohrs. Das Verriegeln erfolgte über einen Kipplaufverschluss. Das große Gewicht der Waffe und die im Vergleich zu einer Maschinenpistole hohe Komplexität waren aufgrund der großen Geschossmündungsenergie – die es erforderlich machte, das Rohr bei der Schussabgabe zu verriegeln – sowie der großen Rückstoßkraft und hohen Temperatur der Pulvergase unvermeidbar; wegen der letzten beiden Punkte musste die Waffe sehr massiv gebaut werden (damit sich der Lauf weniger überhitzte).

Anfangs wurden der MKb-42(W) und der MKb-42(H) in geringen Stückzahlen produziert und Vergleichsuntersuchungen an der Ostfront unterzogen. Sie wurden mit Fallschirmen für eine eingekesselte und vom Nachschub abgeschnittene Infanterieeinheit abgeworfen, die der Umzingelung entfliehen konnte, und danach ihre Meinung über beide Karabinertypen äußerte. Daraus ging klar hervor, dass die Konstruktion von Haenel besser war. Haenel erhielt daraufhin eine Vorbestellung für 8.000 Stück dieser Waffe, deren Kennzeichnung inzwischen in MK-43 geändert worden war. Die Bestellung wurde in einer Rekordzeit von drei Monaten fertig gestellt.

Mit dem MK-43 wurden Eliteeinheiten ausgerüstet, hauptsächlich die Waffen-SS. Danach wurde die Produktion aufgrund der hohen Produktionskosten, die höher als bei der MP-40 lagen, für eine gewisse Zeit unterbrochen. Die Vorzüge dieser bahnbrechenden Waffenart, wie sie der Karabiner darstellte, waren damals natürlich nicht so offensichtlich wie heute. Nach der Analyse der Frontmeldungen, die von Anwendern des MK-43 kamen, konnten die Argumente der Skeptiker jedoch widerlegt und die Produktion erneut, diesmal in großem Umfang, aufgenommen werden.

Um die Namensgebung bei den Infanteriehandfeuerwaffen zu vereinheitlichen, wurde eine neue Kennzeichnung eingeführt: MP-43; sie wurde bald in MP-44 umgeändert. Da der Karabiner keine Maschinenpistole war, wie die Abkürzung suggerierte, erhielt die Waffe schließlich die Kennzeichnung StG-44 (Sturmgewehr, Modell 44). In der Praxis wurden wechselweise alle Kennzeichnungen benutzt, wobei MP-43 die geläufigste war.

Die mit der MP-43 ausgerüstete Infanterie hatte eine viel größere Feuerkraft zur Verfügung und konnte sich einer anderen Taktik bedienen. Die Kurzpatrone machte die Waffe sehr treffsicher, und das Geschoss hatte ein viel größeres Tötungspotential. Obwohl es sich um eine automatische Waffe handelte, konnte die Waffe leicht von einem einzigen Soldaten bedient werden. Das Geschoss hatte die dreifache kinetische Energie der 9-mm-Parabellum für das MP-40. Das Feuer konnte auch im Lauf während eines Angriffs eröffnet werden, ohne dass es notwendig war, den Kolben an der Schulter abzustützen. Die meisten der hergestellten Karabiner waren mit einem Aufsatz zum Abschießen von Antiinfanteriegranaten ausgerüstet.

Es wurden auch Versuche mit gekrümmten Lauf-Enden durchgeführt, die auf angepassten Versionen dieser Waffe montiert wurden. Auf dem StG-44V konnte ein Lauf-Ende montiert werden, das es ermöglichte, aus einem Winkel von 30° – 40°

Ein mit der MP-43 bewaffneter Soldat der deutschen Ski-division, Anfang 1944. (Foto: CAW)

Das MG-42. (Foto: *Die Wehrmacht*)

Die Maschinenpistole MP-40. (Foto: I. Witkowski)

im Verhältnis zur Hauptachse der Waffe zu schießen. Das StG-44P besaß ein Lauf-Ende zum Schießen aus einem Winkel von 90°. Beide Vorrichtungen trugen den Namen *Krummlauf* und waren mit zusätzlichen Zielvorrichtungen ausgerüstet. Während der Versuche stellte sich jedoch heraus, dass das Konzept fehlerhaft war und keine guten Ergebnisse versprach. Linieneinheiten wurden mit den beiden erwähnten Konstruktionen wahrscheinlich nicht ausgerüstet, sie kamen also vermutlich nicht zum Kampfeinsatz.

In dem Maße, wie die Deutschen Erfahrungen mit der MP-43 sammelten, wurde ihre Konstruktion systematisch verbessert: Viele Exemplare besaßen u. a. die Möglichkeit, optische Zielvorrichtungen zu montieren, seit Anfang 1945 auch Nachtsichtzielgeräte (!), die im nahen Infrarot arbeiteten und den Namen Zielgerät 1229 *Vampir* erhielten. Bei Kriegsende wurden einige modernisierte Versionen entwickelt: die MP-45(M), das „Gerät 06-H" und das StG-45(M). Die Vorteile der MP-43 blieben erhalten, ihre Konstruktion wurde jedoch etwas vereinfacht, um Herstellungskosten zu senken.

Die Arbeiten am StG-45(M) waren am weitesten fortgeschritten. Es wurde mit einem zweiteiligen Verschluss mit Rollenverriegelung ausgestattet. Kurz vor Kriegsende wurden die Konstrukteursmannschaft und die existierenden Prototypen nach Spanien evakuiert, wo die Arbeiten abgeschlossen wurden. Das Ergebnis war die Konstruktion des Karabiners CETME-58, der bis heute in der spanischen Armee verwendet wird, als auch des durch Heckler und Koch sowie unter Lizenz in 15 Ländern hergestellten G-3-Gewehrs, das durch Streitkräfte in ca. 50 Ländern genutzt wird.

Die Maschinenpistole MP-43. (Foto: I. Witkowski)

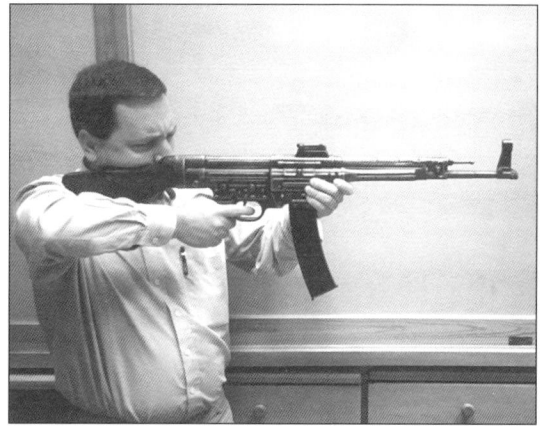

Die für die Kurzpatrone entworfene Waffenfamilie zeichnete sich durch ein ausgereiftes Konstruktionskonzept aus. Die MP-43 wurde von den alliierten Soldaten als Beutewaffe sehr geschätzt. Die von der Roten Armee erbeuteten Karabiner wurden der DDR-Volkspolizei als Bewaffnung übergeben; die Munitionsproduktion wurde deswegen auch nach Kriegsende fortgesetzt. Diese Waffen verrichteten viele Jahre lang ihren Dienst, bis sie von der Kalaschnikow abgelöst wurden. In Finnland wurde der *Suomi*-Karabiner entwickelt, der direkt auf dem StG-44 basierte. Die Patronen waren fast gleich, obwohl das Kaliber auf 7,62 mm verringert wurde. Die bahnbrechende Konstruktion der MP-43 liegt allen modernen Karabinern und Gewehren zugrunde, wie z. B. dem AK-47, dem FN FAL und dem L1-A1.

Die MP-43 erfreute sich bei den Soldaten wachsender Beliebtheit, denn für sie war nicht nur die Treffgenauigkeit wichtig. Die Waffe hatte fast genau das gleiche Gewicht wie die deutsche Hauptmaschinenpistole MP-40 (4,7 kg / geladen: 4,9 kg). Im Gegensatz zur schwachen Pistolenmunition durchdrang ein aus der MP-43 abgefeuertes Geschoss trotzdem jeden damaligen Helm noch auf eine Entfernung von 600 m. Dank des technologischen Fortschritts kostete 1944 ein Exemplar inzwischen lediglich 70 Reichsmark.

Die genaue Zahl der hergestellten Exemplare ist nicht bekannt, wir wissen jedoch, dass es bis zum Kriegsende mindestens 425.000 Stück waren.[80]

In der Einleitung zitierte ich bereits aus dem „Weissenborn-Bericht", der Aussagen des ehemaligen stellvertretenden Leiters des Waffenamtes im Speer-Ministerium beinhaltet. Weissenborn, nach dessen Meinung die MP-43 die beste Infanteriehandfeuerwaffe der Welt war, hinterließ viele Informationen über die immer noch wenig bekannten Aspekte ihrer Herstellung:

„Im Frühjahr 1943 hielt der damalige Oberst Kittel, Leiter der Waffenforschungsabteilung des Heereswaffenamtes, einen Vortrag über den automatischen Karabiner, Modell 43, für sogenannte Mittelpatronen. Der Vortrag fand in der technischen Abteilung des Speer-Ministeriums statt, und die Zuhörer kamen aus dem innersten Kreis um Hauptdienstleiter Saur, dem Leiter dieser Abteilung. Unter Beibehaltung des deutschen Standardkalibers von 7,92 mm stellte der automatische Karabiner eine deutliche Verbesserung im Vergleich zur Maschinenpistole MP-40 dar. Diese von der deutschen Armee verwendete Pistole war für 9-mm-Pistolenmunition vorgesehen, und ihre effektive Feuerreichweite ging nicht über 150 m hinaus. Die Magazinbefestigung war äußerst unzufriedenstellend. Falls das Magazin während des Schießens bewegt wurde, führte das zur instabilen Feuerabgabe. Davon abgesehen reagierte die MP-40 sehr sensibel auf Verschmutzungen.

Im Gegensatz dazu war der automatische Karabiner, Modell 43, treffsicher auf eine Entfernung von bis zu 600 Metern; sein Magazin mit 30 Patronen war starr befestigt. Er war unempfindlicher gegenüber Verschmutzungen und für Einzel- und Dauerfeuer mit Mittelpatronen geeignet – einer verkürzten Version der üblichen Gewehrpatrone. Aufgrund persönlicher Erfahrungen an der Ostfront und vieler Gespräche mit Regimentführern kam Oberst Kittel zu der Überzeugung, dass nur die Einführung dieser Waffe die neue sowjetische Offensive aufhalten könnte:

‚In einer Situation, in der es keine Möglichkeiten gibt, die Ostfront zu verstärken, muss die Kampfkraft jedes einzelnen deutschen Soldaten um jeden Preis erhöht werden, und zwar durch die Einführung einer Handfeuerwaffe mit höherer Feuergeschwindigkeit.'

Die an der Diskussion beteiligten Spezialisten auf dem Gebiet der Gewehrherstellung hatten keinen Zweifel, dass der automatische Karabiner einen großen Fortschritt darstellte, und stimmten Oberst Kittel voll und ganz zu. Trotzdem war die schnelle Einführung der neuen Waffe weder technisch möglich, noch gab es dafür eine Zustimmung von oben, da ein Befehl aus dem Führerhauptquartier die Einstellung der begonnenen Produktion forderte, während ein weiterer Befehl jegliche Diskussion über die MP-43 während der Lagebesprechung im Führerhauptquartier (FHQ) verbot. Mehr noch: Kurze Zeit später bekam das Waffenhauptkomitee als das Organ, das die Leitung über die Rüstungsindustrie innehatte, von Hitler den Befehl, die Produktion des Karabiners unverzüglich einzustellen, während die allgemein für ihre Nachteile bekannte MP-40 mit dem gleichen Tempo wie bisher hergestellt werden sollte, d.h. etwa 15.000 Stück monatlich. Das Waffenhauptkomitee führte diesen Führerbefehl jedoch nicht aus und erhöhte die Produktion sogar auf 5.000 Stück im Monat, indem es den Karabiner als Maschinenpistole klassifizierte (später erhielt er den Namen ‚Sturmgewehr-44'/StG-44). Sowohl der Leiter der Abteilung für Waffen und Bewaffnung im Heereswaffenamt als auch sein Parteigenosse Saur aus dem Speer-Ministerium verlangten, dass der Befehl des Führers ausgeführt werde. Auf das eindringliche Betreiben von Oberst Kittel und der Offiziere aus den Linieneinheiten hin beharrte jedoch auch das Waffenhauptkomitee auf seiner Sache und hielt die Produktion von etwa 5.000 Stück monatlich aufrecht. Dies führte zu einer Diskussion mit Hitler. Daran beteiligt waren auch zwei Soldaten, die an der Ostfront das Ritterkreuz erlangten. Schließlich gab Hitler einen neuen Befehl, mit dem er die sofortige Produktion von 30.000 Karabinern monatlich forderte. Wenige Wochen später forderte er bereits 50.000 Stück, nach einigen Monaten 90.000, und bald sogar 120.000 im Monat. Bevor es jedoch dazu kam, war das Potential der Industrie über ein Jahr lang vergeudet worden. […]

Eine Konsequenz der fehlenden Planung und technischen Leitung war der zunehmende Mangel an Mittelmunition für die MP-43, der von Monat zu Monat wuchs. Unzureichend war auch der Nachschub an normaler Handwaffenmunition, was u.a. die Folge der verstärkten Karabinerherstellung war. Dies führte bald dazu, dass die Massenproduktion der MP-43 gestoppt werden musste, die mit solchem Kraftaufwand auf 50.000 Stück monatlich erhöht worden war.

Viele tausend Exemplare dieser Waffe, die unermüdlich Tag und Nacht hergestellt worden waren, mussten also verschrottet werden, obwohl die Fronteinheiten kniefällig um jedes Exemplar bettelten. Zur gleichen Zeit machten alliierte Bomber eine Fabrik in Posen, die Maschinen für die Produktion von Handwaffenmunition herstellte, dem Erdboden gleich. […]"

Infrarottechnik

Ein klassisches Beispiel der Suche nach Problemlösungen, die letztlich zur Entwicklung eines ganz neuen technischen Gebietes führte, war die Frage der Infrarottechnik. Schon vor dem Krieg wurden in diesem Bereich interessante Ergebnisse verzeichnet, die Voraussetzungen für die stürmische Entwicklung dieser Technik entstanden jedoch erst während des Krieges. Einer der wichtigsten Impulse war das Bestreben, eine Alternative für das Radargerät zu schaffen. In diesem Bereich hatten die Alliierten eine geringe Überlegenheit.

Es ist nicht das erste Mal, dass radikal neue Technologien lediglich als Ersatz für bereits existierende Lösungen entstehen. Die neuen Produktionstechnologien, die bei der MP-43 eingesetzt wurden, waren auch eher aus Notwendigkeit denn aus

Überlegung eingeführt worden. Auch Kunststoffe wurden größtenteils als Notlösung betrachtet …

Kehren wir jedoch zur Infrarottechnik zurück. Ich möchte nicht alle Typen beschreiben, da es sehr viele davon gab. Deshalb stelle ich diesen Komplex in gekürzter Form dar. Infrarotgeräte können generell in drei Gruppen unterteilt werden:

1.   Nachsichtgeräte als „aktive" Beobachtungs- und Zielgeräte. Sie erfordern ein Beleuchten des Ziels/Gebietes mit Infrarotstrahlen, die durch einen speziellen Scheinwerfer ausgesendet werden;

2.   Wärmepeiler und Wärmebildgeräte („passiv"). Das Ziel muss hierbei nicht beleuchtet werden, die Geräte empfangen einfach die durch das Ziel selbst erzeugte Wärmestrahlung;

3.   Wärmepeiler als Elemente von Zielsuchsprengköpfen für Bomben und Raketen. Sie werden im zweiten Teil des Buches beschrieben.

Die Hauptgruppe bildeten die unter Punkt 1 genannten Geräte. Davon gab es etwa ein Dutzend verschiedener Typen, von denen ich im Folgenden eine Auswahl beschreibe.[64,82,83,84]

Die meisten deutschen Nachtsichtgeräte basierten auf Bildwandlern (Photovervielfachern), die durch das Reichspostforschungsinstitut entwickelt und in geringen Stückzahlen hergestellt wurden. Seine Laboratorien befanden sich anfangs in Berlin, aufgrund der drohenden Luftangriffe wurden sie jedoch nach Hassenbach verlegt.

Die dort hergestellten Geräte standen ihren vielen Nachkriegspendants noch aus den 1960er und 1970er Jahren in nichts nach. Das Funktionsprinzip blieb natürlich gleich, auch die Konstruktionseigenschaften änderten sich nicht. Die folgende Beschreibung eines Nachtsichtwandlers von 1984 könnte gleichermaßen für die Geräte aus den 1940ern gelten:[88]

„Das Kernstück eines jeden aktiven Nachtsichtgeräts ist ein elektronenoptischer Bildwandler (Bild 1). Auf seiner Photokathode (2) wird das Infrarotbild des beobachteten Gegenstandes fokussiert. Die typische Photokathode mit einer Beschichtung aus mit Silber versetztem Cäsiumoxid, die in den Wandlern dieser Geräte eingesetzt wird, ist ein Empfänger für kurzwellige Infrarotstrahlung im Wellenbereich zwischen 800 und 1.200 µm. Die auf die Photokathode fallenden Infrarotstrahlen führen zur Emis-

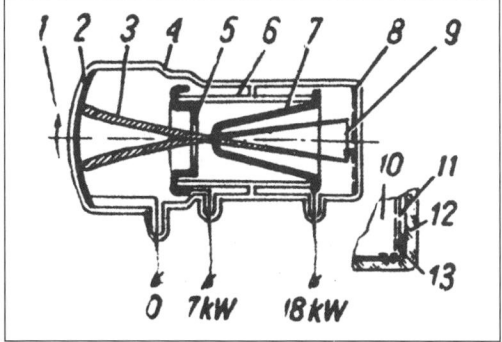

Querschnitt eines typischen Bildwandlers; eine Kurzbeschreibung finden Sie im Text. (Foto: CIOS)

sion von Elektronen, die – beschleunigt und fokussiert durch das im Innern der Wandlerröhre erzeugte elektrostatische Feld – ein elektronisches Bild (9) des Gegenstandes auf einem mit entsprechendem Leuchtstoff beschichteten Schirm (8) erzeugen. Der Schirm sendet unter der Einwirkung der Elektronenbündel eine sichtbare Strahlung aus, die durch das Okular des Nachsichtgerätes beobachtet werden kann.

Das Bild zeigt die typische Konstruktion eines aktiven Nachtsichtgerätes im Querschnitt. Hier ist das komplexe Mehrlinsenobjektiv mit großer relativer Öffnung besonders auffallend. Notwendig ist diese Konstruktion, weil auf der Photokathode so viele Strahlenbündel wie möglich gesammelt werden müssen, um ein Bild von guter Qualität zu erzeugen und die maximale Sichtweite zu erreichen."

Auch die durch das Reichspostforschungsinstitut hergestellten Geräte besaßen infrarotempfindliche Beschichtungen aus mit Silber versetztem Cäsiumoxid, die durch das Verdampfen einer heißen Spirale vakuumbedampft wurden. Äußerlich war der ganze Wandler einer großen Elektronenröhre

Das *Uhu*-System auf einem Halbkettenaufklärungsfahrzeug. (Foto: CIOS)

Das F.G. 12/52, montiert auf einem Personenkraftwagen von BMW. (Foto: CIOS)

ähnlich. Ihre Anode, d. h. die durch das Okular sichtbare Schicht, auf die das Bild projiziert wurde, erhielt einen Überzug aus grün leuchtendem Luminophor, der aus einer Mischung aus Zinksulfid und Zinkselen bestand. Es wurden zwei Hauptarten von Wandlern hergestellt: mit einem Durchmesser von 160 mm (600 – 700 Stück jährlich) und 70 mm (über 200 Stück jährlich). Die ganze Arbeit wurde mit relativ bescheidenen Mitteln durchgeführt – zum Personal des Laboratoriums in Hassenbach zählten lediglich 40 Wissenschaftler und Techniker.

Der zweite Hersteller dieser Geräte war die Firma AEG, wo 400 Bildwandler mit ähnlichen Abmessungen wie die obengenannten hergestellt wurden. Nur 186 kamen jedoch mit einem positiven Ergebnis durch die Qualitätsprüfung (untersucht wurde die Bildqualität). Es wurde festgestellt, dass 78 Stück für die Produktion von Zielgeräten geeignet waren, die restlichen sollten in verschiedenen Beobachtungsgeräten eingesetzt werden – hauptsächlich für Fahrer. Die Firma AEG war weltweiter Vorreiter auf diesem Gebiet – der erste Bildwandler wurde dort bereits 1934 getestet!

Für Bildwandler wurde oft die Abkürzung „Biwa" verwendet.

Kommen wir nun zu den Beschreibungen einiger Modelle der im Dritten Reich konstruierten Nachtsichtgeräte.

Zielgerät Z.G. 1221

Dieses Zielgerät war für Panzerabwehrkanonen vorgesehen und nutzte einen Wandler von AEG. Die optischen Elemente wurden von der Firma Zeiss hergestellt (darunter 1.000 Objektive). Aus den auf dem Zielgerät sichtbaren Markierungen geht hervor, dass es werksmäßig auf eine Schussentfernung von 250 m justiert war.

Die Schärfe wurde durch die elektrostatische Fokussierung des Elektronenbündels eingestellt. Integraler Teil des Systems war ein Infrarotscheinwerfer mit einem Durchmesser von 36 cm, der zur Zielbeleuchtung diente. Mehrere hundert Exemplare einer Testserie wurden an Bodentruppen geliefert, damit diese Versuche durchführen konnten; danach wurden die Arbeiten unterbrochen. Es gibt keine Daten darüber, ob das Gerät eventuell zum Kampfeinsatz kam.

Zielgerät Vampir

Das *Vampir* ist eines der interessantesten deutschen Geräte aus der beschriebenen Gruppe. Dieses Zielgerät war für automatische Karabiner vom Typ MP-43/MP-44 bestimmt. Das Nachtsichtgerät selbst war von seinen Abmes-

Die MP-43 mit dem Nachtsichtzielgerät *Vampir* (Waffe ohne Magazin) (Foto: CIOS)

sungen her mit den größeren optischen Zielgeräten vergleichbar: Es hatte eine Länge von ca. 35 cm und einen Durchmesser von knapp über 6 cm und wog samt des kleinen Infrarotstrahlers (einer mit einem Filter bedeckten 35-Watt-Lampe) lediglich 2,3 kg.

Schwerer war hingegen der Rucksacksatz, der aus Batterie und Hochspannungswandler bestand und fast 14 kg wog – diese Hürde konnte noch lange nach dem Krieg nicht überwunden werden. Das große Gewicht war nicht allein auf die Leistungsaufnahme zurückzuführen, sondern auf die Notwendigkeit, die Batteriespannung in Hochspannung umzuwandeln – in diesem Fall 11 kV, um den Bildwandler versorgen zu können.

Dieses Gerät wurde in geringen Stückzahlen in das Waffenarsenal aufgenommen und bewährte sich überraschend gut. Es war zwar etwas zu schwer für die Soldaten in der ersten Linie, stellte jedoch eine geradezu ideale Erfindung für Wachtruppen dar. Unter diesen Bedingungen war es auch kein Problem, dass die Batterie lediglich für drei bis fünf Stunden Dauerbetrieb reichte, da sie schnell ausgetauscht werden konnte. Hersteller des *Vampir* war die Firma Leitz, die die kleinen „Postwandler" einsetzte – insgesamt wurden 300 Komplettsätze geliefert.

Nach dem Krieg testeten die Briten ein Exemplar des *Vampirs* und kamen zu dem Schluss, dass das Bild „sehr hell und kontrastreich" war. In der Zusammenfassung der Forschungsergebnisse ist folgendes zu lesen:

> „Auf eine Entfernung von 30 Metern waren Silhouetten von stehenden und liegenden Menschen deutlich sichtbar; auf eine Entfernung von 50 Metern waren nur stehende Menschen gut sichtbar, liegende hingegen schwer vom Hintergrund zu unterscheiden; auf eine Entfernung von 80 Metern waren stehende Menschen schwer zu erkennen, insbesondere wenn sie sich bewegten".

Viele der beim *Vampir* integrierten Ansätze waren Ausgangspunkt für vergleichbare Arbeiten, die in anderen Ländern nach dem Krieg durchgeführt wurden, wobei die Russen diesen Gerätesatz vollständig kopierten und danach in das Waffenarsenal der eigenen Armee und der Armeen anderer Mitglieder des Warschauer Paktes aufnahmen.

Adler I und Adler II

In Anlehnung an Lösungen, die sich im Rahmen des Bodensystems *Uhu* bewährten, wurden vergleich-

Das F.G. 12/50 auf dem Turm des Panzerkampfwagens *Panther*. (Foto: CIOS)

bare Flugabwehrlösungen als eine Art Pendant zum Radargerät kleiner Reichweite entwickelt.

Es kam zu kleinen Änderungen an der Optik – die Brennweite wurde von 40 auf 25 cm verkürzt, was eine Vergrößerung des Sichtfeldes zur Folge hatte, und statt eines Okulars wurden zwei (vom gleichen Typ wie beim Fernglas) verwendet. Es wurden mehr als 500 solcher optischen Systeme hergestellt, obwohl dieses Gerät niemals in das Waffenarsenal aufgenommen wurde. Hier konnte sich das Radargerät durchsetzen, da mit der vorliegenden Lösung nicht die Entfernung zum Ziel bestimmt werden konnte, obwohl die effektive Reichweite (nach deutschen Quellen) außergewöhnlich groß war und etwa 25 km betrug. Es wurde jedoch nicht angegeben, auf welche Flugzeugart sich diese Angabe bezog, obwohl davon auszugehen ist, dass es sich um große Bomber handelte.

Seehund

Der *Seehund* ist eines der interessantesten und besten deutschen Nachtsichtgeräte. Er wurde für die Kriegsmarine schon am Kriegsanfang in Vendome, Frankreich entwickelt, wo amerikanische Offiziere eines dieser Geräte samt Bedienungsanleitung fanden, die mit dem Datum „Oktober 1941" versehen war.

Dieses Nachtsichtgerät sollte auf Schiffen installiert werden (obwohl es im Grunde genommen ein tragbares Gerät war). Sein Haupteinsatzzweck war wahrscheinlich das Aufspüren fremder Flugzeuge bei Nacht. Hier haben wir es erneut mit dem Versuch zu tun, eine Alternative für das Radargerät zu entwickeln – obwohl die Deutschen auch auf diesem Gebiet wichtige Erfolge vorzuweisen hatten.

Das Nachtsichtgerät (der Empfänger) selbst wog 11 kg und sollte mit Hilfe der Schiffsinstallation durch ein 15 Meter langes Kabel und einen stationären Spannungswandler mit einem Gewicht von 20 kg mit Strom versorgt werden. Im Gerät konnten verschiedene Infrarotscheinwerfer verwendet werden: ein tragbarer, der Ziele auf eine Reichweite von 10 km aufspüren konnte, einer mit einem Durchmesser von 50 cm, der die Reichweite

Großer Infrarotscheinwerfer mit einem Durchmesser von 1,5 Metern, der bei der Marine verwendet wurde. (Foto: CIOS)

verdoppelte, oder ein großer mit einem Durchmesser von anderthalb Metern, wodurch die Reichweite sich praktisch ins Unendliche (in der Originalbedienungsanleitung stand: „bis zur Grenze der geographischen Reichweite") steigern ließ. Obwohl bekannt ist, dass diese Geräte in Serie hergestellt wurden, ist nicht ganz klar, wo dies erfolgte. Im amerikanischen Bericht über den *Seehund* findet sich die Feststellung, dass wahrscheinlich die Firma Goertz stark an seiner Entwicklung beteiligt war.

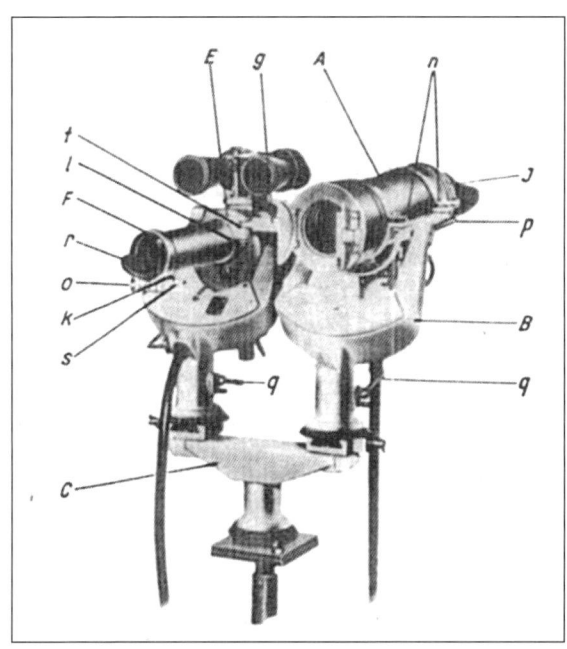

Der *Seehund*. (Foto: CIOS)

Vor dem Krieg war diese Firma neben Siemens ein Pionier im Bereich der Fernsehtechnik und des nicht weniger bahnbrechenden Elektronenmikroskops, dessen erstes Modell in den Siemens-Betrieben 1938 entstand. Nebenbei bemerkt war die führende Stellung des Dritten Reiches auf diesem Gebiet der Hauptgrund für die spätere schnelle Entwicklung von Nachtsicht- und Wärmebildgeräten. In der Tat ist das grundsätzliche Funktionsprinzip eines Bildwandlers im Nachtsichtgerät, also die Entstehung des Bildes aufgrund der elektrostatischen bzw. elektromagnetischen Fokussierung des Elektronenbündels, genau dasselbe wie im Falle des Elektronenmikroskops.

Kehren wir jedoch zum *Seehund* zurück …

Im Untersuchungsbericht über das „abgefangene" Exemplar beschrieben ihn die Amerikaner fast nur in Superlativen: einfacher Betrieb, Widerstandsfähigkeit gegen ungünstige Bedingungen (insbesondere die Wasserfestigkeit), gute Auflösung, großes Sichtfeld (22°), hohe Empfindlichkeit und Undurchlässigkeit des auf dem Objektiv befestigten Filters gegenüber sichtbarem Licht. Als einziger Mangel galt die fehlende Möglichkeit des schnellen Bildwandlertauschs – dieser Vorgang dauerte etwa eine Stunde und erforderte einen Spezialisten. Der *Seehund* wurde mit einem modifizierten Bildwandler mit einer Berylliumkathode ausgestattet, die es erlaubte, einen viel stärkeren Kontrast als bisher zu erreichen, was im Falle des Aufspürens von Luftzielen wünschenswert war. Es handelte sich wahrscheinlich um den Wandler der Firma AEG mit einem Durchmesser von ca. 75 mm. Eine der Entwicklungsversionen dieses Nachtsichtgerätes war der *Seehund III*, der für Unterseeboote bestimmt war (Radargeräte zur Ortung von Luftzielen waren nur für

U-Boote vom Typ XXI vorgesehen). Im Mai 1943 wurden 1.250 dieser Geräte bestellt, obwohl schließlich nur ca. 400 geliefert wurden.

Der *Seehund III* unterschied sich deutlich von seinem Vorgänger – er war vor allem kleiner. Der Objektivdurchmesser betrug lediglich 5 cm, was sich wahrscheinlich negativ auf die Reichweite auswirkte. Er hatte jedoch ein größeres Sichtfeld.

Spanner

Noch 1941 wurde der Versuch unternommen, ein passives Nachtsichtgerät (ohne beleuchtenden Scheinwerfer) zu konstruieren, das auf die heißen Triebwerksabgase alliierter Bomber reagieren sollte. Mit diesen Geräten wurden Nachtjäger ausgestattet, weshalb bereits 1941 ca. 600 Exemplare ausgeliefert wurden. Das Konzept bewährte sich jedoch nicht unter Kampfbedingungen, und die Geräte wurden zurückgezogen.

Eine separate Gruppe bildeten die (passiven) Wärmebildgeräte.

Viele Leser wird sicherlich die Tatsache erstaunen, dass sie auf Halbleiterelementen basierten. In einer der britischen nachrichtendienstlichen Berichte werden sogar Versuche unter Verwendung von Silizium erwähnt![89] In den Infrarotdetektoren wurden jedoch Halbleiter einer anderen Art eingesetzt.

Der *Spanner I*. (Foto: CIOS)

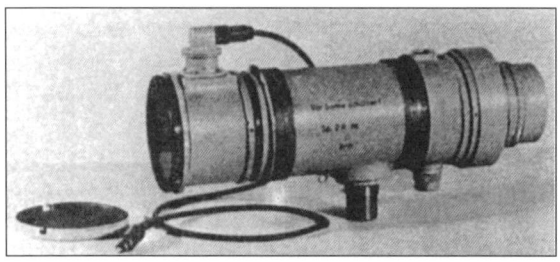

Der *Spanner IIA*. (Foto: CIOS)

Sie waren auf Wellen mit einer Länge von wenigen Mikrometern empfindlich, auf die Bildwandler der Nachtsichtgeräte nicht reagierten. Diese Wellenlänge entsprach grob der ausgestrahlten Wärme von Objekten, die eine Temperatur von mehreren dutzend Grad Celsius hatten.

Das Funktionsprinzip aller deutschen Wärmebilddetektoren ging auf den sogenannten inneren photoelektrischen Effekt zurück. Er beruht darauf, dass der Halbleiter nach der Absorption von Photonen sich nicht mehr wie ein Isolator, sondern wie ein Leiter verhält – die Elektronen werden vom Valenzband in das sogenannte Leitungsband „gehoben".

Im Halbleiter entstehen „Löcher", die den elektrischen

Strom leiten. Der einfachste Detektor besteht also aus einem Kristall der entsprechenden chemischen Verbindung und zwei Elektroden. Falls er Bestandteil einer elektrischen/elektronischen Schaltung ist, entsteht beim Beleuchten des Detektors mit Wärmestrahlung ein elektrischer Impuls, der auf dem Monitor sichtbar bzw. akustisch gemeldet wird.

Gegenwärtig werden einzelne Detektoren in Beobachtungs- und Zielwärmebildgeräten nicht mehr verwendet. Ein gewisses Zwischenstadium, das in den 1980er Jahren vorherrschte, waren Reihendetektorsysteme. Eine solche Reihe war für die eine Bilddimension verantwortlich, während die zweite Bilddimension durch die Verwendung eines sogenannten Scanners entstand – ein System aus rotierenden Spiegeln (z. B. einem rotierenden Quaders, der mit einer reflektierenden Schicht bedeckt war), durch das die Detektorreihe die Strahlung so empfing, als würde sie die einzelnen Teile des Sichtfeldes scannen. Das Fax stellt gewissermaßen ein ähnliches Gerät dar, in ihm wird allerdings an der Miniaturdetektorreihe nicht das Objektbild, sondern das Objekt selbst vorbeigezogen.

Die neueste Generation von Wärmebildgeräten ist wie eine Videokamera aufgebaut – es werden keine mechanischen Scanner, sondern zweidimensionale Detektorsysteme verwendet (die äußerlich an integrierte Schaltungen erinnern). Daher könnte man meinen, dass der Bau eines Wärmebildgerätes mit einer sinnvollen Bildqualität nicht möglich ist, wenn nur ein einzelner Detektor zur Verfügung steht. Das ist jedoch nicht der Fall. Die Deutschen versuchten, diesen Mangel zu kompensieren, indem sie „raffiniertere" Scansysteme einsetzten. So wurde eine Bildqualität erreicht, die der Bildqualität auf den Monitoren damaliger typischer Radargeräte in nichts nachstand.

Wärmebildgeräte wurden damals von den viel weiter entwickelten Radargeräten dominiert, die Deutschen wussten jedoch genau, dass ihre wirkliche Blütezeit erst noch kommen würde, die ihnen zugrundeliegende Technik vielversprechend ist und es sich zweifelsohne lohnt, in die Entwicklung dieser Technik zu investieren.

Es wurden mindestens ein dutzend Detektortypen aus dem sogenannten mittleren Infrarotbereich entwickelt. Mit ihrer Entwicklung und Versuchsproduktion wurden zwei Firmen beauftragt: Elektro-Akustic (Elac) aus Kiel und Zeiss-Ikon aus Jena – eine der Filialen des Zeiss-Konzerns, die notabene noch heute ein Magnat der Wärmebildgeräteherstellung ist.

Elac begann u. a. mit der eingeschränkten Produktion (es waren 1.000 Stück im Monat geplant) einer ganzen Reihe von Detektoren, die auf Bleisulfidkristallen (PbS) beruhten.[90] Ihre größte Empfindlichkeit erreichten sie bei Wellen mit einer Länge von 2,5 Mikrometern, d. h. beim sogenannten ersten atmosphärischen Fenster: Die Atmosphäre lässt nicht den ganzen Infrarotbereich durch, sondern nur bestimmte „Bereiche" – Wellen mit einer Länge von etwa zwei bis fünf und acht bis zwölf Mikrometern. Es wurde eine ganze Reihe von Sensoren mit den Abmessungen von 3 x 3 mm und auch runde Sensoren mit einem Durchmesser von 30 mm entwickelt. Die größeren waren natürlich empfindlicher, das fertige Gerät hatte jedoch dadurch eine viel geringere Auflösung. In Übereinstimmung mit den theoretischen Annahmen entdeckten die Deutschen sehr schnell, dass die Empfindlichkeit des Detektors sogar um das Fünfzigfache erhöht werden kann, wenn er auf eine Temperatur von minus 40–50 Grad Celsius gekühlt wird. Auf diese Weise wird die durch den Detektor selbst erzeugte Wärmestrahlung beseitigt. Deshalb wurde ein spezieller Kühler mit dem Decknamen *Eskimo* entwickelt, der auf Kohlendioxidbasis arbeitete. Dadurch wurde eine für die damalige Zeit geradezu ungeheure Empfindlichkeitssteigerung erreicht – allein der Detektor (d. h. ohne Optik zur Fokussierung) reagierte auf Strahlung mit einer Leistung von 25 Millionstel Watt![82] Bis zum Kriegsende entstanden etwa 500 Halbleiterbausteine dieser Art alleine in den Laboratorien der

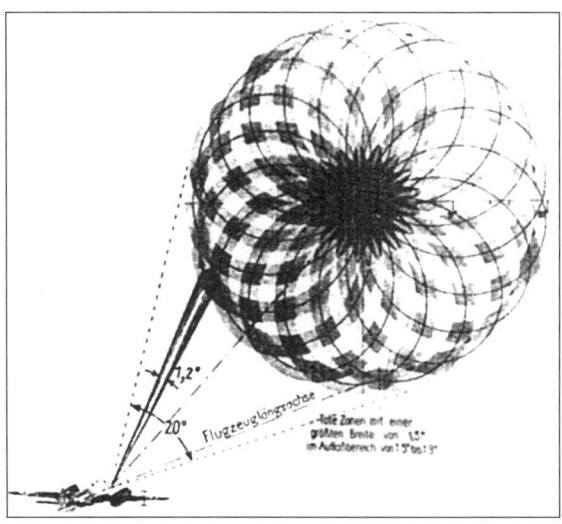

Kiel III – Originalschaubild vom Scannen des Sichtfeldes … (Foto: CIOS)

Firma Elac, eine unbestimmte Anzahl wurde darüber hinaus in den Betrieben der Elektronikfirma Kast und Ehringer in Stuttgart hergestellt.

Die letztgenannte Firma befasste sich auch mit der Produktion der zweiten Art von Detektoren, die in den Laboratorien von Elac entwickelt worden waren. Hierbei wurden synthetische Bleiselenidkristalle (PbSe) eingesetzt. Sie unterschieden sich von der obenerwähnten Lösung hauptsächlich dadurch, dass sie auf Infrarot aus dem Bereich längerer Wellen (vier bis fünf Mikrometer) reagierten, die von Objekten mit einer niedrigeren Temperatur ausgestrahlt werden. Ihre Empfindlichkeit war den Sulfidkristallen vergleichbar.

Der Schlüssel zum Erfolg der Firma Elac auf diesem Gebiet war im Grunde genommen eine Person – der Direktor ihrer Abteilung für Infrarottechnik, Dr. Kutscher. Er begann schon 1930, die optimale Technologie zur Herstellung von Sulfiddetektoren zu entwickeln und wurde dadurch zum Pionier auf dem Gebiet der Halbleitertechnologien.

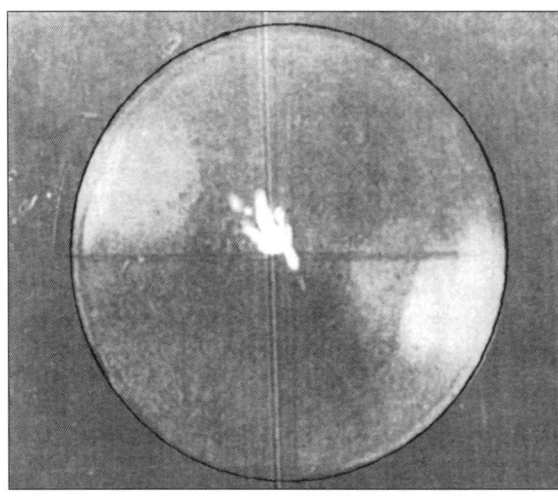

… sowie das Bild des Zieles auf dem Schirm. (Foto: CIOS)

Der zweite führende Hersteller dieser Geräte, die Firma Zeiss-Ikon, entwickelte auch einige Modelle, die alle auf Bleisulfid basierten. Generell reichten sie an die Detektoren von Elac nicht heran und wurden hauptsächlich für weniger anspruchsvolle Systeme verwendet, z. B. in Alarmanlagen, die die Hafenzugänge „bewachten" (das System *Strahlungssperre*), sowie in Geräten zur heimlichen Kommunikation zwischen Schiffen; diese Lösung basierte auf einem gerichteten Infrarotstrahl (das System *Puma*). Es wurde jedoch intensiv an diesen Geräten geforscht und ihre wichtigsten Parameter wurden laufend verbessert: So wurde z. B. das Verhältnis zwischen Empfindlichkeit und Geräuschpegel um das Zwanzigfache erhöht. Trotzdem waren sie bis zum Kriegsende den Detektoren aus Kiel und Stuttgart leicht unterlegen. In den Zeiss-Laboratorien experimentierte man auch an einer neueren Detektorart, die auf Thallium-Bromjodid basierte. Es ist bekannt, dass dieser Detektor die Kennzeichnung KRS-5 bekam, es liegen jedoch keine technischen Daten vor. An diesem Fragenkomplex wurde unabhängig auch am Physikinstitut in Göttingen gearbeitet. Zeiss konnte dafür auf einem anderen genauso wichtigen Gebiet glänzen, und zwar der Entwicklung von optischen Systemen: Objektiven und entsprechenden optischen Materialien (normales Glas lässt elektromagnetische Wellen aus dem sichtbaren Bereich und z. B. dem Ultraviolettbereich durch, jedoch nicht aus dem mittleren Infrarotbereich, wovon wir uns in einem Gewächshaus oder einem der Sonneneinwirkung ausgesetztem Fahrzeug ohne Klimaanlage überzeugen können). Zeiss arbeitete in diesem Bereich mit dem I. G. Farben-Konzern zusammen.

Schließlich wurden acht „Glasarten" entwickelt, die natürlich frei vom „klassischem" Siliziumdioxid waren. Es wurden vor allem chemische Verbindungen wie Thalliumbromid, -jodid und -chlorid sowie Silberbromid und -chlorid verwendet. Von diesem „Glas" wurden mindestens mehrere hundert Kilogramm hergestellt, die zu klassischen Linsen geschliffen wurden. Sie hatten jedoch bestimmte Nachteile – vor allem waren sie sehr teuer, und ihre mechanische und chemische Widerstandsfähigkeit war geringer als beim üblichen Glas.

Deshalb, und auch aufgrund des vereinfachten Herstellungsprozesses waren Objektive mit großem Durchmesser vor allem als Spiegelobjektive bzw. Spiegellinsenobjektive ausgeführt. Wenn jedoch keine Linsen vorhanden waren, mussten Filter (hauptsächlich Interferenzfilter) aus „Spezialglas" bestehen.

Parallel wurden auch im chemischen Bereich Forschungsarbeiten von ähnlich bahnbrechendem Charakter durchgeführt. Ziel war, spezielle Tarnfarben für den Infrarotbereich zu entwickeln, um

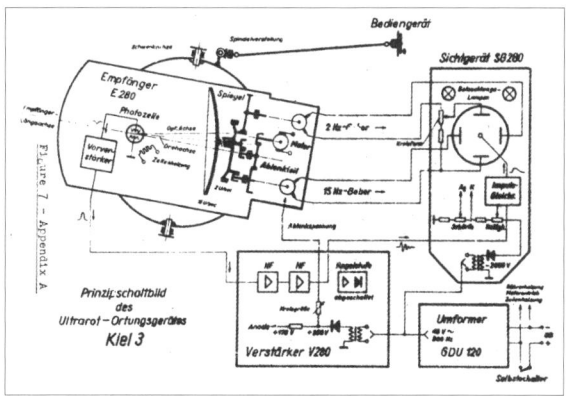

Schaubild des *Kiel III*-Systems. (Foto: CIOS)

einer Entdeckung durch Nachtsichtgeräte vorzubeugen. Hierfür wurden beträchtliche Mittel investiert, obwohl der Gegner niemals Nachtsichtgeräte einzusetzen begann, jedenfalls nicht in großem Umfang. Zu den auf diesem Gebiet kooperierenden Firmen und Institutionen zählten u. a. die dänischen Firmen NVK und CPVA, eine mit den Buchstaben FEP (Forschungen, Erfindungen, Patente) gekennzeichnete Spezialstelle, die wahrscheinlich beim Reichsforschungsrat angesiedelt war, sowie die Firma Ludeck und Kohe aus Berlin. Wenn wir das mit der Gesamtzahl der Firmen und Institutionen vergleichen, die an der Entwicklung von Nachtsicht- und Wärmebildgeräten arbeiteten, ist diese Liste ziemlich kurz. Außer den bereits genannten befinden sich darauf u. a. noch folgende Firmen und Institutionen: das Reichsluftfahrtministerium (RLM), das Oberkommando der Marine (OKM), die Firmen GEMA, Osram und Stohl, das Institut für Angewandte Physik der Universität Köln sowie die Physikinstitute in Prag und in Leipzig.

Kehren wir jedoch zur Beschreibung der Tarnanstriche zurück – Forschungen auf diesem Gebiet konnten bereits 1943 erfolgreich abgeschlossen werden. Es wurden mehrere Arten von Spezialfarben entwickelt, u. a. unter dem Decknamen *Lattenzaun*, später auch *Gartenzaun*. Sie absorbierten mindestens 96 % der Infrarotstrahlung aus dem für Nachtsichtgeräte empfangbaren Bereich (Wellenlänge: etwa ein Mikrometer). Diese Anstriche sollten vor allem zur Maskierung von Unterseebooten

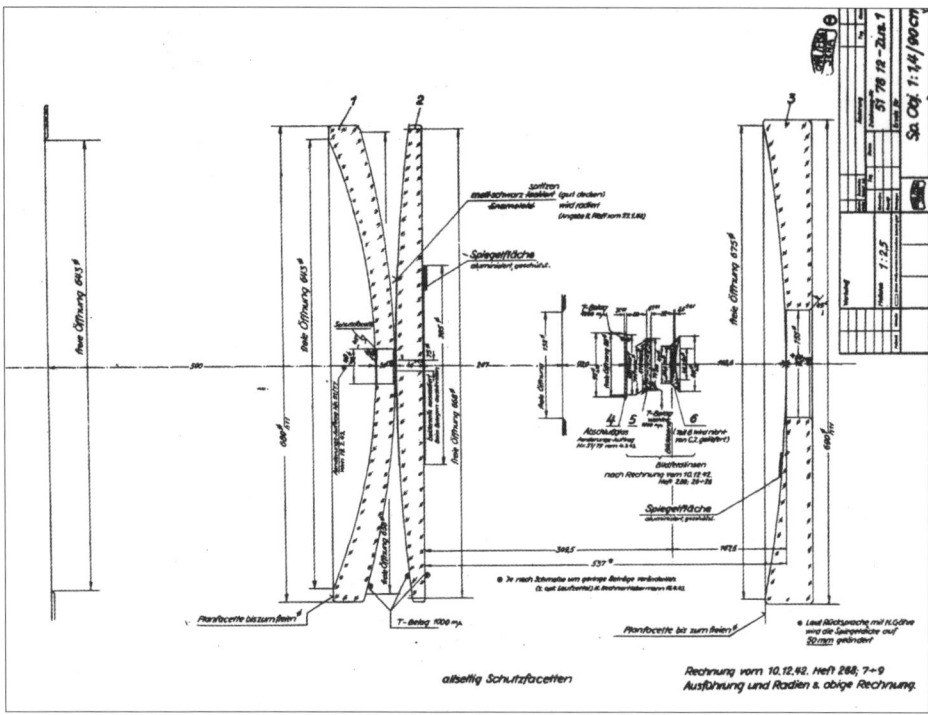

Der *Kiel III* – eine der Kopfversionen. (Foto: CIOS)

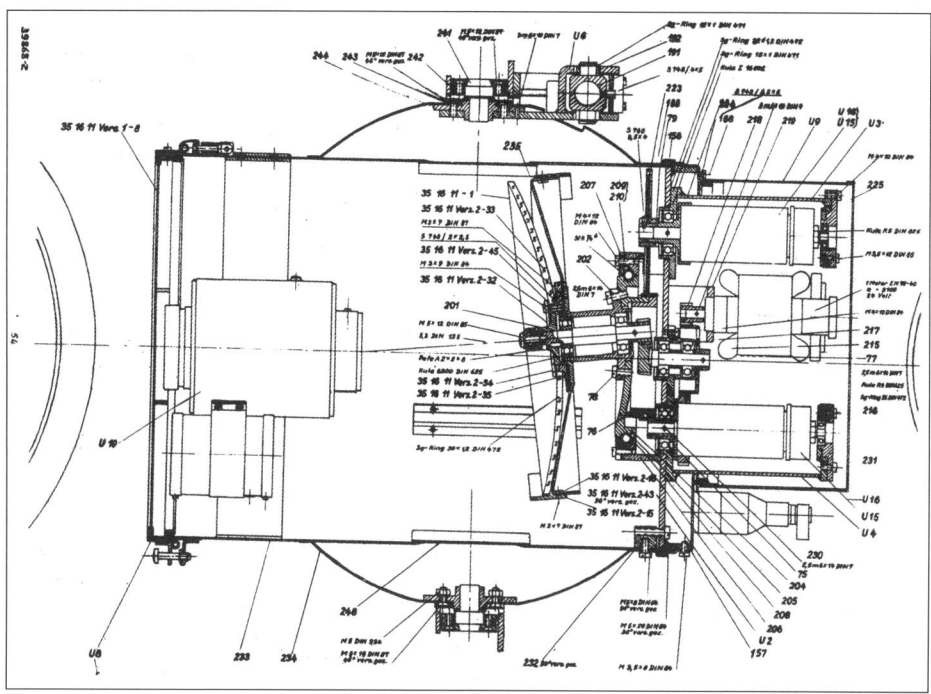

Der *Kiel III* – Querschnitt des Infrarotteleskops. Obwohl es sich hierbei nur um eine von vielen System-komponenten handelt, die lediglich einen Bruchteil der Arbeiten auf diesem Gebiet widerspiegelt, wird dadurch deutlich, wie viel in die Entwicklung der Infrarottechnik investiert wurde. (Foto: CIOS)

verwendet werden, obwohl sich mit der Zeit herausstellte, dass ihre nicht besonders hohe Widerstandsfähigkeit gegen Meerwasser ein Problem dar-stellte. Dies hatte jedoch keine grö-ßere Bedeutung, da ohnehin Radar- und Sonargeräte die Hauptgefahr für U-Boote darstellten. Die Deutschen hatten keine Zeit mehr, die Errun-genschaften auf diesem Gebiet wäh-rend des Krieges auszunutzen, erst Jahrzehnte später offenbarte sich die Richtigkeit der implementierten Lösungen.

Nach dieser Einführung können wir nun zur Beschreibung konkreter Wärmebildsysteme übergehen …

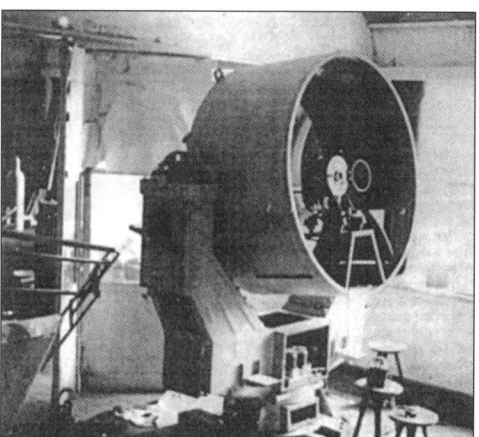

Der WPG-Kopf. (Foto: CIOS)

Blick auf das optische System nach dem Abnehmen des Infrarotfilters – *Kiel*. (Foto: CIOS)

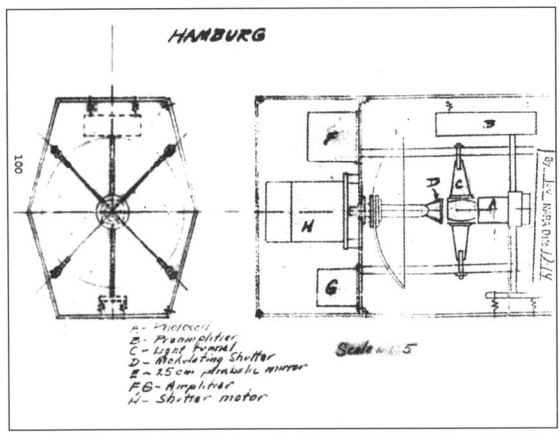

Das *Hamburg*-System. (Foto: CIOS)

Die Deutschen selbst hielten den Wärmepeiler mit dem Namen *Kiel* für ihr nützlichstes und bestes Gerät aus dieser Gruppe. Er wurde für Nachtjäger entwickelt, damit sie feindliche Bomber aufspüren konnten – mit anderen Worten diente er der Zielerkennung. Diese erfolgte passiv und war gegen die immer öfter ausgesendeten Störungen unempfindlich, denen Radargeräte ausgesetzt waren.

Der *Kiel* spürte einen einzelnen Bomber mit vier Triebwerken vom Typ „Lancaster" auf eine Entfernung von 4 – 5 km auf. Die durchgeführten Versuche bewiesen seine Nützlichkeit auch bei anderen Anwendungen – kleine Schiffe mit einer Wasserverdrängung von 1.500 Tonnen wurden auf eine Entfernung von 7 km „bemerkt", und Fabrikschornsteine auf eine Entfernung von 10 km.

Der *Kiel* besaß ein verhältnismäßig leichtes und kurzes Spiegelobjektiv, einen Paraboloidspiegel mit einem Durchmesser von 23 – 25 cm. Um das Sichtfeld zu scannen, rotierte dieser Spiegel mit einer Geschwindigkeit von 100 Umdrehungen pro Sekunde um die Achse des ganzen Gerätes und gleichzeitig mit einer Geschwindigkeit von zwei Umdrehungen pro Sekunde um eine zweite, etwas geneigte Achse. Auf diese Weise beschrieben die gebündelten Infrarotstrahlen in der Brennebene eine bestimmte Kurve (Rosette), die das ganze Sichtfeld abdeckte. Es wurden mehrere Versionen dieses System entwickelt (*Kiel I* – *Kiel IV*), die sich hauptsächlich durch das Sichtfeld voneinander unterschieden. Die gelungenste Version war der *Kiel III*, der sich durch ein Sichtfeld von 20° und eine Auflösung von einem Grad auszeichnete.

Es gab auch die Version *Kiel I* mit einem Linsenobjektiv, die eine Weiterentwicklung eines älteren Wärmepeilers von Elac mit dem Namen *Kormoran* war.

Die Arbeiten wurden jedoch ziemlich schnell aufgrund eines vermeidbaren Mangels unterbrochen: Etwa ein Drittel der Strahlung wurde durch die Objektivlinse absorbiert.

Den *Kiel III* gab es auch in zwei Varianten – bei einer davon wurde ein Detektor mit den Abmessungen 3 x 3 mm von Elac verwendet, bei der anderen hingegen (*Kiel III Z*) ein ähnlicher Detektor von Zeiss. Beide wurden mit festem Kohlendioxid gekühlt, das in einem Spezialbehälter transportiert wurde. Im Zuge der u. a. durch das Versuchskommando der Luftwaffe auf dem Flughafen Stade und auf dem Testgelände in Rechlin durchgeführten Versuche konnte nur der *Kiel III Z* als serienreif eingestuft werden. Die Produktionsgeschwindigkeit war jedoch bescheiden. Die einzige Partie (etwa 20 – 30 Stück) erhielt um die Jahreswende 1944/45 die auf dem Flughafen Goslar stationierte Nachtjägerstaffel. Die Geräte wurden auf der Bugnase montiert.[82,90]

Zeitgleich zum *Kiel* wurde eine ganze Familie deutlich größerer und für den Bodeneinsatz vorgesehener Wärmepeiler entwickelt, die sowohl zum Aufspüren von Flugzeugen als auch Schiffen dienen sollten. Sie erhielten die Namen *Wärmepeilgerät* (WPG) und *Nachtmessgerät* (NMG), wobei das zweite Gerät als Ergänzung zum ersten gedacht

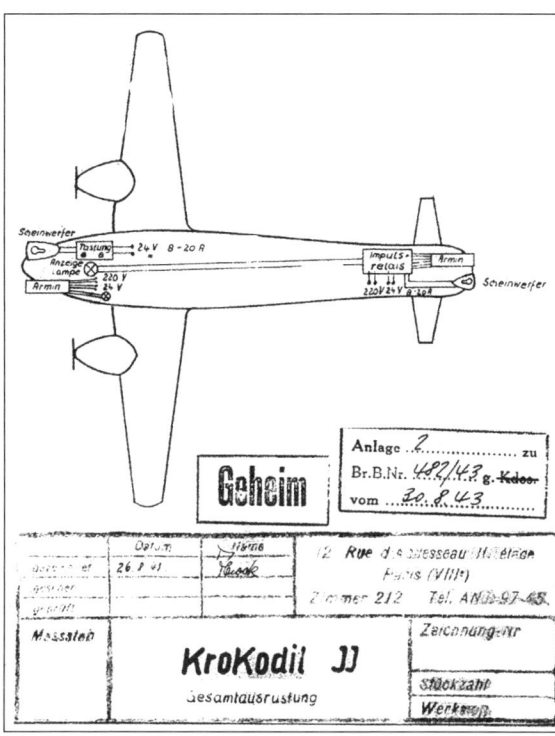

Schema für die Installation des thermalen Zielaufspürsystems *Armin/Krokodil* auf einem Nachtjäger. (Foto: NARA/ALSOS)

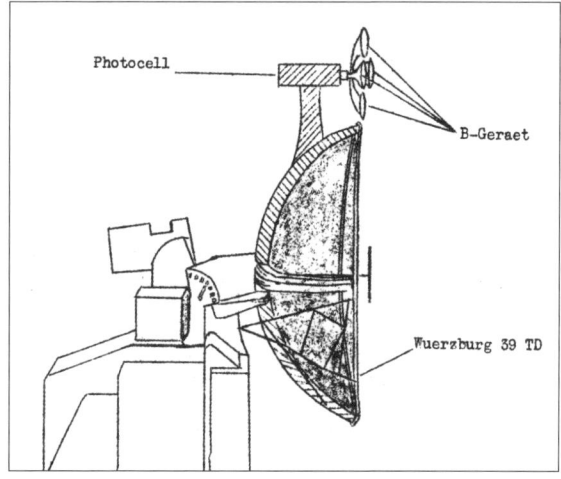

Montage eines Wärmepeilers auf der Antenne des *Würzburg*-Radargerätes. (Foto: NARA)

Lfd. Nr.	Forschungsstelle:	Forschungsaufgabe:
1	Geheimrat Sommerfeld, München	Theoretische Bearbeitung physikalischer Probleme der F.T. (Ausbreitung und Akustik Schallfeld).
2	Prof. Harms, Würzburg	Spezielle Probleme der drahtlosen Peiltechnik, Peilverhinderung. Besondere Aufgaben der Rückstrahltechnik (Strahlung charakteristik, Erdbodeneigenschaft, Richtantennen für Extrem-Kurzwellen) Fu M.G.-Abwehr)
3	Prof. Ott, Würzburg	wie 2) und teilweise 1)
4	Prof. Joos, Jena Prof. Zahn } Göttingen Dr. Hellwege	Absorption elektrischer Wellen (Fu M.G. - Abwehr)
5	Prof. Brückmann, Wien	Spezielle Geräteentwicklung und Untersuchungen über Phasenschieber (Anwendung für Rückstrahlgebiet).
6	Prof. Schumann, München	Röhrenentwicklung für ultrakurze und Dezimeter-Wellen. Spezielle Geräteentwicklung (z.B. Goniometer für F.T.Peilung
7	Prof. Karolus, Leipzig	Modulation von Quecksilberhöchstdrucklampen für Lichttelephonie. Bildwandler im langwelligen Infrarot.
8	Prof. Füchtbauer, Bonn	Forschung auf dem Gebiet der Fotozellen im langwelligen Infrarot.
9	Prof. Zinke, Institut für Schwingungsforschung Berlin.	Breitbandantennen
10	Firma Siemens	Längstwellenkommandoübertragung für Torpedofernlenkung.
11	Kaiser-Wilhelm-Inst. } für Metallforschung } Forschungsanstalt } Graf Zeppelin } Inst.f.Nachrichten- } technik der T.H. } Stuttgart }	Magnetische Feldstärkemessung mit Hilfe hochfrequenztechnischer Methoden.
12	Firma Gema Berlin	Klystron

- 2 -

Lfd. Nr.	Forschungsstelle:	Forschungsaufgabe:
	In eigenen Forschungsstellen der Kriegsmarine bearbeitete Forschungsaufgaben :	
13	Prof. Pungs, Braunschweig Leiter einer Arbeitsgruppe beim N V K	UK - und Dezimeter-Wellen-Technik. Untersuchungen der Peilungen kleinerer Höhenwinkel (Erdbodeneinfluss). Untersuchung von Breitbandantennen und elektrischen Kompensatoren.
14	Prof. Scherzer Darmstadt Leiter einer Arbeitsgruppe beim N V K	Durchführung spezieller Aufgaben der Rückstrahltechnik. Theoretische Arbeite über Breitbandantennen, Empfängerentwicklung, Empfangsmessgeräte.
15	N V K	Längstwellenkommandoübertragung für Torpedofernlenkung.
16	N V K	Ausbreitung von elektromagnetischen Wellen der Frequenzen 30 - 100 kHz.
17	Arbeitsgruppe Stuttgart der Entmagnetisierungsgruppe des O.K.M.	Magnetische Feldstärkemessung mit Hilfe hochfrequenztechnischer Methoden.
18	Marine-Observatorium Greifswald	Höhenwindmesser und Radiosonden
19	F E P III	Trichterantennen für Zentimeter-Wellen, Gruppenstrahler, Unterdrückung von Nebenwellen bei Trichterantennen. Möglichst scharfe Bündelung von Zentimeterwellen.

Eine deutsche Liste (ausgewählter) Forschungsprojekte im Bereich Radargeräte, Steuertechnik u.a. (Foto: NARA/ALSOS)

war – es diente nämlich als Raumbild-Entfernungsmesser. Das ganze System war die größte Nachtsichtanlage, die je während des Zweiten Weltkrieges entstand. Der Durchmesser des Ellipsoidspiegels (WPG-Objektivs) betrug ganze anderthalb Meter (ein Ellipsoid ist ein Körper, der durch die Drehung der Ellipse um eine der Achsen entsteht, auf ähnliche Weise entsteht ein Paraboloid und ein Hyperboloid, auf deren Basis andere Spiegeloptiksysteme gefertigt werden). Mit seiner großen Reichweite, die sich aus der großen Spiegelsammelfläche und der hohen Detektorempfindlichkeit ergab, sowie der Möglichkeit, die Zielentfernung zu messen, war das WPG/NMG-System der komplexeste Versuch, eine Alternative zum Radargerät zu schaffen. Eine Alternative wohlgemerkt, die passiv arbeitete und dadurch viel schwieriger durch den Feind zu entdecken sowie schwer zu stören war. Die wichtigste Systemkomponente – das *Wärmepeilgerät* – wurde, ähnlich wie der *Kiel III*, von Elac und Zeiss gleichzeitig entwickelt. Die Möglichkeiten beider Varianten waren ähnlich, obwohl die Prototypen von Elac sich durch eine etwas größere Reichweite auszeichneten, woraufhin die Arbeiten am Zeiss-Modell verhältnismäßig früh abgebrochen wurden – wahrscheinlich noch 1941, als die Prototypen untersucht wurden. Die Konkurrenz hingegen erhielt in den Jahren 1943–1944 die ersten Bestellungen, die die Aufnahme der Serienproduktion bedeuteten. Es wurden damals 90 WPG-Systeme bestellt, alle als Bodenvariante zum Aufspüren von Schiffen. Bis zum Kriegsende wurden nur zwölf Stück geliefert, wovon noch drei in den Bunkern an Frankreichs Westküste vor der Landung der Alliierten installiert werden konnten. Da sich über der Bunkerdecke lediglich das optische System befand, ähnelte ein solches Gerät, das sich um seine senkrechte Achse drehte und leicht horizontal geneigt war, von außen fast einem Radargerät oder eher einem großen Flakscheinwerfer. Die Steueranlage samt dem Großteil der elektronischen Vorrichtungen befanden sich einige Meter tiefer.

Im Dritten Reich wurden noch mindestens fünf weitere Arten von Wärmepeilern entwickelt, die auf Halbleiterkomponenten basierten, wobei für zwei dieser Geräte nachgewiesen werden kann, dass ihre Entwicklung während des Krieges abgeschlossen worden war und sie sich in der Praxis bewährten. Es handelte sich dabei um die Modelle *Würzburg B* und *Armin*.

Das erste war quasi ein „Wärmebildzubehör" für das große Radargerät zum Aufspüren von Luftzielen, *Würzburg-Riese*, und sollte bei starken Störungen des Radarempfangs eingesetzt werden. Der Wärmepeiler wurde dabei auf der Spitze des Paraboloidspiegels vom Radargerät installiert, der einen Durchmesser von drei Metern hatte. Trotz des geringen Objektivdurchmessers (25-cm-Spiegel) war die Reichweite relativ groß – die britischen „Lancaster" wurden auf eine Entfernung von 15–20 km aufgespürt. Im Spiegelbrennpunkt befanden sich vier Detektoren, denen vier Kontrolllampen am Steuerpult entsprachen. Wenn alle Lampen gleichmäßig blinkten, war das System direkt auf das Ziel ausgerichtet. Diese Vorrichtung wurde wahrscheinlich von der Berliner Firma GEMA konstruiert, dieselbe also, die auch Radargeräte herstellte. Es wurde auf dem Versuchsgelände bei Rechlin und in der Nähe von Kühlungsborn getestet.

Armin war hingegen ein von Elac entwickelter Wärmepeiler für Nachtbomber. Er sollte vor heranfliegenden feindlichen Jagdflugzeugen warnen und zeichnete sich durch ein sehr kompliziertes Mehrobjektivsystem aus, dessen Aufgabe es war, für ein großes Sichtfeld (120°) zu sorgen und es gleichzeitig hinreichend genau zu scannen, damit auf dem Monitor annähernd eine Zielsilhouette erkannt werden konnte (trotz der Verwendung eines einzigen Detektors). Dies war jedoch nur dann möglich, wenn das Ziel nicht weiter als zwei Kilometer entfernt war. Es wurden parallel zwei Versionen optischer Systeme getestet und die damit ausgestatteten Wärmepeiler entsprechend als *Armin I* und *Armin II* gekennzeichnet. Die Versuche wurden noch 1944 abgeschlossen, zu einer Serienproduktion kam es jedoch nicht. Einer der Gründe dafür waren die voraussichtlich sehr hohen Kosten der optischen Elemente.[82,90]

Unabhängig davon wurden einige Typen bolometrischer Wärmebildgeräte entwickelt, denen ein anderes physikalisches Phänomen zugrunde liegt: Dass sich der elektrische Widerstand mancher Materialien ändert, nachdem sie Infrarotphotonen absorbiert haben. Keines dieser Geräte ging in Serie, und die meisten stellten auch keine Konkurrenz für Wärmepeiler des weiter oben beschriebenen Typs dar. Unter ihnen befand sich jedoch ein wirklich revolutionäres System – revolutionär deshalb, weil man es bereits als (einfache) Wärmebildkamera bezeichnen konnte. Es stellte nämlich auf dem Monitor nicht den „üblichen" Fleck dar, sondern das volle Bild der sich im Sichtbereich befindenden Objekte. Das als *Potsdam-L* bekannte Gerät diente zur Aufklärung und war für die Installation in Flugzeugen vorgesehen, um nachts Bodenziele aufspüren zu können.

Das Gerät beruhte auf einem einfachen optischen System und einem Scanner mit schwenkbarem (oszillierendem) Spiegel, der einen Infrarotstrahl auf eine spezielle Metallfolie projizierte, die als Photowiderstand fungierte. Der durch die Folie fließende Strom versorgte dann eine Lampe, deren fokussiertes Licht in die Gegenrichtung des Infrarotstrahls gelenkt wurde. Der Lichtstrahl wurde auf der Spiegelrückseite reflektiert und auf eine als Schirm dienende Glasplatte projiziert, die mit einer dünnen Phosphorschicht überzogen war (und daher nicht nur beim Auftreffen des Strahls, sondern auch für eine kurze Zeit danach leuchtete). Auf diese Weise entstand auf dem Schirm ein aus Linien zusammengesetztes Bild. Dieses Bild lief mit einer Geschwindigkeit, die proportional zur Fluggeschwindigkeit des Flugzeugs war. Konstruiert wurde dieses wirkungsvolle, jedoch nicht besonders komplizierte Gerät nicht von einem Großkonzern, sondern einer einzigen Person, einem gewissen F. E. Leybold aus Clansthal im Harzgebirge. Aus dem Bericht des amerikanischen Nachrichtendienstes über das *Potsdam-L* geht hervor, dass ähnlich wie im Falle anderer bahnbrechender Erfindungen alle Prototypen vor der Ankunft

Einige deutsche Radargeräte mit großer Reichweite: *Würzburg* ...

... *Mammut* ...

... und *Wassermann*. (alle Fotos: NARA)

alliierter Truppen vernichtet bzw. gut versteckt worden sind. In die Hände der Amerikaner fiel dagegen die Bedienungsanleitung, und sie konnten auch einige Zeugen dazu vernehmen.[82]

Trotz des spektakulären Charakters der erwähnten Konstruktion handelte es sich nicht um die einzige im Dritten Reich konzipierte Wärmebildkamera. Aus dem amerikanischen Bericht geht hervor, dass es noch mindestens zwei weitere Modelle gab.[82]

Sie trugen die Namen *Eva* und *Fernaktinometer* (sie wurden als „thermal picture-forming devices" beschrieben). Leider verfügen wir über nähere Informationen nur für das erste Modell. Da die Beschreibung sehr kurz ist, gebe ich sie als Ganzes wieder:[90]

> „Das Gerät *Eva* wurde von Prof. Czerny aus Frankfurt gebaut. Es liefert ein grobes Wärmebild des Objektes mit Hilfe von Interferenzfarben, die auf einer dünnen Flüssigkeitsschicht entstehen. Das Gerät wurde durch die NVK untersucht. Das beobachtete Bild baute sich innerhalb von drei bis acht Sekunden auf dem Schirm auf. Die Reichweite betrug 200 bis 300 Meter."

Die dünne Flüssigkeitsschicht befand sich vermutlich zwischen zwei Glasplatten, wie bei den meisten Interferenzfiltern. Hier enden jedoch die Vermutungen, und das Funktionsprinzip dieser Erfindung bleibt in Wirklichkeit unbekannt. Dieses Rätsel ist ziemlich faszinierend, insbesondere wenn wir berücksichtigen, dass die Kamera wahrscheinlich keine beweglichen Elemente besaß und gleichzeitig ein Farbbild lieferte, was damals an und für sich schon eine aufsehenerregende Errungenschaft war. Wir wissen auch nichts darüber, wie die Deutschen dieses Gerät nutzen wollten, obwohl sicherlich der verlockende Gedanke nahe lag, es als Wärmebildzielgerät für Bodentruppen einzusetzen.

Trotz der Spärlichkeit verfügbarer Daten kann man jedoch noch eine vorsichtige Annahme in Bezug auf den Schirm von *Eva* wagen. Es fällt schwer sich vorzustellen, dass das Bild direkt aufgrund der Infrarotabsorption entstand (wegen der geringen Strahlungsleistung). Wir wissen aber, dass Prof. Czerny ein Pionier bei der Nutzung von Bolometrie in diesem Bereich war – er untersuchte Materialien, die unter diesen Bedingungen ihren Widerstand änderten. Es ist also möglich, dass durch die beschriebene dünne Flüssigkeitsschicht elektrischer Strom floss: An den Stellen, die im jeweiligen Augenblick beleuchtet wurden, würde sich der Widerstand und damit auch die Temperatur ändern. Das Ganze würde also in etwa wie ein „Verstärker" der empfangenen Wärme funktionieren. Wir hätten es also in diesem Fall nicht nur mit einer Wärmebildkamera, sondern einem Prototypen einer Farbflüssigkristallanzeige (LCD) zu tun (einen ähnlichen Effekt kann man bei einfachen Pflasterthermometern beobachten, die auf die Stirn geklebt werden: Eine sehr wärmeempfindliche Flüssigkristallschicht ändert ihre Farbe und „zeigt" damit die entsprechende Zahl an). Die obigen Gerätebeschreibungen stellen lediglich eine sehr bescheidene Zusammenfassung dar. In Wirklichkeit ging es um ein großangelegtes Forschungsprogramm, das Katalysator für den Fortschritt in sehr vielen Bereichen war, so z. B. in der Halbleiterphysik oder bei der Entwicklung neuer Materialien zur Herstellung optischer

Elemente. Vor kurzem stieß ich z. B. in einem der durch die amerikanische „ALSOS-Mission" abgefangenen Dokumente des Reichsforschungsrates auf einen Hinweis auf „Lichttelephonie", die im Infrarotband funktionierte.[85] Sollte es sich dabei um eine Art Vorläufer der heutigen Lichtfasertelefonie gehandelt haben?

Flugzeugträger

Ich habe mich dazu entschlossen, die Übersicht der neuen Waffenkonzepte, die im Dritten Reich forciert wurden und Thema dieses Kapitels sind, noch um einen weiteren, ebenfalls wenig bekannten Themenkomplex zu ergänzen, der hoffentlich ebenfalls Interesse wecken wird. Es geht um die Pläne, deutsche Flugzeugträger zu bauen.

Am 8. Dezember 1938 fand in Anwesenheit von Hitler, Göring, Admiral Raeder und unzähligen anderen Würdenträgern eine große Feier in der „Deutschen Werft" in Kiel statt, der die deutsche Presse große Publizität verschaffte. „Das Deutsche Reich greift nach der Seeherrschaft", schrieb an diesem Tag der *Völkische Beobachter*. Es erfolgte nämlich der Stapellauf des ersten Flugzeugträgers der Kriegsmarine, der für den Einsatz auf der Ostsee vorgesehen war und sich durch eine Wasserverdrängung von 21.214 BRT auszeichnete. Er wurde auf den Namen *Graf von Zeppelin* getauft und sollte den Gipfel der damaligen Technik darstellen. Es sollte – denn zum damaligen Zeitpunkt fehlte noch einiges bis zu seiner Fertigstellung. Alles deutet jedoch darauf hin, dass es tatsächlich eine sehr gefährliche Einheit gewesen wäre. Sie wurde z. B. mit den bisher größten Dampfturbinen ausgerüstet, wodurch sie in der Lage war, eine Geschwindigkeit von bis zu 34 Knoten zu erreichen. Drei Jahre später wurde sie mit für damalige Verhältnisse modernen Radargeräten zum Aufspüren von Luft- und Seezielen ausgestattet. Schon die geplante Artilleriebewaffnung war beeindruckend: sechzehn 150-mm-Kanonen mit einer Reichweite von 27 km, zehn 105-mm-Kanonen, 22 automatische 37-mm-Flugabwehrkanonen sowie 38 Flugabwehrmaschinengewehre mit großem Kaliber.[86]

Nach dem siegreichen Polenfeldzug begann Hitler, sich persönlich für das Schicksal des *Graf von Zeppelin* zu interessieren, da er seiner Meinung nach eine wichtige Rolle bei der geplanten Invasion auf Großbritannien spielen konnte. Auf einer in dieser Sache einberufenen Stabskonferenz ordnete er an, alle Arbeiten in Rekordzeit abzuschließen und das Schiff bis Mitte März 1940 in den aktiven Dienst zu stellen.

Diese Frist wurde jedoch nicht eingehalten, hauptsächlich aufgrund von Problemen mit der Lieferung von Großkaliberkanonen und vieler anderer Geräte. Darüber hinaus war die Frage der Zuteilung von Flugzeugen immer noch nicht geklärt. Wie sich erst nach dem Krieg herausstellte, war dies hauptsächlich das „Verdienst" von Görings Intrigen. Luftwaffenmarschall Erich Milch konnte sich daran erinnern, wie er 1940 Zeuge eines Gespräches war, in dem Göring dem OKL-Stabsleiter, General Jeschonek, hochmütig folgendes verkündete:[86]

> „Jeschonek, ich sage Ihnen, Raeder wird eher zurücktreten, als dass er unter
> meiner Nase eine eigene Luftwaffe erschafft. Der Herr Admiral sollte wissen,
> dass nur ich im Reich über das Schicksal der Luftwaffe entscheide!"

Hitler erfuhr von dem Streit und entschied sich am 12. März, ihn zu beenden,
indem er Göring konkrete Befehle erteilte. Die Kriegsmarine sollte 50 Bf-109F-Jäger,
vier Ju-87c *Stuka*-Sturzflugbomber und dreizehn Fi-167 *Storch*-Aufklärungsflugzeuge
erhalten. Diese Maschinen sollten entsprechend modifiziert werden.

Darüber hinaus war geplant, eine Zwillingseinheit (*Peter Strasser*) zu bauen.
Die Kriegsmarineführung machte auch den Vorschlag, die Passagierschiffe *Europa* (54.904 BRT), *Potsdam* (19.293 BRT), die ehemals französische Einheit *De Grasse*
(20.396) und den schweren Kreuzer *Seydlitz* in Flugzeugträger umzubauen. All diese
Pläne schlugen jedoch fehl, diesmal ohne eine Intervention von Göring. In den
ersten Tagen des Jahres 1943 wurde der ganze Plan zur Erweiterung (bzw. zum
Wiederaufbau) der Flotte neu bewertet, und der Bau von Unterseebooten bekam
höchste Priorität. Der unfertige *Graf von Zeppelin* wurde nach Stettin geschleppt,
wo er bis zum Kriegsende verblieb.

Obwohl diese Informationen interessant sind, sind sie doch relativ bekannt, und
ich hätte sie hier nicht angeführt, wenn sie nicht die Kulisse für einen viel weniger
bekannten Aspekt der ganzen Geschichte darstellen würden. Vor wenigen Jahren
stieß ich beim Durchsehen der Akten des Persönlichen Stabes des Reichsführers-SS
auf ausführliche Korrespondenz und Projekte über Baupläne für eine alternative
Flugzeugträgerflotte![87]

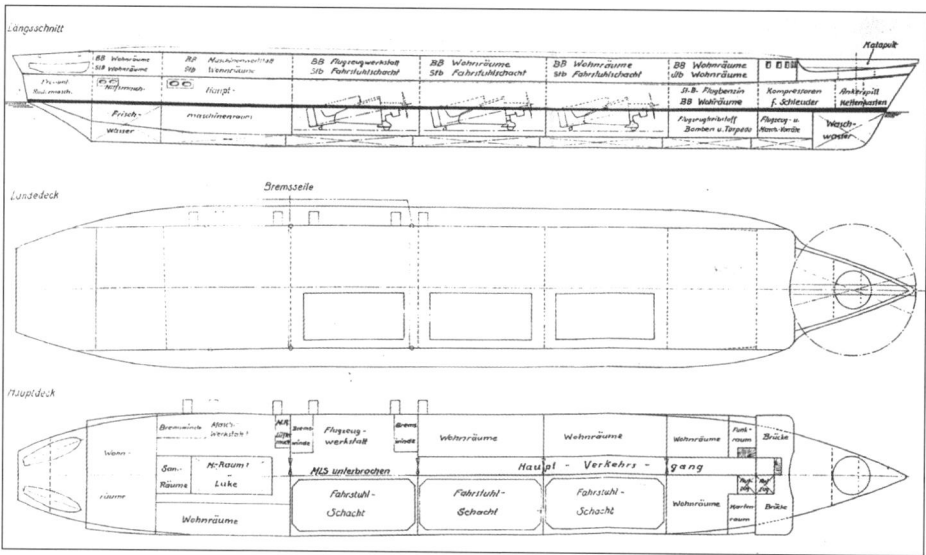

Originalpläne des „kleinen Flugzeugträgers". (Foto: AAN)

Die Initiative ging in diesem Fall von Dr. Heinrich Dräger aus, Firmenbesitzer und Eigentümer der „Dräger"-Werft in Lübeck. Sein Vorschlag ist auf den 27. Januar 1942 datiert. Interessant in diesem Zusammenhang ist, dass Dräger unerwartete Befürworter in Heinrich Himmler und dem Leiter seines persönlichen Stabes, SS-Obergruppenführer Karl Wolff, fand. Es ging um den Bau eines ganzen Flottenverbandes von kleinen Flugzeugträgern mit einer Wasserverdrängung von 3.500 Tonnen, einer Länge von 101,6 m, einer Breite von 17 m und einem Tiefgang von lediglich vier Metern. Der Vorschlag weckte das Interesse der SS und wurde in immer breiteren Kreisen fast zwei Jahre lang diskutiert, obwohl Dräger vorsah, jede Einheit mit lediglich sechs bis sieben Flugzeugen auszustatten! Die Sache starb erst Ende 1943 eines „natürlichen Todes", nach einem vernichtenden Urteil der Kriegsmarine, in dem u. a. das zu kurze Flugdeck (90 m) moniert wurde. Das KFT-Projekt (*Kleinflugzeugträger*) hatte also aus militärischer Sicht keine Bedeutung, bezeugte jedoch eindeutig die Ambitionen Himmlers.

Ungewöhnliche Energiequellen

In der unaufhörlichen Jagd nach potentiell bahnbrechenden Technologien wurde damit begonnen, noch viel ungewöhnlichere Konzepte als die bisher genannten zu überprüfen. Viele solche Beispiele – vorgebliche wie wirkliche – lassen sich im umfassenden Themenkomplex „neue Energiequellen" finden. Im Buch von Prof. Mark Walker, einem Historiker, der deutsche Arbeiten auf dem Gebiet der Kernphysik analysiert hat, finden wir z. B. die folgende Beschreibung (Seite 91 der Ausgabe von 1999):[91]

> „Viele Teilnehmer des Kernenergieprojekts wurden mit der irrationalen Suche nach Wunderwaffen beauftragt. Von Werner Heisenberg und anderen deutschen Spitzenphysikern wurde verlangt, dass sie Vorschläge für Erfindungen beurteilen. Obwohl Heisenberg sein ganzes Leben lang von Erfindern förmlich belagert wurde, wurden solche emotionsgeladenen Kontakte mit Amateurwissenschaftlern in dieser Kriegsphase immer gefährlicher.
>
> In dem Maße, wie sich die Kriegslage verschlechterte, hatte die nationalsozialistische Führung ein immer größeres Interesse am schöpferischen Potential eines jeden Deutschen, insbesondere des Soldaten, der seinen Dienst an der Front verrichtete."

Dann folgen einige Beispiele sinnloser Erfindungen. Wir lesen weiter:

> „Mindestens in einem Fall wurde Heisenberg einen Erfinder jedoch nicht so leicht los. Im Juli 1943 bat das Ministerium für Rüstung und Kriegsproduktion Heisenberg, die Erfindung eines Motors zu beurteilen, der ohne jeglichen Treibstoff arbeiten sollte. Das Ministerium gab zu, dass dies der Existenz eines Perpetuum Mobile gleichkäme, bestand aber unabhängig davon darauf, dass Heisenberg diesen Vorschlag genau analysierte, der von einem Ingeni-

eur namens Günther eingesandt worden war. Heisenberg antwortete zwei Tage später, die Behauptung des Autors, Energie aus dem Nichts schaffen zu können, sei unhaltbar, und fügte hinzu, der Vorschlag wäre so zusammenhanglos geschrieben, dass er Schwierigkeiten hatte, ihn bis zum Ende durchzulesen. Ein paar Monate später ließ das Ministerium noch einmal von sich hören. Günther war von Heisenbergs skeptischer Haltung so enttäuscht, dass er direkt bei Hitler Widerspruch einlegte. Der Sprecher des Ministeriums bat Heisenberg, die Sache erneut zu überdenken. Er wurde sogar gebeten, ein Treffen mit Günther zu arrangieren."

Solche Beispiele gab es sehr viele. Auch wenn die meisten davon reine Zeitverschwendung waren, können wir bei der Analyse des technischen Fortschritts im Dritten Reich dieses Phänomen nicht außer Acht lassen – aus dem einfachen Grund, weil es die Mechanismen dieses Fortschritts beleuchtet.

In den Akten des Persönlichen Stabes des Reichsführers-SS stieß ich auf ein klassisches Beispiel solcher Scharlatanerie. Eine ganze Aktenmappe ist einem gewissen Karl Schappeller gewidmet, der behauptete, er könne aus gewöhnlichem Wasser unbegrenzte Energiemengen gewinnen. Die Quelle dieser Energie sollten irgendwelche nicht näher bestimmten Kernreaktionen sein. Die Dokumentation beinhaltet natürlich eine Gerätebeschreibung, diese ist jedoch so unklar, dass es unmöglich ist herauszufinden,

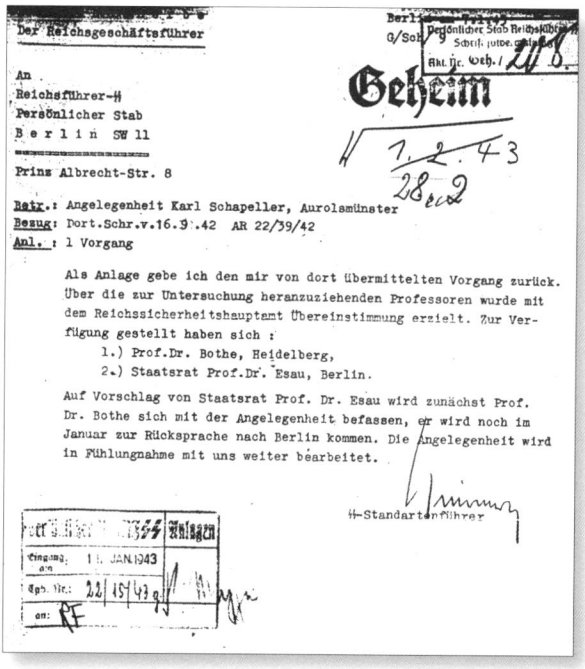

Ausgewählte Dokumente aus den Akten des Persönlichen Stabes des Reichsführers-SS, die die Arbeiten von Karl Schappeller beschreiben. (Siehe auch Folgeseiten)

worum es eigentlich geht. Einen Auszug aus dieser Dokumentation finden Sie auf den folgenden Seiten. Entscheidend dabei ist aber, dass, obwohl solche Ideen mit dem gesunden Menschenverstand unvereinbar waren, sie trotzdem nicht von vornherein verworfen wurden. Die vermeintlichen Entdeckungen Schappellers wurden von Prof. Abraham Esau beurteilt, der dazu Folgendes schrieb:[92]

A b s c h r i f t

Bericht über das Vorhaben Schappeller

Die Unterredungen mit Schappeller Vater und Adoptivsohn
im Schloß Aurolzmünster und die eingehende Besichtigung des
Schlosses am 11.1.43 ergaben folgendes:

1. Natur des Projektes. Sch. Vater hat eine angeborene
Neigung zu naturphilosophischen Betrachtungen. Jedoch mangelt
es ihm an Denkdisziplin, und seine Kenntnis physikalischer
Tatsachen beschränkt sich auf einige allereinfachste Schul-
experimente. Daher haben seine Überlegungen lediglich den
Charakter verschwommener und unfruchtbarer Spekulationen
über Vakuum, Feuer, Magnetismus u.ä.

Von diesen Spekulationen ausgehend, behauptet Sch. Vater,
ein neues Verfahren zur Energiegewinnung gefunden zu haben.
Die technische Ausarbeitung dieses Verfahrens hat er seinem
Adoptivsohn übertragen, der früher bei einigen elektrotechnischen Firmen tätig war. Nach diesem Verfahren sollen unbegrenzte Energiemengen aus der Atomenergie gewöhnlichen
Wassers entnommen werden können. Hierfür ist eine Apparatur
geplant, die nach längerem Widerstreben folgendermaßen beschrieben wurde. Eine Hohlkugel aus Eisen ist auf der Innenwand mit zwei halbkugelförmigen Wicklungen aus hohlem Kupfer-
draht ausgekleidet. In den Polen der Wicklungen trägt die
Hohlkugel innen zwei Eisenzapfen ("Magnetpole"), mit denen
je ein Ende der Wicklungen verbunden ist. An die freien
Enden der beiden Wicklungen soll der zu betreibende Elektromotor angeschlossen werden. Die hohlen Wicklungsdrähte
sollen mit einer geheimnisvollen Substanz gefüllt werden,
die einmal als "Oel", dann wieder als "Elektrolyt" bezeichnet
wurde; auch sollen noch besondere Stoffe beigemischt werden,
und das ganze soll in nicht näher beschriebener Weise prä-
pariert werden. Der verbleibende Raum in der Eisenkugel soll
mit einer besonderen Asche ausgefüllt werden. Bevor jedoch
dieser Apparat arbeiten könnte, müßte er "geladen" oder
"gezündet" werden, indem man ihn für eine gewisse Zeit mit
den beiden "Magnetpolen" an eine starke Dynamomaschine
anschließt. Die Energieerzeugung selbst soll dann so vor sich

-2-

gehen, daß man den einen "Magnetpol" über ein "Element" mit
einem Wasserbehälter, dem Meerwasser o.dgl. verbindet. Das
"Element" soll jedoch kein gewöhnliches galvanisches sein,
es soll z.B. drei Elektroden enthalten. Die Energie soll
durch Zersetzung des Wassers frei werden, jedoch wiederum
nicht durch gewöhnliche elektrolytische, sondern eine
besondere Art von Zersetzung. Die Energie soll "in Form von
Elektronen" durch den Apparat "angesaugt"werden.

Die so erzeugte Energie soll von einer grundsätzlichen
neuen Art sein, sie wurde u.a. als "komprimiertes Feuer",
"geballtes Vakuum", "glühender Magnetismus", "freier Magnetismus", Solenoidkraft" bezeichnet, der Vorgang der Energieerzeugung als " Zerlegung des elektrischen Stromes".

Das ganze kann nur als barer Unsinn bezeichnet werden.
Irgend ein gesunder physikalischer Gedanke steckt nicht
dahinter.

2. Bisherige Vorbereitungen. Irgend welche Experimente
sind zugegebenermaßen bisher nicht ausgeführt worden. An
apparativer Ausstattung fanden sich bei der Besichtigung
des Schlosses nur je ein alter Strom- und Spannungsmesser
billigster Type, sowie etwas einfaches Werkzeug und Material
für Lichtinstallation. Einige weitere Gegenstände sind angeblich dem Konkurs zum Opfer gefallen. Eine Laboratoriums-
einrichtung hat jedoch offensichtlich nie bestanden, obwohl
seit 1928 gegen 700 000 RM verbraucht wurden. Nach der
Beschreibung der "Maschine" hätte es möglich sein sollen,
für einen kleinen Bruchteil dieser Summe die nötigsten
Einrichtungen für einen Versuchsbetrieb zu beschaffen. Daß
dies nicht geschah, wird von den Sch. damit entschuldigt,
daß angeblich die Verwendung dieser Gelder (für die Instand-
setzung des Schlosses u.ä.) durch die Geldgeber vorgeschrie-
ben war.

Konstruktionszeichnungen der "Maschine" sind ebenfalls
nicht vorhanden. Angeblich haben sie existiert, sind aber
aus Anlaß einer politischen Verfolgung schon in der Zeit
vor dem Anschluß der Ostmark verbrannt worden. Neue Konstruktionspläne wurden inzwischen nicht angefertigt.

3. Ziele. Sch. Vater gibt an, mit seinen Bestrebungen

„Eine materielle oder ideologische Unterstützung Schappellers wäre un-
verantwortlich – er hat eine pathologische Persönlichkeit, seine Ideen sind
vollkommen verwirrt und entspringen der reinsten Phantasie."

Manchmal stellte sich jedoch heraus, dass es sich durchaus lohnt, Ideen, die
offenbar aus dem Reich der Phantasie stammten, nicht zu verwerfen, da sich der
aus der Verwirklichung einer authentischen Neuigkeit ergebende Nutzen die
eventuellen Kosten, die bei Fällen von Hochstapelei zu tragen waren, vollkommen
aufwog.

Ein Beispiel hierfür sind die Erfindungen von Hans Coler, die höchstwahrscheinlich eine authentische und bahnbrechende Entdeckung darstellten. Sie wurden
nicht nur im Dritten Reich während des Krieges untersucht, sondern auch nach
dem Krieg durch den britischen Nachrichtendienst. Als Ergebnis entstand ein um-
fassender nachrichtendienstlicher Bericht, der diese Entdeckung dokumentiert und
ihren authentischen Charakter bestätigt.[93]

Der Bericht trägt den Titel: „Eine Erfindung Hans Colers, die in Verbindung mit
einer vermeintlichen neuen Energiequelle steht". Dieser Bericht ist zurzeit in britischen und amerikanischen Archiven aufzufinden (obwohl behauptet wird, dass es

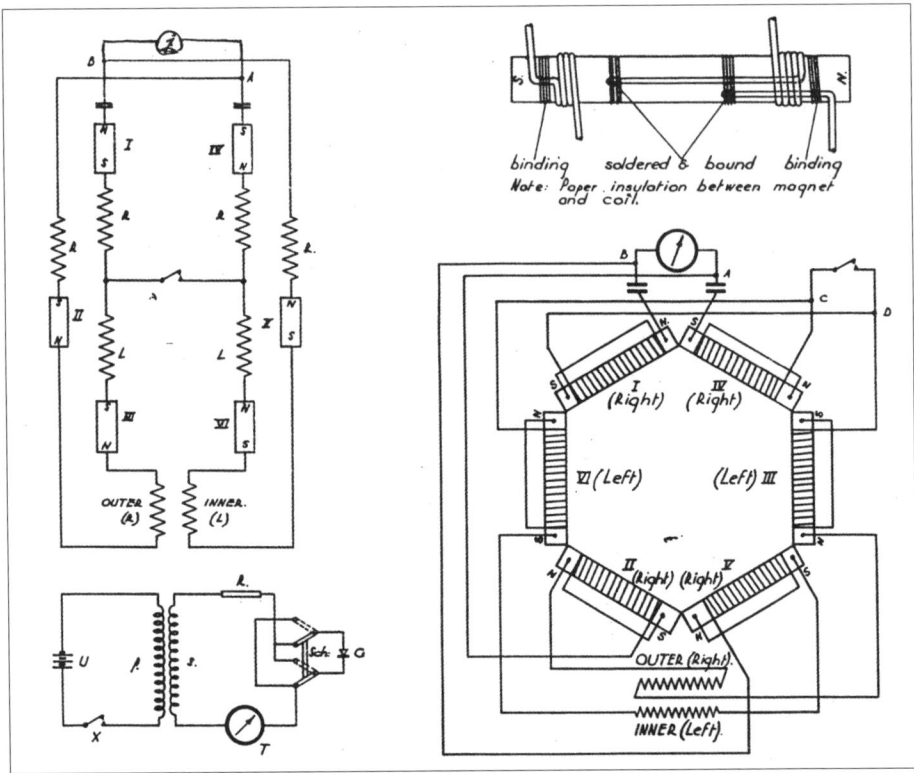

Schaltpläne aus dem BIOS-Bericht zu Colers Erfindung.

sich nur um einen Teil handelt – das Original hatte angeblich über 150 Seiten mehr und beschrieb auch die Anwendung als Antrieb für verschiedene Waffensysteme). Obwohl im Titel und im Dokument selbst die Schreibweise „Hans Coler" vorherrscht, findet sich an anderer Stelle auch die deutsche Schreibweise „Kohler" (was glaubhafter klingt). Ich bleibe jedoch bei der Schreibweise, wie sie in den entsprechenden Dokumenten vorkommt.

Im ersten Kapitel des Berichts lesen wir die folgende Einleitung:

> „Coler ist Erfinder von zwei Geräten, die es möglich machen, elektrische Energie ohne eine chemische oder mechanische Quelle zu erzeugen. Da an seinen Erfindungen die deutsche Admiralität [es geht offensichtlich um das Oberkommando der Marine – OKM; Anm. d. Autors] offiziell Interesse zeigte, wurde davon ausgegangen, dass sich die Untersuchung [der Geräte] als lohnend erweisen könnte, obwohl ansonsten die Feststellung getroffen worden wäre, dass es sich nur um Betrug handeln könne.
>
> Daher wurde Coler ein Besuch abgestattet und er wurde verhört. Es stellte sich heraus, dass er zur Zusammenarbeit bereit war und sich willig zeigte, alle Details seiner Geräte offenzulegen. Er stimmte zu, ein kleines Modell [der Erfindung] mit dem Namen ‚Magnetstromapparat' aus den von uns zur Verfügung gestellten Materialien zu bauen und in Betrieb zu nehmen, wobei er ausschließlich in unserer Anwesenheit arbeiten würde. Mit diesem Gerät, das sich **ausschließlich** [Hervorhebung durch den Autor] aus Dauermagneten, Kupferwicklungen und (fest miteinander verbundenen) Kondensatoren zusammensetzte, konnte er über mehrere Stunden eine Spannung von 450 Millivolt [0,45 V] erzeugen. Am nächsten Tag wurden bei der Wiederholung des Versuchs für eine kurze Zeit 60 Millivolt gemessen. Das Gerät wurde mitgebracht und wird weiter untersucht.
>
> Coler sprach auch über ein anderes, ‚Stromerzeuger' genanntes Gerät, das bei einer Leistungsaufnahme von wenigen Watt aus einer Trockenbatterie unendlich lange einen Strom von 6 Kilowatt liefern könne. Zurzeit existiert kein einziges Exemplar dieses Gerätes, Coler erklärte sich jedoch bereit, es aus den gelieferten Materialien zu bauen, wofür er etwa drei Wochen brauchen würde.
>
> Es wurde die Gelegenheit genutzt, Dr. F. Modersohn zu verhören, der Coler zehn Jahre lang begleitete und seine Arbeiten finanzierte. Er bestätigte Colers Geschichte in allen Einzelheiten. Keiner von ihnen war jedoch in der Lage, auch nur eine Theorie vorzulegen, die die Funktionsweise dieser Geräte in Übereinstimmung mit allgemein anerkannten wissenschaftlichen Ansichten erklären könnte."

Ein weiterer Teil des Berichts beinhaltet eine Zusammenfassung der wichtigsten technischen Eigenschaften beider Geräte (genaue Beschreibungen samt technischen Zeichnungen wurden im Anhang abgedruckt). Diese Informationen bilden den Hintergrund zur Entstehungsgeschichte beider Erfindungen. Hier ihre Übersetzung:

1. Der „Magnetstromapparat"

Das Gerät setzt sich aus sechs Dauermagneten zusammen, die auf besondere Art miteinander verbunden sind, und zwar so, dass der Stromkreis sowohl die Magneten selbst als auch die Wicklung einschließt. Wie aus dem Diagramm hervorgeht, sind diese sechs Magnete (Spulen) in Form eines Sechsecks angeordnet und bilden den Teil des Stromkreises, der zwei kleine Kondensatoren, einen Schalter und zwei Selenoidspulen umfasst, wovon eine Spule in die andere hineingeschoben wird. Um das Gerät in Betrieb zu setzen, müssen der Stromkreis durch den Schalter unterbrochen, die Magneten etwas auseinandergeschoben und die verstellbare Spule in verschiedene Stellungen gebracht werden, wobei zwischen den einzelnen Einstellungen einige Minuten vergehen müssen. Die Magneten werden danach weiter auseinandergeschoben und die Spulen erneut verstellt. Dieser Vorgang wird so lange wiederholt, bis am Voltmeter abzulesen ist, dass eine kritische Entfernung der Magneten erreicht wurde. Nun wird der Schalter geschlossen, und der Vorgang in langsameren Tempo fortgeführt. Danach erreicht die elektrische Spannung allmählich den Maximalwert und sollte unendlich lange erhalten bleiben. Die höchste erreichte Spannung betrug laut den Erklärungen 12 V. Der „Magnetstromapparat" wurde durch Coler und von Unruh (der verstarb) schon 1933 entwickelt. Später schloss sich Franz Haid von der Firma Siemens-Schukert den Forschungen an und baute im Dezember 1933 selbst ein funktionstüchtiges Modell. Dieses Gerät wurde von Dr. Kurt Mie von der Technischen Hochschule in Berlin und Herrn Fehr (Habers Assistenten am KWI) begutachtet. Er kam zu dem Schluss, dass das Gerät funktionierte und dass sie nicht in der Lage waren, irgendwelche Manipulationen zu entdecken. Es wurde festgestellt, dass ein 1933 in einem Raum der norwegischen Botschaft in Berlin eingeschlossenes Modell drei Monate lang funktionierte. Seitdem wurde an dem Gerät offenbar nicht weitergeforscht. [wirklich??? – Anm. d. Autors]

2. Der „Stromerzeuger"

Dieses Gerät setzt sich aus entsprechend miteinander verbundenen Magneten, Flachspulen und Kupferplatten zusammen, wobei der Primärkreis durch eine kleine Trockenbatterie gespeist wird. Der Ausgang des Sekundärkreises wurde zur Versorgung eines Lampensets benutzt. Den Erklärungen nach überstieg der gewonnene Strom deutlich die Leistungsaufnahme und stand unendlich lange zur Verfügung. Einzelheiten zu diesem Stromkreis und eine Theorie der Funktionsweise wurden angegeben (sie sind in Anlage I zusammengefasst).

1925 demonstrierte Coler Prof. Kloss aus Berlin eine kleine 10-Watt-Version des Gerätes. Kloss wandte sich mit der Bitte an die Regierung, eingehende Untersuchungen durchführen zu können, sie wurde jedoch – ähnlich wie der Patentantrag – mit der Begründung abgelehnt, es würde sich um ein „Perpetuum Mobile" handeln. Diese Geräteversion sahen auch die Professoren Schumann (München), Bragstad (Trondheim) und Knudsen (Kopenhagen). Die Berichte von Kloss und Schumann wurden in den Anhängen II und III übersetzt.

1933 bauten Coler und von Unruh ein etwas größeres Modell, das eine Leistung von 70 Watt lieferte. Es wurde Dr. F. Modersohn vorgeführt, der von Schumann und Kloss eine Bestätigung ihrer Versuche von 1926 erhielt. Modersohn kam schließlich zu dem Schluss, dass diese Erfindung unterstützt werden sollte und gründete eine Gesellschaft (Coler GmbH), um die Forschungs- und Entwicklungsarbeiten fortführen zu können. Zur gleichen Zeit wurde Coler von einer norwegischen Gruppe finanziell unterstützt, was zum Streit zwischen beiden Gruppen führte. Aufgrund seiner Verbindungen zu der Firma Rheinmetall-Borsig und seiner Kontakte zu Hermann Göring [eigentlich zu dem Konzern Hermann Göring Werke (nach dem Krieg in Salzgitter umbenannt) – Anm. d. Autors] gewann Modersohn jedoch die Oberhand. Später (1937) baute Coler eine größere Version für die Firma, die eine Leistung von sechs Kilowatt liefern konnte.

1943 konnte Modersohn die Forschungsabteilung des Oberkommandos der Marine (OKM) für das Gerät interessieren. Mit der Forschungsleitung wurde Oberbaurat Seysen beauftragt, der Dr. H. Fröhlich zur Zusammenarbeit mit Coler abdelegierte (vom 1. April 1943 bis zum 25. September 1943). Fröhlich war von der Realität des [untersuchten] Phänomens überzeugt und begann, das grundsätzliche Funktionsprinzip des Gerätes zu erforschen. Vieles deutet darauf hin, dass er sich auf das Studium der energetischen Wandlungsprozesse konzentrierte, die beim Öffnen und Schließen der Induktionskreise auftraten. Am Ende dieser Zeit wurde er zu BMW versetzt, wo er sich der Lösung aerodynamischer Probleme annahm. Zurzeit arbeitet er in Moskau.

1944 unterschrieb das OKM einen Vertrag mit der Firma Continental Metall AG über die Verwirklichung weiterer Forschungs- und Entwicklungsarbeiten, die jedoch aufgrund des allgemeinen Zustands, in dem sich das Land befand, nicht durchgeführt wurden. 1945 wurde das Gerät durch eine Bombe in Kołobrzeg (Kolberg) vernichtet, Coler wurde evakuiert. Seit dieser Zeit war Coler mal als Ingenieur, mal als Arbeiter beschäftigt. Modersohn verstärkte seine Verbindung zu der Firma Rheinmetall-Borsig. Er wurde ihr Direktor und arbeitete für die russischen Behörden als fachmännischer Berater auf dem Gebiet der Verfahrenstechnik.

Darüber hinaus wird im weiteren Teil des britischen Berichts bei der Zusammenfassung des Vernehmungsprotokolls von Coler angeführt, dass seiner Meinung

nach die durch die Magnete ausgesandte magnetische Feldstärke beim Betrieb des Gerätes nicht abfiel. Mit anderen Worten kam es zu keinem „Verbrauch". Coler behauptete, dass es sich um eine neue, vorher unbekannte Energieart handelt, die er sehr treffend „Raumenergie" nannte. Der interessanteste Teil des Berichts der britischen Geheimdienste ist jedoch zweifelsohne die Beschreibung der von ihnen durchgeführten Untersuchung einer Kopie des Generators, die bereits in Großbritannien gebaut wurde. Das Gerät hatte kein Gehäuse, damit keine Zweifel daran bestehen konnten, dass im Innern keine Stromquelle versteckt wurde. Die Briten legten auch großen Wert darauf, die Möglichkeit auszuschließen, dass der Generator in Wirklichkeit Energie aus externen, künstlichen elektromagnetischen Feldern aufgrund von Induktion (z. B. durch die in der Umgebung vorhandenen Leitungen) schöpft. Deshalb wurde er fernab aller stromführenden Leitungen platziert, sodass die übrigen Felder für eine Induktion nicht ausreichten – dazu genügte es, einfache Berechnungen durchzuführen. Trotzdem arbeitete der Generator einwandfrei. Für die Briten war dieses Ergebnis „unerklärlich".

Im Abschnitt „Schlussfolgerungen" lesen wir Folgendes:

1. Es ist davon auszugehen, dass Coler kein Betrüger, sondern ein ehrlicher Experimentator war, deshalb ist die Beurteilung von Fröhlich aus dem Bericht für Seysen in dieser Angelegenheit mit dem gehörigen Respekt zu betrachten.

2. Das erreichte Ergebnis entsprach insofern der Wirklichkeit, als man es mit den zur Verfügung stehenden Installationen überprüfen konnte, es wurde jedoch kein Versuch unternommen, dieses Phänomen zu erklären.

3. Es wird davon ausgegangen, dass weitere Untersuchungen von einem Experten auf dem Gebiet der Elektromagnetismustheorie durchgeführt werden sollten, und dass man auf Colers Angebot, einen „Stromerzeuger" zu bauen, eingehen sollte.

Schockierend?

Die Frage der Erfindungen Colers ist ein interessantes und wichtiges Beispiel für das Verwirklichen eines Konzepts, obwohl es mit dem damaligen wissenschaftlichen Theorien unvereinbar war – etwas, das heute fast undenkbar scheint. Es sollte nicht unerwähnt bleiben, das die Unvereinbarkeit mit dem damaligen Wissen keine Unvereinbarkeit mit dem heutigen Stand bedeuten muss. Eine Reihe von Entdeckungen aus den letzten Jahren lässt den Schluss zu, dass es sich im Falle Colers um das Ausnutzen der sogenannten Quantenfluktuation des Raumzeitkontinuums gehandelt haben könnte. Diese stellt die Quelle der sogenannten Nullpunktenergie dar. Hier ein Auszug aus einem modernen populärwissenschaftlichen Artikel zu diesem Thema:[94]

„Die Existenz einer kosmologischen Konstante, die ungleich Null ist [die ‚kosmologische Konstante' ist ein Parameter, der in der Physik die Größe der Nullpunktenergie bezeichnet – Anm. d. Autors], kann man als das Vorhandensein eines ebensolchen homogenen Mediums interpretieren, das, obwohl unsichtbar, eine gewisse Menge an Materie oder ihr äquivalenter Energie in sich sammelt. Diese Energie wird auch ‚Nullpunktenergie' genannt. Quantenfeldtheorien besagen, dass die Nullpunktenergie entweder gleich Null oder aber sehr groß sein kann. Da in diesem zweiten Fall die kosmologische Konstante einen Wert annehmen müsste, der alle beobachteten Beschränkungen um das Vielfache überschreiten würde, scheint die Annahme, dass sie gleich Null ist, am vernünftigsten. […] Die neuesten beobachteten Daten besagen jedoch etwas anderes."

Sie besagen etwas **ganz** anderes …

Wie Ende 1999 unsere Presse (kurz nach der britischen Monatszeitschrift *Nature*)[95] meldete, stellt die Nullpunktenergie sage und schreibe 70 % der ganzen Energie des Universums dar! Es stellt sich also heraus, dass wir von einem unvorstellbar großen Energiemeer umgeben sind, von dessen Existenz bisher nur Wenige wussten, und dass dieses Meer entgegen dem Schulwissen, das noch vor einigen Jahrzehnten vorherrschend war, die dominierende Energie in der Natur ist. Es fällt also schwer, der folgenden, fast schon rhetorischen Frage auszuweichen: Könnte die Entdeckung der Methode, wie aus diesem unendlichen Energiemeer zu schöpfen ist, als ein Jahrtausenddurchbruch gelten?

Gegenwärtig werden in verschiedenen Ländern Arbeiten auf diesem Gebiet weitergeführt.

Im zweiten Teil lesen Sie:

Waffen, die den Kriegsverlauf verändert haben könnten

DIE STÜRMISCHE ENTWICKLUNG DER GELENKTEN WAFFEN

Die Feuerlilie
Die Wasserfall (C-2)
Die Taifun
Die Henschel Hs-117 (Schmetterling)
Die Rheintochter
Die Natter
Luft-Luft-Raketen
Luft-Boden- und Boden-Boden-Raketen
Gelenkte Bomben
Zielsuchköpfe für Wärmequellen

JAGDFLUGZEUGE MIT STAUSTRAHLANTRIEB

BIOLOGISCHE WAFFEN

CHEMISCHE WAFFEN

KERNWAFFEN

DEUTSCHE PROJEKTE IN ANBETRACHT DER AMERIKANISCHEN TECHNOLOGIEDRAINAGE (OPERATIONEN *PAPERCLIP* UND *LUSTY*)

Kriegsentscheidend: Das ultrageheime Projekt „Die Glocke"

Literaturverzeichnis

BIOS = British Intelligence Objectives Sub-Committee, ein alliierter Geheimdienst, der während des Krieges Berichte über den Entwicklungsstand der deutschen Forschung und Industrie veröffentlichte

CIOS = Combined Intelligence Objectives Sub-Committee (Unterausschuss für gemeinsame Nachrichtenziele) verfolgte die gleichen Ziele

NAIC = National Air Intelligence Center, sammelt und bewertet Informationen über gegnerische Raketensysteme

1   Speer, Albert: „Erinnerungen" (Berlin: Ullstein Buchverlage GmbH, 2005)

2   NAIC, Wright-Patterson AFB: „History of AAF participation in project Paperclip. March 1945 – March 1947"

3   Hölsken, D.: „V-missiles of the Third Reich" (Hamilton: Monogram Aviation Publications, 1994)

4   King, J.B. und Batchelor, J.: „Deutsche Geheimwaffen" (München: Heyne, 1975)

5   Welczar, F.: „Pestka wiśni" in Przekrój, 1966, Nr. 1089

6   CIOS: „Rockets and guided missiles", Punkte 4,6; Akte Nr. XXVI-II-56 (1945)

7   Kozakiewicz, W.; Wiśniewski, J. und Żukowski, S.: „Broń rakietowa" (Główny Instytut Mechaniki, 1951)

8   CIOS: „Institutes of the Bevollmächtiger für Hochfrequenz-Forschung", Punkte 1,7; Akte Nr. XXX-37 (1946)

9   Bartkowiak, T.: „Wunderwaffe zawiodła" in Nadodrze, 1969, Nr. 14

10   Nowak-Jeziorański, J.: „Prawda o Peenemünde" in Rzeczpospolita, 04./05.11.00

11   Wojewódzki, M.: „Akcja V-1 – V-2" (Warszawa: 1972)

12   Glass, A.; Kordaczuk, S. und Stępniewska. D.: „Wywiad Armii Krajowej w walce z V-1 i V-2" (Mirage, 2000)

13   Belerski, T.: „Polacy rozpracowali tajemnice niemieckie" in Rzeczpospolita, 01./02.09.00

14   Bazylko, T.: „Wunderwaffe rozszyfrowana" in Za Wolność i Lud, 1961, Nr. 1

15   Wojewódzki, M.: „Jak uczeni polscy rozszyfrowali tajemnicę hitlerowskiej rakiety V-2" in Stolica, 1963, Nr. 27

16   Sroka, J.: „Poligon V-2 na Podlasiu" in Za Wolność i Lud, 1967, Nr. 9

17   Niepokój, Z.: „Przewoziłem największą tajemnicę wojny" in Za Wolność i Lud, 1965, Nr. 20

18   Welczar, F.: „Stonoga nie będzie strzelać" in Przekrój, 1966, Nr. 1088

19   Marks, A.: „Widziałem V-§" in Przekrój, 1969, Nr. 1259

20   Turra, A.: „Heeresversuchsstelle Hillersleben" (Podzun-Pallas, 1998)

21   Miranda, J. und Mercado, P.: „Die geheimen Wunderwaffen des III. Reiches" (Illertissen: Flugzeug Publikations GmbH, 1995)

22   Bednarek, I. und Sokołowski, S.: „Fanfary i werble" (Śląsk, 1966)

23   Hahn, F.: „Waffen und Geheimwaffen des deutschen Heeres 1933–1945" (Wetzar: 1995)

24   Dornberger, W.: „V-2 – der Schuss ins Weltall" (Esslingen: 1952)

25   Burakowski, T. und Sala, A.: „Rakiety i pociski kierowane" (MON, 1960)

26   Masters, D.: „German Jet Genesis" (London: Jane's Publications, 1982)

27   Kens, K. und Nowarra, H.J.: „Die deutschen Flugzeuge 1933–1945" (München: J.F. Lehmanns-Verlag, 1972)

28   Michulec, R.: „Luftwaffe 1935-1945 ct.4" (AJ-Press, 1997)

29   Bączkowski, W.: „Samoloty odrzutowe" (Iglica/Agencja Wydawnicza CB, 2000)

30   Ford, R.: „Tajne bronie III Rzeszy" (Bellona-Verlag, 2000)

31   Osuchowski, J.: „Gusen-przedsionek piekła (MON, 1961)

32   Müller, K.W. und Schilling, W.: „Deckname Lachs" (Heinrich Jung Verlagsgesellschaft, 1995)

33   CIOS: „Messerschmitt bombproof assembly plant", Punkt 25, Akte Nr. XXVI-44

34   Wichert, H.W.: „Decknamenverzeichnis deutscher unterirdischer Bauten, U-Boot-bunker, Ölanlagen, chemischer Anlagen und WIFO-Anlagen" (Johann Schulte, 1999)

35   Margry, K.: „Nordhausen" in *After the Battle*, 1998, Nr. 101

36   Gałas, J. und Newiak, S.: „Flossenbürg – nieznany obóz zagłady" (Ślask, 1975)

37   Witkowski, I.: „Hitler's underground kingdom" (2004)

38   NARA/Air Intelligence Summary Nr. 53 (United States Strategic Air Forces in Europe), 12.11.44

39   Fleischer, S.; Ryś, M.: „Ar-234 Blitz". (AJ-Press, 1997)

40   Ryś, M.: „Horten Ho-229" in *Nowa Technika Wojskowa*, 2001, Nr. 7-8

41   Dabrowski, H.-P.: „Flying wings of the Horten brothers (Schiffer, 1995)

42   Dabrowski, H.-P.: „The Horten flying wing in world war II" (Schiffer, 1991)

43   „Secret German aircraft projects of 1945" (Toros Publications, 1997)

44   Stanley R.: „Der Beitrag deutscher Luftfahrtingenieure zur argentinischen Luftfahrt-forschung und -entwicklung nach 1945: Das Wirken der Gruppe Tank in Argentinien 1947–1955", Auszug aus der Ausarbeitung „Nationalsozialismus und Argentinien" (Peter Lang Verlag, 1995)

45   Wagner, W.: „Kurt Tank – Konstrukteur und Testpilot bei Focke-Wulf" aus: „Die deut-sche Luftfahrt – Band I" (München, 1980)

46   Goni, U.: „Peron y los Alemanes" (Argentinien: Editorial Sudamericana, 1998)

47   Mariscotti, M.: „El proyecto atomico de Huemul" (Argentinien: Sigma, 1996)

48   Bower, T.: „The Paperclip conspiracy. The Hunt for the Nazi Scientists" (Boston/To-ronto: 1987)

49   Adamczewski, L.: „Tajemnicza studnia w Lubaniu" in *Głos Wielkopolski*, 09.11.98

50   Skorzeny, O.: „La guerre inconnue" (Paris: Albin Michel, 1975)

51   Korzun, M.: „1000 słów o materiałach wybuchowych i wybuchu" (MON, 1986)

52 NARA: „Reports and messages 1946 – 1951 (Alsos Mission)", RG-319, Eintrag 82A

53 BIOS: „German Betatrons", Abschlussbericht Nr. 148, Punkt 1 (1946)

54 AAN/Alexandria-Mikrofilme – Akten des Persönlichen Stabes des Reichsführers-SS (T-175), Mappe 360114 (360/14?)

55 CIOS: „Gesellschaft für Gerätebau", Punkt 4, Akte Nr. XXI-59 (1946)

56 CIOS: „German tank design trends", Punkte 18,19, Akte Nr. XXIX-58 (1945)

57 „Wojna pancerna" in *Gazety wojenne*, Nr. 85

58 Kiński, A. und Żurkowski, P.: „Czołg superciężki E-100" in *Nowa Technika Wojskowa*, Nr. 12 (1994)

59 Kiński, A.: „Jaki był IS-2?" in *Nowa Technika Wojskowa*, Nr. 6 (2001)

60 CIOS: „German development of hydraulic couplings and torque converters – J. M. Voith, Heidenheim/Brenz", Punkt 18, Akte Nr. XXIX-34 (1945)

61 BIOS: „Report on German development of gas turbines for armoured fighting vehicles", Abschlussbericht Nr. 98, Punkte 18,26

62 BIOS: „The Z. F. electromagnetic transmission, with a special application for the Panther tank", Abschlussbericht Nr. 579, Punkt 18

63 Trojca, W.: „Pz. Kpfw. V Panther" (AJ-Press, 1999)

64 CIOS: „German infra-red driving and fire control equipment – Fallingböstel", Punkt 9, Akte Nr. XXIV-7 (1945)

65 Hak, Z.: „Kuriozni zbrodni projekty ..." (FORT-print, 1995)

66 BIOS: „Ferromagnetic materials for radar absorption", Abschlussbericht Nr. 869, Punkt 1

67 BIOS: „Work of Prof. Hütting on ferromagnetic substances for use in radar camouflage", Abschlusbericht Nr. 871, Punkt 1

68 CIOS: „The Schornsteinfeger Project", Akte Nr. XXVI-24

69 BIOS: „Production and further investigation of Wesch anti-radar material", Abschlusbericht Nr. 132

70 CIOS: „Sound absorbent coatings for submarines", Punkt 1, Akte Nr. XXIV-8

71 CIOS: „German plastic developments", Punkt 22, Akte Nr. XIII-6,7

72 Trojca, W.: „U-Botwaffe 1939-1945 cz.4" (AJ-Press, 1999)

73 CIOS: „Operation of the Type-XVII 2500 HP hydrogen peroxide turbine propulsion plant for submarines", Punkt 12, Akte Nr. XXX-110

74 CIOS: „German naval closed cycle Diesel development for submerged propulsion", Punkt 12, Akte Nr. XXX-76

75 CIOS: „Recoilless guns development of Rheinmetall-Borsig", Punkt 2, Akte Nr. XXVII-27 (1946)

76 CIOS: „Development of weapons by Rheinmetall-Borsig", Punkt 2, Akte Nr. XXXI-63 (1946)

77 Pataj, S.: „Artyleria lądowa 1871-1970" (MON, 1975)

78 Air Intelligence Summary Nr. 58: „Airborne recoilless 88-mm gun", United States Strategic Air Forces in Europe, 17.12.44

79 AAN/Alexandria-Mikrofilme des „Reichsforschungsrats"

80 Sammelband: „Indywidualna broń strzelecka Drugiej Wojny Światowej" (Lampart-Verlag, 2000)

81 Bryja, M.: „Piechota niemiecka vol. 3" (Militaria, 2000)

82 CIOS: „German infra-red devices and associated investigations", Punkte 1,9; Akte Nr. XXX-108 (1945)

83 CIOS: „German Seehund apparatus", Punkt 9, Akte Nr. XI-8 (1945)

84 CIOS: „German infra-red devices and associated investigations – report No. 2", Punkt 9, Akte Nr. XXX-9 (1946)

85 NARA: „Reports and messages / Alsos Mission" (Akten des Reichsforschungsrats), RG-319, Eintrag 82A

86 Rajewska, T.: „Nadzieja Kriegsmarine" in *Tygodnik Morski*, Nr. 21 (1971)

87 AAN/Alexandria-Mikrofilme – Akten des „Persönlichen Stabes des Reichsführers-SS" (T-175/324).

88 J. Chalecki „Lunety noktowizyjne". Wojskowy Przegląd Techniczny Nr. 11/1984.

89 „German research on rectifiers and semiconductors" BIOS-final report No. 725, ITEM Nos. 1,7,9.

90 „German infra-red equipment in the Kiel area" CIOS-report ITEM No. 1, File No. XXX-3.

91 M. Walker „German national socialism and the quest for nuclear power". Cambridge University Press 1989.

92 AAN/Alexandria-Mikrofilme – Akten des Persönlichen Stabes des Reichsführer-SS (T-175/208)

93 BIOS: „The invention of Hans Coler, relating to an alleged new source of power", Abschlussbericht Nr. 1043, Punkt 31 (1946)

94 Łokas, E.: „Ciemna materia we Wszechświecie" in *Wiedza I Życie*, Nr. 10 (1998)

95 Riess, A.G.: „Universal peekaboo" in *Nature*, 16.09.99

96 Bailey, R.H.: „The Air War in Europe" (Time-Life Books, 1981)

97 „Druga Wojna Światowa w powietrzu" (Erinnerungen der alliierten Piloten) (Szramus, 2000)

 Mosquito Verlag

JACCO VAN DER WORP, MARSHALL MASTERS UND JANICE MANNING

Das PLANET X SURVIVAL-HANDBUCH für 2012 und danach

320 Seiten
24,00 €
ISBN: 978-3-928963-26-8

Was ist der Planet X? Ein Komet, ein Planet auf Kollisionskurs oder, wie dieses Buch behauptet, ein Brauner Zwerg, ein Zwilling unserer Sonne? Möglicherweise gar der berüchtigte Nibiru, der auf der Erde schon früher für Katastrophen gesorgt hat?

Die Autoren warnen: In den kommenden Jahren könnte seine elliptische Umlaufbahn den Planeten X wieder durch die Ebene unseres Sonnensystems führen. Denn seine Ankunft kündigt sich schon jetzt durch die magnetischen und gravitativen Einflüsse auf die Sonne und alle anderen Planeten an. Nicht nur auf der Erde kommt es zu Klimaveränderungen, sondern auch auf dem Mars, dem Jupiter und allen anderen äußeren Planeten. Planet X wird zwar nicht mit unserer Erde kollidieren, doch er wird nah genug an uns vorüberziehen, um schwere Stürme, Temperaturumbrüche und Klimaveränderungen auszulösen. Er wird schmerzhafte Veränderungen mit sich bringen, aber auch die Möglichkeit einer völlig neuen Welt. Seien Sie also vorbereitet!

Das Buch bietet nützliches und anwendbares Survival-Wissen, um mit den Schwierigkeiten optimal umzugehen. Egal, ob Sie sich einen Bunker oder nur eine Schaufel leisten können – die Informationen in diesem Buch sind für jeden hilfreich.

JOSEPH P. FARRELL

DER TODESSTERN GIZEH

Die Paläophysik der Großen Pyramide und der militärischen Anlage bei Gizeh

Waren die Pyramiden von Gizeh Teil eines gigantischen militärischen Experiments, bei dem eine „Todesstern-Waffe" erzeugt wurde? Und könnte es sein, dass dieses Experiment in Tod und Verwüstung endete?

Joseph Farrell deckt in diesem bahnbrechenden Buch die Umrisse einer Physik auf, die alles übersteigt, was uns bekannt ist.

Wenn er Recht hat, dann gab es vor unserer Zivilisation schon eine andere … und die Kriege, die von ihr entfacht wurden, waren möglicherweise todbringender als jede Nuklearwaffe.

Dies ist keins der üblichen Esoterik-Bücher über die Pyramiden. Hier wird eine Waffentechnik beschrieben, die schaudern macht. Und möglicherweise wird diese Technologie in der heutigen Zeit gerade wieder neu erfunden.

264 Seiten
24,00 €
ISBN: 978-3-928963-25-1

Aus dem Inhalt:

- Beweise über den Einsatz einer Massenvernichtungswaffe in grauer Vorzeit
- Hermetische Philosophie und Paläophysik
- Pythagoras, Plato, Planck und die Pyramide
- Die Waffen-Hypothese
- Die Große Galerie und ihre Kristalle
- Gravito-Akustische Resonatoren
- Die Maschinen-Hypothese
- Hochfrequenz-Impulstechnologie

Dies ist eine aberwitzige *Tour-de-Force* durch die Welt einer Wissenschaft, die an die Grenzen der Phantasie stößt. Doch es gibt starke Anhaltspunkte dafür, dass sie nur allzu real ist.

CATHY O'BRIEN UND MARK PHILLIPS

DIE TRANCEFORMATION AMERIKAS

Die wahre Lebensgeschichte einer CIA-Sklavin unter Mind Control

448 Seiten, 51 Abb.
24,00 €
ISBN: 978-3-928963-05-3

Wer sich mit dem Thema Mind Control auseinandersetzt, der kommt an diesem Buch nicht vorbei: Bis Sie vom Geheimdienstler Mark Phillips befreit und deprogrammiert wurde, war Cathy O' Brien jahrelang traumatisierte Sexsklavin in den höchsten Kreisen der Elite – hervorgegangen aus dem geheimen MK-Ultra-Programm der CIA. Unglaublich? Ja: Unglaublich wahr. Bei einer Gerichtsanhörung sagte der zuständige Richter, dass „Gesetze in diesem Fall aus Gründen der nationalen Sicherheit" nicht zur Anwendung kämen, und es wurde Cathy O'Brien verboten, bestimmte Aussagen zu tätigen – über hochrangige Persönlichkeiten, die ihr offensichtlich Leid zufügten.

Nicht zuletzt wegen seiner oft schwer übersetzbaren Beispiele der „Wonderland"-Sprache, in der die Täter mit ihren Opfern kommunizieren, war die Übersetzung dieses Werks eine heikle Angelegenheit. Die dritte Auflage wurde deshalb noch einmal sprachlich völlig neu überarbeitet.

Doch seien Sie gewarnt: Dieses Buch ist nichts für schwache Nerven. Und ohne Vorkenntnisse der Unglaublichkeiten auf der Schattenseite dieser Welt werden Sie Schwierigkeiten haben, trotz der zahlreichen Prozessakten den Inhalt dieses Buches für wahr zu halten. Leider können wir nicht sagen, dass die Lektüre ein Vergnügen sei – im Gegenteil: Es wird möglicherweise das schlimmste Buch sein, das Sie je gelesen haben. Warum Sie es dennoch lesen sollten?

Wegen seiner Botschaft, die uns alle angeht. Sie lautet:

AUFWACHEN!

DAVID ICKE

DAS GRÖSSTE GEHEIMNIS

David Ickes aufrüttelndes und explosives Buch behandelt unter anderem den Hintergrund über den Mord an Diana, Prinzessin von Wales. Doch die unglaublichen Informationen, die er in diesem Buch enthüllt, betreffen jeden einzelnen Menschen auf diesem Planeten. David Icke belegt detailliert und mit überzeugenden Beweisen, dass unser Planet seit Jahrtausenden durch dieselben miteinander verbundenen Blutlinien kontrolliert wird. Er beschreibt, wie sie die großen Religionen schufen und das spirituelle und esoterische Wissen unterdrückten, das die Menschheit aus ihrem geistigen und emotionalen Gefängnis befreien könnte.

Lesen Sie die erschütternde Enthüllung über die wahren Ursprünge des Christentums und der anderen großen Religionen, sowie über unterdrücktes Wissen, das uns darüber aufklärt, warum wir jetzt in eine Zeit unglaublicher Veränderungen eintreten.

Das größte Geheimnis legt auch den wahren und unglaublichen Hintergrund der britischen Königsfamilie offen. Durch einen enormen Forschungsaufwand und zuverlässige Kontakte ist es David Icke gelungen herauszufinden, warum und wie Diana, Prinzessin von Wales, 1997 in Paris ermordet wurde. Ein Teil dieser Informationen stammt von einer Kontaktperson, die neun Jahre lang eine enge Vertraute von Diana war. Diese Informationen wurden nie zuvor veröffentlicht.

Das größte Geheimnis ist ein einzigartiges Buch, und es wird die Welt verändern. Wer es liest, wird danach nicht mehr derselbe sein. Die dritte, sprachlich überarbeitete Auflage seines Hauptwerks ist nun auch zum ersten Mal als Gesamtausgabe erhältlich.

650 Seiten, 73 Abb.
24,00 €
ISBN: 978-3-928963-17-6

DAVID ICKE

ALICE IM WUNDERLAND UND DAS WORLD TRADE CENTER DESASTER

Warum die offizielle Geschichte des 11. September eine monumentale Lüge ist

684 Seiten,
28,00 €
ISBN: 978-3-928963-11-4

Seit dem Tag des Horrors am 11. September 2001 wird den Menschen auf der Welt eine einzige, große Lüge erzählt. Die offizielle Geschichte über die Geschehnisse jenes Tages ist ein Konglomerat aus phantastischen Unwahrheiten, Manipulation, Widersprüchen und Anomalien. David Icke hat über ein Jahrzehnt damit verbracht, jene Mächte aufzudecken, die in Wirklichkeit hinter diesen Attacken stehen. Ihr Personal, ihre Methoden und ihre Agenda hat er in einer Serie von Büchern und Videos bereits enthüllt.

Er stellt nun diese Ereignisse in ihren wahren Kontext, als Teil einer Agenda der verdeckten Kräfte, die hinter den Marionetten-Politikern die Fäden ziehen, um einen globalen Faschisten-Staat zu erschaffen, der auf totaler Kontrolle und Überwachung aufbauen soll. Aber so muss es nicht sein, und dies alles muss nicht unbedingt geschehen. Wir können diese Welt von einem Gefängnis in ein Paradies verändern; die Macht dafür liegt, wie David Icke erklärt, in jedem von uns selbst.

DAVID ICKE

… UND DIE WAHRHEIT WIRD EUCH FREI MACHEN

Teil I
344 Seiten
19,50 €
ISBN: 978-3-928963-13-8

Teil II
312 Seiten
19,50 €
ISBN: 978-3-928963-16-9

Seit nun fast 20 Jahren enthüllt David Icke die wahre Geschichte hinter den globalen Geschehnissen, die sowohl die Zukunft der Menschheit formen als auch die Welt, die wir unseren Kindern hinterlassen werden – und seine noch vor kurzer Zeit verlachten Warnungen werden nun Tag für Tag realer. Nach Davids Aussage ist dies sein „bedeutsamstes Buch". Furchtlos lüftet er den Schleier, der über einem erstaunlichen Netzwerk aus miteinander verwobenen Manipulationsmethoden liegt, und deckt auf, dass es immer wieder dieselben Personen, Geheimgesellschaften und Organisationen sind, die den Verlauf unseres Alltags kontrollieren. Sie sind es, die Kriege, gewalttätige Revolutionen, Terroranschläge und politische Morde anzetteln; sie sind es, die den weltweiten Drogenmarkt und die Indoktrinationsmaschinerie der Medien kontrollieren. Jedes einzelne negative Ereignis aus Gegenwart und Vergangenheit lässt sich auf diese eine globale Elite zurückverfolgen, und einige der Beteiligten sind wohl bekannt. Nie zuvor wurden das Netzwerk, seine Helfer und seine Methoden derart gründlich und vernichtend bloßgestellt.

DAVID ICKE

UNENDLICHE LIEBE IST DIE EINZIGE WAHRHEIT
ALLES ANDERE IST ILLUSION

DIE ENTLARVUNG DER TRAUMWELT, DIE WIR FÜR WIRKLICH HALTEN

284 Seiten,
80 Farb-Illustrationen
24,00 €
ISBN: 978-3-928963-12-1

David Icke erklärt in seiner unvergleichlich einleuchtenden Art, warum die „physikalische" Realität nur eine Illusion ist, die allein in unserem Gehirn existiert. Phantastisch? Na sicher. Aber David Ickes Argumentation ist sofort für jeden verständlich. Sein Buch entlarvt nicht nur jene Illusion, die wir für „Wirklichkeit" halten, sondern auch die Art und Weise, wie diese Illusion ständig neu erzeugt und aufrechterhalten wird, um uns in der falschen Realität eingesperrt zu halten.

Icke beschreibt, wie wir in einem „holographischen Internet" leben, in dem unsere Gehirne mit einem zentralen „Computer" verbunden sind, der uns allen die gleiche kollektive Realität füttert, aus der wir dann aus Wellenformen und elektrischen Signalen die holographische 3D-Welt zusammensetzen, die wir alle zu sehen glauben.

David Ickes Erzählstil, unterstützt von Neil Hagues herausragenden Illustrationen, werden die Realität – das Leben – von jedermann verändern, der den Mut hat, dieses Buch zu lesen.

Schnappen Sie sich also einen Sitzplatz – Sie werden ohnehin nur die vordere Stuhlkante benötigen.

STEVEN M. GREER

VERBORGENE WAHRHEIT VERBOTENES WISSEN

In *Verborgene Wahrheit – Verbotenes Wissen* beschreibt Dr. Greer seinen eigenen, persönlichen Weg mit dem Disclosure Project, der ihn zu vielfältigen Kontakten zu über 450 Insidern aus Militär und Regierung führte, wie z. B. mit dem früheren CIA-Direktor R. James Woolsey, Mitgliedern des US Senats und Mitarbeitern der UN. Sie alle bestätigen eine erschütternde Wahrheit: Dass unsere Regierungen seit Jahrzehnten über die Existenz von Außerirdischen Bescheid wissen, und dass schon seit geraumer Zeit reale Kontakte mit ihnen existieren. Ultrageheime Kerngruppen innerhalb der US-Regierung, wie etwa MJ-12, unterhalten monströse Programme, über die der Öffentlichkeit nun endlich die Wahrheit berichtet werden muss.

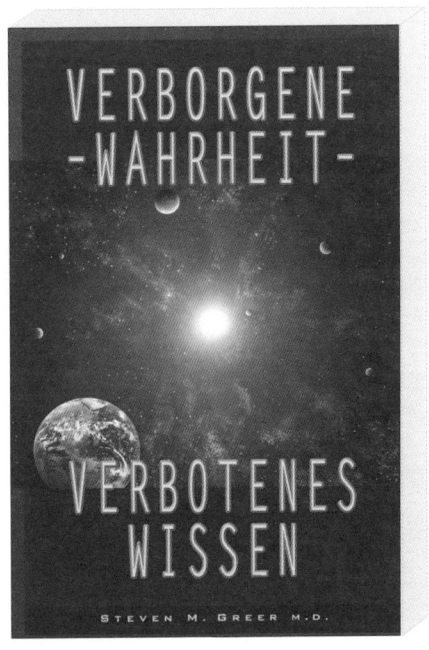

320 Seiten,
24,00 €
ISBN: 978-3-928963-15-2

Der Autor über sein Buch:

„Die Zeit ist reif, um zu erfahren: WELCHE geheimen Energie- und Antriebssysteme existieren, die uns in eine neue Welt ohne Umweltverschmutzung, Armut und Konflikt führen könnten? An welcher Schnittstelle treffen Geist, Raum, Zeit und Materie aufeinander, und wie könnte diese von fortgeschrittenen Zivilisationen genutzt werden? WIE sieht der Plan für die nächsten 500.000 Jahre menschlicher Zivilisation auf Planet Erde aus, und wie können wir in diese Zeit gelangen? WAS fand ich heraus, als ich mich mit führenden Staatsmännern, CIA-Beamten, Milliardären und verdeckten Agenten traf, die einerseits verzweifelt versuchen, die Geheimhaltung aufrecht zu erhalten, während sie andererseits nach Befreiung aus dem dunklen Sarg bitten, in den sie sich selbst eingenagelt haben? WER hält die Verborgene Wahrheit und das Verbotene Wissen geheim – und viel wichtiger: WARUM?"

Verschlusssache Antigravitationstechnologie

NICK COOK

DIE JAGD NACH ZERO POINT

DAS GRÖSSTE GEHEIMPROJEKT SEIT ENTWICKLUNG DER ATOMBOMBE

352 Seiten,
19,50 €
ISBN: 978-3-928963-14-5

Ein preisgekrönter Journalist begibt sich ins Herz ultra-sensibler Luftwaffenentwicklung – einer Welt, so geheim, dass sie offiziell gar nicht existiert. Er schildert die kolossalen Anstrengungen der Wissenschaftler, die unerschöpfliche Kraft der Gravitation nutzbar zu machen.

Sein Buch ist die Geschichte einer Schatzsuche: nach einer Entdeckung, die sich als genauso mächtig entpuppen könnte wie die Entwicklung der Atombombe.

Die Jagd nach Zero Point untersucht die wissenschaftliche Spekulation, dass im Universum eine grenzenlose Quelle potentieller Energie existiert, in der auch der Schlüssel zur Aufhebung und Kontrolle der Schwerkraft liegen könnte. Der Wettlauf verschiedener Nationen um die Siegerposition in diesem Rennen ist immens, denn diesen Preis zu erringen, würde die Fähigkeit bedeuten, militärische Flugzeuge zu bauen, die mit unbegrenzter Geschwindigkeit und Reichweite fliegen können – und zugleich das Potential zur Entwicklung der tödlichsten Waffe, die die Menschheit je gesehen hat.

„Eine außergewöhnliche Untersuchung, die tief ins größte Mysterium der Luft- und Raumfahrt vordringt."

Mail on Sunday (London)

„Cook erzählt von den Ergebnissen seiner Recherchen in der Art eines Spionage-Romans, von geheimen Treffen mit nervösen Zeugen an schlecht ausgeleuchteten Treffpunkten."

Guardian (London)

GIULIANA CONFORTO

DAS ORGANISCHE UNIVERSUM

240 Seiten,
54 farbige Abb.
17,90 €
ISBN: 978-3-928963-08-4

Giuliana Conforto, eine italienische Astro-Physikerin, beschreibt eine radikal neue Sichtweise der Welt. Ihr Buch basiert auf Grundlage bisher vernachlässigter wissenschaftlicher Erkenntnisse über die sogenannte „dunkle Materie" des Universums.

„Von Satelliten gewonnene Daten enthüllen, dass unsere wissenschaftliche Sichtweise des Universums unglaublich begrenzt ist, denn wir können nur fünf Prozent der gesamten Masse sehen. Die anderen 95 Prozent des Universums setzen sich zusammen aus dunkler Materie und Licht. Diese dunklen Zustandsformen der Materie können unsichtbare und intelligente Welten bilden, und die sogenannte ‚schwache' Seite der Kraft verbindet jeden einzelnen Körper mit ihnen. Weil wir sie nicht sehen können, vernachlässigen wir jene Kraft. Unsere Illusion besteht in dem falschen Glauben, nur das sei real, was wir sehen können. Die sichtbare Welt ist aber nur eine von vielen virtuellen Realitäten: Sie stellt eine planetare Schule dar, in der wir Menschen unsere inneren Sinne und Gehirnpotentiale trainieren und entwickeln können."

Ein Blick auf die „Neue Physik" durch die intuitiven Augen einer Frau, der auf den neuesten wissenschaftlichen Erkenntnissen fußt.